民国年度出版时评史料辑编 第一卷

吴永贵 张学科 编

华中师范大学出版社

新出图证(鄂)字 10 号

图书在版编目(CIP)数据

民国年度出版时评史料辑编　第一卷/吴永贵,张学科编.—武汉:华中师范大学出版社,2019.5

ISBN 978-7-5622-8367-6

Ⅰ.①民…　Ⅱ.①吴…　②张…　Ⅲ.①出版工作—史料—汇编—中国—民国　Ⅳ.①G239.296

中国版本图书馆 CIP 数据核字(2018)第 217990 号

民国年度出版时评史料辑编　第一卷

©吴永贵　张学科　编

责任编辑:郭志刚　　　**责任校对:**肖绪旭

封面设计:罗明波

编辑室:学术出版中心　　　**电话:**027-67867792

出版发行:华中师范大学出版社

社址:湖北省武汉市洪山区珞喻路 152 号　　　**邮编:**430079

电话:027-67863426/3280(发行部)　027-67861321(邮购)

传真:027-67863291

网址:http://press.ccnu.edu.com　　　**电子信箱:** press@mail.ccnu.edu.cn

印刷: 武汉中科兴业印务有限公司　　　**督印:** 王兴平

开本: 710mm×1000mm　1/16　　　**印张:** 35.25

版次: 2019 年 5 月第 1 版　　　**印次:** 2019 年 5 月第 1 次印刷

字数: 508 千字　　　**定价:** 159.00 元

欢迎上网查询、购书

敬告读者:欢迎举报盗版,请打举报电话 027-67861321

序　言

将出版视为一种知识工具，使之成为革新社会和推动国家进步的动力因素，是近代中国知识分子中普遍盛行的一种文化观念。戊戌变法时期以上海强学会为代表的中国新知识阶层，为了“求中国自强之学”，把译印图书、刊布报纸、开大书藏（图书馆）、开博物院，列为四件首办之事，其开出的强国良方，主要从改善社会的知识生产和流通环境入手，以提升国民的知识能力与知识结构，从而增强国家的国际竞争力。在“新民”与“强国”的因果逻辑关系背后，是“知识就是力量”这一近代文化观念在中国积弱语境中的生根发芽。

在这种新形成的文化传统之下，我们就不难理解，晚清民国社会何以十分重视出版这一知识生产领域，一旦察觉到出版活动及其上下游环境偏离了文化正轨，便可能有人站出来著文批评指正。本辑编所汇纂的，就是发表在民国时期各大小报刊媒体上的出版评论文章。这些文章长短不一，写作者身份各异，文体风格亦不尽相同，但无不以对国家民族前途的文化关怀为立论出发点，站在各自认为正当的知识文化立场上，对当时发生的各种出版活动及其相关联的制度与文化现象予以阐述、讨论与批评。本辑编将这些文章分年编排，一方面是为了彰显出版文化在近代中国的流变脉络，另一方面也是为了让后人在清晰的时间线中，更好地理解这些文章产生时的历史背景——它们是写作者们在其具体的历史时空语境中有感而发的产物，是针对当时发生的各种出版现象所进行的时事评论，因而我们将其统称为“出版时评”。在同一年份里，又按文章的主题归类，通过主题的大致集中，以反映究竟有哪些知识生产领域和出版文化现象被当时的知识社会所普遍关注。

一、本辑编的分卷情况、史料来源及编纂凡例

本辑编汇纂出版时评文章近1800篇，以各卷字数大致匀称同时又不拆分完整年为原则分成了10卷，其中以第1卷所跨年度时间最长，从1912年至1927年共15年时间，其余各卷则基本上是每隔二三年时间就集成了一卷。各分卷及其时间如下：

第1卷 1912—1927年

第2卷 1928—1931年

第3卷 1932—1933年

第4卷 1934—1935年

第5卷 1936—1937年

第6卷 1938—1940年

第7卷 1941—1943年

第8卷 1944—1945年

第9卷 1946—1947年

第10卷 1948—1949年

这个分卷数据揭橥了出版评论在其创作数量上的历史变化信息，它特别提醒我们需要注意到1927年、1928年在民国出版评论史上所具有的分水岭特性，正是从这个时点开始，出版评论进入了高频时期。那么，可否将这一观察结果作为一种普遍性的结论，使其适用于对民国时期出版评论一般历史情形的判断依据？要明确这一点，首先就是要追问本辑编所涉及的数据，是否具有某种样本价值意义上的代表性。因此，就有必要交代本辑编所收文献的资料来源及查找方法。

得益于各种近现代报刊图书数据库的开发，我们有条件通过关键词检索的方式，将巨量的出版评论文章从数据库中辑录出来。这是数字技术照拂于人文研究的重大知识福利。若在纸媒时代，想要汇聚成本辑编规模的出版评论文献，无论是资源上，还是人力上，都几乎难有可能。本辑编借以辑录的文献类型，以报纸为大宗，主要有《申报》、《大公报》、《中央日报》、《解放日报》、《新华日报》、《人民日报》等，它们

都是民国时期的大报，尤其是闻名遐迩的《申报》和《大公报》，办报历史悠久，横跨本辑编所指涉的整个民国时期，所登载的出版时评数量亦最大。是现代数字技术使得这些故纸堆里沉睡多年的巨量分散文献，在一个个检索指令下，重新复活了。我们使用到的相关检索词，多至百余个，目的是尽可能地做到文献检索没有重大遗漏。

这些检索词被如法炮制地用在了一些中文期刊数据库如“晚清民国期刊全文数据库”和“大成老旧刊全文数据库”的文献查找中。前一数据库是上海图书馆以其国内最丰富的馆藏期刊资源为基础开发的；后一数据库，据其介绍，收录了7000多种期刊，共14万多期。这两大数据库所囊括的民国杂志互有重复，但也彼此补充。本辑编辑录出来的出版评论文章，主要就来自这两大数据库中收录的400余种杂志。另外，我们还查找了《东方杂志》全文检索数据库、国家图书馆的“民国期刊数据库”以及“读秀数据库”。少量文章来自我们平时经见的纸质文献。

毫无疑问，受到文献来源条件的限制，收罗在本辑编中的出版评论只是民国庞大报刊中的一部分，由于还有许多报刊未做成数据库，做成数据库的也未必都提供全文检索，像“晚清民国期刊全文数据库”和“大成老旧刊全文数据库”都只提供篇名、著者、主题词检索；另外，在检索策略中，检索词的选择未必得当和充分，依靠机器指令也可能使某些语义不明显只能靠人为判断的文献被机器漏检。诸如此类的情形，让我们应该有这样的自知之明：虽然近1800篇文献数量已然相对可观，但实际的出版评论可能要几倍于这个数量。

尽管如此，我们还是认为，经过我们努力查找而来的这些文献，无论在样本的数量上，抑或文献来源的广度上，都达到了作为样本数据的基本要求。之所以不厌其烦地进行文献来源、检索路径与方法的介绍，目的是想阐明本辑编数据的样本价值及其代表的普适意义，也为我们后文的相关分析提供依据。

从宽泛的意义上说，书评也属于出版评论范畴，但本辑编只收录那些讨论书评现象和书评方法的研究性文章，对于以单书为对象的具体书评则不予收录。同样的文献收录原则也应用到出版机构和出版人身上，那些针对单个出版机构或出版人的评说文章，被排除在了本辑编的收罗范围之外。也就是说，本辑编将出版评论定义为某种群体性的、类型性的、结构性的、趋势性的、总结性的话语特征。同时考虑到既然是评论，自然是有评有论。所谓评，必然是有观点、有态度、有立场；所谓论，它可能就不只是指陈某种出版现象或事实，它还可能有进一步的阐释和分析，甚至有相当高的理论深度。而那些感性的仅仅泛泛而论的文章，我们也未丢弃，是考虑到这种感性议论的背后，往往透出某种集体的心态，亦有它存史的价值。

需要特别说明的是，格于某些写作者的身份以及他个人的思想意识，其在文章中所表达的观点和立场，照现今的主流标准看来，可能显得不那么合乎时宜，本辑编尊重历史起见，不予改动，希望读者在阅读时注意辨识。之所以将这些看起来有问题的文章也收录进来，是为了在“多声部”的价值观呈现中，反映出历史本来的多元复杂生态，这也是对历史尊重的表现。

本辑编所收文章，依据民国旧籍的通行编纂原则确立其凡例：(1) 凡有破损缺漏或字迹不清者，以□代之；(2) 对于明显的错别字或异体字，径自改正；(3) 对于拿不准的错字或漏字，以方括号标出正确字；(4) 旧籍竖排中的标点符号，基本保持原貌，只改正了那些明显错误或影响读者理解文意的标点符号；(5) 某些文章涉及多个书名，有时用书名号（当时是引号），有时又不用，我们尽量在单篇文献中予以统一；(6) 民国旧籍中的用语用字习惯，如澈底（彻底）、底（的、地）、他（她、它）、那（哪）等，则保留原貌；(7) 各篇文章之后，均注明原文出处，以便读者查核。

二、民国出版评论多产的条件与动力

当我们认识到收罗在本辑编中的近1800篇文章仅为民国巨量出版评论的一部分，我们也许就该追问，造成民国出版评论高产的条件因素是什么？如此多的出版评论，谁人在写？他们热衷于评论的内在动力因素又是什么？要回答这些问题，首先就需要把出版时评放在与出版实践历史的动态关系中来进行考察。

正如本辑编分卷数据所显示的那样，出版时评在 1927 年以后开始出现繁荣，其实也正暗合了我们对出版实践历史发展轨迹的认识。1927 年南京国民政府建立所带来的相对稳定的政局和基本统一的全国出版市场，成就了随后十年的中国出版黄金时代，大革命以后更多的人和机构在不同的情境和动机驱使下进入了出版行业，使得这个行业既产值增加又文化多元，这种纷纭复杂的出版生态，造成了出版评论的勃兴。一方面，各种目标、路数和类型的报刊在这一时期的纷纷创办，其本身就是一个引人注目的文化现象；另一方面，报刊的增多，无形中加剧了稿源方面的需求和对读者市场的争夺，而出版文化活动与人们阅读生活紧密关联，又紧随时代风云而潮汐变化，自然成为报刊媒体乐于征集的常说常新的话题。因此，出版评论在 1927 年以后的持续繁荣，也可视为报刊自身内在需要促成的结果。

当全国发行量最大的报纸《申报》，自 1935 年 4 月 13 日起，添设“出版界”副刊，每周一次在报纸的固定版面刊登新书消息、书评和出版评论文章，与“教育”、“科学”、“卫生”等副刊并肩而立，说明至少在《申报》编者看来，此时的出版已具有了与教科文卫等领域相埒的文化重要性，以及为报纸看重的普通读者感兴趣的大众面孔。《申报》的“出版界”副刊全权委托给中国文化建设协会出版事业委员会主办，一直持续至全面抗战爆发后的 1937 年 8 月份才停刊，前后共出版了 121 期。若将这 121 期中的出版评论文章一路通读下来，我们不难感受到在民国出版业最辉煌的那段时期，在战争乌云密布的全面抗战爆发的前夜，副刊论者们对出版界所抱持的深切责望。

这一点在资深出版人张静庐 1937 年 5 月创办的《读书》月刊（又名《读书月报》）创刊号上的一组名为《对于目前出版界的意见》的约稿文章中，有着更为集中的表达。系列文章诸如《避免磨擦》、《不要浪费纸张》、《从数字估计出来的文化水准》、《反“沙漠化”的愿望》、《顾到读者的需要与便利》、《希望分工合作》、《须有远大的眼光与坚决的抱负》、《出版界必须为自由奋斗》、《多多出版有益社会的读物》、《负起伟大的使命》、《出版界的一点好现象》等，单看题目，就能大致明白写作者们的文化立场。与中国文化建设协会出版事业委员会的半官方组织不同，被张静庐约到这里提意见的人，有着相当广泛的身份：邵力子、陈立夫有官方背景；陆费逵、张一渠来自书业界高层；茅盾、洪深、胡风是著名作家；陈训慈是图书馆馆长；周寒梅则是《申报》“出版界”副刊的主编。从某种意义上说，他们是来自各自领域里的意见领袖，而意见领袖们从不同领域和阶层中各其所来，说明出版评论写作者的广泛和跨界性质，这是导致出版评论多产的重要因素之一。

全面抗战爆发打断了中国出版业的发展进程，图书出版业遭遇到重创，但报刊在战争状态下依然活跃。报刊作为军事舆论宣传、民众抗敌动员和战争消息发布的工具，其媒介价值决定了它在非常时期更有其用武之地。因此，以报刊为栖身之地的出版评论并没有出现量上的剧减，只是出版评论所关怀的时代焦点转移到了战争与民族国家命运关系这样的时代命题中来。另外，战争分割出了中国地域内的多个不同主体的政权，国统区大后方、中共敌后抗日根据地、敌伪沦陷区及上海“孤岛”、香港等地有着不同的政治和出版生态，也带来了多地并发的不同政治和文化导向的出版评论，这种多地并发的状态，是造成战争时期出版评论整体上不见减少的另一方面原因。

抗战胜利并没有带来人们所期盼的出版春天，抗战后期就已存在的出版纸张短缺、通货膨胀引发的书价普遍上涨，运输不畅造成的书刊发行受阻，稿费跟不上物价波及作家生活的异常艰窘等方面的问题，在抗战胜利后依然存在，甚至有过之而无不及，特别是国共内战大规模爆发的 1946 年以后，以上海为中心的国统区出版业遭遇到了史上最严酷的寒冬。上海《大公报》1946 年 10 月 13 日创刊的“出版界”副刊，在其第一期“编后记”中对此有沉痛的描述，并指出今日中国出版界所遭受的极大困难，政治环境亦是大有影响的因素之一，“而最悲痛的现象，莫过于想读书的买不起书，暴发户之流则根本不要读书”。如果说抗战前《申报》“出版界”副刊上出版评论的主调是对出版界的不满与批评，那么抗战胜利后《大公报》“出版界”副刊则流露出明显的对出版界的同情与悲哀，时局的不靖、政治的昏乱和经济的溃败，造成了出版上的奄奄一息，让评论文章每言及此，总是为之叹息和抱恨不已。

在办刊频率上，《大公报》“出版界”副刊与十年前的《申报》

“出版界”副刊一样，同为周刊，出至1948年11月25日终刊，一共登载了106期。从这106期中刊载的多次出版座谈会纪要和系列文章来看，主编潘际炯是一个策划和组织能力极强的人。在包括杂志在内的出版业普遍萧条的情况下，因为有了这个副刊上的诸多出版评论文章，1947年、1948年这两年的出版评论数量才达到了历史上的峰值。

综上所述，出版评论在民国时期的多产，是由诸多条件因素共同促成的结果：民国丰富多彩而又变化多端的出版实践，为出版论述提供了可供言说的多样议题，在不同背景的时代里各有其论述的重点；出版关联着每个人的读书生活，因而议论出版的文字便有了公共舆论的性质，自然受到了诸如《申报》、《大公报》等大众媒体的欢迎，使得出版评论像其他时评文章一样，在众多报刊中获得刊载的一席之地；出版作为一种知识、思想、观念的生产和传播工具，在文化学术和政治方面构成了一种影响其走向和布局的力量，这吸引了包括官员、学者在内的关心文化和政治的各路人等，参与到出版评论的广泛队伍中来；出版作为私人作品进入公共领域的出口，关乎着每个作者作品的传播机会和实际利益，从对出版的关心到批评文字的出炉，对于这些以写作为生的人来说，原本就是一种操练文字的方式；而那些实际从事出版的人当中，多有文人出身者，写文章为其本色当行，对于身在其中的行业现状和未来发展有思考，对于行业里的害群之马和行业陋习有鞭笞，对于社会上的出版舆论和文化批评有回应，他们是出版评论队伍中的生力军。

出版评论的写作者中固然不乏大家名流，但更多的人则是无从查考其身世的寂寂无名之辈，甚至只是作为一名读者偶一为之的心头一热的一次投稿而已。在前文提到的张静庐编的《对于目前出版界的意见》的一组文章中，就有这样的热心读者，因为在这组文字的最后，有一个类似于“编辑后记”的短小感言，专门感谢了“名家及热心的读者们”的“掷赐宏文”。紧接着，编者发了一小段议论：“都是些非常宝贵的意见，尤其是几位读者道出了他们的要求和希望，并指出出版界应该努力的方向，这对于出版界是一个极大的贡献，倘使出版界不忽视它的重大使命的话，对于这些宝贵的意见，应该是珍视的吧。”这段议论之所以值得在这里引述，是因为在笔者看来，它道出了出版评论者隐藏在心中连他自己都可能未必意识到的心愿和信念，即他的批评文字会产生一种积极的规范力量，通过批评监督和建言献策，指示出版应该“努力的方向”，提醒出版人不要忘记“重大使命”，从而对现实出版具有正面的能动性作用。尽管实际的批评效果难以测度，现实中也总是反复出现种种令人郁闷的出版现象，但在评论者的潜意识里，把不吐不快的舆论批评视作一种能够净化出版、提升出版的文化机制，是民国时期那些连绵不绝的出版评论产生的内在原动力。

三、民国出版评论的多个面向与主要观点

整体来看，民国时期出版评论的触须，几乎涵盖与出版相关的各个方面议题。有对出版外围环境的讨论，涉及政府、著者、读者等不同活动主体。政府是出版管理中的支配性角色，通过出台相关出版制度、规章、政策以及具体的出版管理措施，对出版施加宏观性的掌控、干预、调节和引导；作者与读者分居出版的上下游环节，前者是书稿供应的源头和保障，其著译水准、写作态度乃至稿酬机制等因素，都可能关乎到知识产品的成色和价值；后者是出版品的消费者，在趣味和趋向上影响着出版生产的市场走向。而更多的出版评论，还是关于出版自身的，内容涉及出版风气与出版行为、出版人的文化责任与职业伦理、出版物的定价与出版品的趋向等各方面的问题。下面我们重点考察这些评论在不同时空和时局背景下，各有怎样不同的议题侧重和主要观点，并体会出版时评之“时”，如何作为一个时时在场的隐形历史因素，影响到论述的方向和立场。

1. 论出版法与著作权法

制度作为一种强大的规约性力量，从体制的宏观层面决定了知识生产的外部环境，因而，每当政府有新的出版法，或被普遍认为不合理的出版管理规定出台，报刊上相关的讨论就显得特别活跃。1920 年前后，上海租界工部局连续几年时间拟在纳捐西人特别会上通过《印刷品附律》，试图强化管制租界内的中文出版物，引起了上海书业商会、日报公会、书报联合会、书业公所、全国青年协会出版部等的联合抵制，上海的中外报纸对此问题所刊发的大量讨论，即是出于类似的情形。

民国各时期政府从齐一思想或维护党派利益出发，都曾实施过程度不一的出版审查和禁书活动。政府实施查禁最理想的情况，当然是让那些不合己意的书稿，一开始就胎死腹中，不令其有面世的机会；而果真有漏网之鱼出版，则在流通环节进行围追堵截，收缴销毁或迫使书店下架封存。对出版者来说，禁书与审查总是不利因素，且不说收缴行为会给出版者直接带来经济损失，出版选题上的设限而造成知识边界窄化和出版空间缩减，导致的无形经济损失可能更加巨大。而出版者的损失，其实也可换算成读者知识获取权利的损失，它所造成的文化和思想上的戕害，同样是无形而巨大的。

然而，政府的威权并不足以造成社会全体的沉默噤声，有关言论出版自由的讨论时见刊布。其中言辞激越者固不在少数，但更多的还是作学理上的探讨，或与国外情况进行比较性分析，主张政府的出版管理应限定在一个尺度范围之内，即便在外敌入侵、全民抗战的严重时刻，人们也倾向于认为相对宽松的言论环境，从整体上有利于国家民族的长远利益。迨至四十年代中后期，南京国民政府宣布准备实行宪政，这方面的讨论就更行热烈了。1948 年 8 月 5 日上海《大公报》甚至组织了一次关于“出版法问题”的座谈会，邀请律师、大学教授、书业界和报刊界的从业人员一起讨论，这次讨论几乎一边倒地认为，现行的出版法违背了宪政的根本精神。其时国共内战正酣，这个历史节点上出现的有关合法性问题的普遍质疑之声，反映了这个日薄西山的政权在人心上的背离境地。

而对于现实社会中不时发生的文章抄袭事件和屡禁不止的盗版侵权行为，因为直接侵夺了写作者和出版者的实际利益，因此总会有人站出来，援引著作权法，为自己维权，或为他人仗义执言。从这些理直气壮的挞伐声中，我们看到了现代版权意识如何逐渐成为一种公众普遍接受的观念，植入人们的社会常识当中，它反映了近代著作权立法对知识生产的正面保护价值。然而，在普遍承认盗版是一种违法行为的社会共识前提下，也有文章从政治经济学角度，分析了二三十年代盗版书在北平、天津、山西等地的猖獗，有它存在的现实土壤，低价购读那些明知是粗制滥造的盗版书，是热爱知识的穷书生们的某种不得已，其背后的根本原因，是社会政治经济制度上的不合理与不公平。

2. 论纸荒与旧书市场

如果说盗版与正版的巨大差价，是那些贫穷读者选择前者的主要诱因，那么历史某个时期因某些客观因素的出现，比如说纸张短缺或纸价攀升而引发的书价普遍上涨，导致广大普通读者买不起书，甚至买不到书，就属于更需要去认真面对和予以解决的现实问题。从抗战中后期开始一直困扰出版界和读书界的纸荒和书荒问题，一度严重到某些地方连学生课本都无法保障，只能靠学生自己手抄，或多人共用乃至循环使用课本的方式以维持基本教学的地步。“纸荒”、“书荒”、“教科书荒”这些出版评论中经常出现的字眼，为同一时期报刊上频频出现介绍旧书市场的文章提供了解释背景：是新书供给的短缺，造成了旧书在各地的畸形繁荣，它们之间是一体两面的关系。

近代以来，中国机器印刷用纸一直依赖国外进口，第二次世界大战造成全世界纸张产量的锐减，中国纸张进口路断，是纸荒形成的主要原因。以土纸替代，增加土纸的生产是应急的一个方面，如何厉行节约以及如何合理配置，使有限的纸张资源用在正当积极的出版用途上，是当时出版评论中基本的论调。当纸张在抗战胜利后日益成为稀缺资源，某些商人囤积居奇以待高价，而政府的统一调配又有失公允，明显偏心于自家官书局，薄待那些中小民营出版机构，这种纸张买卖中的黑市情形和政府在纸张计划中的权力滥用，招致了人们的严重非议。1948 年以后国统区失控的通货膨胀，使得印了字的书尚不如白纸值钱，终于给了出版业最后的一击，就连办刊历史最悠久的商务印书馆的王牌杂志——《东方杂志》都停刊了，出版界夫复何言？

3. 论稿费与保障作家生活

当纸张、邮政、运输、税收等与出版相关的因素导致了出版成本看涨，不会眼睁睁做亏本生意的出版商们，必然要将这些成本转嫁出去，或是降低上游作者著译的稿费，或是提高下游读者买书的书价。书价高则销路减，出版者不到情非得已，尽量不动涨价的心思。但对基本处在买方市场情境下的作者卖稿，则似乎不必太有顾虑。民国时期的稿酬制度依据著作权法，基本已形成定制，出版者付给作者稿酬，或是一次性卖稿，或是版税抽成，数额之多寡，在多数情况下有通行的行业标准。名家多得润笔，初出茅庐者少拿甚至不拿稿费，这种差等待遇，大家也似乎见惯不怪。某些无良出版商在作者稿费上做手脚，或克扣，或隐瞒，或拖欠，当然会令作者为之恼火，甚至于有的闹到告发官厅的地步。但总的来说，承平时期的出版者和写作者基本上还能维持一种相安无事的状态，某些写作者也许对稿费微薄，心里存有抱怨，但发之为文者，似乎不多见。

然而，到了战火普遍蔓延的非常时期，在出版经济萎靡困顿的情况下，作者卖稿的路子日益逼仄起来，议价能力更毋论焉。抗战中期，剧作家洪深一家三口的服毒自杀，作家王鲁彦的贫病而死，都是带有象征性的文坛事件。从 1940 年开始，报刊上关于“保障作家生活”的呼声就不绝于耳，中华全国文艺界抗敌协会带头发起“千字斗米”运动，呼吁政府补助穷困作家的同时，也希望出版者能提高稿费和版税率，至少做到及时支付。之所以要求支付及时，一方面固然是为了解燃眉之急，另一方面也因为飞涨的物价让原本少得可怜的稿费见天贬值。当通货膨胀在国民党大陆统治的最后几年像脱缰的野马，稿费大幅缩水就只能让人徒唤奈何了。

兵连祸结导致了民国后期各行各业的普遍萧条，不独出版一个行业是如此落寞。只是书刊作为精神层次的需求，于物质惟艰之际人们的消费结构中，被缓后考虑，甚至不被考虑，从而让出版比其他行业显得更加境况凄凉而已。然而，即便在出版最低潮的时候，人们依然对这个行业的前景充满信心。这个信心是与国家的前景捆绑在一起的，一个四万万人口基数的国家如果未来要发展，作为国家教育文化事业支柱之一的出版业就没有长期低迷下去的理由。中国文盲比例过高，中国的出版物市场远不能与高识字率的发达国家相提并论，国外书刊动辄上万册的销量，的确让人羡慕不已，然而差距也意味着未来的潜力与契机。评论界批评出版者，是希望出版界能奋发向上，奋起直追，不把有限的资源浪费在无谓或低效的出版上，从而在国家的文化教育事业中扮演积极有为的角色。评论界也批评政府，是希望政府在文化政策制定上为出版保驾护航，而不是借管理之名行禁书之实，从而给出版戴上限制其自由的紧箍儿。评论界也批评著译者，是希望著译者端正著译态度，不要为了稿费而迎合某些读者的低级趣味，从而与某些无良的书商同流合污。评论界也批评读者，是希望他们爱上阅读，不仅读软性读物，还要读硬性读物。如此的出版终端市场才是健康的市场。虽然批评总是免不了理想主义，但在显性批评的背后，其实暗含着对出版的期待和希望。

4. 论书价与出版文化责任

毫无疑问，民国出版时评中涉及最多的，还是针对出版业自身的问题。随着新书业在二十世纪二十年代的蓬勃兴起，关于出版界现状和发展动向方面的评论文章，连篇累牍地贯穿于每一个出版年份。每逢岁末或新年初始，报刊媒体总乐于邀约行业人士撰写一年来行业总结方面的文章，回顾过往，展望未来，出版界亦在其中焉。出版的进步，意味着文化的进步，它总是令人拍手称快；而书业中广泛存在的“荷包主义”倾向，带来了投机、媚俗、跟风等一系列出版乱象，也每每令人为之痛心疾首。某些文章的标题就自带刀锋，诸如《漆黑一团的出版》、《畸形发展的上海出版界》、《咒诅现今的出版界》、《怎样去清理出版界》、《呜呼出版界之罪恶》、《出版家的趁火打劫》之类。我们现在当然知道，这种一剑封喉式的贬责，或多或少是出于求全责备心理下的偏颇之论，并不符合民国出版界的实情；但当诸如此类的批评之声不绝于耳且颇有听众时，我们也许不能不承认这样的事实，即当时人对其经眼所见的出版业，并不觉得满意，这多少也纠正了我们现今史学界投射给民国出版业的某种美好想象。而这种反向投射，也同样是基于对我们当下出版现状的某种不满吧？

广受诟病的是出版界在书刊定价上的不够克己。书价关联着每个读书人的阅读生活，在经济不发达、购买力普遍低下的近代社会，它可能构成大多数人阅读的重要限制因素之一，因而书价的高低，就不仅仅是一个经济问题，它还是一个敏感的文化问题。近代以降，书籍定价长期以来被读书界普遍认为是过于虚高了。二十世纪三十年代初中期，某些出版标点本古代白话小说的出版商，为了促销采用了“一折八扣”的定价策略，以高开低走的方式，将一本定价一元的书，实售一角，批发价更只有八分，他们在报纸上大张旗鼓地广告宣传，进一步强化了读者对图书定价过高的不良印象。某些出版商还以移花接木的隐蔽方式，将同一篇文章多次收录在不同的集子中，或者将原先出版的某一著作收进不同名目的丛书中，如商务印书馆出版“万有文库”所采用的类似做法，就被鲁迅著文讽刺为“书的还魂和赶造”。这种种或明或暗算计读者口袋的出版行为，当然令读者不高兴，写文章发发牢骚，原也是再正常不过的事。

然而，撇开书商的某些特殊营销做法不谈，从普遍的书籍售价情形来看，书价是不是真的高得过于离谱了；或者就像社会上普遍认为的那样，将造成这一局面的主要原因，归咎于书店老板只知商业上的赚钱，罔顾文化上的责任。面对社会上的诘难之声，一些出版从业者也深感委屈。在他们看来，他们在经济上并没有剥削作者和读者，赚取的只是合理的甚至是微薄的利润。1932 年中华书局总经理陆费逵应《申报》六十周年纪念之约，写了一篇《六十年来中国之出版业与印刷业》的文章。在该文中，他举出一个旁证说，书业其实是一个存活率相当低的行业，清末的许多书坊至他写作该文的时代，留存下来的寥寥不过二三家而已，肥了“发行者”的说法，事实上是站不住脚的。

就在抗战全面爆发的前两年，南京国民政府鉴于图书市场上的混乱价格战愈演愈烈，在 1936 年出台了《教科图书及其他图书划一出售办法》，规定全国图书一律须照定价十足发卖，不许折扣。这一政策的出台，导致了报刊上对相关书价问题的热烈讨论。一些书业中人也借此机会写辩解文章，向社会倾吐苦水，他们说书业同其他行业一样，有各种经营上的成本，同时书籍还有一个不同于其他存货的特殊之处，即书籍一旦失效或不合事宜，就等于一堆废纸。文章接着追问道：“书业非独占事业，人人将改营书业，何以书店并不比其他各业为多呢？”这正是陆费逵的论证逻辑。说书价虚高，出版者利润过厚，实由于对书业情形太为隔膜之故。

而在出版与文化责任这个问题上，出版人也有话说。在他们看来，这个行业中确存在某些唯利是图的无良奸商，但存抱文化自觉心的出版人也不鲜见，舆论界不分青红皂白将所有出版者一锅炖的做法并不可取。包括王云五、陆费逵、舒新城、张静庐等业界大佬在内的一些出版人纷纷发文，声称在他们的出版实践中，从未轻忽出版的文化价值和作为出版人应秉持的职业伦理。如果说听其言，还要观其行，征诸事实，亦有相当程度的印证。像陆费逵 1922 年在国语专修学校商业夜校上的演讲《书业商的修养》，被人整理后刊发在中华书局内部职工刊物《中华书局月报》上，无论演讲的对象，还是阅读的受众，都是中华书局自家人，原本不需要唱文化的高调。他说“书业商的人格，可以算是最高尚最宝贵的，也可以算得是最卑鄙最龌龊的。此两者之判别，惟在良心上一念之差”，如此警人深省的告诫，至今依然被出版从业者奉为金科玉律。张静庐在他 1938 年出版的著作《在出版界二十年》中，特别把书商与出版商作了概念上的区分，在他看来，虽然两者都做着关于书的生意，都同样关心着出版后的利润，“然而，出版商人似乎还有比钱更重要的意义在这上面。以出版为手段而达到赚钱的目的，和以出版为手段，而图实现其信念与目标而获得相当报酬者，其演出的方式相同，而其出发的动机完全两样”。他呼吁道“我们——一切的出版商人——都应该从这上面去体会，去领悟”①。在这里，陆费逵、张静庐等出版人把对行业的自律要求，落脚到文化的原则上，这与社会上对出版的态度，并没有什么价值观上的分途。

5. 论会员制运作与出版跟风

民国时期，令一些读者不开心的，不仅仅是书价，还有他们参加上海“新书店”读书会后的郁闷。那是二十年代末三十年代初，上海的现代书局、光华书局、泰东图书局、新月书店等出版机构，仿效美国书业界的做法，开办了名目为“读书会”或“读书俱乐部”的商业性读书组织，以会员制的方式运作，要求读者预先缴纳一定数量的会费，许诺会员购买书籍以高折扣的优惠，并答应为他们提供交流读书心得的平台，乃至推荐发表文章的机会。这原本是一种促进社会化阅读、提升读者阅读兴趣的美好设计，起初确也颇受社会好评，但随着实际运作过程中的组织不力和管理虚化，加上提供给会员购买的书单，基本上是清一色的本版图书，使得不少会员读者在深感物非所值之余，将评价模式调

① 张静庐：《在出版界二十年・写在后面》，第 4 页。

整到恶评，指责书商的这种项庄舞剑意在沛公的做法，不过是一种高乎其妙的“骗钱手段”①，目的是“推销本版书籍”②。民国时期的商业读书会并没有像它所效法的美国读书组织那样长盛不衰，只活跃了三四年光景就偃旗息鼓了，主要原因当然是整个中国读书人口不能与先进的美国同日而语，而开办读书会的又都是些中小书局，他们底盘小到没有足够多的图书供会员读者选择，以致会员数量少到没有规模经济，最终只能将这项业务关张。而报刊上刊载的相关负面评论，也可能是泼过去的一盆冷水吧？

民国时期读者对出版界吐槽比较多的点，还有杂志出版的时常愆期和书籍出版的无计划。讲究时效的杂志不能按时送达读者手中，在出版方，是一种合约的失信；在读者，杂志预期而不至，从盼望转向失望，心情当然不会好。杂志愆期的原因，或是编辑方面的稿源不济，或是印刷厂方面的拖拉疲沓，或是发行方面的邮路耽搁，但总而言之都可归到出版者的计划不周所致。如果在某个时段上，市面上不约而同地出现了某一类型或某一主题的图书，比如说像杨寿清在他1946年所撰的《中国出版界简史》中描述的那样，“今年流行恋爱小说，明年流行普罗文学，后年又纷纷改出‘国防’作品……有时看见辩证法时髦，于是你出一册《辩证法概论》，我出一册《辩证法入门》，他出一册《辩证法ABC》，因见翻印古籍能够赚钱，又有许多出版家把老古董搬出来翻印出版”。这也就很容易让人得出结论说，书业界如此这般的随风流转，同样是出书没有计划的确证。然而，对出版者来说，随时准备满足读者流动不居的阅读偏好，是其利市所在，原本无可厚非，说出版是时代文化的风向标，正是出版适应时代风潮在出版品上映现的结果。然而，倘若有人站出来说，出版不仅仅是被所谓的文化风潮裹挟，被动地做读者兴趣的尾巴，它还应当主动承担文化引导和推进文化的职责，若没有预先设计的出版计划与周密的安排，又如何能做到这一点呢？就此而言，出版评论中对出版跟风现象的不满，就不算是对出版者的一种苛求了。

---

① 彭年：《“读书会”》，《时时周报》，1931年第10期。

② 效勾：《关于现代读书会》，《书报评论》，1931年第1卷第4期。

6. 论时代风潮下的各类出版物

“跟风”出版虽然是一种文化现象，但从本质上说是出版者的一种经营行为，政府似乎无意插手过问。只有当这个“风”与其主导的意识形态背道而驰，如1927年以后左翼文化在上海等都市社会兴起，相应的书刊大量供应，南京国民政府才出手遏制，查禁了大量的这类出版品。至于其他无关政权统治痛痒的“风”，则任由社会舆论去指弹。“淫书”渲染肉欲声色，通常被舆论界视为低俗读物，其祸害在于扰乱风俗人心，尤其是对青少年的成长危害极大，报刊上对这一类读物的口诛笔伐，几乎未有已时。而二三十年代开始广泛出现在一些租书店和门板书摊上的连环画之类的读物，曾吸引了广大儿童和一些识字不多的民众的浓厚阅读兴趣，报纸上对这一阅读现象的报道多为负面，从而引发了社会上对儿童读物的深入讨论。这些讨论同样从关心青少年健康成长出发，讨论的范围涉及儿童读物的内容、形制、生产、改造与审查等多个方面的议题。四十年代抗战胜利后的几年时间里，国民党中央和一些地方政府出台了相关儿童读物的管理政策，从而将儿童读物的讨论推向了高峰。

从乡土民间底层自发生长出来的民众读物如鼓书、唱本、弹词之类，因为阅读者多是略识之无的普通民众，通常也被归到低端读物一类。这一类读物开始真正受到知识社会的普遍关注是在“九一八”事变后的中国抗战时期，政府和一些民间出版机构如北京大学教授顾颉刚领导的通俗读物编刊社，在有意识地对这类读物进行选汰的同时，更考虑如何以旧瓶装新酒的方式对其进行改造利用，使之成为教育和动员民众抗日的文化利器。可以说，这一时期报刊上对这类读物的广泛讨论，是因应民族危机而产生的文化结果。抗战时期对抗战读物如何编撰、征集与发行的有关思考与建议，即所谓的“文化下乡”和“文章入伍”，也是在类似情境下产生的一个重要评论门类。

无论是连环画之类的儿童读物，还是鼓词之类的民众读物，都可以纳入到大教育的范畴。事实上，作为民国出版物大宗的教育类图书，尤其是各级各类教科书的编纂出版情况，一直是社会高度关注的重点，相关的讨论与批评涉及教科书的编纂方法、物质形式、内容组织、发行供给等编印发各个流程环节，也涉及教科书在教育价值、社会作用与文化功能等学理层面的研讨。全国第一大出版机构商务印书馆旗下的《教育杂志》、第二大出版机构中华书局旗下的《中华教育界》以及一些政府教育部门主办的教育类期刊，是教科书讨论的主要场所。商务印书馆、中华书局、世界书局、开明书店等民营出版机构，在相当长的一段历史时期，就一直是我国教科书编纂发行的主体力量。这种格局直到全面抗战爆发后随着国民政府决意推行国定本教科书才发生了根本的改变，中小学教科书编印主体从民营多家竞争改为政府定于一尊，由此带来了随后数年关于审定制、国定制孰优孰劣的争论，这一争论在抗战胜利后的几年里一度十分激烈，其背后则是意识形态统制、权力关系运作、商业利益争夺、教育价值考量等多重因素的交织缠绕。

与现在的出版情形类似，工具书和古籍已然是民国时期的重要出版门类。当西学大潮涌入，现代学科纷纷创建，新知识、新词语层出不穷，令人们目不暇接，穷于应付，于是有各种综合性的、专科性的、词语性的工具书随之大量出版，它是因应知识信息过载的产物。相关评论既强调工具书对现代人读书治学的必要价值，也讨论编纂工具书的具体方式方法，如何编书目，如何编索引，尤其是对蔚为大观的各种汉字检字法的检讨，试图解决的是汉语世界中的巨量知识如何快速准确地获取的问题。古籍通常被视为对传统的继承，但民国时期古籍的成规模出版是在标举反传统的五四新文化运动之后，这里既有整理国故的现代性视角，也不无政府提倡的因素驱动，有意识地将复兴传统文化与建立民族国家认同联系起来，以整合社会上各种处于分裂状态的意识和观念。然而，当三十年代中期各大出版机构在纷纷瞄准图书馆采购，以“发扬文化”、“古书救国”之名竞出古籍，乃至于到了被人称为“古书潮”的地步的时候，就有人著文批评这是一种“反进化反潮流”的行为，认为“排斥西洋哲学、科学、文学和社会科学，而大出其古书，即是中国民族顽固性之复活，即是趋于灭亡的象征”①。对于古籍出版的不同态度，反映了传统在现代视角下的功能多歧，有人看到它可以被重新

① 李麦麦：《竞出古书与民族自杀——请四万万同胞照镜子》，《文化建设》，1935 年第 1 卷第 11 期。

回收利用，有人则视之为现代发展的阻力而竭力予以排斥。

杂志在民国时期的某些官方文本中被称为“新闻纸”，但作为一种出版物类型，它与书业的关系似乎更紧密些。一些书业机构既出版书籍又发行杂志，是民国时期出版业的常态。《申报》、《大公报》的“出版界”副刊上，刊载了大量关于杂志的相关评论，即是书刊不分家的重要显证。自 1815 年诞生了第一本中文杂志，经历一个世纪的历史发展，杂志在民国时期已成为人们日常阅读生活中司空见惯的读品。然而，在 1934—1935 年间杂志变得让人觉得不那么寻常，是因为它越出常轨突然井喷式增长，特别是在市面上新书普遍冷清的映衬之下。“杂志年”这个热词的流行，反映了人们这种异样的观感。当时知名作家如茅盾、陈望道、阿英、曹聚仁等人，都写过有关“杂志年”的文章，对这一文化现象进行分析，普遍认为“刊高书低”情况的发生，是世界范围内的经济危机波及国内的衍生结果。读者无钱购买新书，于是转向定价相对低廉的杂志。此同凉热的出版界，一方面多出快出杂志，以适应读者市场的需求变化；一方面大出特出古籍，以锚定图书馆的官方采购。“杂志年”与“古书潮”，共享着同一个不景气的经济时代背景。

所以，在出版物此消彼长的表象背后，寓示着一个时代发生迁移的信息，反映着政治、经济、文化上的变化。正如我们以上所看到的，左翼书刊在 1927 年以后的兴盛，归因于左翼政治势力的兴起，它提出的颠覆性政治变革主张，对于不满中国现状的广大读者深具吸引力。左翼政治的出版运作与一般出版机构的市场迎合，合力营造了左翼书刊的一时繁荣，而它最终运交华盖，也是因为它激进的思想对统治秩序直接构成威胁，从而遭到政府严厉的禁止打压。儿童读物在新文化运动以后的巨量增长，通常被视为“儿童发现”的现代观念逐渐被社会普遍接受的结果，在此观念之下，儿童与妇女一样，从原先长期处于社会结构边缘地位的弱势群体，日益被赋予国家未来发展的重要社会角色担当，因而对某些粗制滥造的连环画读物的泛滥，社会就不会听之任之，不闻不问。同样，民众读物在战争背景和氛围下的大规模编印，也是民众角色被重新定位的结果，思考如何在国族救亡的层面上，将民众变成一种可以依赖和动员的战争力量。而作为传统文化表征的古籍出版在现代社会大规模展开的三十年代中期居然形成“古书潮”，除了和“杂志年”同属经济不景气导致的畸形现象外，政府从培育国民政治认同的角度出发，在民族主义复兴的旗帜下有意识地借用传统文化，也是其中的推动力量。凡此种种出版上的变化轨迹及其背后的因由，都有可能被人及时地敏锐捕捉到，发之为说，刊之为文，是为出版时评。

四、出版时评的史料价值及其限度

正如文学批评史是文学史的重要组成部分一样，出版评论史也必然是构建出版史的一个重要维度。在过去的出版和文化史研究中，研究者将出版时评文章作为历史证据运用到对历史的叙述当中的情况并不少见。可举的例子如罗家伦发表在1919年《新潮》杂志上的《今日中国之杂志界》一文，可能是后人在描述五四时期中国文化状况时，被拿来作为历史证词而高频次援引的少数文章之一。这其中的原因，不全因为文章的作者罗家伦是历史名人——五四时期学生运动的领袖和后来的中央大学校长，发表的刊物《新潮》是历史名刊——五四时期与《新青年》一样同在北京大学编辑并与《新青年》并驾齐驱的最有影响的学生刊物，还可能因为一些研究者受史料视野的局限，未见过同时期其他刊物上其他作者写的同一主题的文章。研究者只要读过同年稍晚时期刊发在《东方杂志》上景藏的《今后杂志界之职务》一文，对罗氏认为五四时期的大多数期刊不足为观的单方面观点，也许就心生犹疑。景藏的这篇文章从某种程度上来说，就是对罗氏之文的回应，因为罗氏在文中着重点名批评了以《东方杂志》为代表的一系列商务印书馆的杂志，而景藏则是《东方杂志》的编辑。回应文章自然是有所辩驳，但贵在没有意气之争，而是有理有据地从整体和历史纵横两个方面，论述了期刊在当时中国的进步和价值，比罗氏以一个学生身份通过在图书馆中粗粗翻阅期刊得来的浮泛印象，似乎更有说服力。

通过这个例子，是想说明从史证的意义上，系列出版评论文献所提供的证词总比单个评论文本提供的历史信息更为可靠。研究者通过比较性阅读尽可能多的评论文献，可以从彼此不尽相同的视角、立场和观点的交错与对话中，省思到历史的复杂性与多面孔，从而减少在历史叙述和立论上的偏颇。因此，本辑编所做的汇集众流百家之言的工作，便有了学术整理上的价值和意义。虽说爬梳出来的故纸堆文献，都曾在报刊媒体上公开发表，但由于文章距今历史久远，刊发时间、地点分散，对于当今的绝大多数研究者来说，其中的绝大部分文章，可能都未曾经见，经此系统整理与集中推出，不只是旧史料的重见天日，亦有理由相信会在未来研究者的历史阐释和叙述中重获新生。

由于这个整理工作的中心目标，是围绕着“出版”来进行，因而其价值和意义首先便指向出版史学术范畴，尤其是指向出版观念史范畴。作为评论体裁的文章，其核心要义便在于评析和论断，作者通过观念意义上的评断，向出版界和社会传递着他的某种对出版的态度，某种出版行为是非对错的标准，某种出版制度该有的基础性保障，以及某种出版环境及出版物成果理应达成的理想状态。虽说每个作者撰写每一篇出版评论文章，各有各的历史语境，各有各的具体论题，但借以立论的合理性与合法性依据，则无不依托于对出版与社会文化关系的整体性思考，这个整体性思考，体现了一种在特定时代被当时社会所普遍接受和共享的出版价值观。出版时评的规模性汇编，有助于我们从这些批量文献摇曳斑斓的观念市场中，抽绎出某种带有时代烙印同时又带有普适意义上的出版价值观念，从中看出一个历史时代里的人们，是如何看待出版，以及如何给出版赋值与赋能，使之成为一个国家、民族、社会和社群中向上向善的力量。在其他学科史领域，尤其是文学史领域，文学批评史是文学史的重要学科分支，出版批评史既有如此庞大数量的文献成果为基础，或也可从出版史中细化出来，成为一个单独的历史子门类学科。广西师范大学曾建辉副教授曾借助编者提供给他的这些史料，在2018年完成了他20余万字的博士学位论文《民国出版评论研究》。他的这一开拓性选题及系统性研究，证明了将出版评论史作为子门类学科的设想或许可行。

出版评论虽然以出版为论述中心，但它又不止步于或者说很少单论出版，而是牵连到政治、经济、文化的方方面面，这是出版的媒介性质决定的。在以印刷品为中心的纸媒时代，任何学科、知识、文化的发展，任何思想、信仰和观念的流布，都高度依赖于出版这一生产和传播平台，如何优化出版制度，如何改善出版环境，如何分配出版资源，从而使这个平台发挥更大的正向文化功能，是社会上共同关心的公共性议题。因此，我们就不难理解，为何出版评论中会广泛涉及出版法、著作权法、言论自由、禁书、书价、稿酬之类的议题，正是这些议题的普遍存在，使得出版评论的学术史料价值，扩展到了政治史、制度史、版权史、言论史、物价史、阅读史、写作史等领域。同理，教育史研究者会从大量的教科书出版评论中，找到教科书史料和教育史发展线索；儿童史专家从儿童的学习成长和知识接受史的角度出发，一定会对童书出版评论发生兴趣；地方史学者从出版评论所涉及的地方出版情况介绍中，可以看到各地方知识环境的变化。事实上，出版及与之形影相随的出版评论，不仅是跨学科、跨人群、跨地域的，而且是属于各学科、各人群、各地域的。在各面向的研究中，出版评论作为史料的价值，都可能被使用到。

本辑编将昔日的出版时评单独拎出来，作为一种专门的史料类型看待，提醒我们需要特别注意到它在史料性质上，不同于其他史料类型的两个特殊维度：一为“时评”之“时”，二为“时评”之“评”。所谓“时”者，时人也，时势也，时局也，时尚也，时风也。它标定了时间的当下性质，是寓身在这个时间历史刻度当中的写作者，对眼前之出版种种，书写出来的所闻、所见和所想。这种切近历史现场得来的史料，在证据效果上有资格被称为第一手史料。而所谓“评”者，阐释也，分析也，论断也，它指向一种价值判断，因而是一种主观色彩强烈的史料。文章所流露的这种主观色彩，提示我们需要警醒地认识到出版评论者并不拥有一双“纯真的眼睛”，时评文章难免会携带某种宣传的需要，以及“他者”成见的眼光，或者某些刻板的人云亦云的论调。由此，从某个层面上讲，这些时评文章作为史料，有它难以避免的历史限度，有它不可信甚至是歪曲的一面。只要我们把抗战时期日伪政府和重庆国民政府各官员写的出版文章拿来一比较，那种充斥在文章中各自张扬其意识形态的感觉一定会十分强烈。我在前文提到的诸如把出版界描述成“漆黑一团”之类的论调，亦带有显而易见的文化偏见，倘若后世研究者不进行相应考辨，直接拿来作为历史证据，必然是差之毫厘，谬以千里。

这就涉及如何正确看待和运用这些出版时评史料的问题。它一方面是时人所写的第一手意义上的史料，具有证史的价值，尤其是那些出于出版人之手，据实描述出版现状的纪实文章，存史价值弥足珍贵。另一方面又因为文本书写者的主观意识介入和识见能力水平的局限，其文字在导向上可能有问题，在事实上可能有遮蔽，不仅令证据效力大打折扣。更有甚者，还有可能是指鹿为马的故意歪曲而成反证，因而需要小心地辨识和仔细地考证。我们需要参读多种不同观点和立场的评论文献，以避免一家之言的局限；我们还要参看其他类型的出版史料，比如说后人整理的民国书目史料，保存在档案馆里的档案史料，当事人的日记、书信、回忆录等，以作文本互证；而最重要的，我们要细读文本，解读字里行间的内容，体会其中夸饰的、激昂的、过于理想主义的主观论调，注意到微小而意义重大的细节，包括具有重大意义的缺失，从而有效地分辨出偏激之言和宣传之语所带来的干扰。

本辑编对上述评论，不论其出处，不管其良莠地照单全收进来。这样做，一来是为了给民国时期的出版评论作一整体呈现；二来也是受编者水平所限，未有能力次第甲乙；三来也以为即便某些评论存在歪曲和遮蔽，而歪曲和遮蔽这一行为本身，也是一种历史，也可作为我们审视历史的一种角度。比如说，何以在出版评论史上会反复不断地出现“漆黑一团”之类的一言以蔽之式的全盘否定论调？它究竟是出于写作者将极端表达作为一种舆论策略以吸引人眼球？还是大量的激愤之言从整体上反映了弥漫在社会上某种普遍的恨铁不成钢的集体心态？但不管是出于舆论还是出于心态，都有从不同角度演绎为历史——舆论史或心态史线索的价值。就此而言，出版评论不仅有“证成历史”的价值，它还有“演绎历史”的意义。

本辑编按年分编，各领域的研究者均可从中抽列出切合自己需要的主题，编出该主题的编年史料。需要提醒的是，某一主题评论数量的年度变化，并不必然反映该主题历史变迁的真实轨迹：一方面评论在写作和发表上有其偶然性，另一方面某些评论还受到外力的制约，不能写或写了不能发表。如抗战时期政府强力推行书刊审查制度，相关的言论批评在高压下反而稀疏零落，即是一个很好的例证。但总的来说，民国时期的出版评论有十分宽广的论题，这一点不同于我们现在的出版论文，将主要关注点集中在出版产业和出版经济上。另外，在评论的文风上，也往往直言无忌，是那个时代十分鲜明的特点。

将出版时评辑录出来，先贤有先例。著名出版家张静庐在上个世纪五十年代初汇纂了一套八卷本的出版史料，其中就有相当多的史料属于出版评论范畴，这些史料在人文社科的著述研究中有极高的征引，说明了出版作为一个平台，是各学科学术史叙述中均绕不过去的背景。编者受此激励，借助时代给予的数字技术条件，将本辑编编得更规模庞大，更主题集中，更有时代流年感而已。

促成我下决心编这套大书的是《华中师范大学学报》主编范军教授，两年前他还在华中师范大学出版社社长任上。范军教授多年深耕于出版史学术领域，他当然知道这套史料的学术价值。华中师范大学出版社学术出版中心主任冯会平女士，全程落实了本辑编申报湖北省专项学术著作出版专项资金资助项目及选题实施工作，感谢她包容了我交稿的拖拉和写序的延时，我会记得她的每一次催稿，态度是那么的友善，言语是那么的温和。年轻编辑宋文静入行未久，却以她的认真与专业，让我对她责编的其中一卷，心里觉得莫名的踏实。郭志刚编辑虽未谋面，却是我电邮电话频繁“骚扰”的对象，他的耐心和细心，给我留下十分深刻的印象。还要感谢现任社领导的大力支持和责编向力、张建英、魏耀武、石亚培、熊然的辛勤付出。

师门诸弟子参与了这套书的史料查找、录入和校对工作。他们是张学科、朱琳、林英、曾静、黄河清、黄安琪、朱晓婉、赵佩娟、彭春艳、牛婷婷、李平莉、石慧。其中以张学科最为劳苦功高，他负责了文字录入的全程联络与督工，还负责了全部初稿的首次校对，还配合我做了全编的分卷工作。我感谢他们的辛苦劳作，无不笑嘻嘻地领命做事。近三四年来，我带诸生一边编纂史料，一边集体读书，心中愉悦，不觉时光飞逝而老之将至矣。

吴永贵

2018 年 12 月 30 日

目　录

1912 年

1913 年

1914 年

1915 年

1916年

1917年

1918年

1919年

1920年

1921年

1922 年

1923 年

1924年

1925年

1926 年

1927 年

1912 年

敬告民国办学诸君

何振武

古代教育用个人主义，近世教育用国民主义。用个人主义者，私家讲学独善其身可也；用国民主义者，必视其国之政体国是，以养成最适之国民。清廷兴办学校之宗旨，不外养成忠君之奴隶。以此之故，于是独立、自尊、自由、平等之思想不能输入，压制束缚之手段愈趋愈精，盖将深奴隶之根性而免革命之风潮也。

耗矣哀哉，吾人受异族专制之毒，于是政治不良、生计窘迫、人权丧失、性命危殆，然皆不如教育专制之毒之酷也。盖政治专制一时杀人民之身而已，教育专制则塞其聪、窒其明、深其奴隶根性、绝其自立思想，以令其永劫不复。清初，明季遗老常怀不平，康乾之间屡兴文字之狱，摧残不遗余力。癸甲之间革命风潮陡起，书籍报章多所提倡，于是缇骑四出，禁书杀人，其尤酷者莫过于近年学部及民间编辑之教科书，表满虏之武功，隐满虏之虐政；提倡忠君，则称其深仁厚泽；颂扬立宪，则谓尧舜无其隆，甚至指民权为邪说，称革命为莠言。较之不许民间讲法政，自费习陆军，用意尤深，不过欲令吾人永奴隶于异族而已。幸而天祐吾族，民国涌现，击自由之鼓，扬五色之旗，保天赋之人权，脱奴隶之困阨，政治既放光明，教育尤宜改革，目的不同，方法自异。民国教育所以养成共和之国民，决非养成忠虏之奴隶，而下手之方法，首在改用教科书，民国有出版者，固可不劳而获益；即使无之，亦当自编讲义，断不可袭用清代养成奴隶之教科书也。

呜呼诸君！国之盛衰端在国民，教育国民，诸君之责也。诸君苟能尽力教育，养成完全共和国民，俾他日国基巩固，国势发展，则诸君之功决不在革命健儿之下也。诸君共勉之！

（载《申报》1912年2月23日）

阅杂志之利益

煮　尘

美国前大总统罗斯佛有言："有益人群之著作，大判分为三类，曰书籍，曰日报，曰杂志。"书籍严整，易令人惮。日报丛杂，易令人忽。书籍之效，期在百年，既嫌其太迟。日报之力，程于一日，又恨其过促。介乎二者之间，而有适当观览之价值者，其惟杂志乎！皕诲君作《进步杂志》，引罗氏是语作弁言，且为之案语曰："此罗君所以为大政治家之资格，而独投其身于杂志社也。"由斯以谭，吾人欲有所靖献于人群，莫如作杂志；吾人欲有所求益于人群，莫如读杂志。人能终其身于杂志之中，不啻终其身于进步之中矣。

（载《新世界》1912年第1期）

1913 年

敬告书业：宜相互提携，不宜同行嫉妒

孙增大

书业之进步与否，关于国家教育前途者甚大。吾国兴学之初，商务书馆卓起沪江，其所出版书籍，颇能适应时势之要求，吾国教育良有赖也。

惟是有比较斯有竞争，有竞争斯有进步。若举全国而仅一商务印书馆，微论其规模宏大，书籍繁博，以中国幅员之广，所供决不胜求。且一家精力有限，思想未免过狭。既无比较，决无竞争，既无竞争，安望进步？

今者中华书局又崭然露头角矣。虽规模草创，而教科书一方面，适用者颇多，则所谓比较竞争以图进步者，莫谓秦无人也。

乃该二家近日在各报告白上，一再答辩，哓哓不休。其比较耶，其竞争耶？读其文语，其互为纠正之言，固可以采取。惟肆意排诋，殊与比较竞争之旨有乖。寄语该二家，书业关系国家文化，应顾及道德，毋专为利，更宜相互提携，万不可同行嫉妒也。

（载《教育周报》（杭州）1913 年第 17 期）

论现行教科书制度及前清制度之比较

江梦梅

一、教科书制度之种类及各国之现状

教科书为教育之资料，其内容之良楛、办法之善否，影响于教育者至大。各国研究多年，苦无一定之善法。特各就其本国情形，权衡轻重，以求利多弊少而已。

综现在各国所行之制度，大别为二：国家编辑与国家不编辑是也。国家编辑又分二种。曰国定制，强制学校必用国家编定之本，不许采用他种是也。曰模范制，国家虽编教科书，然采用与否，听之学校，不加强制是也。国家不编辑亦分三种。曰自由制，任民间自由编辑，任各学校自由采用，国家不与闻是也。曰国家审定制，国家设一机关，取民间出版之教科书加以审查，审定合用者，方许学校采用是也。曰教育会审查制，各地教育会审查各种教科书，令其地之学校选用是也。

世界诸国行国定制者，惟一日本。盖以明治三十五年金港堂行使贿赂，致起教科书大狱，当局者遂毅然行之。然七八年来，进步极鲜。且其所国定者，亦仅小学用书而已。中学、师范用书，国家仍不编辑而采国家审定制也。欧美诸国，英美行自由制，德行国家审定制，法行教育会审查制，国家皆不编辑。其结果以竞争激烈之故，进步极速，有日新月异之观。惟德意志联邦中之二国，因民间不编书，故由国家为之。奥大利有国家编书局之设，然其目的为普及德语，赠与贫民起见，非阻民间之编辑也。今更表列如下以便比较。

二、中国当采之教科书制度

各种制度之中，吾国以采何种为宜乎？此今日最亟问题也。吾国疆界域辽阔，各处情形不同。无论满蒙闽广之俨若异域也，一省之中，山地与海地、大陆与岛屿，乃至江南之与江北，浙东之与浙西，其地方特

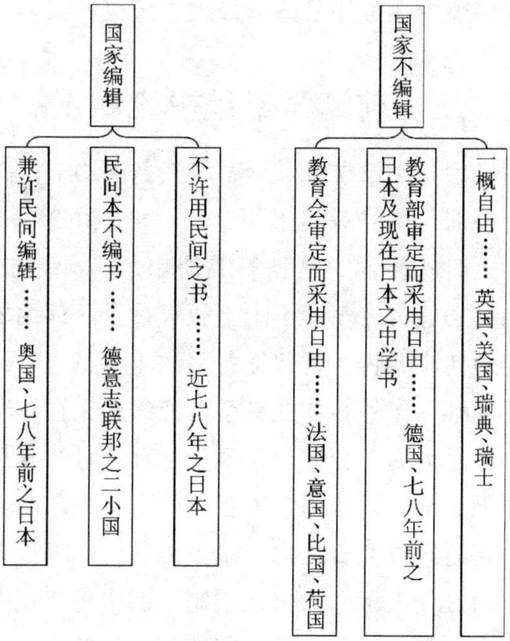

异之点不啻德法二国也。情形不同，教科书即不得不各择其适宜之本。而所谓适宜者，非谓其各采乡土主义，而划二十二省为二十二国也，乃谓于各种之中择其程度宗旨适合该地情况者耳。且兴学未久，编辑经验尚少，自不当采国定制以室新机、以阻进步。政府人才缺乏，其进步率后民间一筹。彼方以民间为模范，又安能行模范制以为全国矜式，是模范制亦未可行也。兴学伊始，真明教育者殊不多，观欲办学者人人有抉择教科书之能力，万无此理。至今内地学校采用极不适用之书，如《地球韵言》、《普通学歌诀》者，尚时有之。采用彪蒙书室经前清学部禁用及前清学部编辑审定之书者尤多，此程度不足之证，是自由制亦不可遽行也。吾国今日较适用者，其国家审定制及教育会审查制乎？国家审定，权操教育部，可谋宗旨之统一，然或不免迟延营私之弊。教育会审查制，权操各县教育会，可就各县情形，审查通用，然恐有意见分歧、办法不一之弊。最好并行此二制，以互相补救、互相监督。各县教育会可就教育部审定之书审查酌用，如有良书而教育部未审定者，可一面审查通用，一面汇呈教育部，请其审定。如此则既可收统一之效，又可集思广益，利多弊少，是并采德法二国之长也。

三、前清学部编书之状况

学部自光绪三十二年设立图书局，编辑教科用书，次春颁布初等小学国文教科书第一册、修身教科书第一册、教授书第一册。《南方报》即著论攻之，为一时所传诵。是秋第二册出版，《时报》又起而纠弹之。于是学部教科书恶劣之声，不绝于教育社会。部编之书，亦迟迟未出。宣统元年变通初小课程，将部编各书注于科目之下，俨有采国定制之意。然其书目除第一年外，什九皆系已经编成正在编辑之本。分配之荒谬、程度之参差，大为教育界所诟病。学部亦自知其然，二年冬改订小学课程，不复列之矣。是年因为筹备宪政清单所限制，前此三四年所出仅一二册者。是时则以数日之力，悉数出版，草率讹误，所不计也。

部书初颁之时，任人翻印，毫无限制。部中每年耗经费十余万以从事编辑印刷，无人监督，任其报销。三四年消耗数十万金，以成此十余种教人不足、害人有余之教科书。后惧资政院攻击，自愿裁减经费，而又虑不足用也。于是招商承印，征印花税，而学部多一筹款之方矣。

行国定制而征印花税，惟一日本。然日本每册教科书，仅收印花税二厘，盖以是为稽查之方，非欲藉此筹款也。学部所收每册至五厘之多，定价三四分者，除去折扣不过二分余（百部六五折）。印花税征至五厘，是不啻间接收子弟教育税矣，岂振兴教育之旨乎？往者友人某君归自京师，余询以学部教科书恶劣之故，彼叹曰："吾国官场办事，毫无心肝，毫无条理。学部编书局，非无人材，然在外间或可编出适用之书，在部则决无其事。一则应酬甚繁，安能全力办公？堂官又不知甘苦，平日任其稽延。一旦期迫，尽力催促，但求不误宪政之筹备。何为教育、何为教课书，皆非彼所注意也。二则局员分编辑、校勘二种。编辑者尚有明教育之人，校勘者大概词林中人，不知教育为何物，持笔乱改。每有原稿尚佳，一经校勘反不适用者矣。校勘之后，尚须呈堂。堂官较校勘者，辈分愈老，顽固愈甚。一经动笔，更不知与教育原理如何背谬。然以堂官之威严，何人敢与对抗？彼所改者，无论如何皆必颁行。科学为彼辈所不解，不敢轻于下笔，故笑柄尚鲜。修身、国文、历史、地理，彼辈自命高明，最喜改窜，故笑柄最多云云。”夫以养成将来国民之教科书，如是儿戏出之。教育前途之危险，果何如乎！国定制之善恶，尚无定论。前清所行，则有弊无利可断言也。

四、前清学部编书果行国定制乎，抑行模范制乎?

前清学部编书之状况，既如上节所述矣。凡事必有宗旨，必有目的。学部编书，果行国定制乎，抑行模范制乎？以余所见，则非国定制、非模范制，直儿戏制耳，局所制耳。国定制无论与吾国情形不合，即使其合，亦当有种种设备，方可食其利而减其害。彼主张国定教科书者之言曰：国定教科之利有五。民间编辑含有营业性质，不能从容调查，力求完备。国定则以国家之力行之，编辑可以完美，其利一也。各地情形不同，国文理科，均应有特别教科书以应之，不惟甲省与乙省不同，甲县与乙县，都会与田舍亦当不同。民间编辑总择销路多者为之，偏僻之地，销路过少，书贾必不欲为。国定则不必计销路之多少，利益之有无，可应各地情形编辑多种，其利二也。国家编书为教育计，非为谋利计。又无竞争广告之费，故定价可较民间编者低廉，其利三也。民间之书常有缺乏之时，国定则可应各地需用之数，预备不令缺乏，供给充足，其利四也。印刷不精美，不惟讹误，且伤学生目力；装订不坚固，则学期未毕即已破损，重父兄之担负。国定既不牟利，自可力求精美坚固，其利五也。此五者皆国定之利也。

夫国定之利如此，而吾乃主张不可国定者何也？大凡天下之事，理论与事实，恒难相合。国定之利即使尽然，然绝竞争之路，进步即不免阻滞，况其利未可必而其害不可逃耶？前清学部编书五六年矣，其现象与上述五利果相符合否耶？内容草率，万难适用，编辑不审慎，是失国定之第一利也。全国通用之一种教科书，编辑出版，力已不胜，遑云更编多种，其不能应各地方情形，特别编辑多种明矣，是失国定之第二利也。部编之书，印花税每本五厘，百部以上，经售之商人，折扣三成半。承印商人尚有对于资本之息，对于营业之赢，对于种种运动之耗费。当时招商承印之命既下，各省书坊，运动甚烈，皆必于是取偿焉，非求定价昂贵，即必偷减成本。以部编之书，持与民间出版者比，定价并未稍廉，而印刷粗恶、纸张糙劣。京中原板已不如申肆出版者，至上海南洋官书局、商务印书馆翻印本，纸糙而薄，印订极劣，图画模糊，不可辨认。而高等小学格致教科书，全用石印。他书精美之图，悉变为模糊不堪入目。苟非偷减成本，何以至此？定价低廉、精美坚固之美德，荡然无存矣，是失国定第三利、第四利也。统计未精、办法未善，供给充足更无可望，是失国定之第五利也。既无国定之利，徒有国定之害，则亦何必多此一举哉？

模范制者，意谓民间编辑，未必尽善，特由国家编辑为之模范也。夫既曰模范，则必精美完善、可模可范。若粗劣谬戾，安能强民间较进一筹者，下乔木入幽谷而模范之，以促其退步也？

五、现行制之优点及成绩

现行制行未经年，成效业已大著。其尤彰彰在人耳目者，则以竞争之故，内容益进步，定价益低廉，供给益充足。吾谓教育部之大功有二，即废国家编教科书及删去读经是也。当民军起义之初，海内书肆停止进行。统一尚未告成，中华书局忽涌现于国内。编辑方法，大有进步，耳目为之一新。继起者十余家，或方组织，或正编辑。此后教育界中之新出品，可卜月异而岁不同。此自由竞争之成绩一也。往者一册教科书定价率在二角以上，且多不肯零售，学者苦之。中华书局各书每册定价不过六分至一角五分，旧书肆大受影响，乃竞相廉价。最近中华书局遵教育部新章编辑之新制教科书，每册定价六分至一角，且售对折，实则每册不过三分五分而已，较之前清时代低减倍蓰矣。此自由竞争之成绩二也。往者学部之书，再四翻刻，模糊至不可辨，坊间一二大书肆亦以竞争不烈之故，偷减成本，任其芜陋。今年则竞求精美，绝鲜模糊恶劣之弊。此自由竞争之成绩三也。夫编辑完善、定价低廉、印刷精美，教科书之原素尽于此矣，此实现行制之优点也。

六、结论

吾著论既竟，觉天下之事，有必不可逃之定理焉。一曰经验。事理繁迹必不能一一先知，理想与事实相反，尤所恒有，必经过而覆验之，方能定其事之善恶是非也。二曰善取人之长。文明先进各国已行之事，吾察其利害，取其长而舍其短，事半而功倍矣。三曰量己之力及己国之情形。天下之事，恒有人行之则利，吾行之则弊者，其故有二。人之力足以举之，吾之力不足以举之，则名存而实亡，弊生而利不睹，此其一。人国情形，适于此事，而吾国情形，不适于此事，此其二。此次教育部规定教科书制度，许民间自由编辑，不以国家之力揠苗助长。又辅之以教育部之审查，图书审查会之选用，文明进化，教育发达，胥于是基焉。惟审查会以省为本位，仍嫌失之广漠耳。吾意最好听各校依教育部审定之书，自行采用，或于地方自治机关，附设审查会，似较切于本地情况。盖审查会之审查，就教育部审定本，审查其适合本地与否，非审查其书之合于学校之用否也。

（载《中华教育界》1913年第1期）

编辑小学教科书商榷书

商务印书馆编辑所同人

本馆同人，从事教科书之编辑，历时十余年，就平日经验之所得，谨将种种问题应加研究者，特为揭出，愿与海内同志相商榷。如承指教，不特本馆同人之幸，教育前途实受其赐。想热心者必不我靳也。

一宗旨问题。国体既变，万事革新。教育宗旨，自当以养成共和国民之人格为惟一目的。虽然，一事之起，必有数方面，顾此一方面，又不能不兼顾他方面，是宜熟审其轻重缓急以定取舍，而相维系。就今日之国情，当以积极的进取为主义。平等也、自由也、独立也、合群也、尚武精神也、实利主义也，皆共和国民所宜有事，不可不加以提倡。本馆所编教科书，于是数者，既再三致意矣。虽然，童稚之年，血气未定，偶一纵任，即不免轶出常轨之外。区区之见，新道德必宜提倡，以刷新国民之耳目。旧道德仍不可尽废，以保存固有之国粹。即如忠之一事，或以国体变更，应归淘汰，实则所谓忠者，不专指忠君也。对于职业，对于国家亦至重要。又如俭朴清廉，或以易启自足之心，致妨生计之发达，然奢侈妄费，亦足以伤民财耗国力，则又不得不以俭德相助。又如女子教育，吾国本以贤母良妻为主，而时人或有病其范围稍隘者，欧美女子教育，容有趋于实业政治之途，而施之吾国，于现在情势似未适宜。故编辑女子教科用书，不敢率尔倡导。究之教育宗旨，必如何调和新旧，而后能由过渡时代，而入于刷新时代。此不可不研究者一也。

一程度问题。本馆所编教科书，初成最新一种，颇承学界许可，流行一时。嗣经担任教务，实地试验，觉其材料过于丰富，文字过于典雅，因更编简明教科书。较之最新一种，程度稍浅，分量稍少。又从实地试验，教授上仍有时间不足之弊，因更编共和国教科书。较之简明一种，程度又稍浅，分量又稍少，应用似较适宜。惟外间有谓共和国教科书过于简单，不如最新简明之合用。查欧美及日本各国小学读本，大抵以简单为主。与同人所编共和国教科书，程度相等，或犹不及焉。彼都人士历数十百年之研究，其所得之结果如此而已。诚以小学为国民教育，全国儿童无男女，无贫富，皆有就学之义务。卒业而后，为农工商者，居大多数。食力之民，但使能知通常之德义，能有通常之智识，能作通常之书信账目，斯亦足矣。若夫所谓学问者，将以待之中学以上，为少数之人才教育，非小学所当有事。苟必务求高远，苛以所难，则教育普及之目的，终无由得达。同人反覆熟思，参以十年来编辑上、教授上之经验，竟无以易其说。编辑共和国教科书时所以务求简单者，即以此也。惟是我国教育初萌，小学生徒，年龄不一，而家庭之素养，又各不相同。大抵年龄较长，曾受家庭教育者，宜用较高深之书；年龄较幼，未受家庭教育者，宜用浅易之书，未可一概而论。此不可不研究者，又其一也。

一形式问题。欲教育之普及，必先减轻其费用。教科书定价之不能过高，殆成一般之通论。本馆所编共和国教科书，初等小学学生用书，修身、国文、算术三种，每年六册，售价二角二分。以三学期计之，每学期平均七分余。高等小学学生用书，修身、国文、算术、历史、地理、理科六种，每年十二册，售价四角，每学期平均一角三分余，无非为减轻学生担负，以助教育之普及。惟是售价既低廉，则成本不能不节缩，工料不能不减少。查欧美各国之教科书，其纸张之洁白、装订之工致、彩图之美丽，无不精益求精。日本教科书虽不及欧美，而形式亦尚适观。夫岂不知节缩成本，减轻售价？亦以学生日与教科书相亲，不如是不足以引起其兴趣，养成审美之观念也。教育部颁布教育宗旨，以美感教育为完成道德之要素。然则教科书定价固须求廉，而形式亦不可过于粗劣。本馆共和国教科书以定价至廉之故，纸张装订不能十分讲求。初等修身、国文，虽有彩图而枚数不多，未始非一憾事，颇思力求进步，以副美感教育之宗旨。而国民经济困难，担负骤增，于教育普及究竟有无影响，此不可不研究者，又其一也。

一时间问题。教科书课数之分配，必依法定时间，不待言也。而分配方法，大抵有甲乙两种。甲种分配，课数之分量相等，以一课教授一时或二时。乙种分配，课数之分量不等，每课教授之时间亦不等，但预计一学期之时间，所定课数，足以应用而已。甲种之分配自便于教授，惟每课材料之性质既异，则分量自不能从同，必求整齐划一，不免有截足适履之弊。乙种分配于编辑上有种种便利，但每课之时间不等，教员经验较浅者，或不免稍有窒碍。本馆前编教科书，均依甲法编辑，而遍考东西先进国之教科书，均用乙法。近编共和国教科书，高等小学已改用乙法，并于目录之下，注明本课应授若干时。并于教授法中，将每课时间，详细分析，似可兼甲乙之长。惟乙种编法，在我国为创见。是否适于实用，此不可不研究者，又其一也。

一教授书问题。教授书与教科书，相辅而行，其重要与教科书等。东西先进国之教授书，大抵属于简单的，而教案则务极详细。本馆所编教授书，则折衷于二者之间。每课必附教科书之本文及重要图画，俾教员手此一书，不必更备教科书，即可应用。其教授一项，将所有意义极力发挥，以为教员讲解之助。编制方法与通例稍有不同，施之实用，是否便利，此不可不研究者，又其一也。

以上各问题，仅举其尤大者。至于各书内容，应加商榷者必复不少，并望一体指教，俾可随时修正。此后续有编纂，得所遵循，不胜欣幸之至。

（载《教育杂志》1913 年第 5 卷第 5 期）

论采用教科书

帅 群

语云："工欲善其事，必先利其器。"学校之于教科书，犹是理也。耗巨资、延教员、择校舍、招生徒果为何事，亦欲为国家造就良好之国民耳。而执此造就之枢纽者，实为教科书。高等以上之学校所用教科书，犹不必限于印刷品。至普通学校之生徒，程度尚低，非有确定之印刷教科书，教授上反不便利。昔之教授小学生者，往往病坊间无良好教科书，辄自行编纂，随编随教，卒至前后纷杂，耗费脑力，记者尝实验之。故编书与教授同时并举，有损而无益。坊间出版纵无善本，吾采用其一，随时删改，简便实甚。特今之学校采用教科书，往往不甚注意。事前既无预备，开校之时，任便购定数种，自始至终，按课教授，无一字之褒贬，无一课之增节。问其故，则曰：是教育部审定本也，是图书审查会采定本也，又何烦吾之多事耶？不知编书者为全国通用计，其材料、时间等问题，不为一方一事所牵掣。用书者以地方关系，有不能不加以删节者，是不当为编书者责，而当为用书者言也。故无论何校，选用教科书之权，当属之校长与教员。校长、教员选用教科书之时，必须详细审查。或已经他校用过之书，就询其适宜与否，以供参酌，万不可不加审查，即骤事购易也。校长、教员欲以简短之时间审查全书之内容，闻此说者将有难色，实则无大难也，试举其要点言之。一、材料是否循序渐进，恰合程度。二、词旨是否适于儿童心理，而饶有兴趣。三、宗旨是否合于中华国民，凡关于道德主义及国民智识之材料是否略备。现在有审查资格之教科书，尚不繁多，校长、教员费数日之时间，其事已毕。更约集二三办学之同志，共同讨论而定之，则较诸盲从者必受益多矣。或曰：教科书已受教育部审定，或已由图书审查会采定者，当可无误矣。曰：教育部以今日出版教科书之寥寥，又处于最高行政地位，对于商家之呈请，苟无大谬，无不与审定之事。他日审定之教科书，日益繁多，各学校仍必于公布已审定之各书内，自行选用。故教育部审定，不过先有一采购之范围，而自行审查，实校长、教员必不可省之事也。至于图书审查会，各省已成立者尚属少数。即成立之会，罗致数十人以审决一种之书，见地不同，则其评判岂能悉当。不过于教育部审定之外，更加一种补助审查之机关而已。或曰：子之论毋乃太高，不肯低首下心，信任教育部及图书审查会，以其事责之校长、教员，何也？曰：吾非不信任教育部及图书审查会也，特以教育部及图书审查会与校长、教员之地位不同。校长、教员为其本校选用教科书，与己有密切关系，未有不尽其心力斟酌至当者。范围愈小，则事易济。地位愈切，则事益善也。虽然，今之校长、教员能实行吾言者曾有几耶？吾见盲从之流，既用一书，未几辄蹙额而语人曰：此书不能用。甚且一学期间而再易之。吾愿教育家一思及此也。民国新制教科书由国家审定，不由教育部专编专卖，许民间以编辑发行之自由，法至善也。又恐上级机关独负重要责任，未必完美，特许各省组织图书审查会以辅助之，意至美也。书店于此，莫不率先恐后，纷纷出版。其利有三：出版不止一二家，则有比较、有竞争，内容必日臻精美，一也。同一学校，其可用之教科书不止一种，则办学者得所选择，二也。营业机关特别廉价，俾担负教育费者，获益于无形，三也。而校长、教员对于此种原因，即不能不实行采定之手续。况夫教育部之审定，图书审查会之采定，均不限于一种。正欲与各校之校长、教员以自行采用之权耳。校长、教员若不执行此事，于事实上必有隔阂，于职权上则为放弃。是非慎重教育之道，亦岂热心教育之校长、教员所愿者哉！

（载《教育杂志》1913 年第 5 卷第 1 期）

课外读物之研究

允　明

世界文明日益发展，万有事理，乃月异而岁不同。教育一方面自亦应扩张研究之范围，拘拘于授课以内之知识，影响似乎太狭，此课外读物所以不可少也。且儿童随意读课书以外之书，较之读教科书为易于笃嗜，往往有废寝忘餐，孜孜不倦，虽经叱责而不肯稍休。其所以然者，自必有故。欲止水之流，必先塞其源。欲求木之槁，必先绝其根。推厥原因，盖有数端。一在教科书略不合于儿童求知识之欲望也。教科书以欲提要钩元，故须精为选择，以作开发提撕之用。然由是遂与儿童好奇心及求知之热欲大相径庭，此儿童所以喜读课外书之一原因也。一在教科书无趣味。各种科学大抵皆按合儿童程度，顺序而下，记述颇形拘束。而课外之书，则非有彩色画，即有极趣之文句，足使阅者自然愉快，此又一理由也。教授儿童者，务以浚其知识养其能力为事，则无论课书非课书，苟有可令儿童得益者，无不当指导之。既以养其读书自有之能力，复以培其社会的感化，而于课书亦大有助力，此教师所以多奖读课外书也，此又一因也。儿童富于模仿心，见父兄师长，暇辄手披一编，吟诵不辍，则亦姑取而效之。偶有不待讲而自明者，则益喜而研求之，此又一因也。然读课外书，有利亦有弊。利在自有读书之能力，儿童呆读课书，未能自为应用。讲授者明白，不讲授者即不明白。惟自读课外书，虽不能全体贯串，而以意自揣，譬犹不识东文者，苟通中文，读其汉字，亦可略得大意。久之而读书之能力自然增进矣。及其读书自有兴味，则卒业后可便自修，而求知之愿望以偿。其有与教科书互相发明，而教师并未口授者，益增其温故知新之效。且儿童稍见成长，气质即形偏向，于是各成个性，苟能自行读书，则得取其个性所长，助之增进，至于藉此以防闲不善，发达常识，养成自习之习惯，皆其利也。害在儿童无自制心。过于耽读课外书，正课或转致抛荒。分内应为之事，或因以不能尽职，而更深夜读。呆坐多时，于卫生上亦殊非宜。其尤可虑者，则在阅不应阅之书，背人窃读，以致思想淆惑，妄生恋慕，此最为青年之害。此外如因以妄费钱财，或滥行借阅不还等事，亦易犯之。然不可因有此弊，遽行禁读。惟所宜研究者，在如何斯有利无弊，迎机利导之耳。课外读物，在学校宜设特别有益之杂志小说等，经教师选定，置一定之所。俾儿童自行管理，暇时则随意取阅。或由学生合购，存之校中，永远作为公物，但亦必经师允可而后行。在家庭则当由家族之人负其责，教师须通知家族，遇有不应阅读者，当留意禁止。父兄亦宜随时查视，倘有邪曲极不良之书，不妨没收而焚弃之、严责之。至阅读之时间，在校中宜规定在放课以后，或午餐一时以后。长者定为一时，短者定为三十分。在家中宜规定在晚间温课以后及日曜日。晚间约可一时，日曜日可二三时。学生苟身体健全、睡眠充足、运动合度、目力无恙，可任其阅读。如体育上稍有不宜，便宜禁止。阅读时学生宜自行注意者，教师可随时指导。大都新闻杂志之关于时事者，应人人通阅。此外则可择合意之书籍读之，其世间未通行而不甚著名，与己意不合者，可勿取读。时事新闻之有关系者，可随时抄录或作为表记。其书籍之有关德行科学者，宜熟记，或抄录亦可。阅书之法，第一须勿忘其主眼，亦不宜贪多。倘阅后自有意见，可即发表。初阅书者，往往随意读去，旋阅旋忘，一书既终，尚不知书中紧要关键及前后脉络，则虽读亦与不读等耳。书应爱惜，不可东抛西掷。既阅之后，遇有学艺演说等会，可即令学生就所见到，自行表明，所表明之善否，教师当评论而矫正之。兼以知其读法之合宜与否，合者奖誉之，不合者勉励之。儿童性喜聆故事，所备之书宜多购历史小说、伟人传记。其涉于神怪者，不宜多览。又近今国事以及科学各小说，苟有佳者，亦不可不读。书之程度亦宜按学生年龄编制。幼年生不妨读最浅近之神话，年龄以渐而高，程度即当以渐而深。教师宜按年级配当一课外读书之表。学生读览，虽不必拘定是表，然可约略得一标准，不致有躐等之弊。且每类之中，亦可任学生自行选择，不必定行遍览也。

（载《中华教育界》1913 年第 1 期）

1914 年

说出版界

与 人

试一瞻夫近顷之出版界，其能与吾人以满足者何在？而其招吾人之失望者何限？其非兔园册子，则饾饤琐屑也。其非滑稽歌场之集，则精华要览之录也。而所谓开通民智者何有焉？而所谓增进常识者何有焉？噫！以如斯之社会，乃产出如斯之出版界。以如斯之出版界，乃造成如斯之社会。因因果果，又何怪焉？

独怪夫吾国多数之学子，其始也，以学术为干禄之媒，其既也，以著述为从政之径。禄得而学可弃，政从而书可废。于是所谓全国之出版界，乃不得不操诸一般商贾之手，惟利是视，择机而投。欲不为兔园册子与饾饤琐屑，得乎？欲不为滑稽歌场之集与精华要览之录，又得乎？有县知事考试，乃有所谓应试全书等出。有文法官考试，乃有所谓临试秘宝等出。于是非驴非马之《经世文编》、《六法全书》等，充然杂出，乃以造成今日之出版界。且推吾国学子从政后之心理，尤有二端。其一以为不必为，其一以为是何足为。或流为厌世之倾向，或陷于卑劣之心理。使此二者不加变革，则吾国之前途，乃大有可忧者在也，噫！

（载《神州》1914年第1卷第2期）

呜呼商务印书馆之共和国教科书

香　严

上海文化发达，一日千里。年来印字机陡增数十具，于焉可见。偶过城隍庙或马路弄口，见书摊横列，珠米杂陈。手持铜元数枚，往往足购一束。一日偶购一杂志，内有笔记数则，中有“往读顾亭林所著《读史方舆纪要》、《天下郡国利病书》，叹其精博”之语，不觉令人忍俊。《方舆纪要》为顾祖禹（字景范）所著，亭林仅著《利病书》耳，固夫人而知之矣。今竟合而为一，想系未见其书，偶从耳食得来，遂亦勇于著笔。印刷业发达，赖此曹之赐也。此种无足重轻之断烂朝报，狼藉于地摊中，其无影响于社会者，固无足论。昨友人示我商务印书馆之共和国教科书《文学史》，偶一翻阅，不禁捧腹，与上述之顾亭林作《方舆纪要》者无独有偶。该书第七十节中有云“归愚选《古诗源》及《五朝诗别裁》以标示宗旨”云云。以不佞所及见者，归愚所选仅《唐诗别裁》、《明诗别裁》、《国朝诗别裁》三种，其《宋诗别裁》、《元诗别裁》则为张景星、姚培谦、王永祺所选（通称“张选”）。今竟悍然目为归愚所选，不知何所见而云然。

吾闻商务书馆之涵芬楼中，藏书颇夥，精椠秘笈，四壁牙签，或者沈归愚竟有《宋诗别裁》、《元诗别裁》之写本未经发见于世界者在，亦未可知。不然，编纂者之外尚有校订诸巨公，其皆未见及此，吾不信也。中国载籍之夥，汗牛充栋，文学史谈何易易。看两本目录，信口开河，其不成此笑柄者几希。独惜该书馆负全国之重望，教科书为学僮所必需，新学小生数典忘祖，人手一编，奉为金科玉律，必至张冠李戴，淆乱玄黄。该馆素以开通民智为己任，其将何以置辞？且文士最重身后之名，今将其毕生精力所成之书，强指为他人之作，灵鬼有知，恐将为厉。不佞甚愿该馆出沈氏所选《宋诗别裁》、《元诗别裁》惠我一睹，以破我惑。不者，请将此《文学史》悉拉杂摧烧之，一廓清耳目，是所望于善人能受尽言也。吾友尚持有该馆出版《文学史参考书》一巨册（即出之著《文学史》者之一手），余遂敬以奉璧谢不敏，亦雅不忍见之矣。呜呼！此亦上海闲话也。

或有曲为商务书馆解者曰：五字系三字之误。要知载籍中本有《五朝诗别裁》之目，今该《文学史》不误为二、为四、为六、为八，独确切不移曰《五朝诗别裁》，则其非手民之罪也明甚。如此大错，恐非一勘误表所能掩饰者也。

（载《上海滩》1914 年第 2 期）

编辑教科书商榷之结果

本馆前有商榷书之作，颇承学界不弃，投函指教。累月以来，已积盈尺。兹将各问题商榷之结果，汇列如下。（商榷书原文见本志第五卷第五号。）

一宗旨问题。多数主张旧道德不可偏废，女子教育以养成贤母良妻为主旨。

一形式问题。多数主张廉价之书与精美之书并行。

一教授书问题。多数主张详备。

以上三问题几成一致之舆论。本馆新编单级教科书即照此主旨编辑。

一时间问题。多数主张采用乙法，初等书亦须从同。按初等按照乙法编辑，必须教员尤有经验，方能应用。此项问题尚须研究，不敢遽定。

一程度问题。多数主张减少分量，少数主张加增分量。

按本馆前编最新国文教科书，每册六十课，每年一百二十课。屡经实验，觉其分量太多，至学期之末，往往不能卒读，故续编之《简明国文》、《共和国文》，每年以百课为限，教授颇觉便利。查小学用书，全部自成组织，且有生字关系，如余数课，下学期接读，甚觉不便。若课数较少，即使学期之末，稍余数日，尚可令其温习，以资纯熟。教科用书宁少毋多，此东西各国所几经试验而得之也。惟是各处情形不同，间有授课日期较多者，既以主张加增分量为言。敝馆当即将小学各书，每册加编练习十余课，附印于教授法之末。如教科书已敷用，可置之不读。万一不敷，酌量日期，增加练习，或多或少，随宜应用，似属两全之道。刻已将共和国教科书《修身》、《国文》、《算术》三种增加练习，即日出书。

以上云云，但就近日商榷之结果而言。凡我同志，苟有所见，尚祈随时指教，不胜企盼之至。

商务印书馆编译所同人公启。

（载《教育杂志》1914 年第 6 卷第 2 期）

学校编辑杂志观

伦　清

学校成绩之优美，其功虽不得不归诸教授与管理。然观察其里面，则学生互相观摩研究之力，实居多量。盖学校科学之教授，不过随年级之高下，而灌输以相当之知识。其试验也，亦只测度学生之记忆与否而已。故成绩为表面的成绩，而知识为限制的知识。若夫管理严肃，亦不过防范惰逸，同纳轨道之一种方法。而学生互相观摩研究，则全属诸学生之自由，办学者不能执严格以相强也。然观摩研究云者，必有物质之附和，而后模拟之可见，非可托诸空言也。然则舍各科学书籍以外，欲其各抒心得者，其惟编辑杂志乎？

曩者吾浙学校之编辑杂志，虽间有所闻，然简短杂陋，意味萧索。为时未几，旋复停刊。自去夏浙江第一中学校之《友声》第一期出版后，赅罗尚富。而今春第一师范之《校友会志》，亦于焉发刊。其内容虽仅属文艺之一部，要之藉资琢磨之观念则一。

学校学生之大病，患在彼疆此界鸿沟互画，相轻而不相师，是不持彼校与此校为然。即同学之学生，亦莫不然。其所以相轻而不相师者，学级之区别，感情之难以融合，实居最大原因。今有杂志以为全校同学学问上之俱荣部，如对謦欬而膈膜全排矣。即他校学生，亦得借助他山，是又不独一校关系已也。

故不佞以谓小学学生根底浅薄，智识甫启，似无编辑杂志之必要。小学以上之学校，办学者当提倡编辑杂志，以发挥求学者蕴蓄之独得，而公其良谬于全校。庶几玉以切磋而光彩益焕，剑以磨砺而锋利愈锐也。他校藉以观摩其作述，官厅得以考证其成绩，其关系教育之发展，非细故也。

（载《教育周报》（杭州）1914 年第 37 期）

1915 年

出版业与常识

陆

觇国之文化，则于其出版业之盛衰而已，吾持此以衡大地之号为国者罔不验。溯自西力东渐以来，学人竞争译述，出版日众。四方之业印刷者，踵起以应需要，递嬗进化，以有今日。视昔之木版雕刻，值昂而糜时者，为进步矣。然吾国地广人众，书籍之需要断断不只于此数。乃兴学二十年，而出版之业，匪惟不能媲美于欧陆，且远不逮日本焉。其故安在？毋抑曰常识不充，而读书好学者寡欤？试一考各国出版统计，参以吾国出版现象，则智愚强弱之故，可以恍然悟矣。

考各国出版统计，当以德国为第一，每年逾三万余种。美、俄次之，每年在一万三千余种。法、英又次之，每年在一万余种。瑞士、意大利则每年六七百种，丹麦、荷兰则每年三四百种。比利时、西班牙、葡萄牙则每年亦二百种。日本自维新以来，努力输入西方之文明。译著之书，竟年逾四万余种。尤以政治类为多，约得八千种，小说类则只四百种而已。此足见其国人劬学之忱、读书者之众矣。彼以区区三岛，一跃而能与欧美抗衡者，其在斯乎。

吾国出版业，无可据之统计。新书之接于吾人耳目者，亦寥寥若晨星。比于欧美、日本，不啻霄壤之差。而其仅有之新书若干种中，尤以游戏小说为最多数。法律政治类略见一二。言道德、科学者，则百不得一。故一检各国出版统计，觉吾国人常识之落人后者，非系乎教育之不良，实为智愚之相悬也。

或曰：以吾国经济不振，购买力之薄弱，中流以下者，衣食且不给，遑有余力以购此不急之物。不知中流以下者诚贫矣，几见夫中流以上之人，有以衣食之不赡为忧者乎？欧美之人，除生活费用外，购书之费，亦为家用之一，列入预算。吾国勤学之士，亦有节衣缩食以购书者。夫书籍有裨益于人之神明知识者也，一国之好学读书者众，则出版业盛，人民之常识充，而国基固矣。徒为服御之奢华，而惟此区区书籍之资是吝，多见其不知轻重也。好学读书之士，欲求常识之充裕者，盍亦重念夫斯言？

（载《图书月刊》1915 年第 1 期）

著作家之道德

酉 诲

本篇为汕头美溪陈正绳君投稿。于当今著作社会，深有关系。兹特剟其尤精要之语，为揭登于左。辑录者识。

社会文化之进境，必自实学真理之昌明，尤恃有著作家为其先驱焉，故著作家之责任至重且大，必自修养其职务中之道德，而后可为社会之向导，胥一国而均被其泽，功孰加焉。兹就管窥所及，为述著作家之道德如左，邦人君子，当不河汉斯言。

一、著作家当知其职务之关系甚巨。古之著作家殚毕生之精力，钻研考索，而后著成一二书，故当其出而问世也，必有独到之识见、专长之艺术，且于民德、民智、民生三者，亦必有一焉贡输其实益，而社会藉之为坊表，学者资之为津梁。今也不然，读书数册，居然以饱学自命，舞文弄笔，于事理之真伪，国家之利病无所发见，徒为自欺欺人之谈。又或激于一时之感情，发为诐辞谬说，混淆黑白，荧惑听闻。或为权势所羁縻，或为金钱所役使，凡此皆不知郑重其事业，苟且从事，毫无价值之可言。昔彭甘松氏戒学者曰：轻易著述是学者大病。吾愿著述家勿蹈此病也。

一、著作家当有奋发惕厉之精神。世间动物之生活，常以现在为鹄，而忽于未来。独至人类则异是，用能衍其种嗣，日进未已。颉德氏之言曰："能为未来而甘效牺牲者，高等生物也。为现在逞其嗜欲者，是为下等。"是以人类社会进化之迟速，视服役之勤惰为断，而不以享用之适志为优胜。今者为社会中坚之著作家，其唯一目的当在未来之社会生活。故凡著作家之孜孜矻矻，无非为未来有所贡献也，代未来多负责任也。则其视当前之荣利，宜截然勿介于怀，而其应得之酬报，可俟诸数十年数百年或至数千年以后。罗兰夫人有言："真正之大人物常克治其私欲，以身献世，其酬报则待诸后世不相识之人。"旨哉斯言。

一、著作家当有宝爱真理，解决疑难之识力。世间真理必有人阐发表彰于前，尤必有人辩难攻击于后，而后灼然共见，犁然有当于人心。顾方其产生，非有热心扶持之人，将之以不为情牵，不为威劫之勇气，则真理转瞬即湮。发扬而光大之，非有定识定力之著作家不为功。惜夫我国学子具此识力者，稀如星凤，大多数皆盲从曲随，对于前贤之一言一行，不敢有所驳辩，而惟以服从古说为天职。坐是数千年来学术沉滞不进，国势民族随之不能振作。相彼美洲开化未及二百年，已有今日之突飞猛进，此何故欤？则以彼都学者，先后辈起，各本其所信之真理，以发表于当世。虽遇挫折，亦绝不为之瞻徇畏怖，有以致今日之盛也。法儒特加尔不云乎："吾所自任者无他，不妄语而已。理有未明，虽刑威当前，不能讳疑而为信也？"读其言者，可知其思想之伟大、气魄之沉雄，实可代表欧洲近世纪之学术界，而呈各种事业活动之伟观。我国今日之学术界，诚欲发荣滋长，与欧洲各邦同轨而趋，则著作家当有沉几观变之智，辅之以壮往不拔之气，以扫除附和、雷同、隐庇、装饰之旧习惯，而以真理为归宿，庶乎有当耳。

著作家于此三者，常自警勉，庶几发抒抱负，上不愧于古人，下可以示来者。况值世道晦盲，民智否塞之秋，有待于辅导启沃者日益亟。名山待后之业，固不必责诸一般之学者。而深识之士，披露意见，著之报章，亦诚不可以已也。但当其按时立说，必先审度筹惟，于民智、民德、民生果有裨益否？如其确有裨益，乃可公诸斯世，否则囿于近小，或炫于外物，或中于客气，恐相随而至之恶果，有莫能幸免者矣。

迩来坊间之新出版物，其能衷理至当，合于辅世救民之义者，不可多觏。而以偏锋见长，或掇拾芜词，只图射利者，随在皆是。以我华今日著作家之式微，即出版物成数论，较之欧美，不及十分之一。而此区区少数中，冒滥者居其强半。求其有益于社会庸有当乎？虽然，著作事业实未尝一日息，为善为恶，于人心世道，大有出入。故操此业者，须具悲悯之热诚，佐以宏通之学识，而又殿以不屈不折之志气，庶几以堂堂正正之师，战胜恶魔，俾举世如拨云雾而睹天日。然则智仁勇三者，著作家曷可缺一欤？敢以是为当代著作家进。

（载《进步杂志》1915 年第 9 卷第 2 号）

国文教科书之批评及其改良方法

缪文功

现行中小学校各教科，以有先进国之成法，类多条分缕晰，渐成为系统的。惟国文一门无他法可效，致十余年来，尚未寻出端绪。譬之植物，或有枝叶而无根株，或有干节而无华实，似尚未能成为科学也。其病何在？在于无系统而已。教科书之发行，若初等小学、高等小学，若中学、若师范。仅初等小学，知从直观著手。至高等小学，则已惊为精深。而中等教育，更贪多务得。其病实在于无系统，尤在于不合教育的，而徒为文学的。鄙意此科须从根本求之，非可苟焉已也。

无系统之弊，在于浅深高下不别，黼黻青黄杂施，生徒之思想，失其统一，而迂回杂糅，不知所从。资性颖异者，犹可勉而企，稍鲁，则终为门外汉矣。顾人亦或各是其是，以旧有一种系统说据于中也。

一以文字之长短配合年级，其道不适也。小学固无取长篇文字，即中等教育，亦何取于长？盖长则需时，生徒不免厌倦也。夫文字之浅深高下，果以长短别乎？《论语》文短，《孟子》文则较长。《史记》赞与纪传，长短相差，恒以数百字计。不能谓《论语》文不如《孟子》，《史记》赞不如纪传也，即以韩文言，《杂说》各自为段，长不过一二百字，而深曲甚于《原道》、《〈张中丞传〉书后》万万，则以篇幅长短为系统者非。

一以作者年代先后配合年级，其道不适也。近代人文，事近而语显。低年级则用近代文，以次而明、而宋、而唐、而晋魏、而汉，以至于周秦三代。教者多从之。夫近代作者如太炎，其文果易解乎？汉代作者如贾谊，其文果艰于今之太炎乎？则以作者年代先后为系统者非。

一以文体配置，其道不适也。守姚氏、曾氏、黎氏分类之说，以为悬衡之可待。实则近今之迻译文，纡余曲折。由于外国文多含有论理的性质，故不惮其辞之费，译者不能立异，此为近日别派文字，如以文体分类，则译文将入何类乎？且有电文焉，义取简省，几于《春秋》严一字矣，又何可舍此不教也，然究归入何类乎？至于词赋哀祭文字，其难尤甚。生徒尚不知有四声，何云词赋？哀祭类亦为有韵之文字，不能援昌黎《祭十二郎文》为例。故普通教育，尚觉未遑，则以文体为系统者非。

一以文品为次，如清雅雄直之类，其道亦不适也。仁者见仁，智者见智。以此分类，不能尽合，则以文品为系统者非。

然则文之系统何在乎？六书，古之系统也。文典，今之系统也。然六书不可行于今，文典难责之初级，欲求不背乎初义，适宜于今情。鄙见以为先分四类求之，每类又各分阶段求之，编辑者须先统筹始终。自初等小学以至中学之将终，何者宜先、何者宜后、何者宜缓、何者宜急，费一二年之力，寻出种种脉络，列为简表加以略解。然后合以教育学理，心理发达程序，社会应用情况，若者宜于初等小学教授，若者宜于高等小学教授，若者宜于中等教育之教授。国文一门傥有合于“科”字意义之一日也乎？

四类云何？曰文之形，曰文之音，曰文之义，曰文之法。此四类者，人人意中所有也，特确从此入手者鲜。且编辑事业，亦乐有此人人皆知之成法，故益当于此求之。惟所分四类，谓编辑者预备之草案，非即以四类分授也。

一、文之形。（甲）近时通用之形，社会通用之字书，在前清为《康熙字典》；近则新出字典亦有数种，而分别部居，多沿《康熙》之旧。《康熙字典》之分部，大与原义不合，通人皆言之，特沿用既久，猝易之则反多阻碍。惟宋体之书法，与今之所谓真字者，如⻌作辶之类，时有出入。而近今沿用者又无一定之标准，且各书写法，无论宋体近体，近亦多有不同，如“眾”从横目，从三人，或写作“衆”、作“眾”、作“罛”。祭以手持肉，或写作“祭”。步以止相背，或写作“歩”。此类甚多，宜特别搜出，列为详表。通用而不乖本义，可仍之；通用而大乖本义，则必革之。（乙）变化之形。如行草之异于正书，正书中又有帖写者。其中颇有合于古训之字，后世反以为非正体，亦有不合古训者掺杂于其中。又通俗省写之字，亦多有合于古者。如廿为二十，万为“萬”之类是。然不合者亦不少，宜先寻出，列为简表。（丙）古代原有之形，不必求之古籀与蝌蚪也。但从小篆及隶书考之，于近日流行文字之谬误，亦可正其一二。例如“達”从羊，而或写为“逹”。“類”左下从犬，而或从大。“段”之与“叚”，“皃”之与“兒”（貌从皃），非从原有之形体求之，恒不得其义之所在。又如曰字，人或以为口中著一横耳。实则曰从口。乚象口气出也，必用小篆示之，如，而后明，且须先以小篆字示之方能了然。鄙人曾授中学一年生，于生徒之误字，每周列为字形正误表，其所误之字，实有出人意表者。初误而正之，经月而仍然，非将本来之形、及其取义说明，则欲改末由也。如缶与壬，淫从壬得声，遥以缶取义，二者说明，乃可晓然。莽犬在茻中也，有写作莽者，为取原义原形示之则明矣。暮本为莫，日在茻中也。加日，乃后起之字。古人文中，暮多作莫，生徒恒不解，为之说明，则知初起与后起之别矣。商与啇，本别也，而误者独多，苟说明商以冏。商贾之商从之，若摘若適若谪皆从啇，则了然矣。又如友之与犮本异也，而书犮者，多作友，如拔、茇之类，恒误为抜、芨，可云犮字书法先一，次ナ，次大，次友，次犮，则明矣。凡此之类，须由编辑者，先自寻出，列为一表，略加注明，乃先有所依据。

二、文之音。此最困难之问题也。因国音不能统一，方言各自不同。至古音，既不通行，且解之者绝少，故猝无善法以解决之。无已，先从周舍之四声（即平上去入）入手，进而求之于音纽、反切、双声、叠韵。盖音训本相通，如蔑、如末、如没，皆可训为无，以其音通也，字异而音通，则训亦相通矣。又如一字数读者，如近人加圈识之法，异字而同读者，如一、壹、乙、弋、逸、亦之类，皆当列表以求之。

三、文之义。有一字仅一义者为一类，一字数义者为一类，异字同义者为一类，同字异义者为一类，合二字或多数字成一义者为一类。如初，始也，字自为义也。权舆二字亦始也，是二字为义也。及如先河、滥觞之类，亦代表一始字义，而又承一种故实之名。又若请从隗始、老马识途类，凡通常文字所用，而其字或非本义，特别有一种历史的典实，遂乃成为一种名词。青年生徒，读书不多，凡于此种征引及比喻之词，如杞忧、嫠恤、鲁阳挥戈、精卫填石之类，固有待于辞典；而编辑者，凡于通常习见之词，须先搜而缉之。

四、文之法。文典之学，须程度稍进者，方足与言。然童子语言，苟稍有条理，则已具有论理的性质。编辑者须从学生心神发达之阶级，推知其经历之程。盖语繁而文简，惟其简也，往往不能完足语言之本意，而破裂不免焉。能以文字之简代其语言之繁，必其程度日有所益也。要之，文法须根据于有条理之语言，实有自然之节奏。不于此求之，而从事反正开合之论，皆于义无当。故古人文学，经后人评骘，而缭绕徒乱人意，以之为教科，窃期期以为不可也。

以上四类，每类中又各有阶段，悉心详考列为种种表解。在此表解未著手之先，须先将字书中所有之字一一摘出。凡近今所经见，社会所可用者，必列焉。再从其中分晰之，则教科书未成之先，已早有数巨帙之表解矣。

表解已成，再合以心理发达之程序，而配合以相当之教材，此又非易事也。近出教科书，小学犹有教育的研究。中等国文则主义不定，搜罗甚富，而合于教育的独少，以其专知有文学也。须知实质内容两方面均不可略。若从事古代之文学的，恐于世界趋向之新理不合。例如苏子瞻诗有《鹤叹》一首，中学国文选入者已有数家。此诗好处在不受羁绊，不善学之，则孤孑而非入世的矣。又如昌黎《获麟解》、杨恽《报孙会宗书》、李陵《答苏武书》、刘伶《酒箴》，几于无人不搜而录之，皆与教育主义相背驰也。

要而言之，国文一科，先求其成为科学，须寻出系统。系统既得，仍宜以教育的教材配置之。欲人人省其脑力，在编辑者先自耗其脑力，故系统的文字不可无。欲人人皆为现代人物，在编辑者不徒为古代人物，故教育的文字不可缺。

本此求之，而加以佐助，则字典、辞典尚焉。字典承《康熙》分部，恐再阅数十年，人人不知有文之本义。如俗所谓阝为耳旁，在右者则名为右耳旁，真可叹矣。天寒日短，校事繁迫，不能尽言，聊贡一二，质之君子，幸垂教焉。

（载《中华教育界》1915 年第 4 卷第 6 期）

改订教科书之臆说

侯鸿鉴

小学教授之最要元素，教科书也，必以完全教育的眼光从事编辑，然后能适于用。前清曾有部编之小学教科书颁行各省，卒以所取教材，多片面的材料，非完全的材料，多抽象的材料，非具体的材料，致不能强迫各省行用之。兹者闻教育部颇注意于教科书之编辑，为普及教育最要之点，是则然矣。在延订海内教育家，限时成书，计亦未尝非也。虽于所编宗旨，及所取教材，究不知以何者为的。然本于大总统新颁《教育纲要》之大旨，可断言必不背者。惟必广征海内外有学识经验之人，征求编辑教科书之意见及条例，为集思广益之谋，此最不可少者也。窃谓今日所编之教科书，尤必以合乎今日世界之趋势及今日吾国国民必需之知识，并所最缺乏之德育与体育，是为纲要中之纲要。至于合乎今日世界之趋势，则以强凌弱，以大灭小，结合联盟，互相竞战。此世界观念，为第一不可不注意者也。世界各国，以强兵武力横行者，有强权无真理，则非注重军国民教育不可。立国大地，一国有一国之特别国性，夫特别国性，以特殊文字为主干，有文字乃有教育，始见一国之精神，有所附丽焉。此军国民教育外，又当以保存中国固有之国学为主要也。强邻相逼，纷至沓来，顾此亚东大陆，群视为俎上肉，莫不欲尝一脔者。历溯数百年外交之失败，土地之割弃，权利之丧失，至今日中日一役，亦云国权之损失甚矣。由后溯前，由昔至今，罄南山之竹不胜书，掬东海之波不足濯。是可忍，孰不可忍？此国耻二字之不容不灌输于人人之脑中也。人非历经困苦艰难，不足以成人物。普通之国民尤必使之习劳耐苦，养成真实有用之国民资格，此劳苦二字之不容不注意者也。中国民穷财尽，人人知之。求富之道不在远，注意农工商矿实业之知识，尤为吾人不可不竭力灌输之者。此实利主义中尤以中国所产之物产及矿产为国货国宝。至要之端，社会生活程度愈高，人民生活方法日低，而一种骄奢惰逸之民，般乐怠傲之状，充塞社会而为国蠹，将一草一木之微，一粟一缕之细，人人应有之日用知识，反弃之而不讲求，此饿莩之所以日多，实用主义之愈宜讲求也。由以上所述之种种，皆可为编入教科书之材料。综计之，又约分为数种，列之如左：

（一）世界观念；（二）军国民教育；（三）国粹主义；（四）国耻观念；（五）劳苦教育；（六）实利主义；（七）实用主义。

就以上七种为吾中国今日人民所必需有之知识，一一取其应有之材料，分配于各学年中。更本之于人伦道德，古圣之微言大义，辅之以各科学之纲要。凡环绕于吾人四周之形形色色，无不可择其要而植其基。德育、智育、体育，何尝不可于千数百通常日用之字里行间，隐寓其概略哉！只求无背乎教育总纲，以及不轶出上所云之七种教育主义而已。此虽鄙人一得之愚，然世有有心人，当不致河汉斯言。

（载《中华教育界》1915 年第 4 卷第 8 期）

1916 年

今之教科书问题

杨祥麟

古代之教育，其设施也简，除所用之书籍笔砚外，无所谓教授品也，无所谓教具也。洎乎近世，教育之研究日盛，而借资于形器者日多，因而教授上之物品亦日见其夥。若教科书、若图画、若器械标本、若黑板教桌，以及专供一学科需用之计数器、识数图等，形形色色，均成教授上必要之物品焉。而其中最占有重要位置者，实为教科书。

一、教科书之性质

教科书问题与教师问题之孰轻孰重。教科书为教育之命脉、儿童之宝典，自古云然。惟我国昔日之所谓教育，不外通经明理。所研求者，咿唔其文，剖晰其义而已。下至颛蒙，教科书则有《三字经》、《百家姓》等类。教师之职务，除令儿童熟读背诵外，即以为毕乃事耳。粤稽西欧之古代教育，其对于教科书之重视，亦无异于我国。迨今研究益进，始能觉悟前非而痛改之。我国兴学以来，不过廿载，此等习惯更难湔除。教育界中，对于教科书问题，往往视之过重，且有以教科书之善恶比教师之善恶，关系尤大。徒断断于教科书之编辑问题，而置教师之养成问题于不顾。教科书中偶有微疵，遂竞起而掊击之。夫教科书之不良，固足贻害儿童。然得善良之教师，尽力研究，不难从容改善。所谓神而明之，存乎其人。若教师受教科书之驱使，呆守器械的教授，而不善为运用，则教科书之内容虽极完美无疵，仍不能收善良之效果。由是而论，孰轻孰重，不待智者而决矣。

教科书问题在教育学上有讨论之价值。今日从事教育之人既如此重视教科书，而治教育学者反漠不注意。尝搜之坊间出版之教育学书中，从未见有讨论及此，故教科书之性质，迄今尚难明确。惟其教科书之问题与教育学书中之教授材料（即教科论），关系至为密切。盖教科书为教授材料之具体的表示，其中记载之内容，即选择最精之教材也。记载之顺序，即研究至当之排列也。教材之程度，可藉此以详细考核焉，教材之关系，可藉此以连络统一焉。虽教科书之问题于实际家无所非难，而于教育学上亦宜有所研究也。

教科书不能视同宗教上之经典。教科书之性质究宜何属？揆之教育原理而考察之，当视为教具之一种，犹之器械标本，藉资教授上之便利而已，不可与宗教家所奉之经典等量而齐观也。民国以前所用之教科书，如四书五经之类，乃圣贤相传之经典。当时教育之目的与方法，仅止于咿唔诵读，尊而重之，亦应尔也。虽在今代，如佛教之藏经、基督教之圣书，教徒重视之，亦固其所。至学校所用之教科书，不能占有此位置也。何则？盖教育云者，乃教师对于儿童所施之一种作用，当施此作用之际，使用教科书以资辅助，犹之教授理化时之运用器械，教授博物时之揭示标本。然世人都视教科书如经典，视教师如讲授机械，则谬矣。

教科书之位置随学科而有轻重。同是教科书也，因学科之不同遂有轻重之判。例如手工、体操教科书与国文教科书，其性质迥异，于教育上应用之程度，不能无所轩轾。是以各种教科书之位置因之以殊。姑就修身一科而论，修身教科书之轻重，果居何等？或谓一般之教科书既不能视同经典，则修身教科书当有经典之价值。然揆之教育原理，修身教科书仍无视作经典之必要。各种教科书，随夫各学科之性质，自以国文教科书为最重要，历史教科书次之。至详较其长短，而深究其是非，不得不有望于今之实际的教育家也。

教科书之笔记观。教科书既不能视同经典，果属何物耶？以余个人所见，则当视为已印刷之笔记册较为切当。盖中学以上学生宜注重笔记。今日欧美各国之理科教授，多以笔记册代教科书，使儿童基于自己之观察力、发见力，而各自编纂之。惟小学校儿童无此能力，不得不用教科书。故视为已印刷之笔记册，殆不离乎真际也。既视教科书为笔记册，则其运用之方法及实际之教授，不可如重视教科时之墨守成法，仅以讽诵解释为尽教授之能事而已。其教材之选择及排列提示，虽教科书中详尽无遗，而教者不可无所讨论。由是教科书之笔记观，在教育上所最注意者，乃教师教授之实际，要在善用教科书，而不为教科书所用，斯为得耳。

教科书之内容不妨酌予变更。教科书之材料既经编者悉心纂定，则当教授之时，能否由教者斟酌而损益之，此亦一问题也。考之教科书制度，书中有疵，无不改订，并加以教育部之审定，证明其合用。教者似不应擅加增损，或意为颠倒。然求之法令，并无禁止变更之限制。日本森冈氏之《各科教授法精义》中有云："教科书之顺序不必一一依从。"盖若教科书之材料无许增损，教科书之顺序不得变更，则今之所谓教材研究全属赘疣。因而教科书之得许变更无待言矣。更自他方面观之，若理科教授、历史教授、地理教授均须自其乡土有关系者为始。此种原则，为一般教育家所认许，即主任教科书之编纂者亦必表示同意。然使教者悉遵教科书之所载一一奉从，则以地方习尚之不同，风土人情之不齐，所教授者必不能尽合儿童之经验界，适切彼等之日常生活可断言也。故教科书当教授之际不能不斟酌情事，略予变更。而编者编纂之时，亦不可不详细审度，先留余地也。

二、教科书之运用

教师勿为教科书所用。教科书之性质，既如上述，则其运用之法当大异于今日也。何则？今之教师非特不善运用，反受教科书之驱使。苟能知其为笔记之代用品，则教室中之教授教师可以自由行使，儿童可以绝去倚傍，直接受纳教师之敏活的教授矣。彼教科书者，除国文而外，余皆无须日日持入教室，以备预习复习之用可也。至于材料之斟酌，排列之先后，亦不必死守教科书，根据教授细目之规画以施教授是矣。

教科书所以谋教授之方便。教师之施行教授也，虽不必一一拘泥教科书，然其所授之材料及顺序，大概应与教科书一致。否则教科书与教授全无关系，则教科书之功用全然消失。要之，教科书为补助教者之用品，当运用之时，利用此种物品，以谋教授之方便，谓之方便物也可。

三、教科书之编纂

教科书制度。小学教授之最要元素，教科书也。必以完全教育的眼光从事编辑，始能适用。前清学部设立图书局，编辑教科用书，颁行各省。卒以所取教材多断片的、非完全的，多抽象的、非具体的，致不能强制各省学校一律通用。民国初建，学制更新。教育部规定教科书制度，许民间自由编辑。不以国家之力揠苗助长，政策甚当。前年教育部忽有教科书编纂处之组织，今日共和恢复，此举宜即罢废，岂有共和国民界以著作自由、出版自由，反于教科书而垄断之以阻碍进化者。故教育部不宜自行编书，只宜督促民间自由编书，并指导以方法，选辑以教材，宣示以方针，庶几新著日多，用者得所采择也。

教科书之取材。国体更新，国民之觉悟大异于曩昔，因而教科书之编纂，尤必以合乎今日世界之趋势，及今日人民必需之知识，并所最缺乏之德育与体育为必要。若世界思想、国学思想、国耻观念、军国民教育、实利教育、勤劳主义、实用主义等，无一不为今日我国国民所不可少之知识，皆当一一取其应有之材料编入书中，以饷学者。

四、教科书之变更

教科书之变更毫不裨于教授。教科书为教授用具之一种，其用具有所缺损，善用者自可补正之，毋庸屡屡更易，乃足奏功也。虽教科书之编纂，亦有进步改良之可言。然教育之进步改良，有待于教师者多，有待于教科书者少。即常用一种教科书，始终不易，其教授未尝不可进步改良也。矧夫教科书屡屡变更，则其教师与教科书不习，教师于教科书不习，则其授课必有所疑滞。若理科教授，取未尝运用之器械以行实验，动辄失败。至用新教科书以施教授，亦何以异是？近今出版之教科书，名目渐夥，采用者无所适从。致有时时变更者，不知变更过甚，结果毫无。终必令教师凭借教科书之改良，而怠于研究教授法之进步也。虽然，教科书之变更，既无法律上之制裁，固无绝对否认之理，惟变更不已，利少害多，窃所不取也。

五、教授要目及教授细目

教授细目为实施教授之计画。教授要目及教授细目，与教科书有至大之关系。小学校之教授细目，由校长自行编定，不别设要目。中学以上之学校，则于细目之外，别由教育部编定要目，通饬遵行。假使所用之教科书，果能一一使用，毫无缺点，则教授要目及教授细目，似属多事。惟因教科书系教具之一种，运用得失存乎其人，故教授要目及教授细目，有编制之必要。教师之学术无论如何精熟，使不于事前统筹全局，预为计画，则教授之进行必不能彼此连络，始终贯彻。盖教授细目者，即实施教授之计画也。故所用之教科书，虽无须年年变更，而所编之教授细目，不得不年年修正。盖经一回实行，即多一番经验，困难者排除之，错综者整理之。多者削之，不足者补之。如是而教授之计画日趋于完善，细目之功用亦日见其发挥矣。

治本在编定教授细目，治标在改良教科书。教授要目之编制，所以备编制教授细目者之参考，与实地教授本无直接之关系。其有直接关系者仍属于教授细目。顾今之学校，能编定教授细目者极少，教师之教授，都为教科书所束缚，无独立之动作、特殊之心裁。每学年各科之进度，不遵规定课程，参差凌躐，任意增删，故至学期将终，而所用教科书，尝有不敷或有余之弊。及至学期之始，一卷未完，又使儿童购读新书，此皆由于教师不知教授细目功用之所致也。间有一二从事编纂者，亦不过抄写教科书之项目，排列铺张，徒饰外观而已。要言之，教科书乃一种教授用具，性质与笔记相近，特为学者而设，非所以拘束教者也。为教师者当悉心研究，因时制宜，增减其事项，变更其顺序，以立教授之计画。故自教师一方面论，教授细目，本也，教科书，末也。

（载《教育杂志》1916年第8卷第12期）

1917 年

女青年与出版物之关系

汪集庭

青年，危险时期也。一生之利害荣枯，将于是觇之。今日女子之知书识字者已渐多，固属可喜现象，不知危机亦即潜伏于此。女青年之堕落而末由自拔者，孰非知书识字者乎？吾非谓堕落者之尽人知书识字也，特知书识字者之堕落较常人为可怜难拔耳。然则书与字果误人乎？书与字何尝能误人，人自误耳。青年思想简单，血气未定，辨别力又薄弱，课暇自修，每借重于一般不正当之出版物，以为可以娱情，不知戕伐实甚，后悔无及。且也青灯一编，往往为父兄师长所不及检察。志气日以萎靡，思想日以浊乱，濡染久之，其不至于荡纪逾范，沦入下流者几希。亲长未及前知，于是咎学校者有之，咎社会者有之。挽救不及，亦唯有太息咨嗟而已，以为此人平居谨默自守，何以猝发而不可收拾，至于此极。噫，是盖如葱茏之树，枝叶鲜妍，人方冀结实满荫，向荣无已，而孰知有毒虫已潜啮腹心殆遍。一旦摧折，其又奚足骇怪哉！吾为此语，固泛指男女青年而言。不过男青年赋禀较刚，经验较多（赋禀先天的，经验后天的），未堕深渊，犹易警悟。女青年则优柔委曲，不着魔则已，一着魔竟无从解脱。不至身败名裂不止，岂不恫哉！人生三段落，青年为第一段落与第二段落之交点，此际一误，亦无所用其再误，前途如何，可以预知，一生可告终结矣。事之危险，莫此为甚。呜呼，果孰使之然哉？曰不良之出版物，实尸其咎。出版物包括文字图片而言，今日足以益人智慧、裨人身心之出版物，虽不在少数，而文人狡诡，日造作绮语，以诱取天下女郎之泪与血为得意者，亦比比皆是。一般画师与书贾，复不惜推波助澜，为之绘图，为之出版，初不较利害轻重也。不知男女之情是至情，与有生以俱来不必言，言亦未必能尽合事理，又奚为粉饰堆砌以毒人心哉。青年不察，以为实有其事，颠倒迷惑，不知被欺，大可笑人也。欧西小说，固亦有记载社会黑暗，描写男女情爱者，然皆以救世为心、训诫为用，即图片亦为观感所系，力求纯洁，斯为上乘。美术之真精神，决不在挑招昵露之能穷形尽相也。自污污人，知者不为。吾意欧西名画未必如是。作者须知差以毫厘，即谬之千里，不可不慎也。今日社会青年，欲于父训师教之外，求一醇正平易，可以随意浏览，开发神智之书，几于不可多得，前年教育部亦既言之矣。噫，欧西之文化何其盛，而我何其敝也。等而上之，即不为奇异放诞之书画，而乃好持高论，出版一种不适国情之著作，无非提倡女子参政，或主张男女间宜为无限制之自由等等，是皆非造福妇女而贼害妇女也。著作人与出版人乌可徒取快意，不审度情势乎？是故移风易俗，书籍有责，积极言之，在著作人与出版人之道德增进。凡所营作，一以共图利济、禆益社会为归，然恐非旦夕间能臻此域，无已，其为消极之劝告，请女青年注意后列数点。

（一）书以有益科学、常识、家政等，画以消除烦闷、舒畅精神、不涉纤佻为主。

（二）短札笔记，未尝不可阅，惟严避浮薄猥琐之小品丛话。爱情画之不规于正者，不宜看。

（三）辨别书籍，或以识力不足而迷误，可请父母师友先审查，而后阅之。

记者暇时，好在书肆阅新到书籍。昨在观前某书店，见同时有男女两青年来购书，男购《美人世界》，女购《风月尺牍》。前此见女青年非所应购之书已数次，感而草此。先饷女青年，其许之否？

（载《妇女杂志（上海）》1917 年第 3 卷第 6 期）

言论出版之自由权要在实行[①]

李佳白

《北京晚报》本日之极大问题，乃为讨论华、美、英三国人民之言论出版自由权。慨自行政长官以擅权为便己，因而对于专制，每多亲爱；对于民政，每多拒绝。设使无司法独立以为之节制，虽民主国，其行政长官，亦鲜不流于专制，与帝国无异。李佳白近阅各报，得悉华、美、英三国政府对于言论出版之自由权，皆有不肯完全予民之意。从兹直至欧战解决，在拥护此种自由权上，何国能保全其尊荣名誉，实难预料，恐美亦未必能办到也。

美政府为便于行政长官专权起见，曾提起严查报界案，咨请国会通过，国会以其有害于言论出版之自由，辩驳数日，议决将全案打消。今又将国会打消之案，试行于我晚报主笔李佳白矣。此狱起自美国公使，彼新由北京汇文大学校，得授法律博士。其所试行之案，能否邀司法长官认可，尚属疑问。大抵三二日内，当可于上海法庭集讯判决矣。

与李佳白案同具可研究之价值者，后先又有《京报》主笔陈友仁之狱。陈君前论中华政府，尝直斥段氏一人为专制，段氏自不满意。又论法、日二国，尝直斥其种种不合，二公使自不甘心，无以陷之，乃利用段氏以下之狱，方以为莫予毒也已。然而陈君名誉，不缘此败坏，且因而益噪，多人称赞之，美人亦称赞之。多人请保释之，美人亦请保释之。美之《大陆报》更从而揄扬之。美之律师哲乃康氏，更著《言论自由与法律之原理篇》以推重之。由此观之，美人之良心不死，即美国之公道犹不死也。兹陈君经司法官判定有期徒刑四月，而黎大总统根据《约法》，无所瞻顾，毅然赦免之。是否美之公道与中华有别，而美

① 原文署“《北京晚报》原译，李佳白著”。

之司法实较中华为优，未审诸君以为何如也。

原告虽以诽谤美大总统罪名，横加于李佳白之身。然李氏不过直言美国加入欧战为失策耳。先是协约诸国及美公使，劝诱中国加入欧战。李氏尝显斥其非，在使署人员，自莫不以为获罪。似此有势力者，从未得李氏一字之褒，咄咄佳白能不惹起一般人之痛恨乎？然凡属仁人君子、慈祥恺悌直道之士，则莫不直李氏之论说。德人固誉之，天津《德华报》亦誉之，中国律师亦尝质问该论说之诽谤美总统处安在，更有无数华人与有胆识之美人，亦咸称颂之。黎总统、伍总理且无异言，警察总监更发给证券，准其悬牌，经理报务。可见中德人之良心不死，即中德两国之公道不死。彼出此手段，以对待李佳白个人者，实为玷污使署名誉耳。近该署虽为红十字会大筹捐助，恐一德亦未足以掩大眚也。

（载《尚贤堂纪事》1917 年第 8 卷第 6 期）

言论出版自由之感言①

李佳白

据美国波斯敦城来电，因拉佛礼德君（美国上议院著名议员）有反对宣战之言论，其肖像于四月四日经该处大学校生徒，在柴利河旁毁之以火，并引起多人之跳舞，以鸣得意。又据玻兰城九号来电，宏量会教士赵查理君之肖像，业经宗旨不同之人，于八号在该教堂前毁之以火，因彼在演说台上声言对德宣战之不合，并言：我已不能用我之行为言论，挽救我政府对外之大错。我政府业将千载一时之机会失去，我实深信德政府并未表示恶感于我国，我国乃径与宣战，在名义上全非正

① 原文署“《北京晚报》原译，李佳白著”。

当。故我教会在祈祷时，对于美德两国之人应一视同仁，不得专为美国祝战胜云云。

以上二电，得自美国报纸，可见美人在作战上振刷精神，十分激烈矣。然自二案发生，我侪亦应知由此直至欧战了结，教会中各小团体如贵客会、宏量会等，亦有能结合党侣，拥护真理，以美之无端与协约国联络对德宣战为失宜，而反对之者。余因之有感焉。尝忆美国宪法案内，其追加之第一条大书特书，谓美民有言论出版之种种自由权，于此乃愈以见我国宪政之完善。故与其听各派以武断主义激扬战事，以为总不如听其尽忠于美之宪法、美之精神、美之国徽，为尤善也。

《纽约新闻》，近著论说一篇，阅之，令余忆及二百余年前英国大法律家蒲力斯顿氏之说。氏尝谓言论出版之自由乃法律根据，万无可废之理。又忆及蒲力斯顿以前犹太国大先知数人，无论其王之为仁善、为暴戾，于当言者，总皆痛快出之，毫无顾忌。耶稣门徒，无论所遇何人，亦皆直言其理之所当言，以表示自由态度。然则通常之所谓自由者，亦可于此更进一解矣。自由者，非外乎规矩，任便压制他人之谓，乃以不妨害他人之自由为正当自由，不逾越范围之自由为守法自由，必如此乃可谓之真理自由也。

执政之权，秉于上帝，原为吾人所信服。然此次美国议会提起严查报馆一案，各报界皆视为非分，极力反对。上议院亦目为违法，不与通过。皆以似此议案，不惟有害于言论出版等之种种自由权，并为有害于国，有益于敌，故此等命令之自由，美人已公同表示其不能赞成、不能承认之意。若谓美报肯效欧报之激烈，则误甚，盖自由之过亦等于不及云。

（载《尚贤堂纪事》1917 年第 8 卷第 6 期）

告劳动界

我国工人素以安分尽职见称于世界。当此物力艰难、商业凋敝之时代，全恃资本家与劳动界开诚布公，互相维持，力求工商业之发达，庶足以支持此财穷力尽之国家。乃近今同盟罢工之风潮，层见叠出，说者谓生计所驱迫，然以记者之所推测，亦有不尽然者。即以此次书业罢工而论，双方争执之点，在工界亦并无绝对不得已之事实。若中华书局受牵连之影响无论矣，即商务印书馆之内容言之，其平日对于工人种种设备，虽未能尽臻于完善，而大致亦可谓不薄。乃因一言不合，即群起抵抗，平素一二感情用事，或生误会，情谊尽归乌有。其中固不乏明白事理之人，而以一二感情用事或生误会，遂致成此相持不下之现象，徒使公司之营业停止进行，而一般驯良之工人，亦几陷于失业之苦境，是又何为者耶？记者对于双方，所望早日和平解决，恢复旧状，以弥此工商界之缺憾也。

（载《申报》1917 年 3 月 30 日）

读书会之提倡

峄　闻

（一）

省城中等以上各学校校长，前在本会开校长会议。内有读书会之议决，处此国内外和战声中，而吾教育界，独能好整以暇，提倡读书，足见教育家头脑之清醒，究与一般神经瞀乱者不同。

或谓读书则读书已，胡以会为？斯言似也，而未尽读书之要。盖玉以攻而良，兰以湛而美，与其离群索居，德孤无邻，又孰若广集同志，互相切磋之为乐乎？知夫此，然则读书之会益不可少矣。

（二）

吾国前代讲学之风甚盛，若朱、陆之鹅湖、鹿洞，其所论尊德性、道问学，喻义、喻利，无极、太极诸端，尤为详尽章著。近见美国各教职员，每年亦须入研究会上课十日或两星期，以补充其学识，唤发其热心。又每月一次或二次聚集谈论心得。是则读书会之设，可谓远法前代讲学之遗意，近符美国研究之旨趣。吾愿省内外各教职员闻风兴起，各以读书相提倡，行之数年，或亦丕变学风之一道欤？

（载《教育周报（杭州）》1917年第188期）

1918 年

民国七年出版界之回顾

味 戆

人事倥偬，倏又经年。本界自发行迄今，已历四十有八期。于国内出版事业，未能有所指导，良用歉仄。

回溯民国七年中，几无时不有干戈扰攘，而今年为尤甚。国外有协约国与同盟国之战，国内有南方与北方之战。教育事业因之阻滞者不少，而出版事业尚不致受若何影响，此其可喜者也。更就出版物之趋势言之，对于学校则趋重实利主义，对于社会则注意灌输常识，民智增进，而国力亦因以发展，如此现象，非吾人所深慰者乎？

然一般无行文人误解出版自由，朝著一稿，暮已成书，视其说明不曰警世，即曰砭俗。至检其内容，无非诲淫诲盗，伤风败俗而已。夫出版业者虽亦营利事业之一，然其间实含有普及教育与促进文化之二大主义。彼只图一己之获利，不顾道德之堕落者，是殆所谓出版界之黑幕乎！

查民国四年七月教育部曾咨行内务部严禁荒唐小说，今成案具在，官厅既搁如废纸，人民亦视若虚文，殊可慨已。

（载《出版界（上海）》1918年第48期）

劝禁淫书淫画淫戏说

敬　畏

天律惟淫最严，人祸惟淫最烈。世之犯淫者虽其自造恶业，然无显导之者，则淫机不触、淫趣不生、淫心亦无由而炽。自有导淫之具，淫机淫趣，触目而生，欲人之不炽其淫心，不可得矣。故淫为万恶首，导淫之人尤淫恶中之首也。导淫之类不一，大要有三：一曰淫书。以私期密约为风流，以钻穴逾墙为佳话，甚至床笫间不可言传之事，皆拟其声容，传其情状，披而阅者有不神摇意荡者乎？一曰淫画。为狂苴写照，栩栩如生；为妖艳传神，盈盈欲活。并在衽席间不堪目睹之形，亦皆有象毕呈，无微不露。展而玩者有不目醉心迷者乎？之二者犹托之空言幻想也，至于淫戏以真面目传男欢女爱之情，以实形骸作覆雨翻云之状，举淫书淫画所不能尽者，无不尽态描摹，极情妆点。导淫之术，蔑以加矣！且淫书淫画，未必尽人而观。即观之，或犹有所隐讳，兹则贤愚良贱，杂坐喧呼，老幼妻孥，同场指点，为之者不知羞，观之者不为怪，以致享宾宴客，俱成纵欲之场，祀祖酬神，悉作诲淫之局，伤风败俗，尚可言乎！嗟嗟！男女之欲，如奔驷溃川，即勉事羁勒提防，犹岌岌乎有覂驾横流之患。况诱之以益其放纵之性，导之以速其就下之势哉！童子天真未斫，因之情窦顿开，老成嗜欲渐平，对此邪魔复扰，吾不知为此者，何心必驱天下之人，尽归于淫欲之途而后快也。且人心之善恶，常视所导为转移。同一书也，读格言善论，则生警惕之心；同一画也，瞻神像圣容，则起庄严之念；同一戏也，观忠孝节义之事，则竖贾为之动容，妇孺因之涕泣，亦可见人心之灵，有感则动。斯三者，又感人最捷，然则为此者，何不正用之为劝善之方，而乃妄用之为导淫之具乎？用以劝善，斯生财之道，亦种福田。用以导淫，则渔利之场，俱成孽海。即为谋生计，胡为必舍彼而就此也？闻之阴律有云：造淫书淫画者，在地狱中，受苦一千五百劫，俟其所造之书板画轴尽灭，并因其书画犯淫之人罪孽满后，彼方得解脱。演淫戏者亦然。夫冥漠之事，虽不可知，以圣人“作俑无后”之言观之，其理断有不诬者。

噫，为谋生之故，致令天下之人因我而造孽于无尽，而我身亦自受孽报于无穷，稍有人心者，当亦惕然思返矣。吾兹为习业者劝，凡作书者，上之为格言善论，发人警惕；即不然，齐谐异志，无不可新人听闻也，万万不可刻淫书也。作画者，上之为神像圣容，启人敬畏；即不然，名花异景，无不可供人玩赏也，万万不可绘淫画也。作戏者，上之为忠孝节义，动人观感；即不然，新闻轶事，无不可娱人耳目也，万万不可演淫戏也。推之三者之中，凡在女色，在在禁绝，庶使人淫机不触、淫趣不生，淫心即无由而炽。即世未必从此无淫人，但我不为淫之倡，即不为恶之首，改过以迁善，转祸而为福矣。尤愿有地方之责者，出示严禁，剀切晓谕，遇淫书淫画，则搜求板轴而劈毁之。淫戏则于演剧之场，派役查禁。自禁之后，犹有藏卖淫书淫画，及僻远之乡私演淫戏者，一经访出，立予重惩，庶几力挽颓风，维持世道，一反掌间，造福无尽矣。即或事权不属，亦须苦口危言，广为劝戒。若辈具有天良，必有因之改悔者，亦可于万分中补救一二。苟实系冥顽不可开导，别无他策，惟有不购淫书、不买淫画、不观淫戏。人人如此，便彼射利之术穷，彼将自止。是亦不禁而禁之微权也，造福获福，同志者其勉之。

士为四民之首，无论穷达，俱有维持风化之责。近世淫风流行，蔑礼义，丧廉耻，此人心风俗，一大关头也。口舌微权，力为挽救。较之他项施济皆事半功倍，阅者幸勿以为迂而置之。

（载《进德杂志（常熟）》1918年第2期）

小学国文教科书之研究谈

钱青选

通行教本之不通用。各印书馆之刊印教科书，为通行全国计，非为一省一县一区计也。然国中学校之设，不能同在一处，既异其处，而谓教科书能同者乎？今既强而同之，对于各地方之土地、风俗、气候、物产，不能详加考察，即儿童普通性质之悬殊，亦非所研究也。是故适于北省者，不适于南方，适于甲省者，不适于乙省。即就近年通行之教科书论，而求其完美适用者亦鲜。试举中华书局出版之新式国文教科书，详加考核，第一册第三课之前所已知者只四字，而第五字即授以弓字。按弓之字形虽简，而笔顺之难实甚。且同一三画，而弓字与口字之比较，则难易不啻天壤。况弓现已不行，儿童日常多未之见，安可以未见之物，突然教授之耶？即关于训练一项，亦有未妥者在。盖儿童知弓之用法后，富于模仿性质，或将自为一弓，在家庭间乱射。虽谓教者训练之欠周到，而此等初入学儿童，曾受几何之训练乎？第三十课《塔九层》："我登塔，塔高我亦高。"词句虽妥，亦欠斟酌。盖塔非随处均有，儿童或有永未见塔者，而必欲授以塔如何大如何高，究能使之领会乎？第卅四课："儿病愈，母心喜，挈儿出游。"此等字句，适于富贵之家，而不适于贫贱者。盖富贵之家，富有家财，偶病即药，闲时游玩。而贫贱之家，朝不谋夕，时苦无资，即有资亦自劳苦中得来，断不肯轻易延医。即愈后父若母俱勤于治家，安能若彼富者常游玩于柳荫中也？儿童读此课后，无论贫富，如或遇病，必强父母延医，不顾父母之有资与否。又愈后必欲与其母同游，不亦难乎？第三十六课，"蝉"、"螳螂"、"黄雀"、"弓弹"等字，亦非甚妥。盖前数课所授，已系有系统的记忆，而今又授以机械的，儿童必生无趣。且该课教授书中，形式段有视写法，"蝉鸣树上"、"螳螂捕蝉"、"黄雀捕螳螂"、"人捕黄雀"等句。何不减其字句，而成有秩序的文言为一课耶？又如第二册第四课，"山中有古寺，寺门常关，时闻钟声"等句，尚欠研究。夫学校未必皆近于山，即近于山或亦无寺，而必选此课以授儿童，立意未免偏于深雅。第四十一课，"夕阳将落，鸟入林，兔入穴"，夕阳与鸟为儿童所常见，授之固宜也。而兔则非儿童所常见者，授之未免勿克奏效。况儿童所常见者甚多，何必斤斤于一兔为哉？或曰：然则此兔字既非常见，可终身不授欤？曰：非也，兔为普通浅近之字，安能不授？惟非其时耳。又第二册第十二课，"蓬生麻中，不扶自直；白沙在泥，与之皆黑"等句，材料虽取自修身科，有关训练，而寓意犹深，教授恐非其时。第十三课，"一老人持杆钓鱼，得鱼换钱，得钱买米"等句，连用二“得”字，鱼可云得，而钱之上可不必用得。盖鱼之钓，究能得否，不能预料。幸而得之也，故曰得。然既得鱼，则自有代价矣，又何必用得，不若易而为以钱买米。第四十七课，“夜寒，炉中烧炭，一家人围炉坐，笑语不知寒”等句，词句既过雅，又非普通的。盖寒日围炉而坐者，南方人甚少也。第三册第二课，赵儿念父，并寄儿信。教授恐亦非其时，盖该级生之固有知识仅一年之积也。第三册第十六课，“鸡每日必以米饲”之句之“必”字太死。盖鸡非必食米，糟糠亦能食也。况彼贫贱之家，又焉能日饲以米乎？第三十四课《织锦》，亦非现今所通行。又儿童毫无历史知识，“赵达之妹”四字，待如何详解而后能悟？教授亦云繁矣。第四十六课《雷雨》，“大风来大雨来”，叠用二“大”字二“来”字，句法得毋嫌其不变乎？又第五十课程度太深，恐不适于二年级之上学期。又第四册第二课《赵儿奉父信》，教材之排列，亦不合宜。又第十八课《刻舟求剑》，绝无兴味之可言。初学年儿童重兴味教育之说远之矣。第五册第十一课《爱兄附信二》，教授亦欠迟。第二十七课花时间只二次，而教材较他课为多。又如“菊比隐逸、莲比君子、牡丹比富贵”等句，恐亦非国民部所宜授。第二十四课日记有“园中绿草如茵”句，时已秋矣，而草犹能绿如茵耶？第二十三课《旅行》，如推之“鸢飞鱼跃，纵观可得，斫草拈花，俯拾即是”等句，亦不合时令。盖时已深秋矣，万物息影敛踪之时也。彼鸢鱼者何乐若是，而草花又何如是其繁盛耶？且末段又有“景色宜人”句，斯时春耶？秋耶？而犹言景色宜人也？第七册第十八课《戒吝》，“懊丧久之”句，究系属谁懊丧，如谓某农也，则某农固外出未归。如谓其妻与女及佣也，则此三人固未尝有吝之可言。诚不知此句自何而来也。余以为“饭焦于釜之下”，应加“及某归，讯得故”二句，其后然后接以“懊丧久之”句。第二十四课《海之关系》，“海天壮阔、气象万千”二句恐非国民部所宜。又如第四十七课《游历》，“人居乡里中，见闻至有限也，出门纵跳”等句，似亦未妥。试问此门自何而来？既居乡里之中，则为乡里之门矣，范围何大若是，出门即有妍丽之风景、新奇之事物，岂乡里中无此耶？第八册第二课《德意志》，不宜讲德处极强盛之位置。盖我国近已联入协约国，现且出兵与战矣。将来之时局若何尚未可知，既读是课，能毋使儿童顿生畏心，以自馁其气耶！虽云编该书时，我国并未入协约国，要之无论如何，必须留余地，以为将来计，不宜处德于极盛之地位也。第九课“交涉多数国民”句，此多数国民，指国民而言耶，抑指国民中有势力者之一部分而言耶？如谓指国民而言，则不必加多数二字，既属中国人，谁非国民；既系中华民国之国民，谁无后援之责任？如指有势力者而言，则不必编入教科书中，以授儿童。综上所述，俱为该书之缺点，此外犹不胜枚举。夫该教课书固比，近年通行教科书之翘楚也，缺点犹若是其多，况其他耶？

不用通行教本之方术。彼教科书既不适于用，则又焉能勉强从事哉？然则将何以代教科书乎？曰莫如多备各种教授书，详加考察，而选其精者以授儿童。或对于地方认为确有不容缓者，该科教员亦可自作浅明文章以授之。国文教材约分形式、实质二项：就形式而言，《教则》第三条第二项，国民学校首宜正其发音，使知简单文字之读法、书法、作法，渐授以日用文章，并使练习语言。就实质而言，《教则》第三条第四项，其材料就修身、历史、地理、理科，及其他生活必需事项，须择其富有趣味者用之。又第五条女子所用读本，宜加入家事要项。要之，既选某课，而教授则当注意某课之目的。其目的凡二：一在传达知识技能，二在磨练身心之能力。就第一目的言之，俾儿童将来适身社会，成有用之国民。惟儿童异日之地位职业等未可预料，故教材宜选普通的，而不宜仅益于一阀族，或一职业者充之。此选择之第一标准也。就第二目的言之，德人哥的氏曰：凡人之精神，不适应于自己者，决不受之。又德人赖因氏曰：凡可以惹起儿童之兴味，而系留之者，惟教授材料而已。又曰：以适宜于儿童理解力之材料，始能惹起其兴味，而使之彻透，且保存焉。二氏之说，即选择之第二标准也。既传达其知识技能矣，又磨练其心身矣，而尤须赖有德育的教授。盖国民学校以陶冶儿童之道德品性为第一要义。小学校令第一条：小学校以留意儿童身心之发育，培养国民及道德之基础，并授以生活所必需之知识技能为宗旨。夫国文为小学校重要科学，可不双方顾及之？虽有修身另设一科，亦不能轻易忽之，此选择之第三标准也。他如国民基础之培养，亦当注意及之。

教材之排列与联络。教材既选择矣，而犹有排列及联络之研究也。兹先述教材之排列当注意者凡六。

（一）当适应于学级之编制，土地之状况，男女之性质。

（二）顺材料固有之序。

（三）当注意前后之联络。

（四）选定之教材，当与时令相应。

（五）应教材之难易，定教授时间之分量。

（六）各段落及休假期，宜留复习之时间。

至于教材之联络而言，国文之材料，宜包括各方面，与各教科相衔接，不能独立也。

教授法之改良。教科书既易而为自行选择之文章矣，则教授法亦不能不易。虽然，教科书之教授法，已通行数十载矣，而今忽变而为选文，则其教授法之研究，更有不容缓者。兹举验得者略述于左，聊供研究焉。

第一，详解被选课之生字并运用。

第二，译课文。（法由教者口唱教材，或国语，或白话，或方言，命儿童速记。可分三期，第一期在翻译听写之间；第二期与以一段之大意，使之记述；第三期与以全课之大意，或只命题使自作之。至此时作文时间可不必另设。）

第三，与以完美之课文，使之与己所作者比较之，又详加改正。

第四，表演、记录、应用。（一年级生不在是例。）

施用是法有应注意者凡五，列述于左：

（一）一年级与二年级固有知识，既系浅薄，而思想又不甚发达，无发表之能力，如听写、翻译、自作等，安能与三四年级同一施行？宜以自印或抄写之简单文字、语句与之。

（二）儿童心理每喜图画（审美的观念），恒见有阅图画而识字会意者。自印或抄写之课文，既无图画，则儿童之兴味必致顿减，将大有种种之妨碍。故于印刷时能加入图画者尤妙，否则，教授时不得不于板上画种种彩色画（用五色粉笔绘之），以收其成效。

（三）课文既系每课一纸，又系教授时临时分给，则此项课文必致散乱，故亦不得不注意及之，是在教者训练功夫之若何耳。

（四）课文既系自印，则不得不注意印刷。苟印之不精，反致为害，犹不若用通行教科书。

（五）教者苟不明选择教材之理，或不谙教授法，亦仍不能收效。要之，能善用者，自能收益，否则反之，用是法者其慎诸？

上述诸项，足证教科书之不适于用，宜易而为自行选择，以彼弊多而此可稍免也。然于教授之际，犹有便利焉。盖儿童性质，每多喜新厌旧，与之教科书，无论字之识否、意之会否，必全本翻阅而后已。如授甲课，则预看乙课，及至授乙课时，预备问答，反不明了，是则预备问答，失其效用矣，惟用是法者能免之。

余犹有望于各印书馆者。夫印书馆，固以印书是务，而小学校国文教科书又其大部分也。如停印该科教科书，则营业问题，必致大有变更。苟各书馆之营业，因是阻碍，岂教育之幸福哉？余以为不若改良固有教科书，而印以每课一纸，则学校既受其益，而营业问题亦无妨碍矣。

（载《教育周报（杭州）》1918年第217期）

1919 年

民国八年出版界之希望

味　戆

出版事业与教育事业，相分而实相成。今有教育者于此，口讲指画，未尝不尽心力而为之矣。然苟无出版物以为凭藉，则听者或恐转瞬而忘之也。又教育者之演讲，其效果仅及于左右四围，而出版物之分布竟能远至千万里，此其大较也。然按其程序，教育者其先导，出版者其后盾。教育事业，既随时会为变迁，出版事业，亦当踵其后而逐渐改进。今日者，世界和平，国内统一，战争之惨近百年内当不复再见。惟经济竞争将日益加剧，且逐鹿之场必在东亚。故今后教育者当变更旧法，重定新方针。而出版者亦宜急起直追，不可有落人后。吾所希望于民国八年出版界者如是，倘亦有闻斯言而觉悟者乎！

（载《出版界（上海）》1919 年第 49 期）

出版事业与教育

进　之

一国学术之昌明与否，常视其出版之多寡。一国教育之普及与否，亦常视其出版之多寡。吾国不但高等、中等学校缺乏教科书参考书已达极点，即今欲倡办义务学校者，亦无适当之教科书以应其用。欧战前一年，曾在美国调查其仅关于社会经济之书籍，每年出版且在三千卷以上。日本关于欧战之书亦多至二百余种。返观吾全国每年出版书籍，总计每年不过百余种，岂不欲愧死！

吾国亦不乏从事学问之人，然国内出版事业不但以数量言不如外国，即以比例言亦不如外国者，其故盖在乎此：（一）学校教员担任功课太忙，钟点太多，课余亦无心从事著作。（二）为校长者忙于奔走，并不奖励出版事业而反忌视教员之从事著作者，以为其为个人谋利也。据余所知，某校对于教员之有嗜好者则听之，而对于抽暇著书之教员则多方压抑之，岂不可怪？（三）国内奖励学术之学会寥若晨星。（四）书店收罗书稿，但知迎合社会之心理，以谋营业之发展，学术文化则常置诸脑后。夫我国书籍之需要如此其大，而社会对于著述者反如彼其啬，吾愿教育家其猛省之。

（载《世界教育新思潮》1919年第31期）

今日中国之杂志界

罗家伦

西洋的定期出版品，或曰 Review，或曰 Monthly，或曰 Weekly 种种。而以上几种常用的名词之中，并没“杂”的意思，所以中国人学日本人把各种定期出版品都叫“杂志”，是有点不妥当的。不过现在已经用惯了，我也不必另改。况且一个名词的意思，随着用处，也常有伸缩的余地。我劝读者只当“杂志”是一个名词，作日报以外的“定期出版品”解，不照中国原有的字面解，那就对了。

我现在既然要来批评中国今日之杂志界，实在有几种困难。（一）中国近年来杂志太多，不能全看。（二）这班杂志，忽生忽灭，不知上年出版的今年是否继续出版。既然有这几种困难，我就难于下笔。好在我们图书馆里还有近年来的杂志几百种，重要的我都勉强翻过。我现在所批评的，只是其中有点势力，可以代表一部分趋向的杂志。有几种明知他早已停版，但是他这种倾向，现在还没有消灭，所以也不妨提出来批评一番。

中国近来的杂志，忽生忽灭，虽然很多，但是归纳拢来，也不过以下几派：

（一）官僚派。这派大概都是政府的机关办的，也有许多是地方公共机关办的。其中所登载的，除命令之外，尽是无关重要的来往公文。其实这种东西，何得名为杂志？不过是官家的“档案汇刻”罢了。我想官家的“档案汇刻”，也应该刻几种重要档案，才合于给大众看的宗旨。何以芝麻大事的稿件，都要刻出来，难道是国家的钱多不过了吗？《内务公报》、《财政月刊》都是这一类的东西。其中惟有《农商公报》一种，常有许多国外调查，同种植、牧畜的方法，是很重要、很出色的。我想这类的杂志，如果要不虚糜公款，应当极力改良。譬如教育部所出的《教育公报》里连篇累幅的毕业生名单同学生改名字、改年龄的公文，仅可尽数删去。一面把各处视学所调查的各省教育情形，一律登出；一面请人将东西洋的新教育名著，多多的译出来按期发表。（近来间或有之，但是少极了。）实行第一层有三种好处：（一）可以使国人知道国内教育的真象，能生出种种有益的研究。（二）可以使国人批评视学的调查真确与否。（三）可以使各省办学的人，有点警诫。实行第二层可以灌输许多新学说到中国来，以造成一种教育界的新空气。因为新学说的本身已经很有利益，受人欢迎的，一经教育部提倡，更是容易推广了。那不比以办教育杂志的责任委诸市侩好得多吗？（顷阅新到的《教育公报》已经改良多了，但是还可以改良。）这不过是举出与我们最关切的《教育公报》做一个例罢，其余也可以照这样子因势利导去改良，与中国官僚派的杂志开一个新纪元，才是办法。（昨日接本年第一期浙江省教育会所办的《教育周报》一份。其中《本年宣言书》有四条方针都是很要紧的话。而其中第三条谓：“本报悯国人之迷惑过深，痛旧染之遗毒太甚，对于过去现在之旧习惯，当力加抨击，词之过激，所不避也”等语，真是公办杂志中最有魄力的话，我深望该报极力进取如其所期。）

（二）课艺派。这派的杂志，现在最为时髦。无论那个学校里，都有一两种这类的杂志。这类的杂志既然是学校里的学生办的，我自然也有种学生的同情，何敢求全责备呢？那知道我看来看去，总没有遇着一本满意的。每次翻开这类的杂志来，都觉得有两种最讨厌的东西。一种是策论式的课艺，一种是无病而呻的诗。除了这两种之外，大都空无所有。学校里的当局，总以为这是学校成绩的表示，学生做稿子的人，也俨然以成绩自居。我总想问他们：这种的课艺同诗，就是学问吗？就是学校所欲表示的成绩吗？我翻起上海的交通部工业专门学校学生杂志一看，里面说工业的，占不到五分之一。连篇累幅的都是什么《大学》、《中庸》的序，题校园红叶的诗。若是不看封面，我几乎以为是一本国粹学报。难道这就是工业专门学校所应当表示的成绩吗？天津南开学校有一个《校风》真是荒谬绝伦，里面所做的课艺，都是什么“学于古训乃有获”、“我战则克”、“汉高祖封项伯斩丁公论”的一类题目。一百十四期里面，居然有位蒲留仙的函授弟子，做了一篇《灵仙》，大为“狐仙”传道。咳！我不料中国著名的教育家办的学校，有这妙的成绩。其余也就可以类推了。我想，提倡这种杂志的学校当局，同做这类稿件的学生，应当有根本的觉悟，革面更心的去整顿。与其登这种头脑不清的课艺，不如请各位多译几篇西洋长短篇关于科学、关于常识的论文；与其登无病而呻的诗，不如请各位做几篇开人智识，有补社会教育的演讲。不然，我实在替纸张和印刷材料可惜。

（三）杂乱派。这派大都毫无主张，毫无选择，只要是稿子就登。一期之中，“上至天文，下至地理，古今中外，诸子百家”，无一不有。这派的名称举不胜举，最可以做代表的，就是商务印书馆的《东方杂志》。这个上下古今派的杂志，忽而工业，忽而政论，忽而农商，忽而灵学，真是五花八门，无奇不有。你说他旧吗？他又像新。你说他新吗？他实在不配。民国二三年黄远生先生在主持的时候，还好一点，现在我看了半天，真有莫名其妙的感想。这样毫无主张，毫无特色，毫无统系的办法，真可以说对于社会不发生一点影响，也不能尽一点灌输新智识的责任。我诚心盼望主持这个杂志的人，从速改变方针。须知人人可看，等于一人不看；无所不包，等于一无所包。我望社会上不必多有这样不愧为“杂志”的杂志。

（四）学理派。这派名实相符的很少，有许多是冒充的。我现在不问新旧，不问真假，把这类的杂志，归在一处，再分为两大数：一是脑筋浑沌的，一是脑筋清楚的。每类之中尚可分为小式，待我说来：

（A）脑筋浑沌的。这类杂志，名为谈学理，实在没有清楚的脑筋，适当的方法，去研究学理的真象，只是浑浑沌沌的信口开河。这种谈法，真是误人不浅。大约可以分为两个小式：一是市侩式，二是守旧式。这班市侩式的杂志，上面高扯学理的大旗。就实际而论，做的人既对于学理无明确的观念，又无研究的热心，不过打空锣鼓，以期多销几分。而且最讨厌的莫过于商务印书馆所出的《教育杂志》。这种杂志里面，虽然也有过蒋梦麟、黄炎培两君所著几篇还朴实点的东西，其余多半不堪问了。还有一位贾丰臻君，专说空话。他做一篇《欧战后学生之觉悟》，说到要旨，只是“其责任之重，重于千钧；时期之急，急于燃眉；地位之苦，苦于尝胆”的几句话。又做了一篇《教育宜保存国粹说》，说到归根，只是“名教中自有乐地，纲常外别无完人”两句。诸位！这种话着一点边际吗？贾君提倡名教，请问名教的界说是什么，是谁造的？说到纲常方面，难道贾君还相信“君为臣纲，夫为妻纲”一类的话吗？听说这位贾君还是江苏第几师范的校长，许多人还崇拜他做“中国当代的大教育家”呢！还有商务印书馆的一种《学生杂志》，本是一种极不堪的课艺杂志，然而也要帮着《教育杂志》谈谈学理，论论职业教育。五卷十二期里有一篇《任职之第一年》说：“讲究社交之术，养成谦让克己之德，以除学生习气幻想恶弊。庶几出而任事，有措施适宜，志得意满之乐，得任用者之欢。”我真不解这是什么话！说到学生有“习气”，我是绝对不承认的。“习气”是恶社会污赖我们学生的名词。社会以为是我们学生的“习气”，正是我们没有与社会同化的“朝气”，出来任职，原是契约上的关系。至于要委曲求媚“以得任用者之欢”，那岂不是娼妓行动吗？办杂志的人可以用这种的话，来教我们心地清白的青年吗？其余若《妇女杂志》专说些叫女子当男子奴隶的话，真是人类的罪人，听说有好几处女学校还只许学生看这种杂志呢！总之这种的谬处，指不胜指。这类的杂志若不根本改良，真无存在的余地。若说到守旧式的杂志所谈的学理，也有许多可笑的地方。这类的杂志从前最出名的就是《国粹学报》，其中虽有不纯粹的地方，但是有极少的几篇，也还能整理出旧学的头绪来。等到后来什么《中国学报》，《洪宪学报》，那就糟了。其中材料，既不能持旧学作有统系的研究，又不能在旧学内有所发明。古人的年谱同遗著，占了极多的篇幅。我以为前人若是有价值的东西，仅可印单行本，何必在杂志上替死人刻文集呢？他们难道不知杂志的性质吗？这种冢中枯骨的已往印刷品，我本来不愿批评的，但是我前月还看见北京书坊里有卖他的，社会上还有许多也学他的，所以我不得不乘便说几句，以备一格。

（B）脑筋清楚的。我对于这类的杂志，非常佩服。他们的长处，就是少说空话。著者对于学问多有明了的观念，适当的解决。这类之中作政论的前有《甲寅》，后有《太平洋》。两种的好处，都在能朴实说理，不用感情。而且能用批评的眼光，讨论是非的真象。《甲寅》虽已停版，闻《太平洋》尚拟出版，全用白话，更从积极的新学理方面着想，那更是有声有色的了。（《甲寅》中的“评论之评论”与《太平洋》中的“海外大事评林”是很难得的。）论科学的有《科学》、《学艺》、《观象丛报》等种，而以《科学》为最有价值，而以前二年的《科学》为更有精采。我常说中国人思想糊涂，决非空言。所可改革的，最好是传布一点科学知识把他们。若是他们有科学的思想，他们的思想自然会上轨道，因科学的思想是有轨道的思想。我很想科学发达，所以我有三点盼望于科学社的。（一）多做科学方法论，而少有过于专门的东西。因为过于专门的东西，国内中等知识以下的人还看不懂，高等以上的人，大概都可以直接看西文（这不过就国内现状说法，不是说过于专门的东西不应该有）。而科学方法论实在是改中国人“糊涂脑筋”为“科学脑筋”的利器。不但治科学的人应当知道，就是不治科学的人也应当有，而且容易看懂。（二）专用白话。《科学》的文章贵乎说理明了，一望而可以唤起读者的兴趣。《科学》上说理的文字，虽然也经著者费了许多苦心做得还好，但是为中国文言本身有许多多歧的地方，所以读者看起来还是很费气力，而且容易生出种种的误会来。若是用赤裸裸的白话文来说科学的道理，我想一定更要真切明了，更可以唤起读者的兴趣。科学社诸君何妨试一试呢？（三）或是专以现在的《科学》作纯粹专门以上的参考书用，而另外发行一种《科学讲演录》

说科学上最新的，而比较起来还算浅易一点的道理，以为中等知识的人的参考书。我想这种出品，传布科学的效力更要大。我也知道科学社的经费很支绌，但是我一方面望社会上有慷慨的人为他捐助巨款，一方面也盼望科学社的诸君，赶快着手去做。我们今天要做的事，千万不要等到明天。《学艺》的材料朴实，我是很佩服的。《观象丛报》以政府机关，而能打破官僚习气，不染数千年的秘密主义，尤为难得。不知道我对于《科学》的有的三条意见，他们也可以仿行一二吗？论社会、思想、文学各问题的有《新青年》、《每周评论》两种。《每周评论》虽只一张，而材料的精富，议论的警辟，不但没有一种日报及得他来，就是许多长篇厚本的杂志也都及他不来。其中对于国内外的大事，能作有统系的记载，令读者一目了然，更是难得。听说不久就要改成小本呢。《新青年》是中国改革事业最新的动机，其议论的彻底，胆量的宏大，真是绝无仅有。他的价值，社会上早已知道，不必我多说。但是我希望《新青年》的还有两件事：（一）是多做朴实说理的文章，多介绍几种西洋的新学说过来。（二）虽然对于现在顽固思想，应当极力扑灭，但对于非绝对不可救药的人，总当与以回头的路。我们言词之间苟能“哀矜勿喜”，那我们革新的事业，更容易推广得多。以上我对于这派脑筋清楚学理派的贡献，不知诸公也以为有可以采择的余地吗？

我对于现在中国各杂志的批评话大概说完了。但是有人问我办杂志究竟应当怎样呢？我为了这个问题，也想了许久。我现在把我对于杂志的意见有几条，与中国办杂志的人商酌商酌。

（一）有一定的宗旨。办杂志的人不是万能的，样样都知道的；看杂志的人也不是万能的，样样都知道的。所以一种杂志必须带一种特别的彩色——就是有一种特别的宗旨，然后可以使读者心中有一种的统系，然后这种杂志里的言论会发生一种的影响。若是上天下地，合牛溲马勃融为一炉，那不但著者浪费笔墨，就是看者也白化脑筋。所以我方才说，人人可看，等于一人不看；无所不包，等于一无所包。所以我劝中国现在可以收集几篇文字，而无特别主张的人，仅可以不办杂志。把这几篇文字送到他人的杂志里去作投稿，还好得多。

（二）有知识上的联合。知识上的联合，实在是办杂志的人的第一要义。譬如论到某个问题，编辑的几个人就应当预先把这个问题，讨论一番。你有所不知的，我告诉你；我有所怀疑的，你质问我。然后将讨论之所得，布告出来请大家看看。这样办法，不但可以使议论精确得多，并且可以省读者许多脑力。美国有一个周刊叫做 New Republic，里面有编辑五六人，都是很有学问的。他们造起图书馆来，大家同在一处研究。研究所得，经大家同意后，以不署名法就宣布出来，以作这个杂志的公共主张。（若是一人特殊的见解，未得大家同意，也可以宣布，但须署名。）所以这个杂志的议论格外精锐，为美国现在最有势力的杂志，每周之间，居然销到几十万份。这个方法，我们中国办杂志的人，正该模仿才是。

（三）多设周报。现在文化发达的时代，运输知识、贯彻主张的利器，莫过于周报。日报出版的时间，太匆促，所以除了几条新闻之外，其余很难编辑完善。而且每日的新闻，也很难有连贯的统系。月刊相隔太久，使人等得不耐。而且对于大事的评判和记载，不免过迟。惟有周刊一物，可以有以上两物之长，而无以上两物之短，所以成效更大。现在中国除《每周评论》以外，还有新出的《时事旬刊》，大约也是得了这种觉悟。我盼这类的周报，愈多愈好。

（四）趋重批评。批评这件东西，实在是改革思想、进促现状的妙品。中国人脑筋里没有判断力，所以没有批评；因为没有批评，所以脑筋愈没有判断力。长此以往，我们中国人真要永远做糊涂虫呢！现在补救的方法，就是各杂志里多设批评。不问社会上的阻碍，他人的怨恨，批评家总是按着真理，秉公出来话公道话。对于政治方面，总当不为强权同金钱所屈，据实把是非揭出，以指导一般的国民。对于社会方面，总当把一切顽固不合科学的思想，极力扑灭，做“国民公敌”，也都不顾。对于书籍的批评，更是要紧，一面应当把世界上有价值的书籍多多介绍过来，一方面将中国现在市侩流氓害人的书籍一律打倒，免得青年上当。西洋杂志里的“Book Review”，日本杂志里的“蒲鞭”，往往多至数十页。我们看了他们判断的能力与提倡学术的热心，能不惭愧吗？

（五）有统系的记事。我每每看到西洋几种著名杂志里的记事，十分羡慕，而我们中国杂志里，偏是没有。现在《东方杂志》里虽有国内外的大事记，但是都是断烂的朝报，毫无意识。（两卷以前的《新青年》里有许多国内外大事记是很好的，现在为体裁所限没有了。现在有而且好的，只有《每周评论》一种。）这种有统系的记事，不但对于国民思想上狠有关系，就是对于前面的论说也有关系。（对于政论杂志尤其要紧。）近年来我翻开一本杂志，往往看见前面的论说里，高谈国内外重要的政治问题，大有贾生痛哭陈辞的气概。而我对于这件事的原委，遇有不曾明了之处，常常希望后面有详细的记载。那知道看到后面，记事一点没有，所有的只是香草美人的艳诗，支离琐碎的笔记，我真不明著者命意所在呢！所以我劝国内办杂志的人，赶快把这些无聊的文苑杂俎去掉，留点精神做些有统系的记事罢。

（六）略加讽刺画。讽刺画是改良社会很有用的器具。为英国的 Punch 等，都是专登讽刺画而很有身份的杂志。其余若英美两国 Review of Reviews 各种杂志里的讽刺画，都是很有兴趣的。但是讽刺画的宗旨，总要含蓄深而寄托远，规劝多而诟骂少。所以大战时代，英美各杂志上间有使德国过于难堪的讽刺画，真有见识的批评家都不以为然。现在上海也有些人专画轻薄无聊的讽刺画骂人，那更是讽刺画的罪人了。

我以上一番话，我知道读者、编者是有许多早知道了。读者、编者知道而不肯说，而不曾改良，所以我不能不说一番。因为批评的责任，只能够就事论事，而不能问人家心里知道不知道，所以我辞费的地方，还要请大家原谅。有人问我道："你专门批评人家办的杂志，你们自己办的《新潮》怎样呢？"我说："我们在学生时代实在没有能力办杂志，但是因为现在我们中国学问界里太寂寞了，所以我们不得不勉任其难。"——这番话，我们的《发刊旨趣书》里已经说明了的，不必再说。我们的志愿，总想学一个西洋好一点的 Review，或 Monthly，而不想办一个中国式的杂志。然而我们又要读书，又要做文，实在异常苦恼，所以力不从心的地方很多，不完不备的地方也总不免。若是有社会上热心的批评家肯费心来指教指教，我们是异常欢迎的。再谈罢！

（载《新潮》1919 年第 1 卷第 4 期）

今后杂志界之职务

景　藏

今称定期出版物为杂志，虽仿自日本，然习用既久，亦实无以易之。盖杂志之“杂”字，含广狭两义。广义谓包括一切学术，狭义则就一科之中，各种学说无不备具。前者如本志及《太平洋》等，不分别门类者。后者如《数理杂志》、《法政学报》等，专以一种科学为范围者。(亦有如科学等对于其他学术为范围者。) 其他又有以主持此杂志之人之现在地位为范围者（如《留美学生季报》以留美学界为限，《大学月刊》以大学教职员为限)，又有以宗旨为范围者（如《劳动》、《新青年》、《新潮》等虽有主观客观之别，均以所标宗旨为范围)。凡此种种范围仍非杂字无以名之，盖包括一切者固谓之杂，专就一种科学或一类之人，及同一宗旨之人，所撰述者，亦不可谓非杂。不纯粹固为杂之的解，无统系亦可为杂之含义，故专就一种科学立论，以与有统系之科学书相较，其为驳杂不纯。以视包罗一切之定期出版物，与某种类之著作相较，其程度犹五十步与百步耳。(凡一著作其章次排列必有统系，即以数理论，或论几何，或论代数。以法律论，或论民刑法，或讲政治。就一科固可以成一著作，即就一科中之一小部分亦可成一著作，其于一册之中忽而物理，忽而几何，忽而法律，忽而政治者，则惟杂志为然。) 在外国，学问上分工愈细，自然不驳杂之定期出版物渐多。吾国目前尚未臻此，则凡主持杂志者自不必以不纯粹为嫌，亦毋以杂乱自慑，但当求自尽其职务耳。

杂志之职务，约举之可分为三类。一为研究学理者，则以共同研究为职务。如一己于读书时，偶有心得，或发生疑义，则以杂志为发表之地，使同时研究此同类学问之人，证其所得有无谬误，能否推阐，所疑如何解决，抑本出误会。又如见他人有心得，或疑义，则为介绍并推阐证明之，或解答之是也。二为启发思想者，则以灌输智识为职务。如某种学问近来趋重何方，某项学说近来偏重何家。又如艺术之有新发明，实物之有新发见，以及世界各国政治主义之新变动，言论思想之新争点，皆取以为介绍是也。三为矫正习俗者，则以切实讨论为职务。如某种习惯与人生有碍，某种思想与真理不合，又如旧时相传之政令仪式，不改变废止，足以阻碍社会之进化，则剀切敷陈，使社会觉悟而速谋改革是也。以上三种职务，杂志界各因其性质所近，或兼含其三，或但有一二。第舍此之外，则无所谓职务，则可断言也。（近更有以表彰前人遗著为职务而编为定期出版物者，此在本篇所论范围之外，姑不赘。）

三者之中，惟共同研究为纯粹求学之事，撰著者与阅览者为同一程度之人，若转输智识，则阅览之人甚广，虽不能谓人人可阅，实不免各方面均有，其程度亦至不齐，故编辑之人，必须负选择之责任。凡不切实用之学问，已经废弃之学说，固不必介绍，即有新发明、发见之艺术事实，亦当熟察与吾社会有无关系及关系之巨细。若政治主义、言论思想，更为庞杂，尤不可不以公平之眼光，精加别择也。至矫正习俗之举，尤贵罕譬而喻，词气和平。庶听者易受，不至惹起反动。盖今日不合时势之习俗，其造成也既非一时一人，尤不能专责现代之人，此辈虽有笃守旧说、无彻底思想之嫌，究亦未可深咎，故但有陈明事理，比较中外，一语破的，使之自悟。夫辩论之间，固不能词涉含混，且措词之或激或随，亦因各人之气质而定，应直言者，自不必过为含蓄，致使人不感痛痒。惟过度之激刺，题外之浮词，则自以愈少为愈妙，此又为杂志界职务中之一方法也。

如上所谓共同研究也，灌输智识也，切实讨论也，皆为杂志之职务及其方法，此犹为文字上之比喻也。今更以通俗为喻，则杂志犹杂货店也。杂货店之货物最为繁琐细碎，其中既少贵重之品，亦多无甚价值之物，然却有一共通之条件焉，条件为何？则必为人生日用必需之品而已。凡不切于人生日用之需者，杂货店必不备，如无书画古玩等是也。切于人生日用之需者，虽瓦罐、纸灯、竹头、木屑，一针一线之微，亦无不备，盖非此即不足以供给社会也。又大市场之杂货店其范围狭，小市场之杂货店其范围宽，因大市场取求人多，凡需用较繁之货，皆已独立为店。小市场取求人少，凡物品之不足独立者皆入杂货店，故甚至有兼售布帛者。亦犹之文明进步之社会，各种重要学问，皆已独立研究，即无待乎杂志界之补助；开化略迟之社会，研求专门学问者少，不得不取径于杂志，以为供求之所，此因学问界之程度尚浅，故其性质上不能不兼收并蓄也。（以杂货店喻杂志，固未能悉合，如贵重之货以比高贵之学说资料亦为杂志所应收是也，特以大体相似，举以为喻耳。）

吾国自有杂志以来，亦几二十年矣。此二十年中无论世界各种事事物物，以及政治之主义，思想之潮流，如何变化，如何澎湃，即就吾国购阅杂志之人言之，亦当大非昔比。盖昔日之阅杂志，不过文人之好新奇者，藉以消闲，进一步亦不过欲周知外事耳，再进一步则知于此中求学问矣。然所谓学问者，亦不过泛览示博，供作文之资料，为宴会之谈助而已。若如今日者，内之足抵教室外之授课，外之足为个人行动之标准。举凡学问之互助，主义之取舍，转移风尚，改良习俗，几无不藉杂志为进行之利器，宣布之机关。况乎今日世界进步之速，更觉一日千里，吾国多数人闭户自守，沉酣故籍，说者谓比之他国之学术界思想界，往往相去不止百年，将如何提撕警觉之乎？舍以杂志为转输之具者，更有何术？是故今后杂志界之职务，固不能再牢守二十年前之旧态，亦不能以十年前所流行者为已足，亦必至之势也。

今后杂志界之职务，以何者为标准乎？抑以何者为当积极提倡，何者为当消极禁止乎？试举数端如左。

（一）当知世界大势，勿故步自封也。今日不特非闭关时代可比，因交通机关愈益发达，各国人民往来日益频繁。凡一种现象，一种主义，其传布之速，迥非十年前可比。如各种新传染病之流行，尤其显著者焉。各国人民之起居饮食习惯既不同，体格强弱亦互异，然流行病之来，一切不顾。以此例之，则其他事物之可以流行者，亦岂能以地域之隔绝，文化程度之相悬，谓可闭门拒绝，置之不理耶？故今日杂志界之职务，当以世界大势为标准，勿但以吾国人所已知者为限。至社会现象之为善为恶，流行主义之正确与谬误，固非少数人及一时所能断定之、解决之，第察其流行之广狭，主张之多寡，精思明辨，随时顺应之，亦为今日不可少之职务也。若以为向非所习，不知其中奥窍，遂深闭固拒，不欲理会，则掩耳盗铃之比，终亦不能以一手掩群众之目也。

（二）当适应现在时势，勿拘牵顽旧，及忘现在所处之地位也。杂志本以供给现在之社会，则自以合于现在社会之情势为断，侈陈历史美谈，希冀吾人回复百年、数十年前之状态，此固万不能实现，如共和时代而阴主专制，解放时期而尚谋束缚无论矣。即痛心目前之扰乱，而思过去之苟安，目睹新制之流弊，而拟规复旧法，虽用意有不同，而为倒行逆施则无异焉。然又有悬想将来之趋势，而即欲实现于目前者，是则观察不误，惟误于实行时期之过早，亦为不能适应时势之证。譬如今有当冬春之际附海舶以南游者，有前曾游历者，进而告之曰：南方赤道带天气炎热，不可不备夏服。斯时南游者谢其忠告可矣，乃有未出国门之人，遽诧为奇谈，谓冬令夏服，必无此理，痛加驳诘。斯时告者遂亦詈其顽旧无知，其是非所在，固不值明眼人一笑，然使旅行者确信告者之说，而并忘其时期，竟于海舟甫出淞口之际，即易夏服，其不至冻且死者几希。故有识解不误而时期失之过早者，亦不可不注意也。（近来社会各问题中即如女子问题其应受解放，应同臻平等，更有何疑义，毫无辩论之余地矣。然当其他各问题悉未解决、接触处多有关联之时，而独先实行此必应审度者也，第在此时而犹奖励未婚守志等，则太远于时势矣。）

（三）当以切于人生实用为主，勿尚虚饰也。夫如何为切于人生实用与否，固无明确之界说，词章书画，有人极端崇尚，亦有指为不值一钱者。（近且有承认绘事为美术而诋书法为堆墨者。）若以感觉为断，则人之感觉正复不同，如词章家之讲声调者，吟哦讽咏，具有快感，而未习此者不知焉。醉心哲理者，崇尚玄妙，闭目静坐，饶有趣味，而浅率者不知焉。以此分虚实，殊无绝对标准，但在杂志之职务，则以社会进化为目的，以合于人生实用为归宿，凡于社会进化上足资补助者，即为切实用，于人生问题上无裨益者，即为不切实用。故凡违心之虚谀，酬应之繁文，含有作用之政论，固无选录之价值矣，即摹拟古人之礼文，考证细微之事实，皆应在删削之列。务令阅读者读一篇能得一篇之益，知一事能有一事之用。虽所得有多少，所用有宏纤，终不使以无用之文字，耗有用之脑力，斯则善矣。

（四）当以将来进化之世界作预备，勿为过去时代留纪念也。何为将来？即今日以后之时间是也。杂志既为研求学问灌输智识之用，则所以研求灌输者，无非预备为将来之用。且当着眼于世界之进化，故夫博考古籍，证明旧制，凡无关于进化者，皆当委之历史家，而非杂志所当有事。（将来如有发刊历史杂志者自当别论。）即搜罗旧闻，汇集笔记，若与新智识无关，亦应割爱。盖存古之论，国粹之说，纵不能完全消灭，亦当让特种人任意主张之，杂志界当深明分工之理，而不必兼顾也。

（五）持论当以真理为依归，勿尚感情也。自古文人议论往往喜于立异，学问家入主出奴，尤好排觝异己。试翻经说语录，以及总集中论辩一类，于非同一师承及同宗派之人，必多方指摘，吹毛求疵，或过作翻案。其实按之真理，并非悉为正确，若并世之人议论，则以感情之好恶，为赞否之标准，尤为学界之通病。近来如见人有主张欧美某氏学说者，则必引相对之学说以为反驳，又如见有提倡某种主义者，则必提出相反之主义以抵制之。夫外国学问界固容种种异说之存在，若果有真知灼见，原不妨取以为证。如仅为逞辩论起见，则徒乱人耳目矣。又如见某种主张较有势力，某项舆论占有多数，则极力附和之。反之则又如见有人崇拜欧美文明之甚，乃极言吾国旧制之善。此等无谓之附和，过度之反动，皆不自觉其远于真理，甚至一身日用之事，亦不惜因感情而前后意见相反者。（如崇信西医过甚，偶失效用，遂谓西医不及中医之用旧法者）杂志之职务，固当供群众之阅览，非为一二人逞意见，又与日刊之每日发表者不同，必须持议稍为坚卓，勿尚一时之意气，或有为而言，以寓其迎合或反抗之作用焉。

（六）宜理论与方法并重也。今世之所疾首痛心者，非为政治之不良耶？社会之腐败耶？生计之困难耶？凡此种种现象，稍有知识者，无不能言之。即不识一字之乡愚，因身受其害，切肤之灾，亦能口讲指画，述其经过之事实。故今日非知其痛苦之难，惟补救之难，亦非敷陈理论之难，无实行方法之难。杂志界于此或采辑中外人崇论宏议，或自抒己见，总期理论与方法并重，勿徒罗陈种种恶现象，或但痛詈造祸之人，述病状而无方剂。（或虽有方剂而无致此之力，蓄艾之时则与无方剂同。）使阅者但增悲观，而绝希望，仍无救于时弊也。

以上六则，固不能尽括今后杂志界之职务，但果能注意于此，则亦思过半矣。其他如文字之力求平浅易解，勿尚高古，勿染一挑半剔之陋习。又叙事之处，尤须提纲挈要，明白晓畅，以省阅览者之脑力。此皆为杂志界职务中应有之事，不可忽略者也。

本杂志自创刊至今，已经十六年。本社同人，向本持以上所述各项为职务，特以周围之情势，材料之缺乏，往往不能适如所愿，常用疚心。至所愿积极提倡者，冀吾同业互相勉力，所愿消极禁止者，本社同人当日夕警惕，而未尝以苛绳他人。今后世变日亟，而同人知识有限，尤为兢兢，惟望海内外同志，各出所学以相扶助，则社会之福也。

（载《东方杂志》1919 年第 16 卷第 7 期）

注音字母与出版界

味　戆

欲国家强盛当筹普及教育，欲普及教育必先统一国语。然吾国语言之庞杂，恐全球各国莫与伦比。欲筹统一，谈何容易？于是有识之士，议创注音字母，以为救急之需。

溯注音字母之创议，尚在六年以前，迁延至于今日，教育部始颁文告提创。此六年中间，国中号称先觉之士，有习注音字母者否？恐千不得一也。有识注音字母者否？又百不得一也。而注音字母出版物据吾所见，除杂志报章偶有论及外，其印成单行本者，要不过二三种。呜呼，出版界不为之后盾，而欲注音字母风行全国，诚难乎其难矣。

今教育部既公布注音字母矣，自此以往，社会上需用此注音字母之出版物，将若大旱之望霖雨。有识之士，其亦崛然兴起乎！

（载《广益杂志》1919 年第 5 期；同载《出版界》1919 年第 50 期）

版权所有与出版自由

玄　庐

出版自由原来与言论自由相表里，因为思想不能制限，进化也无止境，所以由思想发生的言论，不受一切法律的束缚。由此可知侵害著作权，是究竟不可能的事。

一切私有制度，未曾打破之先，而学说一定是共产的。从来中国只有在政治上禁止一切动摇君权和诽议与君权相济的名教的出版物，无所谓版权所有。不料输入言论自由的时期，同时输入版权所有这种恶习惯。五四运动前后直到如今，为中国空前出版品最多的一个时期，种种出版品中，差不多不限制转载，这也未始不是打破版权的一宗趋向。在这个时期中，我们看见江苏某师范某学会所印行的《杜威在华讲演录》封面里边，却有什么“版权所有”字样，觉得很奇怪！且不说这本书的内容，满是转载各报的记录。即使这书是某学会所专录，也不该独占杜威博士的讲演为某学会所有，因为杜威不是专讲给某学会的。

再进一步讲，就是杜威本身，也不能把他的讲演认为他的所有，因为他还是得的人家的。果然打破一切私有制度，世界一定没有盗贼，就是在“谨防扒手”的时期中，也没有听说那个人捉住了窃盗古今人的学说的贼。某学会倘使引《新潮》二卷二号那篇《思想的派别》作例证，我们还只得请吴康、罗家伦两先生说明“禁转载”的理由！

（载《星期评论（上海）》1920年第36期）

宪法上的言论出版自由权

剑　农

现在中国，凡事都使人失望，惟言论思想界较前大有进步，可算是一种乐观的现象。近来新出各种月刊周刊，很有几种可佩服的，就是日刊的报纸也有几种锐意改良的。但是这种现象在我们看起来是进步，在官僚武人看起来，就是他们的眼中钉，总不免要想法子去摧残他；那几种有价值的刊行物，就天天立于危险的地位。我因此提出这个问题，从根本的宪法上把他研究一番。

著者附言

现在中国，本来说不到什么宪法。南方政府诅咒北方的政府非法，南方所护的法又怎么样？人民一切的正当权利，被南北武人官僚，剥夺殆尽，还论甚么宪法上的言论出版自由权？但是我这一篇话，不是对那些武人官僚说的，是对我们人民说的。我们处在现时代的现世界，总不能逃出这个政治组织，就总要有个比较完美的政治组织法。现在的《约法》，许多人说他不好，我也不敢说他绝好。到了那希望好的宪法将要出现时，我们有一件最要注意的事，就是这言论出版自由权的绝对保障。我们大家有脑筋，就大家可以用思想，思想的正确与否，有益人类与否，全靠发表出来，彼此批评，彼此交换，方能得一个究竟，促成文化的进步。没有发表思想的自由，思想就全没有用处。中国人的思想被“非圣无法”四个字锢闭了几千年，不能发展，文化也就阻滞了几千年。现在“非圣无法”四个字将要打破了，又有新造的铁笼铁锁来锢闭我们的思想。这种新造的铁笼铁锁是什么？

现在遇有政府摧残言论的事，大家就叫喊起来：“言论自由、出版自由是《约法》所保障的，政府封闭我们的报馆，禁止我们的出版物发行，实在是横暴，是蔑视《约法》。”唉，我们的《约法》何曾能保障我们的言论出版自由权？这种“摧残言论出版自由”的权，实在是我们从《约法》上给予政府的。各位不信，我就把《约法》上所载言论出版自由的解释写在后面。

《约法》第二章第六条第四项说："人民有言论著作刊行及集会结社之自由。"

本章第十五条又说："本章所载人民之权利，有认为增进公益，维持治安或非常紧急必要时，得依法律限制之。"

第六条第四项，算是承认我们的言论出版自由了，第十五条就是束缚那种自由的铁链铁锁，就是给政府"摧残那种自由"的自由权。因为"增进公益"、"维持治安"、"非常紧急"、"必要"这些名词都没有一定的界说，遇着恶劣政府就可以任意伸缩。助他们为恶的言论出版物，随便乱说都不受干涉。反对他们为恶的，他们就可以借"维持治安"等种种名词来压迫你。洪宪时代是如此，现在也是如此。还有一层，所谓"得依法律限制之"的法律，也是随便可以制定的。袁世凯时代的《报纸条例》就是一个最显的例证。依照那种条例，《约法》第六条所载的言论出版自由权不是根本打消么？但是袁氏的《报纸条例》，是用教令颁布的，算不得法律，并且已经取消了，现在专就议会所通过的法律说。

袁世凯死后，旧国会恢复，北京的联合内阁，不是又有制定《新闻条例》的提案么？倘若没有解散国会的政变，只怕又有一种《新闻条例》出现了。这种未成事实的例证，现在也不必说，只说那已经成立存在的法律。民国元年十二月颁布的《戒严法》，不是议会通过的么？《戒严法》第一条说："遇有战争或其他非常事变，对于全国或一地方，须用兵备警戒时，大总统得依本法宣告戒严，或使宣告之。"

第五条说："遇有非常事变须戒严时，由该地司令长官呈请大总统行之。若时机迫切，且通信断绝，无由呈请时，该地司令官得临时宣告戒严。"

第十四条说："戒严地域内，司令官有执行左列各款事件之权……一、停止集会结社或新闻杂志图画告白等之认为与时机有妨害者……"

《戒严法》在对外战争或镇压叛乱时，本是不可少的，但把"非常事变"四个字插在里面，没有一定的界说，就成了横暴武人剥夺人民自由的利器。但是这种利器，他们用的时机还少，因为太曲折了，用起来到底不方便。还有一种最好的利器，就是三年十二月公布的《出版法》，这种法律，是袁政府的议会通过的。他的第四条说："出版之文书图画应于发行或散布前，禀报该管警察官署，并将出版物以一份送该官署，以一份经由该官署送内务部备案……"

第十一条说："文书图画有左列各款情事之一者，不得出版：一、淆乱政体者；二、妨害治安者；三、败坏风俗者；四、五、六（未录）；七、揭载军事外交及其他官署机密之文书图画者；八、（未录）。"

第十二条："在外国发行之文书图画，违犯前条各款者，不得在国内出售或散布。"

（第十三条至二十条，都是规定违反前几条应该如何处罚的，此处不备录。）

有了这种利器在横暴政府的手里，我们的言论出版自由权到底还能够存在么？在袁政府时代，筹安会的报纸鼓吹帝制，也不算"淆乱政体"，还要受政府的津贴。反对帝制的出版物就说是"妨害治安"，纵不封闭，也要禁止购买。去年段政府和日本订卖国的秘密契约，被八家报馆登载了，那八家报馆就同时被封，说他们违反了《出版法》的第十一条第七项。今年学生出的《五七日刊》说是犯了《出版法》的第四条，被警厅没收禁止。现在湖南的《湘江评论》，北京的《京报》，听说也被封了，还有北京的某周刊，也日日在封闭的恐慌中。上海的《星期评论》，他们没有封闭的能力，就想禁止出售。他们对于这些报纸，不是说触犯《出版法》第十一条的"妨害治安"律，就是说触犯"败坏风俗"律了。总而言之，政府有了《出版法》这种利器，我们的言论出版自由权就只有一个空名。但是这种利器是谁给他的呢？是《约法》给他的。我们说他剥夺《约法》上的人民自由权，他就说他是依照《约法》而行，依照《约法》上所说"人民权利，有认为增进公益，维持治安或非常紧急必要时，得依法律限制之"的条文而行。现在所依以限制的法律就是《出版法》。我们还有什么话说？

南京的参议院本是个革命的参议院，号为民党的参议院，为甚么他们要在《约法》上造成这种束缚言论出版自由的条文呢？大约有下面两个答解：

一、受了日本宪法的影响。日本宪法第二十九条说："日本臣民在法律范围内，有著作印行、言论及集会结社之自由。"我们的《约法》第十五条所谓"得依法律限制之"的话头就是从日本宪法上剿袭来的。日本宪法第二十九条，又是从普鲁士宪法变换来的。普鲁士宪法第二十七条说："凡普鲁士臣民，有以言论著作刊行及图画自由发表其意思之权，不得设刊行物检阅之法，其他刊行自由之制限，非依法律不得设之。"依照普鲁士宪法条文，虽说可由议会制定法律，制限刊行的自由，但议会不能设刊行物检阅之法，法律干涉的范围就比较狭小。日本宪法以"在法律范围内"六个字包括一切，甚么法律，都可以制定。法律范围扩张到甚么地步，所谓言论刊行各种自由的范围就缩小到甚么地步。中国《约法》制限的条文比起日本宪法制限的条文来，好像范围要狭小些，因为有"增进公益"、"维持治安"、"非常紧急"、"必要"等那些名词冠在上面，非这样就不能依法律去制限，但是实际上，这些名词就是政府的最好利器。元年南京参议院的议员大多数是日本留学界的产物，他们念得最熟的就是日本宪法，又听得一般的口头禅说，"所谓自由，是自由于法律范围之内"，又听得人说什么"宪法要有弹性"，所以就造成这种"有弹性"、"以法律摧残自由"的条文，给恶劣政府一种自由应用的武器。

二、是把议会信托过甚了，把"法律"两字太看成神圣了。宪法的性质从一方面说是保障人民的权利，从他方面说，是范围政府的行动。狭义的政府是行政部，广义的政府就包括立法、行政、司法三部。近世议会政治的现象，司法虽然独立，立法、行政两部常常是关联一气的。行政部较强的，立法部就成了他的宰制品；立法部较强的，行政部就成了他的宰制品。无论甚么法律（除开宪法），大都是由行政、立法两部的合力制定的。假若一党派得势，不问良恶，无论什么法律都可制定。别一党派得势，不问良恶，无论什么法律都可推翻（舆论无势力的国尤然），把人民万不可丧失的言论出版自由权，委托于这种机关所制定的法律，实在是非常危险的。南京的参议院就没有见到此层。他们以为法律由议会制定，议会是代表人民的，断不至制定什么法律来侵害人民的正当自由。政府（狭义）纵然想为恶，断不敢超出法律范围以外。岂知他们所信托的法律，就是恶劣政府（广义）的武器，可以由他们任意改造，任意应用，故我说他们把议会信托过甚了，把“法律”两字太看成神圣了。

关于这一层，美国宪法在各成文宪法中独具一种特色。这种特色不是费拉得尔费宪法会议的原案所已具的，是美国人民的深思远虑所争来的。费府宪法会议通过的原案对于立法、行政、司法三种机关如何创造，权限如何划分，如何行使，规定非常周密，但是对于人民的种种自由权，却没有专条说及。这不是费府会议的人员，把人民的自由权忘却了，他们是从英国搬去的；英国崇尚自由的传习，他们都一齐带了过去。他们以为这种种的自由权，已经成了他们的天经地义，成了他们的不文法律，嵌在他们脑子里，无须要用黑字写在白纸上。他们的目的不过是要创造一个十三州的联合政府，所以他们所议定的宪法，就只有简简单单的六七条，对于人民各种自由权，就没有专条说及了。

但是那些人民感觉非常锐敏，恐怕新造的政府又和母国的政府一样变成自由之敌。当费府会议的原案宣布，交各州批准的时候，他们就异常的不满足。他们不满足的处所虽多，尤以“对于人民各种自由权利，没有确定保障的条文”一项为最。有几州的人就不愿批准，有些人虽然主张批准，但是要把保障人民权利的条文追加上去。议论纷纷闹了许久，费府会议的首领人物费了许多笔墨口舌，后来还是允许把这项条文追加上去，方得诸州次第批准。这种追加条文于一七八九年九月第一次议会，提交诸州立法部，全文共十条，第一条就是：“康格雷（美国议会的名）不得制定何种法律，关于一种宗教的设置，或禁止其自由的信仰行为，或减缩言论出版的自由，或人民平和的集会，及对政府陈告疾苦的请愿权。”

观此就知道美国人的宗教信仰自由、言论出版自由、集会自由，都是绝对的自由，不能由通常议会制定甚么法律去干涉的。狭义政府的行政部，固然不能以命令干涉他；就是广义政府范围内的立法部，也不能假立法手段去侵害他。倘若立法部制定甚么法律，有害于上述各种自由的，这种法律在法廷上就全无效力。这就是美国宪法的特色。

美国人在那时候，何以就如此防范议会，不安心信托他呢？因为他们的祖先争自由的历史余影还在他们的脑子里。往时英国的巴利门，非常腐败，不为君主的囊中物，就为一教派的独舞台。对于反对他们的人，常设种种苛法以压迫之。他们鉴于母国的前辙，所以就专信托宪法，不敢过于信托议会，以宪法宰制议会，不使议会宰制法律以侵害人民的自由。我们中国的言论出版界，受政府的摧残也受够了；在满清时代受摧残，在民国时代也受摧残。满清时代的摧残是无法的摧残，民国时代的摧残虽说是恶劣政府的摧残，却是恶劣政府利用由《约法》而生的法律摧残。我们也应该要有一点觉悟，应该知道现在痛苦的来源，待到真正宪法要出现的时候就应该以美国为师资，不要再把日本式的自由权写在宪法上才好。

中国到底要甚么时候才有真正的宪法，此刻还不能知道。但使中国不亡，总有这一天。据现在的情势观察，只怕六年经过二读会的宪法草案，是难于打消的。那个草案，就是以天坛草案为基础，关于人民的权利义务那一章，精神上与《约法》相去不远。《约法》是以第十五条对于人民各种权利为总括的限制，天坛草案是于每条之下加一句“非依法律不受限制”的话，他的第十条说：“人民有言论著作及刊行之自由，非依法律不受限制。”这种规定与《约法》上的“得依法律限制之”不过是“二五等于一十”罢了。因为天坛宪法会议的人物，大半是南京参议院的人物，他们的根本观念并没有甚么改变。王亮畴先生在元年所拟的《宪法刍议》对于这一项，用意比较周到，但是他所拟的保障方法还是不彻底。他的草案第十三条说：“本章所载国民之权利，得以法律规定适当之限制。”这一条的说明中有几句很宜注意的话：“凡法律所规定之自由，无论在何时必有一定之范围……虽然，限制自由之法律亦必有限制焉，不然，则与取消自由无异，故必以适当为标准。若夫何者为适当，何者为不适当，则于诉讼事件发生时，以法院之解释为断。”亮畴先生见到“限制自由之法律，亦必有限制，否则与取消自由无异”，可算是用意周到了，但他以“适当”两字为限制法律的标准，而以适当二字之解释委诸法院，这种保障自由的方法，只怕仍旧是“三五等于一十五”。我以为不如老老实实的把美国做我们的先例，在宪法上明明白白的说出来：

人民言论出版之自由，不得制定何种法律以侵减之。

我本来是主张宪法要有弹性，能应时代进步的要求，但关于这一项就不可太有弹性了。别种自由或者还有可以伸缩的余地，言论出版的自由就是要绝对的。

有人怀疑说："如此绝对的自由，言论出版界不将成一个无政府状态么？况且我们中国的言论界程度非常幼稚，只有唾骂攻击的本事，没有推理的本事。现在有法律范围他们，他们尚且是'信口开河'，假公论以泄私愤，倘若全不受法律的限制，将来的言论界更不知坏到甚么程度。譬如谋叛国家、杀人放火、毁人名誉，种种的恶事，在法律上都不能容许的，假若有借口言论出版的自由不受法律干涉，鼓吹杀人放火、谋叛国家、毁人名誉，难道也可以容许么？现在中国的《出版法》，虽于言论出版的自由有些妨碍，这不过因为现在政府不良，滥用法律的原故。假若有真正的民意政府出现，绝不至有现在这样害处。我们对于政府的行动，虽然要有严密的防范，也不可防之太甚，使他绝无伸缩的余地。你上面所说的，未免太拘泥于现状了。"

这种怀疑论，我以为全然错误了。（一）我所谓"言论出版自由，不得制定何种法律以侵减之"的意思是，不得对于言论出版界，特别限定一种限制他的法律，如现行的《出版法》然。因为"出版的言论"不过是"向人说话"的变相。各人有口，就可以随便向别人说话。假若怕人民说出什么有害的话来，就预先制定一种《谈话法》，如《出版法》第四条的规定说："凡人民欲说话的，应于说话之前禀报该管警察官署，并将所说之话由该官署登记备案。"这样的法律岂不是一种大笑话么？关于谋叛国家、杀人放火、毁人名誉等事，自有普通刑事法律的规定。凡人的行为对于别人生关系的，皆须受法律的制限，言论出版不过是对人生关系的行为之一种，以外尚不知有多少种。何须专对于这一种，定出一种特别的法律呢？总括一句话：言论出版的自由只应该受普通刑事法律的限制，不应该有特别限制他的法律。（二）言论出版界的程度，愈放任则愈进步，愈限制则愈不进步，愈放任则愈和平，愈限制则愈激烈。英美的言论出版界是最自由的，所以就最进步、最和平。俄国出版界以前最不自由，所以比较的最不进步，又最激烈。因为人类的天性并非本来是激烈，好与别人相诋毁相攻击的，那种无谓的激烈攻击都是一种反动作用。你不压迫他，不妨害他，他断不会激烈的反抗你。你容许他自由讨论，他有自由推理的机会，就自然会向理性的方面走去。若说没有制限言论出版界的法律，言论界就将成一个无政府状态，为甚么英美的言论界，不惟不成为无政府状态，且比别国还进步平稳些呢？（三）说现在的害处，不过是恶政府滥用法律之故。若有真正的民意政府，断不至于如此，这还是“有治人，无治法”的老话调。我们为甚么要有宪法？就是因为“治人”靠不住。宪法是支配“治人”的，并非定一种宪法，给“治人”应用的。一种宪法，良政府在他下面，可以为善，恶政府在他下面，纵不欲为善也不能为恶。这就是一种完美的宪法，是我们所要求的，所应该尽其力之所能去创造的。若说宪法上的条文，可以随便糊涂一点，只要有良政府，就无妨碍，那还要宪法做什么呢？

我对于这个问题的意思大概算是说完了。但是还有几句话：就是我们现在已经在这种不自由——恶劣法律上的不自由——状态之下，要想打破这种不自由的状态，根本上固然要从将来的新宪法着手。在新宪法未出生以前，我们不可过于顾忌，过于退缩，把那袁政府时代所制造的铁笼铁锁，看作金科玉律。各人有话说的，只要不是鼓吹谋叛国家，鼓吹杀人放火，或毁人名誉种种触犯刑律的事，尽可从良心上说出来。他把我们的报馆封了，我们另开一个。他把我们捉去监禁了，我们出来再说。他把我们枪毙了，我们有许多说话的人也枪毙不尽。美国的卢思福说得好：“假若一个人不能为自由奋斗，就不配享自由。”我们大家奋斗罢！

我有一位朋友，译成了一本《社会学》，拿向某书店去，请其代为印行。某书店说：“这本译稿是很好，只怕印了出来被政府禁止发行，我们就要大受损失。”因此就拒绝了。唉！有“社会”两个字的书就不敢印行！你看我们的出版界可怜不可怜！

（载《太平洋》1919 年第 2 卷第 1 期）

言论自由之主张

中美新闻社译《大陆报》社论云：“今日本埠《工部局公报》载，工部局拟向纳税人及领事团提议，将租界章程加以修改，规定以后租界内中西报纸，须由工部局发给执照，其发给此等执照之条件及则例，可由该局斟酌规定。”又：“工部局对于意在煽动破坏治安之任何印刷物，得有立即行动阻止其印行之全权，不必知会其他当局。”照此而言，何种事物为构成所谓煽动破坏治安，其判断之权自属诸工部局。换言之，以后租界报纸之存在，须受组织工部局之人物之容许。若报纸之言论不与工部局同意，即不能享自由也。夫工部局提议此种章程，固不自今日始，惟以前数次均为纳税人所反对，诚以此种法律与盎格鲁撒克逊人之公道观念，如冰炭之不相容。又因言论自由、出版自由，乃自由人之正宗权利故也。今工部局旧事重提，又欲设法通过此章程。据其自云，系因最近学生风潮之故，其言曰此项风潮，乃表示工部局应被授予取缔煽乱出版物之权之必要，而不必诉诸其他当局也。今试问此语是何意味？所谓煽乱印刷物者，其指华字报纸，与风潮时所出各种华字传单乎？非也。凡所谓煽乱之报纸与记者公堂惩罚，已有多起，是已有取缔之方法矣。今日《工部局公报》即载有《民国报》主笔因此种罪名受罚，又有三人因印行某书籍被监禁，然则其目的乃不在华报，而在西报可知。然最近之风潮，其表示应有箝制西报之需要者，究在何处乎？就《大陆报》言，固曾代表公意指摘工部局处置风潮手段之不当，然则以后有同样之事发生时，工部局将有权不但惩罚本报记者因其发表此种批评，且将令本报以新闻稿件每晚送至工部局检阅且不必知照任何当局，并不必经其本国领事之认可也。虽然他报如何态度，吾不敢知，本报则宣言于此，对于此种箝制言论之举，必尽力抵抗。如必要时，或且诉诸华盛顿当局，因本报系美国报纸，依美国法律发行于上海，并上海、美国人民一日在治外法权之下，即一日有为一种自由报纸所代表之权利故也。

（载《申报》1919年6月17日）

《字林报》对取缔印刷品论调

《字林报》论取缔印刷品事，共分三段，兹节译第三段如下。其言曰：工部局所以有此提议之目的，已于上文说明之矣。吾人在主义上固赞成此项提议，但提议之形式与时机，吾人窃以为选择不当。附律中所拟加入报馆领照之修正文，措词草率，且复拙劣，而其法律上之效力，亦复大堪疑问，岂可行诸华人而不行诸外人乎？法租界颁布示文共分七条，词句皆经斟酌，而公共租界之修正文，则仅十九字耳。再者，华人感情现颇愤懑，对于此次修正文之真意，难免不生误会，是犹火上加油也。故目下非提出此案之时，若强令通过，亦无所获。即使纳捐人通过，尚须领事团核准。即使领事团可望核准，亦须若干星期后，方能实行，发给执照。当道今无此附律，未较从前办事为难，而在此案通过之后，适足使工部局之地位在夏季中反较目前棘手。总观各点，此须修正文宜暂搁置，不妨俟诸将来，另行提出。彼时可审慎精确拟定条文，且可于公愤镇静之际，从容讨论也云云。

（载《申报》1919年7月8日）

警厅取缔印刷所

庸

《约法》第六条三、四两款及第十五条之规定，明定人民有营业与著作刊行之自由，惟依法律得以限制，故无论任何机关，非依法律不得限制人民之营业与著作出版之自由。淞沪警察厅之《取缔印刷所办法》，果以何种职权而颁布也？且就取缔印刷物而论，《出版法》之颁布，已五年矣，于出版物之制限，列举甚详。警厅而能尽其职任者，未尝无所依据，何取乎创制显庸，自定办法，抑岂以政府颁布之法案（《出版法》虽非经合法国会通过，然警厅对之则当然应认为法律）为不足道耶？

（载《申报》1919年8月8日）

再论警厅取缔印刷所

庸

当淞沪警察厅将其所拟《取缔印刷所办法》，送登各报之时，吾人即以警厅此等举动，不特阻碍文化，且显违法律。盖一则《约法》第六条三、四两款所予人民之权利，除第十五条所规定外，无论何种机关，不得以任何之公文形式，加以限制。再则民国三年，既有所谓《出版法》颁布，官厅当然负有遵由之义务，安得于《出版法》以外另订一种办法，致破坏《出版法》施行之效力？以区区警察厅长，而居然于《出版法》外，自行制定一种单行章程，以代替《出版法》，将置政府于何地？国会于何地？故吾人一见此项取缔办法，即有警厅果以何种职权颁布之疑问，而不谓该厅竟公然颁布也。

警厅既已颁布，则此事当然发生责任，现书报业虽已分电京省，请饬废止。然吾谓警厅此种举动关系法律问题，非仅仅损害印刷业之权利，一方面当由省议会依据《暂行法》第十八条，为必要之处置；一方面更可由被害人依据现行法规，提出行政诉讼或诉愿，毋使此等违反法律之办法，竟发始于江苏也。

（载《申报》1919年8月19日）

杂评《省署之禁阅令》

邠

省公署禁阅主张悖谬之出版物，盖北京大学新旧派争论之影响也。以官厅之命令，禁阅讲学之著作，记者以为不可。

新派之所主张，省令亦认为有研究余地也，要于旧派所主张，实不能无不相容之点。我国古来之道德，本于人伦，基于家族，与泰西之道德，根本上绝对不同，固不能以两是之说相敷衍，亦不能以折衷之说谋调停也。果必欲保持我固有之学说，则凡学说之导源于泰西者，非一切摧陷扩清之不为功，盖就其说而一一穷其源，无一不与我枘凿。所谓新出版物者，特揭而出之耳，非谓除此而外，即与我无悖也，然欲一一摧陷扩清之，试问可乎不可？能乎不能？

思想属于人心之自动，不待宪法之赋予，而后自由也，赞否判诸人人之天良，不可以外力强制也，今即以严刑峻法，破灭我固有之学说，不能拔人心之所种而去之也。反之，而日言提倡，其效果如何，亦众所共睹也，旧思想如是，新思想何独不然？且所谓悖谬云者，岂非出于人心判断哉？阅者而以为悖谬也，纵强之终篇，亦不可得；苟不以为悖谬也，禁之愈严，则欲得之者，甚于饥渴之思食饮，而愈不可遏。曾是今日，而犹能以官厅之力，左右人之思想也欤？

（载《申报》1919年4月13日）

青年之课本观

黄岗上人

仲尼曰：“工欲善其事，必先利其器。”又曰：“述而不作。”夫孔丘非生而知者也，其所得之学，非自蒲编竹简中来，何从而述？又孔子非工人也，个中利弊，非由用其视察力而求之，更何得精切若此？准是而谈，求学之道，虽头绪纷繁，约之不外两端，曰得于天然界，曰得于印刷品，总之皆所谓课本是。

天然的课本，与印刷的课本，就二者之短长而计较之，则印刷的课本，多守成之功，而天然的课本，有开创之力。更若就其底蕴观之，则仅有天然的课本，而绝无印刷的课本。何则？例如中国最古之书莫五经。若试问著五经者之取材，其取自何书，非取诸天然而笔之于书乎？是则五经之前无五经，所有者惟天然界无形之五经而已。以此推之，天然的课本之外，岂复有课本哉！

夫印刷的课本者，近代学校书籍之代名词也。印刷的课本之最大作用，无非将古人学术传递后人。然庄子不云乎："君所读者皆古人之糟粕耳。"孟子亦言："尽信书则不如无书。"是则古人学术，亦何贵有书之传递哉？不过吾人入学之初，非先有一种印刷的课本以开导之，无以为一生学问知识之发轫耳。自此以后，则世界者，大学也；人类者，生徒也；地球之万象，课本也。人生于世，在在皆学。学问知识之大全，造化无私，将任吾人之自由恣取矣。

故人当少壮之年，无论其已毕业于小学也、中学也、大学也，无非得印刷的课本上之学业。吾人仅可以始业视之，以之为研究天然的课本之引线，为入世界大学之准备。慎勿恃其一纸文凭，傲然自足，则其将来之成就，有不可限量者已。

（载《青年进步》1919 年第 28 期）

读新出版品的方法

玄　庐

今年这一年，新出版品不下二百种。有很深刻、很锻炼的，有理直气壮、畅所欲言的，也有新旧杂糅的，仿佛四面八方放烟火，看的人几乎眩了眼光。因此我拟了一个读法：

第一，“打破偶像观”，从来读书的习惯，不问内容如何，只要听说是那一个大文豪、那一个名手著的，不管好歹，豫先存了一个“必定好”、“非看不可”的见解，这种崇拜偶像的读法，不可不打破。

第二，著作者的境地和出版地方不同，譬如 Tshernyahevaki 在狱中著的小说《怎么好》和民国纪元前几年专门著述“国粹”的印刷品，表面虽没有革命的议论，其实字里行间都包含有许多精义。读的人就该从夹缝里去寻觅意思。

第三，新旧杂糅的著作，原本不值得看，但在杂志类，往往为行销起见，一册里面也有一两篇好的。一本书既到了手，也不该因噎废食，轻易放过。

（载《星期评论》1919 年第 24 期）

1920 年

一九一九年的中国出版界

郑振铎

一九一九年已经过去了！中国的社会，简直没有一件事可以供人回忆，供人批评的。于此无可批评之中，出版界似乎还有些色彩，有些光明，足以给我们研究的。我对于一九一九年的中国出版界的成绩，有乐观的，也有悲观的。乐观的是定期出版物的发达，悲观的是大多数的文人，还是如此没有觉悟，中国的思想界，还是如此不长进。现在且把他略略的批评一下：

中国的出版界，最热闹的恐怕就是一九一九年了！虽然不能谓之“绝后”，而“空前”却已有定论了！他的精神，就在定期出版物。“五四”以前，受欧洲停战的影响，出产了好些定期出版物。“五四”以后，受了爱国运动的影响，新思想传播得更快，定期出版物，出现的愈多。就十一月一个月里而论，我所知道的，已经有二十余种的月刊、旬刊、周刊出现了！他们的论调，虽不能一致，却总有一个定向——就是向着平民主义而走。“劳工神圣”、“妇女解放”、“社会改造”的思想，也大家可算得是一致。这真是极可乐观的事！

与这个现象相对的，就是那些谈鬼神，论“先知术”的书籍的发达。我一走到玻璃厂，就看见许多黑板写着白字，挂在各家书铺的门前，什么《未卜先知术》，什么《遁甲奇谈》，什么《百灵书》，写得真是热闹！我不懂，在现在实验主义、社会改造的思想播满全国思想界的时候，怎么会有人去做这一类书，居然也会有许多人来买这一类书？往常中国的出版界虽然寂静，却没有发生过这样怪象。这是什么原故？岂不是一般的文人，还没有觉悟的确证吗？

还有一件事也很奇怪，就是黑幕一类的书，仍旧十分的发达，我们一拿起《新闻报》的第四张来看，真是觉得“肉麻”呵！这岂不是一般文人还没有觉悟的又一证吗？这二层我实在有些悲观。

除了这两种的悲观与乐观外，这一年的中国出版界，又有一个坏现象：就是“竞争”。你出版一本《家庭万宝全书》，我又出一种《日用百科全书》，他也随即出了一本《国民百科全书》。这种现象，虽然不能说他是很不好，但他们把出版界看作一种投机、牟利的机关，实在有些危险。况且又生出“逢迎习俗”的风气么？他们都是中国很有名的书局，尚且如此，难怪别人不出版“黑幕”、“未卜先知术”呢。

我统计这一年间出版的书籍，最多的是定期出版物，其次的就是黑幕及各种奇书小说，最少的却是哲学科学的书。除了《北京大学丛书》和尚志学会出版的丛书外，简直没有别的有价值的书了。我听见我的朋友说，某会出版的《欧战全史》在北京只卖了百余部。我又看见许多朋友，每见一种杂志出版，都去买来看，他们的案头却不见有别的科学的书籍。我尝问一个在某著名书馆办事的朋友说：“你们怎么不出版几部科学的专书？现在这类书，中国最是缺乏呵！”他说：“不差！我们也想出版一些。可是出版了几部，都没有人买。我们怎么还敢再出版呢？”由这种事实，我们可以知道中国思想界的毛病了。我很愿意以后思想界要改变态度，下实在的研究的工夫才好，诸君！杂志不过是供我们参考的，不能在那里做我们的科学研究的工夫吓！但是同时出版界要多有这类科学的书出版才好。

就定期出版物上讲，他们的种类虽多，专门研究的却绝无仅有；他们的言论固然都很正当新颖，但是多是辗转得之别的杂志，都是出之于直觉，有实在的研究根底的却绝少。因之，我对于他们虽然乐观，我还恐怕他们成为“春雨后的菌”吓！他们又有一种的毛病，就是各种杂志的材料，多有重叠的。《国民之敌》已经译了，为什么又译（改名为《公敌》）？《最后之一课》也已经有好几人译了，为什么又译？其余如此之例，不胜枚举。虽然译本不忌二三译，但是中国现在的需要新知识，是到了极顶了！要译的东西，真正多极了！为什么要费了许多工夫，做人家已经做过的工作？

总而言之，一九一九年的中国出版界，虽然很热闹，而可以总评一句话，就是浅薄，无科学的研究。

我希望一九二〇年的中国出版界，能够免了一九一九年的弊病，能够保持他的盛况，更加一些切实的研究。

希望他们能够去了投机牟利的心理，做真正的新文化运动；希望他们能够多多出版些关于哲学科学的译著；希望他们能够把出版“黑幕”、“奇书”的纸张油墨，来印刷打破迷信、提创人道的著作；希望他们不再费劳力来译人已经做过的工作；最后我更希望能够有创造的著作出版。

我的希望无限，我愿意他们能够实现。至于我们呢？自然是尽力的执鞭以从大家之后了！

（载《新社会》1920 年第 7 期）

出版界之一瞥

鄢祥禔

沉静静地几千年来麻木不仁的中国思想界，自五四运动以来，现出来一个活泼泼的境地，可说在中国文明史上开了一个新纪元。但是现在思想界虽然现出来一个活泼泼的境地，却同时也显出来一个杂乱无章的状态。这种状态好像从囚笼里面放出来的人，向着四面八方乱跑，又好像三天没有吃饭的人，饥不择食，拿着无论甚么东西，就硬吞下去，不管他消化不消化。从乐观一方面讲来，这出版物底增加，就是社会求新知识、新思想、新信仰底需要增加，即就供给方面说，也表示一种自动的蓬勃的精神。从悲观一方面讲来，虽然在一个变迁的时代之中，应该让大家的思想自由发挥，不能强求一致。但是社会上若缺了一种工具，去做那分析的解剖的评判的工夫，那么在这杂乱无章的状态之中，除具有鉴别能力底少数人以外，这大多数人要满足他们求新知识、新思想、新信仰底欲望，就好像在茫茫大海之中，不知道东西南北。杜威说：

“人类文明底进步，完全靠着知识思想底自由交通。”所以我希望本志去做那知识思想底自由交通的一个工具！

出版界底范围很广，一个普遍的总合的批评，似乎太笼统了，并且有许多容易引起别人非难的地方。但是我本着个人的良心，鼓动我个人的勇气，把蒲鲁东两句话作为我的信条。他说：“我的名字同你们的名字一样，就是真理底探求者。我的使命写在这理法上面，说：不要顾忌，不要畏惧，陈述你所知道的！”至于我的批评底标准，就是要问知识思想底自由交通有无障碍？依此标准，我对于现在出版界，用以管窥天底方法，提出我个人的意见。

（一）

近来最有趣味一件事情，就是听到说有人攻击北大教员和学生包办新思潮和新文化运动。我不敢断定这句话是出于疾视的恶念，或忠告的善意，但是像这样笼统的攻击，我以为是感情的，非理论的。就包办两个字来说，我们应该攻击的。试看人类底历史，中古时代就是反对宗教底垄断，后来反对政治底垄断，最近就是反对经济底垄断。难道说现在还有那知识底专制阶级出现，来垄断新思潮和新文化运动底事情吗？罗素说：“精神的财，不是属于一人而排斥别人的。”他又说：“设有一人发现一种治癣疮底方法，又有一人发现一种治痨病底方法，这二人中准许因别人底发现错误而欢喜，至于病人受那本可避免的痛苦，他就不以为念。在这些地方，他求知识不是为知识底本身，或知识底用途，而以知识为求名誉底手段。”杜威说：“财产均分的问题，既许多人不情愿，但是有一种大家都情愿的，就是‘知识底社会主义’。财产越分越少，知识却越分越多，知识分散，非但无害，而且有益。提倡知识思想底自由，全在这点信仰……”他又说：“从前的学问，是为个人做装饰品，不为社会的生活，不过少数人拿来做摆架子，张门面底东西罢了。这种观念应该打破。”据我解释，那包办有两个意义：一个是想把精神的财占为已有，排斥别人的，易词言之，就是没有知识底社会主义底信仰。一个是以知识为求名誉底手段，也就是把学问拿来做个人底装饰品，惟我独尊。如果那包办底意义是照我上面这样解释的，那么无论那攻击我们北大包办新思潮和新文化运动这句话底动机是怎么样，我个人就对他说谨受教了。

反对崇拜偶像底人，主张人人都应该去积极发展他个人的本能，有创造底精神。但是我以为这反对崇拜偶像底意思，不过用来打破人类因袭的惰性罢了。其实据历史进化底观察，许多大科学家、大哲学家牺牲了无数的心思材力，找出许多真理，供给后来的人应用。举个例，譬如达尔文费了几十年底工夫，经种种观察和实验，发明生物进化底原则，后世艺术、宗教、政治、社会及其他一切，莫不受这进化原则很大的影响。至有人以为他的功绩，好像别创一个新世界一样。由此看来，这些大科学家、大哲学家牺牲了无量的心思材力，对于人类思想上、学术上、生活上有最宝贵的贡献，我们不应该感谢他们，敬仰他们吗？我国思想学术简直是弄到破产的地步，我希望那一般先觉者不但为中国并且要为人类，努力于学术上、思想上最大的贡献，却不可把学问这东西拿来做招牌，和持一种惟我独尊的态度。

（二）

十九世纪以来，人生共同生活底科学，逐渐发达，是一个很明了的事实。但是那人生共同生活底科学中，与人生有最密切关系底社会学，为什么迟到最后才逐渐发达呢？斯宾塞尔以为一半是因为世人对于这个问题底兴趣，包含一些偏见。他恐怕扰动了这世界观，在科学时代底前期，这世界观使他满足，并且他恐怕这深入人心底意见和感情，不得安定和解决。因此使他不愿意并且不能够持这种无根据的和烦劳的态度，去从事于科学的研究。康德（Comte）注重别的一个原因，他以这个原因归于这个事实，就是在一切现象中，共同生活底实现，他们的因素极为复杂，所以用科学的解释也很困难。总而言之，我们可以承认社会学在科学中还是一个未开辟的区域，不过是人类知识进步中一个引火线罢了。社会现象如此复杂，社会科学底知识如此薄弱，要解决社会各种问题，岂不是很困难的事情吗？从前大家鼓吹改革政治，于是把那些自由、平等、民权种种的名词，变成了油腔滑调。直到现在，那些议员还要说护法非法，真是可笑。我们现在要改造社会，应当把从前的错误，作为前车之鉴。换句话说，就是莫要把改造、解放、互助、劳工种种名词，又当作了口头禅。乌托邦决不是凭空来的，我听说现在有几个很热心的青年，由空想进而去做乌托邦实现的运动，要想把一个新社会马上搬到中国来。这种精神是很可佩的，但是他的神经未免过敏了。我希望那介绍主义底人，切莫要忘去这个主义历史上的背景！我希望那解决问题底人切莫要忽略这个问题当世的情形！

（三）

两年来那蓬蓬勃勃的思想启蒙运动，攻破了守旧派底大本营。从前公认的道理学说和信仰，根本上完全动摇。那逆着这个新潮流底顽固守旧，已经收拾旗鼓销声匿迹了。但是还有一部分的少数人，在那里徘徊观望，未表明他们的态度。你说他们守旧，他们却没有明白拥护那圣经贤训三纲五常；你说他们革新，他们对于无论甚么新的学说，新的思想，却不赞一词，不置可否。我们决不能说从前的圣经贤训，到现在都没有存在的价值；也决不能说一切新的学说新的思想，就是惟一的救世福音。不过无论对于新的、旧的，总要有研究的态度和批评的精神，这就是现在知识阶级应有的觉悟。

有人说“上海是中国舆论底中心”，我要问现在中国有没有真正的舆论和上海现在配不配做中国舆论底中心，我说反对巴黎和议签约底呼声，改造社会底呼声，地方自治底呼声，可算是中国真正的舆论了。至于要答复上海现在配不配做全国舆论底中心这个问题，当先观察和研究上海舆论机关底内容何如。上海一部分的舆论机关为党派所操纵，这是显然无疑义的。一部分的舆论机关已经用公开的方法，去做文化宣传底工夫，可说是已觉悟了。其余一部分就是那几个打着几十年老招牌的日报馆。舆论机关有两大任务：传播消息和指导舆论。关于传播消息一方面，有采集记载确实的要求，关于指导舆论一方面，有解说研究判断精确的要求。自前一项说来，这几个老资格底日报，虽然关于国外重要的事实，如国际联盟，劳动运动，和关于国内各地方事实，如生活状况，教育状况，少有系统的长篇记载，是个缺点。但是他们不为党派所操纵，材料比较丰富，消息比较敏捷，记载比较确实，这是他们的优点，因此受多数人底欢迎，在舆论界占很大的势力。自后一项说来，他们那一二百字底时评，只可说是一种解说，譬如解释政治上底纷争，他们就说："呜呼……武人官僚……地盘党争……和局……" 解释社会生活底不安，他们就说："呜呼……天灾匪盗……民困财穷……贤明有司慈善大家……" 这种不痛不痒底时评未免太费词了。至于他们对于新的旧的制度思想学术，有没有高深的研究？对于各种重要问题，有没有精确的判断？换句话来，他们能否尽指导舆论底任务，我不必再往下说，让读那种日报底人去下一个公允的批评。日报与社会各方面的关系，最为密切，在人类思想知识底交通上，占极最重要的地位。要做一个普遍的教育宣传底运动，要创造一种有效的公正舆论，我们不能不希望那在社会上占很大的势力底舆论机关，有彻底的觉悟，去尽他们应尽底一部分的责任！

(四)

要开辟一个坦荡平安的大路，那些阻碍这大路底荆棘丛林，必先要铲除割去。现在上海由棋盘街到四马路一带许多书铺里面，你看那些什么黑幕哪，什么百法哪，什么艳史哪，什么大观哪，什么伟人传哪，形形色色，无奇不有。甚而因为彩票生意发达，就有人利用那一般无识阶级心理的弱点，造出来一些什么秘诀哪，什么财运哪。这些东西不知到造出来好多的罪恶！有人拿出版物底多寡来测量一国文明程度底升降，我就拿这些东西数量底增减，做上海社会进化与退化底寒暑表。我们努力于文化运动，这些东西岂不是文化运动底障碍吗？我们主张思想知识底自由交通，这些东西岂不是自由交通底大路上的丛林荆棘吗？我希望那做文化运动底人，对于这无识阶级底迷惑者，大声急呼，指导他们不要再入迷途，对于这出版界底罪恶者，进一种诚恳的忠告，让他们早点忏悔。

总括起来说，我以片面的观察，对于出版界提出四项主张：（1）养成知识底社会主义底信仰，除去惟我独尊底态度。（2）提倡自动底精神，力戒空谈底弊病。（3）创造有效底公正舆论，改变骑墙底态度。（4）开辟平安坦荡的大路，排斥文化底障碍。

（载《评论之评论》1920年第1卷第1期）

呜呼出版界之罪恶

亚　雄

沪上人口之众甲于各省。然人口既众，自然良莠不齐，善恶不等。种种害人陷阱，如拆白、淌牌、台基、赌窟、燕子窠等，不可胜数。然人所共知，犹可回避。独出版界之出售各种伤风败俗、导淫诲盗等书籍，真令人防不胜防也。如去年出版之《帘外桃记》、《隔墙红杏记》等书，早经当局出示严禁矣。自彩票盛行以来，出版界更别出心裁，研奇斗巧。只知见钱眼开，那管损人利己，出售未来预知术，迎合一般财迷，说得天花乱坠，像煞有介事，更假造种种来函及各种灵验铁证，大登特登广告，使一般财迷群往购取，争先恐后，犹恐不及。呜呼，书贾之金钱果攫得矣。然独不思受害者之无穷乎？今也接踵效尤者，更不可胜数。试一览报纸，则满纸灵字，如财运预知法、财运预知术、灵验预知法等，触目皆是。近更愈出愈奇，托词济公降乩，更言出重资觅得秘本，不肯隐藏，愿公诸同好，更托辞“周文王著作，诸葛亮注解，刘伯温校正，济颠僧评定，乾隆帝珍藏”等语，荒谬绝伦，无过于此，而犹恐购者不信也，更益之以当面试验，不灵还洋。呜呼，出版界何事不可谋利而偏欲作此种丧尽天良、害人不浅之书籍！如果真有灵验，岂肯自己不发财，情愿公诸众人乎？此明眼人所共知者也，所不知者，独利禄熏心之财迷耳，呜呼愚哉！

试一展览各种灵书、预知术等书，无非将从前牙牌神数另撰名目，换汤不换药，以欺愚蒙。甚至恃有此种灵书，将所有辛辛苦苦挣来之血汗金钱，悉购彩票或借债典衣，以为百发百中，作孤注之一掷。岂知开彩五奖，依然未中，彼时懊悔已迟。或有因之戕生者。呜呼，彩票害人不浅，出版界之灵书害人更不浅！但愿当局从速出而取缔之，禁毁之，务使彩票与出版界之灵书，均归于淘汰。此后之社会或有一线希望耳。

（载《广益杂志》1920年第11期）

上海淫业问题：吹嘘淫业的出版界

一、报纸

上海有许多报纸关于淫业都狠出力吹嘘。各小报像从前的《游戏报》、《阳秋报》、《笑林报》、《采风报》、《花天日报》、《国华报》、《新笑林》、《滑稽魂》、《黄浦潮》、《新游戏》、《新舞台》、《电光报》、《鸣报》、《小新闻》、《劝业日报》、《图画剧报》、《飞艇》、《大舞台》和现在的《新世界》、《大世界》、《先施日报》等等，固然是以提倡淫业做唯一无二的生活。就是各大报也无不巧立名目，特开一栏，号称小新闻，或新闻屑，登载关于吹嘘淫业的文字。但小报的篇幅短，所登吹嘘淫业的文字，容易惹人注意。大报的篇幅，又多又长，每日登几篇吹嘘淫业的文字，并没有人注意。所以现在各小报，大家总把他当做传递淫业消息的电话，说起大报诲淫，大家都没有这种感觉。

报纸是社会教育的利器，办报办只谈风月的报，已经荒谬到了极点，但他□彰明彰著，办只谈风月的报，做谈风月的文，还可以称得真小人。如今竟有许多人，戴了假面具，在大报里头巧立名目，乘社会的弱点，替淫业界传递消息，这种伪君子，就真不能再替他原谅了。

二、小说

上海这地方，虽然不大，小说的销场，却大到太［不］可思议。

小说销场能大，应该上海的文化，是极发展的了。谁知这事竟大谬不然！小说的销场虽大，只限于诲淫的小说。诲淫的小说销场大了，文化不止没有发展的希望，还呈退缩的悲观。只有淫化的前途，大有一日千里的气象。咳！诸君！世界上头一切化，但凡能够发展，总是有益人生，只有这个淫化，是人类的大敌。淫化发展了一步，人类的幸福就减缩一步。现在上海有许多书贾、文妖，正在那里吹嘘淫业，做淫化的运动。我们对于现社会不肯负相当的责任则已，如果肯负相当的责任，那么从今以后，我们真要从事制裁那书贾、文妖，使他不敢做淫化运动了！

三、画图

画图也是出版物的一种，与社会教育更有密切的关系。有人说："文字仅能教育有眼睛的人，只有画图，能够教育没眼睛的人。"这话的确不错。因为人不全识字，不识字的人，虽然看见文字，却等于不看，看见等于不看，就是没有眼睛。但眼睛遇了文字，虽有时无用，遇着画图，却随时可用，没有认识不认识的问题。所以文字所不能教育的人，画图却能做他的良好教师。

画图的效用，既比文字大，如果画师能注意美育，上海的文化当然老早发展，用不着现在的几个文人，做什么文化运动。可惜上海的画师，既专重裸体的美育，一些书贾，又唯利是视，画愈淫，印行愈多，推销也愈力，以致上海的文化，反受裸体美育的影响，只能向下降落，不能向上伸展。

四、结论

以上所述，不过举其大体而已。我前几天本想将出版界的诲淫证据，一齐搜罗出来，使全社会对于吹嘘淫业的出版界发生攻击的动机。以后有人告诉我说："这是不行的。现在的中国人，大半不足信托。你如果搜罗出版界的诲淫证据，必定将他的书目、画图名目、出版处所，一律登载出来，这一登载，一些人必定照你所指示的书目、画图名目，到你所开的发行处所去买，反而替吹嘘淫业的出版界，登了绝大的广告了。”我听了这话，觉得极有道理，因此便将所搜罗的诲淫出版物名称，浸在痰盂里面，永久不许他来见那不信托的中国人。

（载《新人》1920年第1卷第2期）

触目惊心

毕效良

淫书淫画，为历来所悬禁。共和人民，应均有自治之能。虽出版自由、言论自由，而淫书淫画，理宜人民所自戒。乃今日负开通之名者，不谈阴骘，不说因果，竟公然著淫书，绘淫画，触目皆是，致使青年子弟、闺阁妇女，日沉沦于黑暗，甚陷溺于死亡，绝嗣倾家，至于此极。吾今谨七顿首于出版界、著作界之前曰，谁无子弟，谁无妻女，而忍令其入黑暗、蹈死亡、断种绝嗣乎？吾又九顿首于各校长、各家长、各行经理之前曰，务各随时常行稽察，循循劝导，使各青年子女出黑暗、免死亡也，而其源，则仍在于出版界、著作界之好行其德也。倘采及刍荛，竟毁版而绝笔焉，吾知其子弟妻女，必为共和国之大伟人、大阃范矣。倘谓淫书中寓有恶果报，阅者自能警惕也。试问何册淫书，不寓果报之说，何以只见阅者之沉沦陷溺乎？故我又拜手稽首于作艳情淫书之著作家、绘淫画之美术家之前而言曰，椽笔挥挥，何求不得？何苦自留污点，自累盛名，引社会于黑暗，陷人民于死亡，所博者只蝇头之微利耳。阴骘因果之说，虽为时流所罕言，然伍廷芳、丁福保诸先生，亦仍证明其有，惟淫恶最甚，犯者灵魂必永受痛苦。凡我同胞，能不触目惊心耶！毕效良谨启。

（载《申报》1920年10月21日）

政局与出版界底感慨

冰坡　光汉　楚伧

楚伧、力子：

昨晚我们来访你们，都没碰见，真是不幸。碰见了楚伧却又因不相识，让他出馆，后来问及馆员才知道，然已竟追不上了！我们听见贵馆种种情状，真悲愤的很，又钦佩的很！悲愤的现在人民处于恶政治之下，民意消亡殆尽，连出版自由权都没有。贵报邮局不能挂号，还得走他国邮局，这种国家竟成了什么样了？钦佩的是你们抱大无畏的精神，去给人开一正路。牺牲自己底金钱和脑力，帮助吾学生界，你们于中国文化思想上，确占一重要位置。中国有生气、有精神底报纸，实惟《民国日报》！

现在中国政局混乱已极。南有粤桂，北有皖直，他们口口声声都是爱国，都是爱民，其实都是率兽食人；胜了升官发财，败了革职免官，和了大家分赃；活的横行中国，杀人放火的强盗。近数日北京政潮又起，吾苏几乎又玩出来血腥的把戏。后来外国人说几句硬话，遂也中止，不然，又不知怎样了！咳！中国有觉悟底人当要深切了解，现在南北都不是东西，都是害人的，段祺瑞固然不好，曹锟又何尝好？指望别人终是无用，不如各拿出各人的血，各人的头颅，再去创造一个真的实的美的国家。中国已竟没有政府，而一般贼头却偏要有政府，这真是挟政府以令天下。我想，去政府就是去军阀，去杀害人的东西，假若没有彻底的改革，中国仍是混乱，力子在随感录上有民意，说根本的办法，大概亦即指此罢？现今办法，（一）由你们负鼓吹提倡及介绍学说之责。（二）由我们青年组织大结合的团体去实行。我想父老苦秦已久，登高一呼，必定响应的不少。愚见以为救中国（即救人类）之法，这是根本的。你们以为如何？尚望示教，因为我们青年一切都较你们幼稚，望负点指导之责才好。

我们昨日来上海为买书，连访你们。各书店都走一遭，有的是古书店（尚无数），有的是教育部式书店，全都是教育部审定的教科书（可取），有的是流氓式书店（专卖黑幕、情书……教人为恶法子的最坏了），有的是新文化书店，然越是好书店书越少，越是坏书店书越多，社会人心，可见一般了！

我们在此间留了不到二十四小时，一切都看的差不多，感触也极深，刺激也不少，匆匆就要回去，不能多谈啦。

冰坡、光汉

一九二〇，七，十六。

冰坡、光汉：

我们那里配得上你们所说过誉的话，我们也断没有金钱来办报，《民国日报》是死过与现存的同志，合力来办的。我们不过一由自己良心来担负这个责任罢了。你说上海越是坏书店书越多，真是一件很可痛心的事。上海的出版界，自从《时事新报》发起黑幕以后，类似而显为诲淫诲盗的记载，竟一天多似一天。自从文化运动渐渐活泼，出版界才有了些生气，那些黑幕势力也减少了好些。你们这次来上海，在我们看，已经是比前所见的，已经好多了。我们想，出版界的趋势，是跟着著作界的。譬如一边是商店，一边是工厂，工业不改善，商品如何能改善呢？所以我们狠希望一般有学识的青年，努力在著作界进行，与注意译书事业。你们赞成我这句话吗？前天失迎得很，请你们原谅，并祝你种种的进步。

楚伧，九，七，十七。

（载《民国日报·觉悟》1920年第7卷第17期）

出版界可痛的事

力 子

上海有一种周报，每谈到“妇女解放，婚姻自由”等话，便要现出一副“翼圣卫道”的面孔，叹息于人心不古，却是他们所编的《谈丛》、《谐薮》等栏，全摭拾那《聊斋》、《谐铎》底唾余，不是谈狐说鬼，便是什么“一树梨花压海棠”等标题。这种出版物，如果出于私人团体的经营，当然只能听彼自生自灭。现在却俨然冠着一个珠江文明集中点的地名，经济力也是出于一个鼎鼎大名的公共团体底资财，那就很希望和那地方有关系的人出来讲几句话。

有人说：这种周报，本来不是鼓吹文化的。但彼还有一层可怪的地方，就是两月以来，他们底桑梓之乡，发生极大的变化，那周报上从没提过一字。要说不登载地方新闻吗？却期期都有什么“……消息”，只是专登载些闾巷间窃盗奸拐等事罢了。纸价这样贵，何苦靡费那可宝爱的公款呢？

回头一想，之江方面，还有一个用公共团体底资财在那里喷吐迷雾的《教育潮》，我也没奈彼何。只好照玄庐所说“劝人暂时看别的”，听彼自生自灭了。

（载《民国日报·觉悟》1920年第10卷第29期）

新文学与出版界

释　三

近来新文学的趋势，已弥漫全国，大有龙腾虎跃、风起云涌的样儿，这是我很欢迎的。为什么呢？

我从前尝听人说道：“我国文人，每撰一篇文章，专以仿古为能事。别人看得懂，看不懂，他却一概不问了。”因为这个缘故，全国人民都以文学为难事。以文学为难事，于是识字读书的人日少；识字读书的人日少，出版界便奄奄无生气，国家文化，日渐低落，这还成个什么样儿呢？幸现在有志之士，竭力提倡言文一致的新文学，从此全国人士，当不致以文学为难事。于是读书的人，既日日增多，一方著书的人，也日日增多。这乃是出版界极好的现象，我怎可不去欢迎呢？

但是我细细观察，那知反加上一重忧虑。举个切实的比例：新文学好似成了一个中焦隔住的症候，原来提倡新文学的人，所有著作，自然摒除旧习，改从新体。此外只有学校青年，对于新文学，异常努力。最可怪的，一般半新不旧的人，他口中虽是赞成新文学，但握笔成文，依然之乎者也，叠床架屋的守着老腔调。再仔细拜读他的鸿文，持论充畅，理由圆满，倒也罢了。那知头脑不清，满幅油腔滑调。医生说："人体内分上、中、下三焦。"照上述的现象，不好似成了中焦隔住的病症吗？

因为成了中焦隔住的病症，所以新文学在出版界上，依然没得发展。除了几种具新思想的杂志和新发行的教科书外，其他社会应用的书籍，印成单行本，完全用新文学的，实在说不出几种。小子识见短浅，但很希望提倡新文学的人，学校方面和社会方面，须并筹兼顾。第一步，将中焦疏通。一面劝告新闻家，协力鼓吹新文学。再大家著作些通俗书籍，使识字不多的人，也可以看得懂。到了那时，出版界发展，新文学自然也遍布了。

（载《出版界（上海）》1920年第54期）

出版界复译问题

万 韬

昨天看到东荪君《译书重复的问题》一篇文章，我很有不以为然的地方，现在简单地写在下面。

第一不以为然的，就是他那惯用的"不过式"的论调。（浙江方面一般顽固派常用一开一合的语调反对新派，说的都是"新是我所赞成的"，"不过为时尚早"之类的语言，新派的人就叫他作"不过派"，他们论调就叫作"不过式"的论调，现已成为通行的名词，所以这里便借用了。）他那篇文章是反对止水先生主张复译的。要反对，就反对了，但他却打起"不过式"的高调，在引用止水先生文后说："止水先生这篇意见是我所完全（注意）赞成的。但是（注意，就是‘不过’）和现在译书重复的情形微有不合。”你们看，“完全”底下竟转出一个“但是”来了！我看，东荪君在这种地方赶紧采纳汉俊先生“主张的态度应该如此”里对于打岔路的教训才行！即不然，逻辑上通不通也该顾到一点。

第二不以为然的，就是他那“诗云子曰式”的论调。东荪君要攻击别人的时候，总引几句别人的话来作引子，这次也是如此。你看，他又说陈独秀先生怎样怎样了！“诗云、子曰”，从前是正反两面都用的，现在东荪君却只用在卸担子一面，这也不可谓不善于变化。这种变化的能力，我确信他有从“贤人政治”变到“社会主义”一式的英毅。

第三不以为然的，就是吹自己的牛皮。他说：“此外如我译《创化论》是意译的。如有人看了以为有直译的必要，不妨用直译来重译一回。我相信读者买了直译的《创化论》以后，必定还要买我的意译《创化论》。因为必须把直译与意译对着看方能完全了解。”“必须把直译与意译对着看方能完全了解”，“必须”两字从那里得来，到底是什么话？我看，他不过要吹牛皮，恐怕别人齿冷，用这句话来遮盖罢了。这种方法，从前的“贤人”也用得很多，故智全已看穿，东荪君你不该再用他了。你不要生气，我老实说来，你那本意译的《创化论》，第一句就看不出你“译”的“意”来呢！我记得第一句原书不是那样艰涩不可解，你译过一遍，大约比我更记得了！

总之，复译不复译，尽可听其自然。东荪君以为两人同时复译，恐怕“万一两个人所译的竟是差不多”。但我以为也须想到“万一两个人所译全异”。看，两个人如果不是互抄，全异的方面的“万一”，倒比较的有强的或然性呢！

最后，还要问一句共学社的《近世经济思想史论》，你为甚不说他学术研究会已译成，可以不必再翻？黎明运动，虽然还是明暗交映，总该增加明的呵，该增加明的了！东荪君，你该听取我这一句，不要以为“只博得一笑”呵！

（载《民国日报·觉悟》1920年第7卷第3期）

对于新出版物的吾见

李希渊

自从去年五四以后，吾们学界里的人，很热心做一桩事情。说他好现象，恐怕实际上没有什么好处，说他坏现象，却也没有多大的坏处，这就是现今的出版物。这种出版物，原来是文化运动的利器，为什么吾来说这种“模棱两可”的话呢？原来吾也有一些儿意思，待我慢慢儿写出来。现在的出版物要算发达极了，看到他的内容，除了北京大学和几个高等文化机关，好的果然还有，但是多数是写些“社会实况”或是作些“不平鸣”的。什么讨论问题，却从没有解决的一天。说他深，请问学理在什么地方？说他浅，那下层社会，何曾懂得传来传去，总是在几个学校里头。照这样看来，这不是一件不上不下，没有用处的东西吗？古人说“梨枣之灾”现在真合着这句话哩。因此吾想这种出版物，总要拿他改良些才好。怎样改良呢？照我看来，爽性分作两种：一种呢，单谈学理；一种呢，专讲种种常识。那谈学理的一种，尽管发表心得，做研究的机关。那讲常识的一种，笔墨竟要浅，说理竟要透彻。并且深的一种，尽管作买品；浅的一种，不但不取分文，还该挨家挨户的去送给他们看。到了通俗演讲的时候，就拿他做演讲的材料。这不过我个人的意见，还要请大家指教。

（载《江苏省立第二女子师范学校校友会汇刊》1920 年第 10 期）

新出版物

独　秀

近来新出了许多杂志，并且十种里总有八九种是说“人”话的新杂志，不用说中国社会上只有这件事是乐观，但是我对于这件事，更有数种进一步的感想：

（一）出版物是文化运动底一端，不是文化运动底全体；出版物以外，我们急于要做的，实在的事业很多，为什么大家都只走这一条路？若是在僻远的地方——云南、甘肃等处——发行杂志，到也罢了。像北京上海同时出了好些同样的杂志，人力上财力上都太不经济了。

（二）我们的民族性，是富于模仿力，缺少创造力。有了大舞台，便有新舞台，更有新新舞台，将来恐怕还有新新新舞台，还有新新新新无穷新……舞台出现；像这点小事，都只知道模仿不知道创造！现在许多人都只喜欢办杂志，不向别的事业底方面发展，这也是缺少创造力底缘故。就以办杂志而论，也宜于办性质不同，读者方面不同的杂志，若是千篇一律，看杂志的同是那一班人，未免太重复了。

（三）凡是一种杂志，必须是一个人一团体有一种主张不得不发表，才有发行底必要。若是没有一定的个人或团体负责任，东拉人做文章，西请人投稿，像这样“百衲”杂志，实在是没有办的必要，不如拿这人力财力办别的急于要办的事。

（载《新青年》1920年第7卷第2期）

看新出版物的痛苦

鼎　元　刘子康

鼎元：

你是工界底明星，我很钦佩你。我也是一个工人，却处在资本势力范围之下，经济压迫的惨状，使我无泪可挥，只好长声一叹！我空闲底时候，很喜欢看新思潮的出版物，如今忽然不要看了，反而避之若浼，不阅为佳。为什么呢？因为新思潮的出版物，道理都很充足，我也是一个讲道理的人，看了之后，往往把全身血轮冲动，每致终日彷徨，不知所措。我想多增一点知识，就是多增一点烦闷，看了新出版物之后，精神上反觉得痛苦异常。恐怕愈觉悟，做人愈难。提倡解放，改造的人，都把奋斗咧，牺牲咧，忍耐咧，努力咧，那些话来勉励人，都是纸上空谈，有什么效力？鼎元呀！你有什么方法吗？

刘子康

我也是一个受新思潮激刺，被黑暗环境所压迫的人。我从前也曾灰心过，仔细一忖，灰心是违背衷的。为什么呢？灰心就是畏惧，若然你也灰心，伹也灰心，奋斗的人没有了，那么不是就被顽固者战胜了吗？这样一忖，我就不灰心了，只好抱着始终如一，不达目的不止的宗旨做事，如今仍忍着气，含着泪度日哩！

你是一个爱看新思潮出版物的人吗？新思潮的出版物关于我们很有益的，不可不看。为什么忽然避之若浼，不阅为佳呢？我觉得非常叹惜。你说："新思潮的出版物，道理都很充足，我也是一个讲道理的人。"你既然是讲道理的人，应该从道理方面走。你说："往往阅之大受激刺，把全身血轮冲动，每致终日彷徨，不知所措。"青年人大都是这个样子。你说："我想多一点知识，就是多一点烦闷，看了新出版物之后，精神上反觉得痛苦异常。恐怕愈觉悟，做人愈难。"唉！错了，错了，你不好怪新出版物，要怪旧社会那班造罪恶的人呀。

我讲个很简单的比方给你听罢。譬如一个小孩，自出娘胎，是不会走，不会话的。这就要叫伹立刻会走，会话，可以吗？一定不可以，不能硬做的。我们看了新出版物也是这样，就要立刻实行，也不可以，须要慢慢底来的。

鼎元

（载《上海伙友》1920年第8期）

介绍新文化运动底出版物

卞鸿儒

东省底文化进步，比较内省迟钝，这是不容讳言的。这个迟钝的原因，虽不止一端，但就出版物上说，也是极有关系。东省关于新文化运动底刊物，既没有出版的，又没有代派的，这是最可怜最可叹的事。我常见有几位青年，满心要买几种新刊物看看，但是不知道向何处去买。咳！自己没有，犹可希望看人家的，乃连人家的再不容易看见，这不是最可怜的事情吗？我又常问几家书局，为什么不代派，他说没有多少人买。咳！自己没有，犹可看人家的，乃连人家的更不愿意去看，这不是最可叹的事情吗？

东省青年诸君啊！诸君难道不怕"思想破产"吗？不怕"时代落伍"吗？不怕"生活落伍"吗？请诸君快快"觉悟"！快快"自决"！新文化运动现在已经风行全国了，新文化运动底出版物已经畅销全国了，独我东省倒同云南、甘肃、新疆等省一样的成为僻远底地方了。所以我现在要就我所知的"新文化运动底出版物"郑重介绍一下。在我要介绍"新文化运动底出版物"之前，先要说"新文化运动"是什么。要说"新文化运动"是什么，先要说"新文化"是什么，要说"新文化"是什么，先要说"文化"是什么。但是这个问题，已有人先我说了。有的是从"新文化运动"内容上解释的（《新青年》杂志第七卷五号陈独秀《新文化运动是什么?》）。他说："文化是对军事、政治（是指实际政治而言，至于政治哲学仍应该归到文化）、产业而言。新文化是对旧文化而言，文化底内容，是包含着科学、宗教、道德、美术、文学、音乐这几样。新文化运动是觉得旧的文化还有不足的地方，更加上新的科学、宗教、道德、文学、美术、音乐等运动。"

又有从"新文化运动"底种种问题和推行方法，做为简单底解释的（见《文化新介绍——文学》）。他说："一、新文化运动，是继续五四运动，传播新文化于全国国民的作用。其进行方向，在唤醒国民、改良社会、发展个人、增进学术，使我国社会日就进化，共和国体日行巩固。二、新文化运动，要文化普及于大多数的国民。不以一阶级一团体为限（例如推广注音字母，传播白话文，设义务学校、演讲团，都是这个意思）。三、新文化运动，是以自由思想，创造能力来批评《改造》、《建设》、《新生活》（例如现在各种新思想出版物）。四、新文化运动，是谋永远及基本底改革和建设，是要谋全国彻底的觉悟。五、新文化运动，要全国国民改换旧时小的人生观、创造大的人生观，使生活日就发展（例如从家族的生活到社会的生活）。六，新文化运动，是一种社会的运动，国民运动，学术思想运动。”

我们既然明白“新文化运动”是什么，当然就可以知道“新文化运动”底出版物，就是发扬、传播、促进新文化的一种利器。我们要想彻底知道究竟这新文化的内容，和新文化运动的程度，是到怎样个地步，好做我们适应新时代要求下手工夫的预备。我们现在当知道“思想革新”和“社会改造”是一种切己的事情，但是这思想怎样革新，这社会怎样改造，我们现在所处的地位，既然没有别的方法能够做到，那就不能不向这新文化运动底出版物领教了。不过在我们现在要领教以前，第一件应当注意的事情，就是先要把一切“误解底见解”和“偏僻底见解”排除净尽。要平心静气，抱一种客观的态度，去看、去想、去批评、去讨论。这就是我们应当具有惟一的一种“觉悟底思想”、“奋斗底精神”，要能够这样，我们就可考察考察新文化运动底出版物，究竟是那几种了。

我现在为便利介绍起见，姑且分做丛书、定期出版物两大类，把他写出。这所写的，是就个人所知道的，且个人以为很有价值的。

甲　丛书

一、“尚志学会丛书”　现已出版有左列八种，均由商务印书馆发行：

《近代思想》（一元一角）　《生物之世界》（一元三角）　《革命心理》（九角）

《新道德论》（二角五）　《中国人口论》（四角）　《理想国》（一元五角）

《实用教育学》(四角五)　《创化论》(九角)

二、"岫庐公民丛书"　这种丛书他打算分国际、社会、政治、哲学、科学、经济、教育七类,都由上海群益书社和伊文思图书公司发行,现已出版的有左列各种:

《山东问题之真相》(三角)　《波斯问题》(四角)　《国际联盟讲评》(五角)　《欧战地理志》(三角)　《社会改造原理》(特价四角)　《科学的社会主义》(二角)　《欧美各国改造问题》(二角)　《科学讯论》(一元五角)　《地理之原始》(四角)　《实业心理学》(八角)

三、"新潮丛书"　现已出版三种,由北京大学出版部发行,上海亚东图书局代派:

《科学方法论》(六角)　《迷信与心理》(四角)《点滴》——小说

四、"晨报社丛书"　现已出了五种,均由该社发行:

《旅俄六周见闻录》(五角)　《爱的青年》(五角)　《杜威五大讲演》(七角)　《社会改造原理》(五角)　《小说第一集》(五角)

五、"新文化丛书"　中华书局出版，已出了四种:

《人生之意义与价值》(四角)　《达尔文物种原始》(一元八角)　《赫克尔一元哲学》(一元二角)　《罗素的政治哲学》(三角)

六、"大学丛书"　已出五种,由商务印书馆发行:

《中国上古哲学史大纲》(一元二角)　《心理学大纲》(六角)　《欧洲文学史》(六角)　《人类学》(七角)《印度哲学概论》(九角)

七、"共学社丛书"　这种丛书，现在尚没有出版，将来也由商务印书馆发行，照该社说，将来出版拟分"时代丛书"、"历史丛书"、"学艺丛书"、"马克斯研究丛书"等。该社担任编译的主要人物，是《晨报》、《时事新报》、北京新学会里的人。所以这类丛书将来出版一定是极有价值的。现在看他发表已有的书稿也就可以知道了，择记几种如左:

《现代思潮之渊源》(梁启超著)　《欧洲文艺复兴史》(蒋方震编)　《家庭问题》(易家钺编)　《俄国思想史》(蓝公武编)　《西洋美术史》(钱稻孙编)　《物质与记忆》(张东荪译)　《人及超人》(沈雁冰译)　《社会运动史》(杨适夷)

八、“新青年社丛书”　该社丛书现新出版的只《社会主义史》一种（价七角），此外尚有《疯狂之心理》、《哲学问题》、《工业自治》、《到自由之路》几种，不久也将出版。（新青年社在上海法大马路大自鸣钟对面，是今年下半年才成立的。）

乙　定期出版物

定期出版物除日刊不计外，有月刊、半月刊、旬刊、周刊和季刊五种。今将各种刊名、发行所已出号数、价目等顺次写出。

一、月刊

《改造》北京新学会编辑，中华书局发行　三卷二号　二角五分

《新青年》上海新青年社　八卷二号　二角

《新潮》北京大学出版部　二卷四号

《建设》上海法租界环龙路四六号本社　二卷四号　三角

《少年中国》上海亚东图书馆　一角

《少年世界》同上

《太平洋》商务印书馆　二卷七号　二角

《新中国》北京宣门外本社　三角

《新群》上海亚东图书馆　中国公学编辑　二角

《曙光》上海泰东书局　第六号　一角

《国民》北京北池子本社　二卷三号　一角五分

《政衡》上海群益书社　一卷三号　二角

《家庭研究》上海泰东图书局第一期　一角

《民铎》同上　二卷二号　二角

《科学》上海中国科学社　五卷九期　二角五分

《学艺》商务印书馆　二卷五号　二角

《崇实》上海中国崇实学会　一卷一号　二角

《大学月刊》同上　一卷六号　三角

《新教育》上海新教育共进社　三卷三期　二角

《教育潮》浙江教育会　一卷六号　一角五分

《自觉》上海同济医工学校自觉社　一角

《教育丛刊》北京高等师范　第三集　二角

《教育与社会》北京高等师范教育与社会社　第一号　二角

二、半月刊

《工读》北京翊教寺高等法文专修馆　二枚

《平民道德》上海第二师范　三枚

《光明》北京前门外武进馆汪宅　四枚

《少年》北京高师附中少年学会　二枚

《新生命》天津学会　三枚

《东方》商务印书馆　十八卷

三、旬刊

《新社会》北京社会实进社　三枚

《奋斗》北京大学第三院　三枚

四、周刊

《新生活》北京后门内本社　四枚

《星期评论》上海本社　二枚

《平民周刊》北京北池子八四号　三枚

《周刊》北京高师、清华、广东高师均出有学校周刊

（载《沈阳高等师范周刊》1920年第23期）

教科书革命

余家菊

达到教育目的，有许多工具，教科书就是一种，而且是其中的重要的一种。现时喜欢研究新教育的人，多喜欢高谈抽象的目的和方法，对于具体的问题，倒很少留心研究。虽说在提倡鼓吹的初期，不得不用概括的方法，从根本的处所着手；但是单用如是工夫，做如是事，在教育建设的价值上，毕竟总嫌薄弱。有志革新教育的人，应该改变态度，万不可单谈抽象的主义，要朝实行的方面去寻具体的策略！有人说“中国人缺乏实行的能力”，这种单研究主义的态度，可不是这话的一个证

明吗！

若是稍微留心具体的问题，我们在教授上，首先要觉悟的，一定是教科书的不合用。我们对于教科书问题，应不应该筹法解决呢？现在有许多人提倡“实物教授”、“实地教授”，反对书本教育。但是他们只能反对用书本做教育的唯一工具，他们只能反对把教书当做教育的目的，决不能从根本上将书本推翻。书本是传播文明的利器。书本和教育有密切的关系，我敢郑重的说：我们对于教科书问题，不敢放弃。

现行的教科书，多半是纯粹商品。编辑和发行，多半是纯粹的商业行为。他们不配负促进文化的担子，不配做教育人类的工具。听说他们的内幕，有许多丑态，我们犯不着一一的揭穿，我且用不激不偏的态度，将现行教科书的弱点指出：

一、在教材方面

1. 不合教育宗旨，取材太无主义。
2. 不合人生需要，太重学术的体制。
3. 不合时代需要，又多废话，又多挂漏。
4. 不合地方需要，多抄袭日本的。
5. 不合科学的新趋势，太陈旧腐败。
6. 不合科学的精神，太支离，太抽象。

二、在形式方面

1. 文体无生气，板滞的。
2. 前后无结构，破碎的。
3. 不合教授法，注入的。
4. 忽略审美性，像插图的粗糙。
5. 忽略卫生，像字的太小，纸的太光。

上述两项十一条，是他们的罪案。可惜此处不能为具体的说明！希望读者诸君按条思量一番！拙作有《现今通用的教科书》一文，登在

《教育旬刊》的《教科书研究》栏内，诸君如有改革教科书的真心，希望取来参观一下！

有良心的教育家，对于这等不值一文的教科书，还应该让他流行吗？不应该打破他的信用，断绝他的生命吗？你们若是还要高谈教育革新，那么，对于这件事总要不轻轻放过，才合道理。

教科书革命的必要，已经明白了。我们眼前的问题，就是怎样进行？我想其中有两件最要的事：（一）打破现行教科书的势力，（二）用新教科书来代替。怎样去打破呢？怎样来代替呢？我的意见如下：

一、怎样打破现行教科书的势力？

1. 我们要多做文字，批评各种各科的教科书。要利用机会，向与教育有关系的人，指出现行教科书的破绽。

2. 请求各著名的教育杂志和报纸，注意教科书问题。

3. 各学校各种学科会议，应该研究教科书问题。

4. 征集各种学校，各科教员，对于所用教科书的意见，能得着有价值的报告更好。即令了无所得，也能引起他的批评，打破他的迷信——这是我们的真目的。

5. 各师范学校，应该教将近毕业的学生，留心研究教科书。这件事有益于教科书革命的进行，而且有益于师范生的就业。

6. 向教育部请求废除教科书审定制。各学校可以自由编纂讲义，可以自由采用教科书。

二、怎样用新教科书来代替呢？

1. 有思想有经验的教育者，可以自己编辑教本，先行试用。试用有了成效，就可公布，请求各界批评。若能得着各方面的同情，就可以出版行世。有人想道：这种试编教本的办法，是用学生做试验品，若是编辑人的见解不高尚不周到，学生不免要受些牺牲，好像有几分危险性质。其实不然，编辑人的见解怎样，是个未决的问题。至若现行教科书牺牲了许多学生，已经是铁案无疑。即令自由编辑教本，有时牺牲学生，我想牺牲的分量，总不至比现行教科书所牺牲的分量还要多些。再且从社会的幸福上说，因为试验的原故，牺牲了学生，总比牺牲在迷信和盲从中的，好得多了。若是照我前面所说的，编辑人是有思想有经验的，那么他们的成绩，决不至比现行的教科书还坏。

2. 专门以上各校，应该负担编辑中小学教科书的责任。（特别应该的，是高等师范。）听说北京大学已经有了编辑中小学教科书的计画，可算是一种“福音”！不过我希望编辑的人，不是单有学识的教授，是要有学识又有经验的教育者。

3. 各种真的学会（除开志在选举的法政学会等），对于新出的教科书，应该多加批评，多加介绍。

4. 各种健全的学会，应该悬赏征集各级学校应用的各种教科书。我想此事的重要，决不少于征集名著——征集名著，是许多学会正在热心做的。

5. 各省教育厅或者各地教育会，或者各科教员联合会，应该设教材研究会，调查合于本地方需用的特别教材。一方面可以供给本地教员临时应付教育上地方化的需要，一方面可以预备全国教育界的采择。

6. 劝告各书局，留意于改进文化的责任。对于编辑教科书的人，加以审慎的选择，不可抱着纯粹营业的见解。

我谈完了教科书革命的进行方法，我对于各方面有无限的希望，我对于现任教育者更有极盛的热情。请对于教育者再讲几句话：

教科书的事业，就是你们的事业。教科书不改良，你们的事业总是“吃力不讨好”。你们想想，你们教授的痛苦，学生听讲的滋味，和教授的成绩。你们的总结果，除了“失败”两个字，下余些什么？你们要知道教科书的不良，是失败原因中的一种。你们不想免掉失败吗？你们不应该除掉这个原因吗？我希望大家起来，合力做成教科书革命的事业！

（载《少年世界（上海）》1920年第1卷第1期）

对于我国现在教育制度和教科书的感言

李培栋

（一）

我们中国，现在是已经由帝国变成民国了。为甚么各种教育制度，还不彻底的变更，仍然袭取满清所订的呢？那满清所订的教育制度，大半系从日本钞来。日本和满清，都是专制帝国，我们现在用他们的教育制度，来支配全国的教育，造出的人材，是可想而知了。

更有一层可恼的：大凡办教育的人，如果感受这不良教育制度的痛苦，稍变更他一点，那办理教育行政的人，就说是违背定章了！

（二）

我们中国，因为疆域宽广，人口众多，所以各省的气候、物产、俗尚，都不相同。那末我们学校里所用的教科书，就当仿照美国的制度，斟酌各省的情势，施行相当的教育，才合道理。为甚么还要去采用那不合情势的教科书呢？现在的教科书，是上海书局里编纂，北京少数的人审定的，他们编纂的人，和审定的人，不过具有观察一省或三两省的眼光，所编定的书，怎能适用全国呢？

不过我们要想改编教科书，也很不容易，不见那部视学、省视学、县视学吗？他们一到学校里，就问应用那种教科书，要不是部定的，他们就说违背定章了！

唉！照这样的守旧，能够收适用的效果吗？

（载《云南小学教育旬报》1920 年第 1 期）

儿童读物的研究

丁锡纶

儿童到了五六岁，知识渐开，时时要因着事情，发展他那固有的能力。这个时候，是儿童最要紧的时期，总要用种种合式的法子，引诱着他那能力，向正道上去发展。儿童将来的善恶，全在这初步教育的培养。

这初步教育如何设施呢？第一个问题是“选择儿童的读物”。第二个问题是“慎重对于儿童的训话”。雪白的丝，染上黄色，便成了黄丝，染上黑色，便成了黑丝。极清的水，放入红色，便成了红水，放入绿色，便成了绿水。儿童的性情，正是合白丝清水一般。耳闻的是良好的训话，目睹的是良好的读物，他将来便成就一个良好的人。若是耳闻的目睹的都不完美，将来他是一定染上恶劣的弊病，一旦染上弊病，再要去改，可就非常的难了。所以施行初步教育的时候，对于“儿童读物”和“训话”是须要切实的研究。

“训话”是活的，是大人说给儿童听的。他的性质是被动的，只要施行训话的人能随时随事，施以相当的言语，便可无甚弊病。

“读物”是死的，是儿童自己可以研究的。他的性质是自动的，一有不慎，便于儿童的发展能力上，有所阻碍，于儿童的性情上，有所传染。所以我们对于儿童的读物，是非切实的研究不可。

商务印书馆、中华书局以及各大书坊，所印行的儿童读物，如《五彩方字》、《看图识字》、《儿童教育画》、《家庭教育画》、《童话》、《动物园》、《儿童画报》等书，种类很少，五六岁儿童用着相宜的，不过一两种。他的内容皆很有研究的价值。我希望热心教育的人，组织一个儿童读物研究会，就借这《妇女杂志》作一个机关报，将各书坊所出的儿童读物，破除情面，把他的优点、劣点一一指出，登入《妇女杂志》。大家交换交换意见，着实的研究研究。各书坊也可以借得他山之助，改改良，进进步，大家也可以另发明几种相宜的读物，发表发表，或者就请《妇女杂志》社印行，此事若果实行，必然给儿童造一极大的幸福。

五六岁的儿童的读物，不出字画两种。东洋每年总有几百种出版，日新月异，愈出愈良。西洋布印的一种，更为美丽、坚固，实在是可以仿效的。

现在我有两种意见。一种是“改良方字”，一种是“布制儿童用书”。

改良方字是怎么样呢？是用极厚的白纸片，裁成宽六生的，长十生的长方形。一面印上五彩图画，要简单显明，万不可复杂晦暗，以免儿童难于领悟，一面印上字，字要比核桃略大，万不可小，若小了，便减了儿童的兴味。每组十页，分作十组，共壹百页，足够儿童一年之用。这十组的分配如下：

第一组至六组，单字的名辞，人、手、狗、猫、桌、椅之类。

第七组至十组，双字的名辞，哥哥、妹妹、皮球、菊花之类。

儿童第二年所用，仍分十组，除双字、三字名辞外，再将单字名辞加入动辞，如人走、鸟飞、鸡鸣之类。

这种改良方字，比较五彩方字，有三大优点：

一、厚纸甚坚固，可耐久。

一、尺寸大，便于儿童携拿。

一、页数少，定价廉，易于购置。

布制儿童用书是怎么样呢？是把图画和字，用五彩印在布上，装订成书。他的内容，是和改良方字一样，但是改良方字，是字画分印两面，这布制书要字体较小，且是字画印在一面罢了。书的尺寸，须比方字微大，要和商务印书馆出的《儿童读本》相似。每本十张，计二十面，万不可多，多了就又不合儿童心理了。再者，此书和国民学校里用的国文，是大不相同。国文是以文为主，以字为主。此布制书，是要以画为主，此书有四大优点：

一、布制比纸制坚固。

一、体积小，易于携带。

一、页数少，不致价贵。

一、与改良方字有互相联络补助之益。

以上是我的两种意见。再将“改良方字”和“布制书”的样子，画在后面，附以说明，请大家研究研究。

改良方字式样

前面式

宽六生的，长十生的，厚一生的，前面印五彩画，反面印字；黑画之下，是预备手拿的地位。

后面式

布制书式样（一面的式样照立式）

长十七生的，宽十生的，字画印在一面。

说明：

一、一面只印一字（或一名辞），不可多。

一、须用线订，务取坚固。

一、可制横竖两种，斟酌图画局势，分印之。如人、树用竖式。狗、牛用横式。

一、定名，可以称布制儿童读本第几集。

本杂志六卷一号内，有《儿童读物的研究》一篇，想大家都已看过。除改良方字布制书之外，还有几种研究的材料，接续写了出来，贡献大家。

（一）幼稚画片

儿童到了三四岁，渐有辨别物体的能力，此时亟宜施以辅导的方法，使他观念明确。最好是用实物，施以直观教授。但是实物因地点的关系（野中有，屋中没有），气候的关系（夏日有，冬月没有），发生种种不便，因此就不得不借用图画。儿童心理，最爱图画，所以用图画来启发他的智识，是最为相宜。本以上的理由，可创制一种幼稚画片以应三四岁的儿童的需要。幼稚画片的制法如下。

尺寸可分大小两种，横竖不能一定，只要和所画物体相宜——纸用白色坚固的厚纸——所画的物体，不出动植物和静物，如人、马、桃、瓜、桥、屋之类。凡三四岁儿童所习见的物品均可采取。此画宜用笔简单，彩色鲜明，每图只画一物，不可混杂——教授的法子，大量粘贴墙上。小画使儿童随意展阅。儿童的保护人，可随时加以指导，不必拘拘于一定的地方和一定的时间——售买可以分组，每组十页。

（二）童画

六七岁至十一二的儿童，最喜听简短的小故事。利用他这个意思，可编辑一种童画将关于修身的事情，绘图立说，引诱他前进，增长他的道德。

儿童到了十岁上下，又喜欢对于各种物体，加以考察。利用他这个意思，可以编辑关于常识的童画，借以增进他的智力。童画的编制可分两种。

甲种一本只画一个故事，分作数图或十数图，自相联接，使儿童看了很有趣味。修身类的，最宜如此编制，举例如下：

童画第一册　《岳飞》

岳飞的儿童时代　学射　集薪代烛

开德之战　宗泽与以阵图　朱仙镇之战

襄阳之战　郾城之捷　奉诏班师

三字狱　精忠报国　鄂王墓

共分十二目，绘图十二幅，每幅附以二三十字之说明。

依上例如司马光、郭子仪、华盛顿、家庭服务、龟兔竞走、狮子报恩等皆可类推。

乙种将同类的物件，一物一图，汇为一本。儿童看了可得触类旁通之益。常识类的，如此编制甚为相宜，举例如下：

童画第二册 《交通》

马 车 人力车 马车 火车 电车 汽车 飞艇 小船 轮船 电话 电报 帆船 无线电

每幅一图画，要简明。每幅附印二三十个字的说明。电报等发明家的小像，附印一角，注明姓氏国籍。依上例类推，如蒙养园、动物园、北京名胜、世界巨观，我国的大建筑等皆可采入。

童画横式相宜，尺寸高十八生的，宽二十六生的——页数十面至十六面——用白色坚固的纸——全用彩色印，要简单鲜明——不识字的儿童，可以讲给他听。识字的儿童可以自己看，是非常有益的。

（三）绘图儿童周报（或旬报）

凡是在国民学校读书的儿童，大概都有了国家观念和世界观念，但是极为薄弱，愿加厚他这一种观念，叫他时时不忘国家，时时注意世界，非看报不可。但是现在报纸，没有专为儿童看的，大概不是失于深奥，便失于繁杂。新出的《国语日报》，总算是很浅显的了，一天出好几张，若是儿童拿过来，仍是不知道从那里看起。所以对于儿童看的报纸，非特别组织不可。将我所拟的办法列下：

一、每十日出版一次，每次两大张，分印十六页，计三十二面。报名广告等，均印在反面，以便阅后可以装订成册。

二、内容分国家大事、世界要闻、短论、学术、常识、小说、悬赏画、练习注音字母悬赏题、名人故事等各门。

三、无论何门，均须附以图画。如登“杜威来华”就印上杜威小像。如登“滇粤风云”就印上南五省地理合图，其余各门类推。

四、每逢国家纪念日，增刊纪念号用好纸彩印，以助兴味。

五、无论何门，全用国语，时事须附以短评。

六、无论学术、小说等均一期结束，不使蝉联不断。

七、普通日报，每份四大张，不过三分钱。此报一次出两大张，即用较好点的纸，也不过二分钱。全年不过一元。价值低廉，一定很是畅销。

八、用宋体字石印，字体不要太小。

以上三种读物，很有研究的价值。我希望大书局的主任，本我这个意思，再加以修正，就编辑发行起来，必能受各界的欢迎。

（载《妇女杂志（上海）》1920年第6卷第1期和第6卷第7期）

“组织大规模的读书会”底建议

沈　昌

书籍为求智识的工具，而中国智识底缺乏实甚。没有精良的工具，怎能成良器呢？环观中国，储书者能有几人？古书犹或有存，新书实属少见。求之国家已属无望，求之个人，又事大难举。但静观近年国人求知的心理，已胜于昔，果能合力共谋，必可有成。我年少力薄，而有志于此。不过创业伊始，前途如何未能预断，故暂定试办一年。兹先将试办法列后：

仅本年以内，召集会员一百人以上。会费每人每月一元，开办费五元（或不定多少）。预计一年可得经费一千七百余元，至少可购置书籍五百册以上。五百册的书籍，虽不算什么一回事，然在今日的中国，实已难得。至于购书标准，当由会员公选在沪会员五人组织委员会（因事实上的必要，驻沪者方能时常召集），依据会员底多少，及时势与地位上的需要，而临时酌定。此外可只设一总办事员，总办事员管理一切会务，并于必要时得委派人员充当专门（如管理图书）或临时办事员。惟一切责任，悉责之总办事员。盖会员势必散处各地，若职员也各项分选，则会议殊难，行事更难周到，不如责之一人的妥当。至于借书底方法，当然邮寄或自取均可。一切详细规则等，当于成立时另拟。此处不再多述。

倘试办期满，会员都能满意，社会甚为称许，则扩充会员至一千以上。其余一切办法如前。是每年可得会费万二千元，每年可置书五千册以上。且社会声誉既佳，自可开始募捐，海外华侨和国内富商，必能酌量捐助。五年之内，必可购置书籍五万册左右。且根基既立，开展自易，于中国学术界必有大益。会务发达，储书所等自可陆续建立。我实以满腔热诚，希望此事能早日实现。

闭门造车，最难合辙，是以不敢造次，先行提出于本报。如有热心赞助者，望即赐函，共策进行。有意见发表的，更望即刻发表，可以共同讨论。因为我虽竭力进行，个人到底难以成事啊！

建议者沈昌　上海约翰大学

如本月以内，无一人热心赞助者，只得停办；若本年内无五十人以外入会者，也只得另组。

沈昌附启

（载《民国日报·觉悟》1920年第11卷第14期）

再论读书会底必要

沈　昌

“组织大规模的读书会”，自我在本栏发表此项建议之后，只接到金雅丞君一封赞助的信，报纸上也不提起这件事，实在使我大大失望！我想“书籍是求智识的重要工具”一句话，是无论何人不能否认的。好容易使得国民们稍稍知道“文化”二字，年少的学子也渐渐引“文化运动”为己任，然而现在的“文化运动”，无论如何，不能不认为浮泛的，我们一般人底学问薄弱，是再不能否认的。若是从今以后，再不脚踏实地，好好用一番工夫，增进自己底智识，同时即增进一般人底智识，恐怕个人不免自暴自弃之讥，文化也随之而消歇了！求智识的方法自然很多，然而读书一事，我敢再三说是必要的，我愿热心自新者细细一想！

从中国历史上看来，藏书本是一般人所注意的，虽说中国古时的藏书，多为个人的或私家的，我们终不能不认中国人有藏书的习惯。近年藏书之风虽然稍衰，所可喜的，读书会渐渐萌芽，二三人共组的读书会，既常有所闻，而文字上也曾见有提倡的。读书会底原理，无非"共出钱买，共得书看"，和"合作"底原理原是相合的。现在一般人既然对于合作事业甚为赞同，则对于读书会，当然应有同样的热心。

有许多对于读书会怀疑的人，以为：（甲）已有学校、地方等各种图书馆，我们不必另创读书会。（乙）普通的书，我们各自能够购到，不必共创读书会。其实中国地方图书馆何在？即有一二，内容如何，何必我说？差强人意的，只有学校图书馆。然以上海而论，南洋公学、约翰大学总算著名的大学，然而南洋公学图书馆，勿论其专为学生而设，能入该校者能有几人？就是该校学生，也只好在馆中阅看，不能借出，也未满意。至于约翰大学图书馆底中文书，更等于零。他校不敢断言，然而据此推想，也就可想而知。这种情形，我们能认为满足而不图改造吗？"普通的书，我们多能购到"，这句话更是欺人之谈。因为有许多书籍，不是寻常用得到的，而又万不可不备，以供一时的参考，寻常人能完全购置吗？并且各购各书和合购一书，孰是经济，孰不经济，可想而知。（譬如十个人，每人各购一部《中国古代哲学史》共价十元，十人合购一部，轮流看之，得益正同，而价仅一元。）最近商务印书馆印的《四部丛刊》，实在也是我们必要的参考书，而四五百元之巨价，实在令普通学生束手长叹。本国书籍如此，东西各国底书籍更当何如？于此更可见读书会在事实上的需要。

我所提议的读书会，会费要一元一月，还要开办费五元，实在觉得太高。一般苦学生，或者要视为贵族式，然而照我算，实在非此不可。老实说，这还是最低额咧。并且据我看来，普通学生还可以勉强担认。（入会后，会员自置书籍，当然可以减少。一面再节省零费，不至十分为难。）实在有限于经济而不能入会的人，对之极觉不安，似乎可以规定在储书所看书者不限定是否会员，以资补救。

读书会在入手的时候，自然不能满我们愿望于万一，然而比较个人，当然有希望得多。我想读书会既然公开，可以和私家图书馆（如上海涵芬楼、各校图书馆等）及地方图书馆设法连络。如果这个计划能够达到，当然可以比现在各图书馆生色些。

末了，我还是劝诸君共来加入进行。我底通讯处，是上海梵皇渡圣约翰大学。

（载《民国日报·觉悟》1920年第11卷第24期）

1921 年

蝙蝠式的编辑和书坊

汉 胄

现在中国的社会，在表面上虽然似乎已经有关于新思潮的出版品的需要，在内幕里还是很欢迎黑幕派的出版品。所以有些编辑和书坊，为双方兼顾起见，一方面用一个名字编辑或发行关于新思潮的出版品，一方面用别一个名字编辑或发行黑幕派的出版品。于是尽可以名利双收。这不是蝙蝠式吗？

射利的书贾呢，本来不足责。当编辑的，却总该有点觉悟，不要惟利是视了。倘然说“这是社会不好的缘故”，但社会里面又何贵有知识阶级呢？

（载《民国日报·觉悟》1921年第3卷第11期）

今日中国的出版物

施镇柄

唉！我看见上海出版的《嫖界指南》同《麻雀指南》两本书，把些钓台的手术、男女的叙谈，和麻雀的变化，纲条晰分的说明，多数人得了，以为他的《太公阴符》，引诱得头脑昏愦，意志涣散。嗳呀！这种书都可以出版，社会种种事都做得了。有权禁止的人，往那里去了，偏又忍容过去——大概是他们的同类罢。我真不解！

十九至二十世纪以来，对于新鲜著作，发前贤所未发，许多实验起来，果然得到好的反应，我钦佩他是一个新仲尼。可是像这种破坏的，引导嫖赌的著作，就不配古人所谓三不朽的立言了。

杜威博士说："人的个性若是不向好的方面发展，一定要向坏的方面发展。"人情对于色彩的科学，稍有窒碍，必定弃而就那些无益的书籍作消遣，因而被他默化。光明的科学，反应倒不如这些的效率大。

同胞呵！有益的事体，固然要多多的提倡。无益有害的也不能不反对他。现在民治主义（Democracy）不能实行于我们中国的缘故，就是因人人不能具纯美的道德。文化事业的感化不良的因子，也有一部分。著作的先生呵！希望你们特别注意一下罢！

（载《云南成德中学校校刊》1921 年第 1 期）

硬性读物与软性读物

y k

"好逸恶劳"，几乎是人间的通性了。从一方面讲，人虽进化到了比动物优胜一著的地位，但到底还不免有些兽性遗留着，这就是不耐思索、不肯努力以及"得过且过"等现象所以发生的原由了。从又一方面讲，人类所以能成为一种进化的动物，不是别样理由，就只因为人类能思索，能创造，能做有目的的为将来的工作（Work），以代直接的只有当前快感的冲动罢了。但因为人类终于不能完全脱掉兽性，所以人性上便要生出两种相反的动力来，一种是趋向于安逸寻乐的，一种是趋向于努力奋斗的。人类生活方式的错杂，便由这个人生观念的不同而来。本篇的题目，也就和人性有关系，早为教育学上一个兴趣和勉力的对抗问题的节目，却是在目前应得有讨论的价值的。

所谓硬性的读物，我是指说那一种需要读者相当的思索工夫、研究能力和耐心的书报而言。反之，所谓软性的读物，是指那一种不必要读者如何的耐心和思索力，只是随读随解，且能立刻发生快感的书报而言。若采用培根的话，那么软性的读物，便是他所说“宜浅尝的”(To be tasted)、“宜吞啖的”(To be swallowed)、“可不求甚解的”(Not curiously);硬性的读物,便是他所说“宜咀嚼而消化的”(To be chewed and digested)、“宜全部诵读,勤求而专精的”(To be read wholly,and with deligence and attention) 了。

现在先要声明一句：在生活上，在研究上，兴趣这样东西，原是不可少的。心理学家也承认有乐趣的做事，可以做得更好些。所以主张培养“游戏精神”（Play spirit）做个好学的良刺戟。不过所当注意的，就是这种游戏精神，应得有些限制。我们不可但为一种活动本身的快乐而从事，我们须得放大目光，推广心量，而求一种对于人生有积极的快乐的活动而从事。所以“目前的适意”（Present agreeable）固不可忽视，但是“将来的愿望”（Future desirable）更应该注重。这为什么？便因为人类有牺牲当前的直接的不快乐以为未来的究竟的大快乐的可能，而且又有这些的必要罢了。

讲到读物，也是一样。有时做过劳作之后，心里想些消遣的事情，以图慰藉心境，恢复精力，于是便拿一册认为可以消遣娱乐的书报来读。这个原无可以非难的地方。不过若把这种书报，当作惟一的读物，那是不对的。这好比一个人每天只喝些粥汤，那里会有壮健结实的体格呢？但是说来可悲，现在读书界确有一种不健全的心理，支配着一般青年学子，这便是欢喜读短篇的普通的“一目了然”的文字，而不欢喜读长篇的讲学理的需思索的文字了。我推究所以造成这种现象的原因，以为可分两种：一为出于人类“好逸恶劳”的心理，所以少耐心，不肯下沉潜的研究。还有一种我却以为多少是受着些近时最流行的一个新名词叫做“效率”（Efficiency）的影响。“效率”一词本来的用意，自然有相当的价值。特因为这个词的里面，含有“少劳多获”的意味，深合现代人“求速成”、“早见效果”的心理，所以便不知不觉地成为一种省力贪便的空气，尤其对于我国青年学子的影响为更大些。但是结果怎样？以我观之，徒然制造了好多无确信无办法的人物而已。用了“浅薄”两字，便足形容尽了。而最近出版界中，更有令人可痛恨可诅咒的，便是黑幕式香艳体一类的小说，早在五四运动以前销声灭迹的，而今居然以“复活”见称，重现色相，且很受一般人的惠顾，并我心地纯洁的学生界也有好些浸润着他们的恶潮流了。这不是我的想像，我的友人曾见过同学中有看这一类书的，我自己也曾见过学生有手执这一类书的。唉！可怜！这难道可作为学生界的读物么？我可断言：这类书流行广了，便是我国人精神颓唐，嗜好卑劣的征候了！不特高贵的文学被他们糟蹋完了，便是纯洁活跃的青年志气，也要被他们断送尽了！实在讲来，这类书连软性读物的名字还够不上呢！因为他们只有引人堕落的作用，还不能有真的怡情适性的功效呵！然则出版界而有这一类的书，不能不说是读书界一个重大的危机了。所以我要忠告学生诸君，我们对于读物，必须慎重选择。就为享乐计，也须得照爱伦凯女士的“更新修养论”（Recreative culture）的说法，要利用休息时间，来得到一种有益的生产的快乐，决不可沉溺于恶劣的空虚的快乐！因为青年的精力，青年的光阴，都是无价之宝；断乎没有让他虚掷妄耗的道理。

最后一句话，就是：我们应得费多些的时间和精力在硬性读物上，只好费少些的时间和精力在软性读物上。而且这所谓软性读物，应得是配于更新的修养，不当是有害于心身纯洁的快乐和向上的。

（载《学生》1921 年第 8 卷第 7 期）

如何利用出版自由以收文化运动之效果

戴传印

印刷品为灌输文明之利器，故共和诸国，咸解放著作家，与之以出版权。盖欲其以高尚之思想，借印刷品以为邮，而改造社会，启发愚蒙，俾人类进化不已，造成大同世界也。猗欤休哉！出版权诚吾人最可宝贵之权利，吾人安可不研究其利用之方，使不至丧失于无形耶？盖所谓权利者，最不可思议之怪物也。用之当，则收其效果，得其自由幸福。否则，虽政府不加限制，而效果毫无，即埒于丧失也。可不慎乎？

欧战以后，各国“文化运动”之呼声，日高一日，故思想界亦日见活动。此种现象，虽可供吾人之欣忭，然以余观之，出版界际此时期，更为千钧一发之时代。盖稍有不慎，滥用此权，即足以阻止“文化运动”之进行，疲乏阅者之心理。如日事著作文艺或旧文学之辈皆是也，至若无稽之小说，及诲盗诲淫之出版品，更为“文化运动”之仇敌，付之一炬，吾犹患其复燃也。

脑筋简单者，不当滥用其出版权，盖以不详明之思想，或“司空惯见”之语，必俾阅者烦厌，亦足以遏止进行也。然则究竟若何利用此最可宝贵之出版权，而俾“文化运动”收实效耶？曰：“无他，惟有用‘良心问题’，以限制范围著作家而已。”

凡著作家，当自省其学问，果能有著作之资料，有印刷之价值，然后可。否则请嘿尔而息，不必轻用权利，借最有价值神圣不可侵犯之“文化运动”，以作沽名钓誉之饵。然此种限制，非《约法》可以束缚，政府可以范围也。束缚之，范围之，则吾之所谓良心问题者尚矣。但究竟有何等之程度，始可“著作”、“印刷”、“出版”、“流行”，得收效果于“文化运动”耶？此又最有研究价值之问题也，亦士子良心限制著作之范围也。今将个人意见发挥如下，世之著作家幸垂教而纠正焉：

（一）欲为文化运动之著作家，首当“研究”，“博览”中外之文化史哲学史，探世界进化之真象，文字改造之因果，及制造品发达之源始。由因究果，由果探因，新陈相推，以及近代。然后拈笔为文，始不至有隔阂之弊。扰心自问，吾有此乎？无此者，可以无言。

（二）欲为文化运动之著作家，又当研究社会之情形，及地土之状况，人民知识心理之普及。不可任意高深，孤特其理想，华采其文词，于此则奥妙矣，于彼则茫然也。所谓诲之谆谆，听之藐藐，只可供文字思想界贵族之观摩，不能收普及之效也。要知“文化运动”，是普及平等的运动，非贵族主义运动也，安能有高者愈高，低者弥低之弊耶？审若是，则民族不能同期进化，世界又安得大同耶？且与文化运动之宗旨，又瞠乎远矣。故著作家又当扰心自问，我果能体察社会心理乎？不能者，不足与言也。

（三）欲为文化运动之著作家，尤当有牺牲之决心，与涵养工夫也。盖不能牺牲者，必不能建设，不能涵养者，必不能坚持，此定理也。我苟自问良心，果已有文化哲学诸史之研究，果已有社会民风之经验，然后自纾其理，发为文词，书成付印，出版流行，初不必顾时人之批评指摘也。盖凡一种书籍初供世时，人民必多以怪物视之，于是一般热心言论者流，争出而寻其短长，长者赞扬之，短者则批评之，谤灭之，绝无稍讳饰之余地。际此时期，倘著作此书者，不能牺牲，不能涵养，必怒极横激，于是或书才半出，即不肯下续，或从此嘿尔，不发一言，噫！是大谬也，是意气之争也，是亦遏阻文化进行之一端也。乌乎可哉？故际此时期，必当平心静气，度批评者之心理，而商量更易之，决不容怒气之稍伸，则彼批评者，必易其"谤骂主义"，而为"研究主义"矣。于是乃与之磋商而进行焉，效果未有不厚者也。

有上三者，庶几可以言著作矣，可以收文化运动之实效矣。或以不归系统为疑，吾敢再申言曰："良心者，即最高尚之系统，彼实有'限制'、'范围'之能力者也。"

（载《美汉》1921 年第 3 卷第 4 期）

英报论工部局取缔印刷业案

《文汇报》社论略云："公共租界工部局，前提出取缔上海印刷业之荒谬议案，虽本埠最高级法律家予以警告，谓此法不能实行于任何合法组织之法庭，乃工部局犹诱令纳捐人通过之，但果如人料，领事团不核许之。"工部局经此遏抑，犹不放弃其取缔言论之梦想。今者又将召集纳捐人特别大会，又提出关于印刷品之新附律矣。此次议案，注重注册，虽较上次不生效力者稍善，然仍难免于訾议。第一无领署之华人等，必在工部局注册。既无必准注册之规定，则工部局尽可拒绝其注册之请求，且可无须说出理由，此乃施诸报纸之最有效力检查法也。以《文汇报》而言，除在邮政局注册外，并在英领署注册注明为有限公司，故再作一度之注册，除注册费外，本无重要关系。惟工部局议案，之所以可反对者，以其拟令印刷者用个人名氏注册，而非用公司名义也，其意殆欲个人负印刷品之责，并使个人受惩戒（包括监禁在内）。其实公司之责任，宜由公司负之也。此附律之尤可反对者，在其所定印刷品之广大范围。据谓，无论报纸、小册、传单、招贴或他种载有新闻消息、或事项、或议论、或意见之纸张，皆须先行注册，然后始可印刷发行，是则临时发行品，如手持小单之类，苟载有可视为新闻或议论之字，皆须照此注册章程办理矣。使此章程，加以严密之解释，则印刷人将大受困苦。盖何者可谓为新闻消息或议论，此固不易言也。如近日道德幸福会所发行之小册，固既可视为议论，又可视为议论①，照章须先注册，而后发行也。领署与工部局未必肯代人注册，不取其费。查上海公司，习惯每于集会之后，辄将所议事件及当时情形，除登报外，并印小册分送股东，而演讲文字除登报外，并辄印成小册，以广流传。若依此附律，而严密解释之，则此两种小册固亦须注册。于是印者请求注册，既费手续，官场给发准状，又费时光，加以种种费用，恐注册之费，将较印刷费为尤巨矣。此附律施行时之琐碎麻烦，于此可见。而对于华人，定必利用此附律，以阻其发行许多印刷品。就注册而言，今所拟之附律，实觉范围太广，漫无限制。若注册一层，非为检查之变相办法，则用于定期发行品，未始不可，但若对于小册、传单、招贴，亦须令其先行注册，则大可反对也。印刷所之名字，载登于其所承印纸张之前页或后页，亦云足矣。若欲将印刷者个人之名氏及其住址与营业地点，一律刊登于任何纸张之上，虽寻常商业广告，亦须如此，则太烦矣。传单小册向来不注印刷者之名字，即《工部局公报》，亦何尝刊有印刷者或发行者之名字乎？综之印刷业颇堪尊重，不应加以无谓之障碍与印刷者为难也。

（载《申报》1921 年 3 月 19 日）

① 疑有误，底稿如此。

《字林报》解释印刷品附律提案之社评

《字林报》社评曰："吾人顷悉华字报馆与印刷所，对于下星期提交纳捐人大会印刷品附律（载见三月十七日本报）之正确意义，大为惶虑，其尤惶惑者，为下述一句'无论何人印刷或发行……而未于印刷或发行以前，将其姓名、住处及营业地点注册'，若干华人以为上句中'以前'字样，为凡印刷或发行之件，概须先送至工部局注册之解。"盖谓印刷品须源源送入工部局，请核准其出现也。其实此附律并不作如是解，苟作此解，则工部局将不得不罗致特别办事员，不作他事，但专门考检印刷品矣。兹为释疑起见，吾人奉工部局总董之嘱，特声明华人此项误会，绝对无据，所欲者，无非使印刷所将其地址及其负责人之姓名填注于册而已。既已如此注册，即可自由营业，惟须在其所发之印刷物上，附印注册之名与地址耳，绝无检查之问题，或出版物先须呈请审定之问题。此附律在事实上，不过为易于辨识之作用，与西方诸国所行者，固相同也。

（载《申报》1921 年 4 月 7 日）

《文汇报》再论取缔印刷品提案

《文汇报》社论略云："纳捐人常会以前举行特别大会，以期通过两条特别议案，照章特会须有三分之一纳捐人即七百余人出席，始足法定人数。工部局于此，不无怀疑，故发恳切之通告，请纳捐人到会。其第一条特别议案，为码头捐征收手续之更易，此事似属可行，惟其他一条议案，则为变相的报纸附律旧问题，即注册是。"此议初发表时，约二星期前，吾人曾批评之，斥为范围太广，至今吾人犹未见有更变当时论调之理由，今授意之文字，业已发现，说明立法者之意旨，此举实自认附律词句拙劣，且不便于运用也。吾人对于新闻纸注册，绝不反对，但此附律，则不仅需注册，且需报纸除注明印刷地点外，并注明印刷者之私人住址也。此附律又规定，任何印刷品，即寻常传单、招贴亦包括在内，皆须有注明，而印刷者之私人住址，亦须填入注明之中。当道为华人印刷者便利计，不得不向之说明，新闻纸仅须一次注册，足见即此一点，尚含混不明，惟就附律词句而言，无论何种印刷品，凡载有类如新闻或评论之字句者，似皆须于发行以前注册。此种办法，累赘不堪，且多费用，尤易显见。纵工部局不收注册费，然领署未必如是通融，于是外人之经营印刷业者，将纳捐及营业之注册费矣。况所谓新闻、消息、事项、意见等字，意义不定，故何者应注册，何者应不注册，无从决定也。今解释印刷者私人住址应一并注明之理由者，谓捕房有时派人赴印刷所，但除苦力而外，不获见负责任之人。吾人却不信上海捕房竟如此老实，可容人以此方法规避之，但无论如何，印刷人如欲规避责任，则离其住宅较离其印刷所为易，何则？以印刷所究有少多值钱之机器，而住宅则未必果有长物也。吾人之意，此种提议之附律，应予修正，而印刷人须注明其私人住址一层，尤当删除。以《文汇报》而言，《文汇报》系法人，其注册之地址，当然即其私人之住址，故此问题，与吾人不生影响。再，《文汇报》既在英领署注册，又在各邮局注册，故多一次注册，亦无关系。第以印刷人不应遭受歧视，故反对此项附律，以其非英国或其他文明国所有之法律也。

（载《申报》1921年4月14日）

关于印刷之常识

戴景素

世界日趋文明，则教育日益发达。而印刷物与吾人之关系亦日益密切，故关于印刷之常识，吾人实不可不知其一二。兹就印刷之程序，特述其概略如次。

第一，制版。制版为印刷之第一步，亦为最要之手续，兹特叙述较详。

（甲）活字版。印刷品之最大部，悉用活字排成。排成之后，即称活字版，或称聚珍版。所用材料不外铅字、木戳、图空铅、衬铅、铅线、铅条、标点符号数种，而尤以铅字及图为尤要。兹分述如下：

铅字即活字，系由铜模用青铅合锑少许浇成，故名。大小共有八号，即初号、头号、二号、三号、四号、五号、六号、七号是。其面积之比如下：初号一枚等于二号四枚、五号十六枚、七号六十四枚，头号一枚等于四号四枚，三号一枚等于六号四枚。普通书籍多用四号字，普通报章多用五号字。

图之种类有四：A. 木图。简单之图，多以木刻之，但有一种黄杨木图，雕刻极细，其精美或出于铜图（见下）之上。B. 锌图。原稿精细，或求酷肖无讹者，多由照相以制锌图。其法：先摄影于湿片，再过影于锌板上，蚀以强水即得。C. 网纹铜图。其制法与锌图同，所异者，网纹铜图能以网纹之疏密，显出深浅浓淡，精细之铜图直与照片无异。D. 电镀铜图。制法：首用原图制成蜡版，再镀铜于蜡上即得，此图惟遇印数极多时用之。

（乙）铅版。活字版印后即拆，以活字须另作他用，故不能保持常久。欲保常久，须制铅版。其法以多层特制之薄棉纸覆于活字版上，击以毛刷，使成凹形之纸版，再以熔铅浇入即成铅版，其字凸出与活字版无异。

其他如（丙）木版、（丁）石版、（戊）珂罗版、（己）铅皮版、（庚）锌版、（辛）铜版、（壬）雕刻铜版等，各有专用，不若（甲）、（乙）二项之普通。

第二，印刷。制版既成，即须上机架印刷。普通印刷物多为单印，即一色印。其有数色者，谓之套印，如三色套印即须制版三种，印刷三次。手续既繁，套合尤贵准密。通用之印机约为左列三种：

（甲）脚踏架。电力人力，均可使用，每小时可印十吋乘十五吋之纸六百张；

（乙）铅版印刷机。多以电力使用，每小时可印二十吋乘三十二吋之纸一千张；

（丙）石版印刷机。每小时用电力，可印二十五吋乘三十七吋之纸八百张。

至小印刷家之印机，多用铅版手印架及石版手印架二种，每日二人合作亦可出印件千张。

第三，装订。印件既由印架印就，即须装订成册，以形式别为华装、洋装二种。但其所经手续均不外切、折、打洞、订之四步。各书订法又分为穿线订及铁丝订之二种，而铁丝订又有平面订与骑马订之别，此盖述普通书籍之装订法。至若传单报章，则或仅切齐或兼折叠，无须打洞加订矣。

现在《申报》馆所用印机，一方投入整令之白纸，一方即能印好、折好、数好，以便分发矣。闻美国某杂志社，只用一极大极长之机器，凡印刷装订各事，均由此机任之，不假丝毫人力云。

（载《申报》1921年2月22日）

出版物底愆期

汉　胄

我常常从友人底案头上，瞧见日本出版的一月份的杂志，去年十二月中旬就到了。二月份的杂志，一月中旬就到了——这当然是编辑、印刷、发行三方面一齐努力的结果。

但是中国底各种出版物呢，差不多愆期的要居大多数。民国八年分预订一年九期的《北大月刊》，如今两年多了，还只出了七期。最高学府底出版物，有这种无限期愆期的现象，不是很可叹吗！但这还可以说是编辑底无暇，和印刷、发行都托人家代办底缘故。至于号称中国最大的书店，各种杂志都专设编辑部，印刷、发行又都是自办的，也常常有出版愆期的现象，这是什么缘故呢？我想不负责任、不顾信用，大概是中国人底通病罢！

（载《民国日报·觉悟》1921 年第 1 卷第 30 期）

出版物底愆期与早产

晋　青

我前几天读了汉胄君底一段随感录，题目是《出版物底愆期》——见一月三十日底本栏——当时就生出许多的感想。那些感想，当中也有和民族性上，多少有点关系的，所以我就写出来，和大家商量谈谈。

汉胄君所说的话，有两层：一层是说日本杂志出版底速，一层是说中国杂志出版底迟。那么，现在我也就照这两层意思写下去。

日本杂志底出版，为什么能够狠速呢？这个问题，颇有趣味。日本底民族，虽也有较长的历史，但说到文化底基础，成立不过数十年。在这数十年中，彼竟能由无文化的民族，一跃而成五大强之一，这不可不说彼是速成。在这里面，所最能表现的，就是彼底速成的民族性。照现在说，彼底教育，总算是普及了。那种普及的教育，虽然只是一种（カナ）——注音字母——但其老幼男女，不能利用カナ读相当的书报杂志的，实在不多。所以彼全国的月刊、周刊、旬刊杂志，才有二千一百四十余种之多的呀。

读杂志这件事，在日本人差不多是家常便饭，没有不各按程度去购买的。就是有些买不起新杂志的老太婆，和男女穷学生，伹们也都必要拿五个铜板到夜市底故书摊上，买一本隔月陈的杂志来读。因此每一种普通杂志，每期都必发行数万份。杂志底材料，是比书本上，常常新鲜的，而且材料较短，极易读完。所以要求读杂志的，就常超过于要求读成本书的。因为这个缘故，所以杂志底种类，发生日多，而出版底日期，也就要越早越早了。

出版家，个个晓得迎合社会心理，又兼着同行须得竞争，所以这个月底杂志，我比你出得早，那个月底杂志，你就比我更早。到了现在，除去几种专门的杂志——如物理杂志，史地杂志等——以外，差不多普通的二月号底杂志，一月十日，就都出版了。而以妇女小孩子底杂志，出版为尤早。在这上面，一则可以表现日本人要求杂志的力量较大，一则也可以代表日本人精神（心理）方面和身体方面，是一样的早熟。

有一种事，也是日本人早熟底证据。如女童在七八岁时，就常以玩具店所卖的小儿模型，背在身上，作妇女负儿状，以作游戏。这是中国女童，万万不如此玩的。日本所以有此种习惯，就是奖励早早生产为荣的结果。由一件事，推到许多事上，无不可以见出彼民族性底特别。

照他出版杂志上讲，二月的，一月已卖，也不能算是一件长处，不过可以表现出佢们精神早熟的现象就是了。其实，一月出版二月底杂志，关于时间的记载材料，连去年十二月的，都不能登出，那又何取乎如此之早呢？但是要讲起做文投稿人的多，那可真算他们高出我们了。

中国人出版的杂志，所以愆期的，实在多由于材料困穷。材料为什么困穷呢？这又是人力不足和教育缺乏底问题，今天可以不讲。出版家对于出版愆期，不是不负责任，和不顾信用；实在是欲负责任和欲顾信用而不能。总括起说，就是心有余而力不足。既是力量不足，为什么还一心一意的要办杂志，还更要办月出一册或二册的杂志而自取愆期？讲一句到老家的话，这正是老朽民族底一种夸大和怠惰的精神。这种精神，若是不把彼根本改革了，包管一事无成。

开始办杂志的人，何尝不是个个热心异常的。等到时间稍久，做文章的一下火，那每月一册或每月二册底自限的话，可就靠不住了。靠不住又不肯老老实实地自行取消前言，就是有人说他愆期，他也只有以编辑不及或印刷误工底话，自行搪塞。这正是我们中国人好排场不畏人言的习性。

我还有一句话，要在此随便谈说的，就是关于杂志上载明出版日期底问题。例如《新潮》虽是定明每月一号出版的，但既不能照此说实行，那又何妨变更一下？因他们不肯变更，所以就弄到二卷四号是民国九年五月一日出版的，而九年十二月出版的二卷五号，就要写上民国九年六月一日了——这一层，那看日期买杂志的人，可就一定以为是旧货，不愿买了——照此下去，假若是民国十年七月再出二卷六号，那岂不要写上九年七月一日出版么？

我想任何人都要老老实实地。力量不足，就要明白说不能负担；不必累得嘴歪眼斜，还只要假排场。若是不能办杂志，简直就不必发大野心，出场逐鹿，像那些出过创刊号一二年也不见第二号的，究竟有什么意味呢？徒见其夭殇得可怜罢了！

（载《民国日报·觉悟》1921年第2卷第21期）

出版物愆期底分别

汉　胄

晋青君又说："出版家对于出版愆期，不是不负责任和不顾信用，实在是欲负责任和欲顾信用而不能。总括起来说，就是心有余而力不足。"这话我以为却须分别着看。（一）是无限期愆期的，像《北大月刊》、《新潮》的一类，是由于"材料困穷"，"心有余而力不足的"。（二）是有限期愆期的，像著名大书店按月出版的杂志，明明每期紧接着继续出版，不过总须愆期四五日乃至十余日、二十余日不等，这却不由于"材料困穷"，不是"心有余而力不足"，实在是习惯的积压了。这种习惯的积压，只要一次提早，并继续的注意，就可扫除，却总沿袭着不肯略略地努力，这不是不负责任和不顾信用是什么呢？

（载《民国日报·觉悟》1921年第2卷第24期）

材　料　穷

汉　胄

晋青君说："中国人出版的杂志，所以愆期的，实在多由于材料困穷。"这话自然不错。我也常说现在中国人知道经济上的穷乏的，已经很多了。知道知识上的穷乏的，却是很少。一班老顽固的国粹家，固然坚执着"中学为体"的妄谈，以为里面有无尽藏的知识。就是Renaissance的欧化家，也以为讲义、笔记和零星的译述，就可算做百货铺样子间里的陈列品，岂非还不知道知识上的穷乏呢？

不但杂志呢！丛书，总得预备些像模像样的材料了。但是有些还用那讲义、笔记和零星的译述，以及报章底断片来充数，唉！材料穷，真穷啊！

（载《民国日报·觉悟》1921年第2卷第24期）

编辑教科书之原则

徐则陵

学校所用教材，除教师随时搜辑所得外，强半出于书籍，而尤以教科书为主要。欧陆教师受较充分的训练，于所教学程研究较透彻，教材可运用自如不必受教科书拘束。故教科书在教学上无根本关系。美国则不然，平常教师训练不及欧陆教师，教学上颇仰仗教科书。教育家鉴于市上教科书内容之价值有可疑者，于是主张政府监视，如甘没斯加里福尼牙州设教科书编辑印刷所，如密纳所脱州之规定教科书，纽约州之规定学程纲目，此实行政府监视者也。近年来教育家有从事辨析教科书者，从内容形式方面定种种标准，使采用教科书者有所遵循。此主张办学者与教者自动者也。二者各有眼光所在。惟其承认教材与教育关系深切，不得不加以批评的研究，则为共同之点。

吾国教师训练未足，学校设备不完，为不可掩之事实。教学上之须借重于教科书当视美国教师为更甚，即谓吾国今日教育为教科书的教育，殆未为过甚。教科书在今日教学上位置既如此重要，其内容之须明辨而慎择也审矣。自前清以还，政府即有审定教科书办法。试问一经审定即足了事乎？抑采用教科书者于该书编辑人所拟该书用方法，及其所依据而编辑之原理尚有研究之余地乎？更进而言之，编辑者应否有少数根本原则，以为选择教材及其排次之标准乎？

编辑兼选择排次而言，为事极重要，其有待于正确原则以为标准，盖毫无疑义。其主要者有四：关于选择方面者二，曰在选择某学程之前须决定该学程之特殊目的，曰在选择某学程前须定该学程应有之至少最要教材。关于排次方面者亦有二，曰教材须以少数要点为组织中心，统率一切连类的教材，成为少数大准个，曰排次教材须以学者学习便利为主体，而相传名理的秩序次之。

一学程有一学程之普通目的与特殊目的。普通目的，此学程容可与彼学程共之，如心向习惯理想欣赏是。至于特殊目的，则甲学程不得与乙学程共之。编辑某学程教科书，非先认清该学程之特殊目的无从着手。请以中学国文为例，文学为人的兴趣与感情之表现，国文应有养成学者用美术解释生活之观念，学者须能领会人生与自然之理想的分子，因以提高企望、陶冶情操；此国文学程上应有特殊目的之一也。编辑者此而不知，其所选教材必无当。再请以中学代数为例，代数须有养成学者以平常语言译符号语言，以图形法表现数之关系之能力等特殊目的。此而不知，其所选教材必有缺憾。

一学程之特殊目的皆根据于该学程社会性作用与心理作用而定。即以历史为例，从本国史社会性作用上说，其特殊目的为：（一）领会本国现状，（二）重度古人生活，因以引起己群觉心。从西洋史社会性作用上说，其特殊目的为：（一）领会西洋现状，（二）重度西洋古人之生活，因以引起大群觉心。从心理作用上说，小学历史应以激起想像为特殊目的，中学历史应以养成学者寻绎因果能力为特殊目的。不知此类目的，或忽视之者，皆不足与谈选择历史教材。推而至于其他学程，莫不皆然。

自斯宾塞氏倡相对价值之论，教育家渐悟教材当以其相对价值为取舍多寡之标准。价值愈大，分量宜愈多，小者反是。通常选择教材往往忽略此点，应详者略，应略者详，遂成通病。学生在校年数有限，徒知何种教材为最有价值尚不足以了事，必通盘筹算某学程在某年限内应含有几何至少之最有价值的教材，通常称为至少精粹。一学程之至少精粹定，而编辑者得免遗重取轻之诮，而收详略中肯之效。不宁唯是，编辑者知一学程之至少精粹，而后得斟酌情形照相对价值之标准，增损本学程至少精粹外之教材。

定夺一学程之至少精粹教材，照吾国今日情形尚可用两种方法：一曰标目发现次数定相对价值法，例如定地理教科书上之至少最要教材，可拟地理教科书上应有之标目若干则，取十余年来数十种较有价值之报纸杂志，检查逐各个标目在各报纸杂志上所发现之次数，发现次数愈多之标目，其价值愈大。所有标目可依发现总数而次第之。编辑教科书时得择其尤要者，依年限长短、学生程度高下而支配分量之多少、记载之详略，此一法也。二曰专家同意定相对价值法，将所拟标目送交地理专家（多多益善，在十人以下此法即不适用），请其照己意用数目定各标目之价值，照大小次第之，并指明地理教材内必要之各标目，得最多数专家同意者为至少精粹。用二法所得之结果照理想应相符，如其不符，以从第一法之结果为较稳。总之非用科学方法则教材之相对价值无从定，非依据用科学法得来之标准而编辑教科书，其内容不适用者必多。

选择教材固应有标准，排次亦应有标准。学术之须有系统，学者所共认，教材组织之宜有纲举目张之妙亦应具之条件。然此中亦有区别焉。同一有系统也，而有适用与不适用之分焉。设有二教科书于此，一则含无数纲目，极简练之致，系统则有之，惜其徒具形式的轮廓耳。一则有少数确定的中心，可附丽无数之小纲子目，成为数大准个；而各大组又有互相联络之妙，是亦有系统者也。具有前之性质者为类书的教科书，嫌简略零碎，应有尽有，而语焉不详。读者苦其枯燥无味；其具有后之性质者以数大中心统率连类的纲目，其于数大问题洪纤毕举，言之有物，足以一矫流行教科书徒具轮廓之弊。子目应选其能以一例余发明主旨者。主旨往往为概括之词，子目须有阐发抽象主旨从实见玄之妙。至少精粹的标目可为组织中心，于是至要的教材得较充分之时论。设学者尚有余力，教者得就兹数大中心加以连类的教材。中人于最要智识可得充分的了解，而颖才亦有驰骋之余地。固不必以至少精粹限制教学自由为诟病也。

教材如何排次便适于学习，此亦编辑者应研究之问题。旧式教科书，如几何代数等先下定义而后举例，如文典上之先举规条而举实习问题，皆不合学者心理。实则须先从学者平日经验上举例，暗示原则，经久而后提出概括之词。此为普通教学原则之一，而排次教材时所当应用者也。一种教材有其学习上特别困难之点，惟教者随时注意，能发现之，非毫无心理学智识闭户著书者所能喻。教材未经试教，其性质与排次方法是否适于学习，概置而不问。由少数编辑人师心自用，编辑成书，标其书曰“新体教科书”。新则有之，适用则未必。吾以为未经试验之教科书，其冤苦儿童之处必多。吾国今日全国教科书由一二公司操纵。该一二公司须设附属学校，聘请受充分训练之教师，用拟出版之“新”教科书试教，用精密方法检查学者对于新教材之反应。准试教结果加以修改，而后出版。既出版后尤当虚怀延纳用为教本者之意见，以为再版时修订张本。近来美国教科书颇多教师与专家合著之作，或由有经验之教师试教后再编辑成书。良以教科书纯以唤起学者适当反应为主旨，非试教无以见教材之适合与否也。

总之吾国今日教科书在教育上位置极重要，编辑教科书者不可不审慎从事。何种教材为国民必具智识，此社会的标准上之问题也。何种教材，如何排次，方适于学习，此心理的标准上之问题也。有志于解决编辑上之二大问题者，吾知其必能于本篇所举数原则及其适用上更加以研究焉。

（载《教育汇刊》1921年第1期）

中学以上学校纯用外国课本之批评

郭预育

在上海中学以上学校的课程，虽有多少差异，但是纯用外国课本的趋向，却不约而同。其中原因，大概有二：第一，因受了教会所创办同等学校的影响，势不得不与之并驾齐驱；第二，为着留学外国便利起见，应该这样提高外国文程度。平心论事，学问原没有国界可分，便说不出舍己从人的话来。欧美文明，远过中国，那些以用夷变夏持异者，适足以表示其茅塞不通，井蛙自大。明白以上的道理，便可知我对于这个问题，所要讨论的，和保存国粹的话，并没有丝毫关系。不过纯用外国课本，对于读者的时间和收效怎样，略加考察，然后下一个简单的批评罢了。

上海为人文凑集的地方，由各省来此求学者，其数不少。有的已在内地毕业中学，希望升入专门或大学校，一到了上海，量量自己的外国文程度，和所要考的学校比较起来，已骇怕了几分，因此心灰志馁者不知多少。就说不怕辛苦，甘心再读中学一二年，也不容你不拼命读去，东翻字典，西抄意义，弄到一本光光洁洁的课本，满纸涂鸦，侥幸考试及格，得着了一张毕业文凭，试问这一二年所得的学问在什么地方？恐怕除了认识几个外国字以外，别无长物。这还可归罪内地学校外国文太坏的结果。再看一直在上海读书的学生，受外国课本的影响到哪个田地呢？我现在举例起来说，一本公民学，如果译做中国文，五六天就可读完，即使中文不好的人读起来，至多不过二星期。但是用外国课本，列入课程，一年半载才可糊涂了事。中国人的时间，真太不经济了！查各校所用课本，多来自美国，所讨论的多彼邦问题，偌大地球，专研究一国文明，未免偏枯；况且各国有各国的人情风俗，合了美国，未必适合中国。你看费了多少心血，诚惶诚恐，去研究和国情民俗不太适合的东西，效果不说可知了！

照以上看起来，长用外国课本，是很不妥当的一件事。所以我希望中学以上学校里的功课，有中文课本用的，尽可采用，万不得已，才用外国课本，理由就是：第一，使学者容易明白，用力少，成功多，拿剩下来一部分的时间，专心研究外国的文学语言和其他参考书；第二，从间接方面说去，可奖励人译书，将这个重要责任，推放在每一个留学生身上，使他们觉得他们是很要紧的分子，既然费了许多工夫在外国研究学问，回来后，总要翻译几种书籍，贡献社会。像现在这样运输法，只将外国货搬到中国学校来，是万万不行的。

我听说日本首批留学生出发的时期，和中国相差不远；到了现在，外国所有著名书籍，日本差不多都有译本，这就是因为他们学校里喜用本国课本的缘故。

简言之，我为学者节省时间，收好效果着想，为一般留学界介绍外国学问到中国起见，鉴日本从前的成功，谋中国学术将来的发展，觉得中学以上学校，不得不逐渐改用中国课本。

（载《民国日报·平民》1921 年第 77 期）

国语教科书的革新计画

黎锦熙

坊间通行的国语读本，中等学校所用的且不说，只说小学所用的，实在应有一种革新的计画。因为这几年来，教育经费到处拮据，师资造得不多，并且不完备。革新教育，根本上要从师范教育的扩充和改进做起，这是大家知道的。事实上一时既办不到，那小学教育，自然人才不够，而目前最重要的，就在作教育工具的教科书。“文字障”打破了，书也好教了，只要编的得法。我这半年内到各地调查，征集用书者的意见，讨论编辑上的改良。现又参以近人杂志上的译著，按着地方教育界的程度，斟酌几条办法，写出来请大家讨论。

照我国的情形，小学国语读本应该分作两种，同时兼用，就是——

一、正读本（文学的国语读本）

二、副读本（补充的国语读本）

（一）正读本

1. 实质方面的分类与支配。正读本固然以文学的教材为中心。但文学教材的内容，也要从实质上加一番分析工夫，作很适宜的支配。实质方面的分类就是——

（1）关于健全人格和公民道德的知识；

（2）关于家族和社会生活上种种伦理的常识；

（3）理科和地理的知识（如自然现象，动植物生理，地质，地文等）；

（4）历史的知识（从乡土及童话传说等引入）；

（5）日常生活上事物的知识（如衣，食，住，器用，交通等）；

（6）实业的知识（如关于农，工，商等业务组织和工具）；

（7）不属于以上六项之纯粹文学或有趣味的材料。

要以上七类，在小学七年的期间内，分量层次，都支配得很适宜，便有两个最重要的标准：

（1）合于本国的教育宗旨；

（2）适应儿童身心发展、生活需要的程序。

（附言）我国教育实在还很幼稚；乡村小学，因财力师资的缺乏，一时断难办得完整。所以这种正读本，在事实上只能取这样广泛的教材用普遍的标准，作整齐的分配。好在我国的教科书并不是国定制，一面通用这种广泛、普遍、整齐的正读本，一面多出副读本以通其变、济其穷；一面仍可由教育界随时自由改造，实地试验。

2. 编纂的体例，分两项说：

（1）仍取学年别的组织，现在通用的小学读本，都是每一学年，分配两册。日本也是如此，欧美取学年别组织的，大都每学年一册。但是德法英美等国，多不取学年别，各将小学期限分作上中下三级，每级分配一册（如德法）或数册（如英，但也不必尽读，随学生的资质供给），不过折衷起来，再斟酌本国的教育情形，这种正读本，还是取每学年两册的组织为妥。

（2）国一二以杂辑体为主，三四以类联体为主，高等类联体与连续体兼用。这是根据英国教育家对于体裁问题的意见。因为读本体裁向分三种：

①杂辑的读本（Miscellaneous Reader）。把种种断片的教材，排列起来，各个单元大都不相联贯。我国通行的读本，大抵如此。（在德国，就是低年级也不用这种。）但就适合现在中国情形的正读本看来，国一二所用实在这种较妥——一免使教材流于单调，二能定教学各方面的词类。

②类联的读本（Comeoted Reader）。教材虽也是断片的，可是排列法不一样，或顺季节分类，或按材料（如童话、故事、趣谈等）和实质（如公民、乡土、理科等）分立总题，再行排列。这种在德国最通行。我国的正读本，到了国三四，也应该参取这种体裁；教儿童所收得的知识，略得蝉联，渐成统系——便可养成他们对于科学和文体的类别观念。

③连续的读本（Continuous Reader）。首尾完备，差不多是一部专书。有文学上的结构，能引人入胜，读之不倦。（我国章回体的白话小说，高年级的学生，没有不嗜读的，比较读那些杂集断片的教科书，兴味大不相同。可见连续与结构，在高年级的心理发展上大有关系了。）但也不必是叙述一件事物，首尾要相呼应。就是节节变换，也可以的。（例如《儒林外史》、《今古奇观》，和各种历史演义，都不是一件事到底。）不过叙述的形式上必要连续下来。这种连续体的正读本，应该替高小学生，专用语体精编几种。高小学生，因为改用国语，各科都没有从前的“文字障”了，实在可以同时用两种正读本。一种就是连续的读本，要完全用语体文。此外还要用一种类联的读本，专选优良文学的材料。只要合于现代文学批评的标准，也就不必限于语体——所谓高小语文并用者，乃是国语文学上自然的趋势。学习国语，到了有文学趣味的时候，自然了解古来文豪诗圣的思想精神，自然可以把语文的界限打破。再将语法文法随时指点，叫他们整理比较，自然更易贯通。照这样循序渐进，不说别的效果，就是儿童对于旧文学的理解和趣味，比那只读国文而不先受国语教育的，也一定要高明得多。

3. 分量的斟酌。自从改国文科为国语以后，儿童精神界得了一个大解放，知识的需要当然增加，读本比从前当然要增加分量，才够供给。否则不但儿童精神界贫乏如前，且更压抑他的求知欲，减少他的兴趣——现在因通行的读本分量太少，国语教育上已有发生这种弊害的。但是语文翻译的桎梏虽然解除，而汉字形体笔画的难题还没有解决，固然国民初年级可全用注音字母，而汉字在事实上也不能不逐渐添授。在欧美的读本，比我国多七八倍，读法教授时间又比我少，而教授的效果反比我彻底些。这根本的原因就是“文字障”没有我们这样的厉害。我们虽然去了“文障”，还有“字障”，因之读本分量，也不可极端的增加。最好这正读本，体察各地方的普通情形，定一个适中的分量。再按各校的特别情形，应儿童的需要，供给几种副读本，来救济那些贫乏枯燥等流弊。读本全部和各册的分量，既有标准，每册各课的分量，就不要再加限制，可一任教材之自然。欧美日本的读本，都没有限制每课字数和每册课数的。

4. 插画的考案。近来德美两国的读本，最讲究插画的鲜明新颖，因为在美育上有重大的关系。我国的正读本，册数有定，分量又不甚多，不但应该加入彩图，就是装订印刷也要力求优美。单就插画说，有要注意的——

（1）要明了——要点更宜鲜明，不复杂，不模糊，才便于直观教授。

（2）要新颖的考案，能够唤起儿童的兴趣——儿童趣味的发生，也随年级不同，要预为研究。如初年级儿童的趣味，多从“动”的事物发生，那么插画中间静止的景物要少用，须改成动的考案。

（3）多用粗笔法，就便可供儿童的摹写——因为国语的教法，有时要把儿童描写想像的图画当“作法”的，读本中的插画，就是他描写——作文的蓝本。

（4）容易提示实物的教材，也不妨附加彩图，用来涵养儿童的美感。

5. 种类的多少。正读本在我国虽不能不有普遍整齐的性质，可是除日本用国定制——最近也打破了——外，在欧美各国，种类都极繁多。不但随地不同，并且随时更变。我国教育界果有改进的精神，正读本也不妨依据下面所列的两条件，多编若干种……

（1）适应地方情况。因为读本教材，应该从儿童的经验和环境中选择出来。都市乡村各各不同，此校彼校，亦复有异。若是依上品的教法（见前），更是把本校的儿童生活为教材的中心，自然要产出特别的读本的。可是普通的正读本，也还要采作副读本。

（2）根据教育学说。小学教员，积有教授上之经验，或从教育哲学上偏重一种主义，或要应时势的潮流，都可编成特种读本自行实验。

无论普通或特殊的正读本，最要紧的，就是要随时订正，逐年修改。就使因此而前后不联络或新旧错杂，都不成问题。

（二）副读本

正读本的中心教材既限于文学的；实质的知识，又要支配平均，自然不能丰富；有文字的牵制，分量不能过多。有这三个原因，所以副读本最为必要。副读本的目的，第一培养儿童读书的趣味和能力；第二补充儿童的智识，使之丰富而确实。

1. 副读本的教材和分配法

（1）国民班所用的：

①凡正读本所不能容纳而又为日常生活必要的知识教材——如前条第一项所列的理科、地理、历史等类，可以编作副读本。

②童话故事等，正读本限于分量，不能收集太多，都可以依题分辑，或选择合编，作副读本，高等班有些也可通用。

③足养成儿童趣味的文学作品，如儿歌，趣谈等，不便采入正读本的，也可编作小品的副读本，高等有些可通用。

（2）高等班所用的：

①关于理科，历史，地理等材料，堪作本科目之参考的，可略依文学的裁制，编成副读本。

②整部的故事丛谈和历史小说等，只要于少年时代的教育没有妨碍，或加修订，都可以选作副读本。

③诗歌戏曲，可以选那程度相当，旨趣最好的编作副读本。

（3）国民高小通用的：

①各地乡土材料，不能采入正读本，又不能自编正读本时，可随地采集，编作各地不同的副读本，分量程度也要随年级而定。

②世界或本国或本市本乡临时发生的重要事件，在报纸或校内揭示的新闻上，不能详其原委曲折的，可按儿童年级所需常识的程度，编成小册或活叶的副读本。

以上两种，最好是学校（或一校或数校组合）能够自己编印。或由地方书店编印发行。

2. 副读本的形式。或小册（低年级用），或大部（高等班用），或装潢精美（美的教材），或单张活叶（随时编制的），都无不可。总之要看教材的性质和儿童的程度而定。

3. 副读本使用上的注意

（1）副读本只须教儿童“迅读”，不必和正读本一样的精读。因为迅读最能增进读书力，培养读书趣。

（2）既是迅读，就不一定在教室。可利用课外时间，或在校内，或往图书馆，或在家庭，自去玩读。如德国的小学儿童，多由学校把这种少年文学的读物借给他，每周一册，回家玩读。每人在一学年内可读三十七八册。英国也多是如此。

（3）副读本有时也要在教室内使用，就是——

①普通所用的正读本，或分量不够，或有所删节，便可从副读本中选出补充的可精读的教材。

②用分团式的教授时，资质高或年龄大的儿童，所授正读本的课文，有时不够他们的深究，便要把副读本中与所授正读本有关系的教材——对于正课文，可以扩充意义，旁证事实，增加趣味的——供给他们。

（载《中华教育界》1921年第11卷第2期）

改良现在小学国文教科书的商榷

唐　毂

我国人对于国文，似乎很注重。在学校制度未兴以前，一般求学的人，穷年累月，所研究的差不多都在国文上。科举停后学校制起而代之，也很以国文为重。鼎革之后，教育部所定的全国小学校教科书课程表内，国文时间的分量，也较他科为多。自国民第一年，至高小第三年，国文钟点的分量，最多的占了授课时间二分之一，最少的也占了四分之一有奇。他们以为，钟点加多即算是注重国文了，即算是儿童能多得到关于国文科的知识了。那知道事实上竟与他们所希望的相反。时间加多，固然是一种注重国文的方法，但是教法不良，和教科书不好，也不能达到这个目的。此篇所要讨论的，即在怎样改良现在的国文教科书，至于教法的问题，则非此篇的范围了。

（一）国文科的目的。民国元年小学校令施行细则，第四条："国文要旨在使儿童了解普通语言文字，养成发表思想之能力，兼以启发其智德。"看他这个要旨，最大的缺点就是把"情"的一方面忘却了。所以这十年来所编辑的国文教科书，无非是《三字经》、《百家姓》……的变相，干枯呆板，索然无味。儿童读之，已昏昏欲睡，那里还有能力去了解语言文字，发表思想和启发智德咧！

近来江苏省立第二女子师范附属小学校所定的《读法教学》的目的，较之教育部所定的确是好的多。他说读法教学的目的在：

1. 了解语言文字；
2. 养成发表思想的能力；
3. 涵养文学思想；
4. 唤起读书兴味。

他们所定的这个目的，其所以比教育部所定的好些的缘故，就在他们知道启发德智的责任，有修身及他科负了；国文科最大的责任，还在涵养情感的方面。所以他加上 3 和 4 两项。我知道有的人，对于"唤起读书兴味”六个字，或者还赞成；但是对于“涵养文学思想”六个字，一定会有点怀疑的。我现在不如就将该附小《读法教学》上关于解释这一项的字文，引下来罢。他说：“文学思想，有的人以为小学生不宜涵养，那知儿童的智情想像也很丰满，倘使不去启发，受了压迫就要成功一个枯燥呆木的人，他的心力不免大受亏损了。所以教学读法，要顺应儿童本有的兴趣，培养他，指导他，唤起他以前没有的新兴趣。那么，文学思想的涵养自然需要。”贺恩（Honne）说：“无论那一个儿童，都是个艺术家，做教师的须引导他入于享受美术，表现美术的室中去。”克拉伯（Klapper）说：“忙碌的教师，时常忘记儿童未从他，本带有感情、兴趣和冲动来的，这些东西，纵然不是儿童精神的全体，却早已好好的深藏在他心里了，也应分是他精神之一部。这种先天的欲望和能力，如果善为指导和启发，就是文学兴趣的基础。”看上面几个人的说话，就知道儿童本有欣赏文学，领略文学的天性。不过儿童自有其儿童的文学，不是我们成人的文学罢了。

我常觉得：我国人民功利思想太深，同情的情感太少，大概是由于幼稚时期，没有受过文学的陶冶所致。现在如果要救这一种的毛病，应从小时即注重文学起。因为文学之于儿童正如阳光雨露之于花木，是涵养儿童心灵最重要的工具。申言之，即是文学之为物，能够丰富儿童的想像，扩大儿童的同情，供给儿童纯洁的快乐。

有的人见我如此的主张，或者要问我，说是：“照你这样的主张，高等小学到有历史、地理、理科等科，可以培养儿童的常识，不大有碍。要是国民小学呢，那么就困难了，国民小学的科目，国文占大部分，此外即是关于技能方面的科学了，请问你史地理科等的常识，又从何处去培养呢？”依我看来，要解决这一个问题并不为难。所谓文学者，他的取材，决不能离了宇宙间的事物和情理。他的取材有历史的，有地理的，有理科的，有论理的……不过他的结构，不是科学的结构，而是文学的结构罢了。何以见得不能培养儿童的常识呢？而且儿童的心理，与成人不同，若是以科学的结构的文学问他，他看到只是一条一条很呆板的事实，不特无兴趣，且亦不易领会。倒不如将他所有的事实加以文学化之亲切有味。

（二）取材的标准。取材时应顾到两个要件：一、人生的需要；二、儿童的心理。现在小学教科书的缺点，就是把人生的需要一方面太为注重，而忽略了儿童心理一方面了。这即是教育部的国文要旨趋重于功利的原故。那知道儿童自有他的需要，自有他的生活。所以我们千万别忘了他本己的一方面。此后编辑教科书的方法，最好是根据儿童的心理，授以他所需要的知识。譬如要教儿童学写请客的帖子，决不可就光光的印一个请客帖子在教科书上。应当根据儿童的经验造一个故事，将他自然引入，那么，儿童对之，自然兴趣横生，津津有味了。

现在即据上面二个要件，将取材的标准列举于后：

1. 思想方面：

（1）富于想像的。

（2）切近儿童经验的。

（3）有感情色彩的——过于悲痛和凶恶、可怕的，不可采入。

（4）意义单纯而多变化的——意义太复杂，儿童的头脑单简，一时恐领会不到。但将单纯的意义，平铺直叙出来，又太直索无味。所以又要有变化。如《三只熊》的童话，即是一个最好的例子。

（5）不违背时代的精神的。

（6）用意新颖，而多积极意味的。

（7）平允公正的。

2. 文字方面：

（1）用字须由浅入深。

（2）用字须是切近日常应用的。

（3）每字发见的次数要多，——比如一册书，所有的字共计一千，而他的新字，当占他全书字数百分之一至百分之二之间的数目为最适宜。若这本书，是定为半年读完的，则每个生字，在半年中，可有五十次，或百次之发见。

（4）语句要适合儿童的口吻和思想。

（5）语句要明白畅达，而有条理，不可故意穿凿。

（6）叙述不可过于冷静，须多活动。

以上各个标准须因年级之高低，而注意有轻重。

现在有两个问题，与用字用语极有关系的，就是小学国文教科内，是否可用注音字母和文言？如果可用，在什么时期用起？

我们不妨费点时间，在此处将他们讨论一下。据我个人的意见，是主张用注音字母和文言的。不过不是将注音字母，像现在的教科书办法，将他注在汉字的旁边；也不是将他单独拼成字音，印在教科书上。我主张拿他来补汉字之不足。譬如，拿他来代有音无字的字之类。采用的时间也不必限定。如果用的得法，国民一年级即可采用。若是把他注在汉字的旁边，则于儿童很不便了。何以呢？因为儿童的头脑是笼统的不惯于分析的。他认字的时候，并不将字母同汉字分开来认，他是笼笼统统当他一个字的，一旦将此二种东西分开了，他就会两不相识的。

若是将他单独拼起来用，其形式又太简单，太类似，颇不便儿童认识。何以呢？因为儿童的头脑是很简单的，头脑简单的人，对于简单的事物很不容易领会或习熟，所以最好还是不用字母的好。有的人或者要说注音字母可以正音，何以不用？我说：注音字母是死的，他的音正不正，还是在人口里，要是注音字母能正音，汉字自身亦能正音，又何必要他来多事呢？

文言文的采用，有的人主张在高等小学校时可以实行。但是我觉得国民学校亦未尝不可采用，只要他近于儿童的口吻的都可以，如贺知章的《回乡偶书》之类。

我还主张白话文中，大可以采取文言的语法、字眼。照现在一般人所使用的白话，实在不大够用。若是想我国语言文字发达，非从各方面采取些语法、字眼不可。而采取的方法，并不是一跃而能的，必须要经过一定时间练习，使他不知不觉之间成了一种习惯，方才算得真正的成功。所以要达到这个目的，最好是就从小孩时养成。

（三）教材的种类。大抵不外诗歌、童谣、谜语、笑谈、寓言、童话、故事、传记、游记、剧本、小说、论说、特用等类。与苏二女师附小所拟的诗歌、童谣、寓言、童话、故事、剧本、小说、论说、表抒、记叙、箴铭、特用等十二类略有不同。他有箴铭一类，而缺谜语，笑谈。我觉得箴铭这一类的东西，是用成人的眼光来写的居多，常偏于消极方面，且板滞无味，大可以不必采用。

1. 诗歌和童谣。都可以采他为韵文。此项文字于儿童最为有益，不特可以训练儿童语言的音节、腔调，和表演、游戏时之应用，且大可发达其文学思想。俞子夷先生说："儿童都喜欢韵文，韵文可以说是神秘的钥匙，可以开儿童高尚的，纯洁的文艺之思想。"这一类的材料，尚不大难找，无论新诗、旧诗、歌谣都可以。只要按照儿童心理的发达，由浅入深，渐次分配得宜就是了。但是太俚俗的也不可以用。在国民一二年级的韵文，必定要有意义，有文字，即是音节和谐，合于儿童口吻的，便大可以采用。

2. 谜语。他的好处，在利用儿童的想像入于思考的门径，最易引起儿童的灵机，不过太抽象的和用典的，不可采用。

3. 笑谈。人类是笑的动物，儿童尤喜于欢笑。在这个时候，我们千万别阻遏了他，当要好好的培养他。笑谈最足以引起儿童的欢笑，因他常有滑稽的意味，正合儿童想像的心理的原故。

4. 寓言。大都是将动植物人格化，而寓一种道德的意味在利用儿童想像的能力，扩大他的同情，深入于动植界内。所以选择寓言，当去其牵强附会的，有案语的；而取其他纯粹寓言的本身，老老实实的陈见于儿童的面前，任他自己去思考想像。

5. 童话。照现在常用的意义看来，童话这个名词，似乎包含 myth，Fairy tale 和 Animal and Nature story 在内。有许多人对于 myth 和 Fairy tale 两种很怀疑，以为这种荒谬无稽之谈，最不利于儿童，他读了之后，或养成一种不正当的宇宙观和人生观，及怪诞不经的思想。此话未尝不持之有理。但是在他方面看来，如果选择和教授都得法，确于儿童的精神补益不浅。先就 myth 来说，myth 是初民对于天体的一种解释，可以说是他们的宇宙观，或是宗教观，儿童的心理与初民的无大差异，所以他们的文学，儿童对之恒为满意。大可以说，即是儿童自己创造的文学。试问儿童自己创造的东西，儿童对之，其快乐为何如乎？

至于因为儿童读了这一类的东西，全养成一种怪诞不经的思想，我想这也不可过于挂虑，因为儿童的智识一天高过一天，他即会觉得童话上的解释不对，而渐渐的加以改正的，何至于影响他的终生呢？

Fairy tales 在儿童文学上，占极重要的位置。Klapper 说："他们

（Fairy tales）最适合儿童的兴趣，他们是无限快乐的源泉，因为他们叙述道德是带有文学意味的，是借想像的猜拟来表见真理的。”

Animal and Nature Stories（动植物故事），即是将自然界的生物加以人格化，使他们的动作、言语、感情都适合于儿童的心理，他们所述事实本是科学的现相，科学的程序。但是他们不失了文学的色彩和意味。这是利用儿童的好奇心和想像，入于科学的一个最便的桥梁。

6. 故事。苏二女师附小界定他为“自古相传的事实”，其内容关于人方面的多。使儿童由想像的世界而渐入于实际的社会。

7. 传记。有功于人类社会的人的传记，或言行录之类，儿童读过之后，即兴起一种崇拜、尊敬的感情和效法、实行的动机。

8. 游记。其功用也是在移儿童的空想入于实际，使领略实际的事物，使知道想像中的事物也可以在实际中找出，使知道理想中的美，可令他在实际中实现出来。

9. 剧本。对于儿童的利益实在很大，可以练习他的语言，可以养成他协同动作的习惯，可以增长他文学的兴趣，可以实现他想像的世界，可以试验他领会理解的能力，视他事实与文词之单简复杂，自国民一年级至高小三年级，无一年不可用。

10. 小说。乃是取人类生活的一段，用艺术的方法将他描写出来，令人读了，不知不觉，即同作者生出同样的感情，使他容易引起儿童的兴趣和对于社会的关心。

11. 论说。此处论说二字，与平常的意义略有不同，论是就一桩实事，详细考察他的情形之后，加上一种推究讨论的功夫，以求得其比较正确的结果，所以他最足以启发儿童的思路和判断的能力。说，是将所见的事实，或心中的感触、意见、理想，叙述出来的文字，所以他最足以启发儿童发表的能力。

12. 特用。江苏二女师附小说：“特用，就像书信、电报、广告、传单等，关于日常生活方面，很为需要。”不过这类的东西，在国民小学究竟应不应要？还是一个问题。我觉得书信、广告之类，若是好好的将他用于故事之内，在国民小学未尝不可应用。

（四）教材的来源。有三处：一是就吾国已有的加以选择整理；二是翻译；三是创作；但是要干这两桩事，不是容易的，必须要：

1. 于儿童心理有所研究，
2. 于哲学、文学有所研究，
3. 于儿童的言语、举止都有实际的观察，
4. 和自己确具有同儿童一样的兴趣、感情、想像方可。

（五）教材的分配。即是在国民小学和高等小学，对于上述各种的教材，应如何分配？何者应分加多？何者应该减少？何者在高等小学为必要？何者在国民小学可无需？凡此等等的问题，都不是我们空言所能断定的。而且小学年限有七年之久，就中每年应该各有不同，加之此刻教材缺乏，即有一个完全的分配标准，也不容易做到。所以这个问题，我此刻实不敢妄谈。不过有句话，是可以说的：就是上面教材种类次序的排列，在前面的，是比较适用于国民小学；在后面的，比较适用于高等小学。

（六）字体的大小和楷宋。字体的大小，在西洋各国，依年级的不同，都有一定的标准的，但是在我国，则对于这个问题从没有人研究过，依我的观察，觉现在国民小学的教科书字体的大小尚适当，高小的也不错。

至若宋体字，应在何年开始使用，也未见有人研究过。照现在的情形看来，似乎国民小学都是楷书——商务印书馆出版的单级国文教科书有的是宋体字的——高小都是宋体。我以为在国民四年级或三年级，就可使用宋体；楷宋相间亦可。高小国文教科书内，有时也须要间一二篇极秀丽精美的楷书或行书，以增其美感。

（七）行列。每行的长短和各行列的距离，也须要加以实地的研究才能断定。此事初看似乎小事，实在于看书的习惯和效力实在很有影响。因为他是与眼的运动，头部筋肉的上下左右极有关系。在儿童身体正当发育的时期，对于这等事，更加要注意。国民小学的书中，字大尚无大碍。高小的教科书，字体较小，最好是每页分为上下二段，每字上下相接的间隔，约当字体三分之一，各行间的距离，约与字体的宽度相等，总之行列之排列，要合于卫生，要不失美观。

与这问题有连带关系的，即是边沿。书的上下与两旁的边沿，当要

有一个适当的阔度，方不失其美观。

（八）插画。在民国未成立以前，所出版的教科书，每本中尚有一二页五彩画。自民国以来，因为颜料和纸张的涨价，连这一二幅都不见了——中华书局出版的《新式国语教科书》内尚有少许，但是颜色、印工和纸张都不好，这真是我国儿童的不幸。你看各大书局出版的小学教科书，除几笔白描的画之外，简直没有旁的图画了。那知道小学生爱读书的兴趣，大半是因为图画引起来的。况且图画的功用不仅是在引起读书的兴趣，他的本身对于美感，实正有很大的贡献。所以，图画除他能助说明之外，还要求他本身上的优美精良。每册教科书内，必要有两三幅的颜色画和滑稽画。所谓颜色者、阴影画者，一系有色的，一系无色的，其取材亦不外山水、花鸟、草木、人物等等。即与课文不相干的，也大可以收入进去。滑稽画呢，是合于儿童想像的，并不是浮薄古怪有碍观瞻的东西，乃是徐养秋先生所谓“有趣而不伤雅度”的画。

（九）纸张和墨色。纸张不可太薄，不可有反光，不可不洁，白纸或稍带点黄、或绿的均可，但决不可有杂色，所谓有杂色者，一纸之颜色不均匀之谓也。现时上海商务印书馆出版的《新法国语教科书》，所用的纸张还可以，但是尚觉太薄了一点，后面的字迹可以反影过来。

墨色，不可过淡，印在纸上要黑白分明。

（十）封面。封面最好是用布做，否则亦要用厚实的纸做。他的色彩，也要秀美悦目，最好是加以图画，书名的写法，亦要有适当的位置。

（十一）装订。现在的教科书，装订最不注重，一根细小的纱线，随随便便的将他订起，结打也不打好就算了，有的虽用铁丝订的，不见得如何得法。小学生在手里，一两天即不成书了。他见书都破了，那儿还有心来念书呢！

总结　现在小学教科书之亟待改良，是人人知道的。而国文教科书的改良尤为必要，但此事看来似乎是很小，却非有一番大大的研究，确不易做到。我做这篇东西，并没有研究，不过是一时的感想罢了，很希望留心小学教育的同志加以指教，并希望：(一) 编小学国文教科书的同志，于此科内容的方面加以改进。(二) 各大书局不惜资本，将书的形式——物质——方面加以改良。

十，六，五。

本篇参考书：

《教师之友》二三五号　本刊第一集《编译儿童用书与儿童心理》、《儿童用书问题》

Klapper Teaching Children to Read

Mcmurry：——*Special Method in Reading for Grades.*

(载《教育汇刊（南京）》1921 年第 2 期)

教材的选择

应当注意，教材是教学的原料，教材适当，才可达到教学的目的。现在小学校里的读法教材，大都漫无标准，包罗万象，既不适应儿童需要，又不合于文艺价值。要想养成儿童读书的兴味，文学的思想，那里能够呢！从前拿圣经贤传去教学儿童的弊害，固不必说。现在一般把商人杜撰读本当教材的，也未免有害，因为商人杜撰的读本，大都机械呆板，枯燥乏味，儿童受了这种教育，思想界上，简直没有发展的能力了。所以能否达到读法教学的目的，和读法教材的适当与否，很有关系。这样说来，适当的教材，应该怎样去选取呢？要选适当的教材，必先确定选材的标准。有了标准之后，那么选出的材料，能够含有文艺的价值，满足儿童的生活。至于选材标准的规定，一面根据时代的趋势，一面顾及儿童的需要。关于实质方面：

第一要有语序，是有层次，有条理的。

第二不雕琢用典，是清浅的，明白的。

第三要思想新颖，不背社会进化的。

第四要寓意积极，而有兴味的。

第五要切于实用，确为生活所必需的。

（载《教师之友》1921年第3期）

神话教材问题

周邦道

神话教材问题，教育家持论不同。有谓宜于儿童者，有谓不宜者，有谓只宜于年龄较小之儿童者，有谓只宜于年龄较大之儿童者，各有理由，莫衷一是。本会为研究起见，特于十一月二十三日晚，开神话教材雄辩大会。除会员互相辩论外，并请张士一、郑晓沧、陆志韦、徐养秋四先生评判。兹特记其本末如左，以供教育家之参考焉。

邦道识。

郃（爽秋）——我对于神话教材，有两三分的赞成，六七分的反对，反对之点有二：（一）论理问题，（二）儿童知识问题。神话所载，离奇古怪，不合逻辑。以不合逻辑的东西，讲给儿童听，对于儿童将来的知识，必大受影响。但到了高等小学以上讲些神话，亦属无妨。

曹（刍）——我们对于神话，不要从神话本体上研究，要从神话功用上研究，因为神话本体，是无逻辑价值的。神话的功用是什么呢？即是弥补儿童想像之缺陷。如密勒（Miller）所举的例，日乘一舟，自西往东，绕圆平地面之周以行。这种神话，便可以把儿童对于太阳东升西没之想像之缺陷，弥补起来。

郃——想像由儿童自己弥补，抑或由教者助之弥补？我以为要儿童自己用过去经验去弥补。否则，对于知识上大有妨碍。比如曹君所举的例，儿童受了这种鬼怪的话，虽将来成人长大，亦以为太阳有船，自西边坐到东边。

曹——郃君未免胆太小。我从前受家庭教育及私塾教育的时候，凡小说无不喜读，《封神传》尤为喜欢，但到现在，我却没有一点鬼怪的思想。这是什么缘故呢？就是童时经验，到长大时必会改变。至于郃君所谓儿童自己能弥补想像，我不晓何所根据，不必辩。

郃——现在可分三点答复：（一）儿童自己能弥补想像者，是根据特楼氏（Tanner）兴趣一章，小孩能自己造 Story。（二）我并不是胆小，譬如社会上有许多人，都以为地球是鳌鱼托起来的，这可以证明教育的缺陷。（三）你说童时经验，到长大时会改变，但何以我们深夜过墓门的时候，虽不相信有鬼，而总怵然不自释呢？这不是童时经验的遗影吗？不是所谓本能的化装游戏 Sublimation 吗？

曹——（一）郃君所引特楼兴趣一章，儿童喜创造故事，但他何以喜创造故事呢？不过求相似的事实来满足需要罢了。所以我以为要扩充儿童思想的范围，拿神话来做工具，也是这个道理。（二）小孩四五岁时，欢喜听故事，无非为快乐而快乐，并无他种目的。我国教育，刚才开头，将来功效日广，社会上种种迷信之事，终可以打破的。（三）我们幼小时候的经验，我以为到了长大，一定会遗忘，在座诸君，有能历历记忆幼小时候经验的吗？请各举手，以为证据。（当时有说不能记忆者，有说有时能忆起有时不能忆起者。）

唐（毅）——我生平非常怕鬼，都是因为受了幼小时所听闻的坏影响。

曹——神话经验经过能判断的时期，发现很少。普通小孩，过后不久，便忘记了；这是我在义务学校亲身试验过的。

唐——神话我亦赞成，不过要下一个确切的条件才是。

王（衍康）——郃君既说儿童能自己想像，自己创造故事，即此一层，可见神话列在教材上，为有价值的。唐君所谓要下一个确切的条件，实在不错。因为神话，要以适合儿童心理为依归，要适合儿童心理，非鉴别教材不可。

郃——王君所说，极是极是。但曹君所说，儿童经验易于忘记，未必尽然。

杨（效春）——忘记不忘记，可不必管。我们教儿童各种教材，只有希望他能够记得，决没有希望他幼时学得，到长大时应该忘记的东西底道理。所以曹君要以“小儿对于神话不久便会忘记”为主张小学可用神话教材之一种理由，我不能赞成。我的意思，神话之应不应教小学生是要看：（一）神话本身之有没有价值，（二）儿童有没有要教他神话的需要。郃君说：“儿童能自己想像自己，创造故事。”可见儿童是有喜听神话的倾向的。据桑戴克（Thorndlke）的学习准备律（The law of Readiness）说：“我们准备去做的动作，给我们有机会做出来，我们便觉得适意。若受外界抑止，不得做出来，便要烦恼了。”这便是说，儿童要学的东西，给他学他便欢喜；不给他学，他便要烦恼了。这样看来，教儿童神话，便能使儿童对于学习更有兴趣。因有兴趣，便可以使他格外努力了。但我以为小学里可用神话教材，非专从儿童兴趣方面着想的。我非欲把神话来仅仅取悦于儿童的，我看神话本身便有可作教材的价值。神话是优美的、高尚的、纯洁的，有文学与艺术上的价值。他的本身便可以使人生格外丰富、优美、高洁，能使人生丰富、优美、高洁的固还有别的事物，但神话实可为其中之一种，则无可疑。

郃君反对用神话之点有二，即（一）论理问题，（二）儿童智识问题。总之他以为儿童学了神话之后，对于研究科学与行为的真实便多妨害。儿童学了神话之后，对于研究科学与诚实，究竟是否有妨，是属疑问，姑置勿论。惟人的生活不仅是要求智识的物质的满足，还有感情的精神的需求。所以单独有科学，决不能满全人之欲求。宗教，美术，文学，哲学等都各有其价值的，对于全人都占有相当的位置。如图，一个人仅仅知有科学即未免狭隘了，偏枯了。神话教材是可以补科学之不足，所以（一）从儿童性情，（二）神话本身的价值两方面看来，神话是可以做小学之一种教材的。

且从事实方面看，美国小学教材很多神话，我国小学教材是少神话的。但他的科学智识与行事的诚实，比我国实远驾乎其上。这不是说他的科学比我们发达，行事比我们诚实，是由于他的小学教材用神话较我们多的缘故。这是来证明用神话与研究科学和伦理的实践是没有什么相关（Correlation）的，郃君怕用了神话，便妨害儿童将来科学的研究与其道德，似为过虑。

郃——杨君所说，可分三层答复：（一）满足儿童生活，不藉怪诞的经验，而藉真正的经验。（二）宗教生活、美术生活所以不发生坏思想者，因已有正确的观念做基础。（三）美德诸国，对于宗教观念，非常之深，我国对于宗教观念，非常之薄，中外情形不同，我们何必一一仿效他人呢？

唐——宗教生活利用神话，恐结果不佳；美术生活，可利用天然景物来代替。

陈（自耀）——对于郃君（一）（二）两理由，深表赞同。但我以为教育的责任，一方面要顾及论理知识，一方面要顾及心理知识，又一方面还要顾及儿童 Mental muscle movement。在幼稚园中，可将神话组成游戏，使小孩自己去扮演。

施（毓麒）——郃君既说神话有碍知识，又说到了高年级可以加，这是前后矛盾。曹君说神话本体无价值，也是不对。何以呢？试举一例，如一乞丐贫寒无告，忽然有人拿衣给他穿，拿饭给他吃。这种教材，本体上大有价值。

曹——我说本体无价值，是据逻辑观察的。

郃——我所主张高年级加神话者，因高年级学生正确观念已经发达，所以神话没有什么多大的影响。现在据我主张，图示如左：

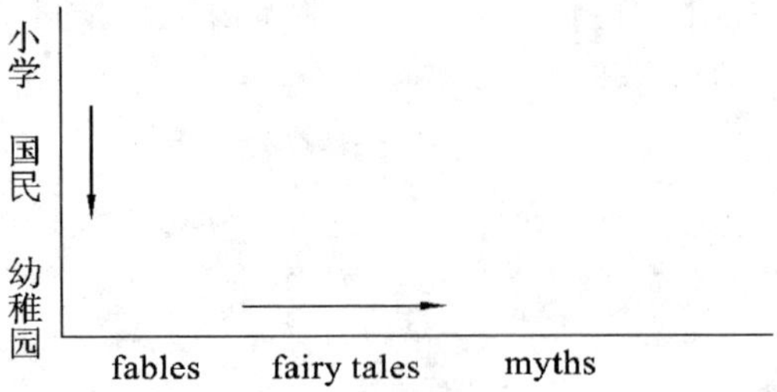

江（鼎）——我是骑墙派，我以为神话有好丑之不同，凡可以发达儿童的创造力及冒险精神等等者，都可以加入教材里面，否则不能加入。

孙（良）——小孩没有看见过听见过的东西，我们同他说，他都有兴味，这是我教学时候的经验。所以我主张用理科的材料，来代替神话。

章（松龄）——我以为幼稚园的儿童，如果不用神话做教材，他便没有兴味，不过神话要取其有功用而已。

以上是会员辩论的话。

陆志韦先生——研究神话，要分别当方法用，抑或当材料用。方法有三：(一) 启发知识的，与江君所说差不多；(二) 陶冶性情的，即增进道德观念；(三) 发达想像（Imagination）的。材料方面，有当作美术用的，有当作宗教用的，有当作文学用的，各有见解，不能一律。还有一层要注意的，即是神话的界限，要彻底划清，现在分做三层立论：(一) 神话与宗教的分别——神话是死的宗教，宗教是生的宗教，对于宗教一方面讲，现在创造神话时期，已经过了。(二) 神话与文学及美术的分别——罗马有女神 Fortuna 始为宗教，继为神话，今则不过为文字的点缀品，似神话而非神话，又如西方美术家言梦，则有梦神，图画中有以女子像代梦者，此又美术界之似神话而非神话者也。至此种文学美术是成人所用的，不是儿童所用的。(三) 神话与寓言的分别——大凡一种东西，有生命或无生命者，要他讲人的话，做人的事，这是寓言。大凡一件事，世界上普通所见，而归因于神怪，或世人所不见，而强说空中有此因果，便是神话。

郑晓沧先生——我以为所谓"神话"者，不过取其能适应儿童之需要而已。读法的资料，要满足四个条件：(一) 成单元的；(二) 每个单元不过长；(三) 字句简单；(四) 有许多动作。能满足这四个条件的，厥惟故事。故事泰半系虚造的，故事在英文称 Story，此字即含有虚假之意义，所以英美人说"A story is a story"，意即故事不过（谈谈的）故事罢了。人情每怠于作始，故常取资于现成的故事，而所谓神话者，适为其一种，且故事本有虚诞的性质，而所谓神话者，特虚诞之尤者耳，用此种极虚诞的故事，假使选择得当，即就其本体方面说，或亦能引起小儿童奇异之想像，而佐其想像之发达。吾人所欲问者，是否除此以外，尚有其他相当的或更好的替代？

其实诸位今天用“神话”这个名词，来指点的，似尚不止平常之所谓“神话”者，神话但指狐鬼神仙，以及开天辟地等故事（在英文称 Myth）。若要包括寓言等等，则不如用稗说（在英文称 Folklore）一名词。

若用平常之所谓“神话”，选择当然是更不可少的。例如神仙等故事 Fairy tales 有许多是可用的，因其可以引起儿童的愉乐。地狱鬼神等故事（Hell fire stories and Ghost stories），是绝对不可用的，因其易于刺戟畏惧本能，致令一生受无谓之惊惧。

实际方面我们现在要研究的：（一）“现在情形”，中国学校是否曾用此种材料？用何种材料？到如何程度？否则便不值无准打靶。（二）“将来应用”，吾国从前有没有相当的稗说，可以作教材的？如欲不用，有没有相当代替的教材？

若欲研究外国这项材料，以备参考，则以 Grimm，Anderson，La Fontaine 为最著。La Fontaine，法国十七世纪文学家而兼教育家，曾以自辑寓言作教材，至今法国学校犹有用之者。要研究此项材料，在西洋学校中之位置，则莫如参考 Horace Monn School curriculum，Speyer School curriculum 及关于小学读法书籍与学校调查报告等。

徐养秋先生——陆先生关于材料上，郑先生关于方法上，都已详加说明，可无庸再赘了。但察观美国用神话的目的，完全在文字上面，毫无道德宗教的臭味。

张士一先生——我对于这个问题分做几层来讲：（一）神话是相对的，不是绝对的，世界递嬗，变化多端，今日科学，未必非他日的神话。（二）神话材料，必带有神之原质（Elements）。（三）西洋各国之所以重用神话者，因书坊里这类材料很多，较之其他，易于选取。（四）有神之原质之神话，Set of the mind 不同。（五）个人的经验——我家有两个小孩，一个四岁，一个七岁，我讲了许多“朋友”的故事给他听，所以他们常时要我讲“朋友”，我都是临时假造，因此也遂得了三条原理：（一）故事要好听，要配好儿童经验所有，而为其经验所没有，如狗、猫，他的经验有了；但“狗请猫吃饭”，他的经验便没有了。（二）要快，如“狗请猫吃饭”，两下工夫，就要说出来。(三）要有重复的分子，如“狗请猫吃饭”、“虫请鸟吃饭”之类。

以上是教员评判的话。

此次辩论时间过长，精神不能贯注，挂漏之处，在所不免。至郃君爽秋，对此问题，已有长文在《中华教育界》发表，阅者无妨参考参考。邦道又识。

（载《教育汇刊》1921 年第 1 期）

对于神话教材之怀疑

郃爽秋

神话教材，在教育上沿用已久，差不多没有研究的必要，我今大书特书的提出来讨论，难免要引起读者诸君许多疑问。

这个问题，我酝酿在胸中，已经好久了。我时常提出来征求朋友的意见，朋友时常回答道：“我看这个问题，简直不能成立，神话是应当用的，还用得着讨论吗？”就这“应当”二字，使得我对于神话教材愈起怀疑，对于这个问题，愈欲研究。

大凡一个问题的产生，或则由于发现了困难的现象，要设法来解决；或则由于学者的研究，探讨要设法预防困难的发生或是增加效率。前一种问题，是自然发生的，易为人所承认；后一种问题是有意创出的，易被人骂为“无病呻吟”，但是一经提出来讨论之后，大家又觉得这问题有研究的必要。神话教材问题，恐怕就是这样。所以我尽我的力量，发表意见，使这不能成立的问题变成问题。

在讨论这问题之先，不佞有欲预先声明者数事：

（一）本问题既说是神话“教材”，似乎只限于读法课本之类，但是我的意思，是包括读本的教材，教者口述故事的教材，教者读给儿童听的童话教材而言，推而广之，就是家庭里父母同儿童谈话的资料，也在其内。

（二）中国与外国的情形不同，本篇中所论的情形，亦间有为中国所无者，不过为研求真理，及预防盲从抄仿起见，亦约略说及，阅者诸君幸勿以“不合实际”见讥。

（三）外国学者，对于神话教材，主张用者十之八九，即有一二不满意者，亦都措辞圆滑，从没有大声疾呼而反对的。大概宗教盛行的国家，对于这个问题很不易着笔。不过中外的情形不同，似应分别看待，所以本文之内，对于外国著名学者的主张，往往有所非难。

（四）我个人对于神话的教材亦非极端反对。不过我总觉得神话在教育上的价值，很可怀疑，所以主张七八岁以下儿童想像力发达的时候，总以不用为是。本篇所述，大概根据此点，不过在论证的时候，欲使我的意思发挥尽致，好像走了极端，这是请读者诸君不要误会的。

现在开始讨论了。第一要问的是：

神话究竟是什么？

对象不同的，不可以讨论。甲的论点是雪白，乙的论点是炭黑，无论如何，都不能得结论，所以我们应当规定神话的定义。

学者对于神话的解释，非常纷杂：冯德（Wundt）则以为包涵科学同宗教，规定家庭习惯及公共生活。弗纳沙（Frazer）则以为神话是说明的自然界及人种起源的现象。斯宾塞（Spencer）则以为是人类远祖曲解的故事。此外又有人以为神话就是论及神同英雄的故事，带有不真实非理性的性质。又有人以为就是人类事实的记载，叙述不可思议的人物，含有历史的及假想历史的性质，仙人故事（Fairy tales）同神话相近，不过他们的意义稍狭，大概叙述小神的事情。可见神话的意义，无一定的界说。从狭义看，只论神的关系；从广义看，实包有不可思议不合事实不合理性各种东西在内，教育上的神话当从广义方面着想，我今根据这上面的几层意思，假定把带有“神秘色彩”的材料分为左列之七种，统名之曰“神话的教材”以便研究。

（1）神话，此是单指神的方面而言，如希腊之神是。

（2）鬼话，如中国家庭间对儿童所讲的种种鬼话。

（3）妖魔，如怪洋灯。

（4）仙人故事，如睡美人（Sleeping Beauty）及快乐种子。

（5）创世的神话，如盘古开天辟地的话。

（6）神秘的寓言。

（7）神秘的理想小说，及神秘不可思议的英雄传。

以上七类，我都当作广义的神话教材，就是凡带有神秘意味的东西，都包括在内。认定对象之后再开始讨论。后列的几点，皆是近人主张用神话教材的理由，所以逐条的写出来研究研究。

（1）神话可以弥补想像的缺陷。主张用神话的人，说神话可以弥补想像的缺陷（Gaps in imagination），又复引弥勒（Miller）的话说道："自然界的神话，受儿童欢迎，就同受原人欢迎一样。其主要原因，是因为神话能解释日月星辰、风云雷电，把他们带到儿童日常经验范围之内，使他们失去玄妙，而由想像的作用，把他们同别的经验调和起来。因此想像中的缺陷就可因此弥补，而精神上不安的现象，亦可因此排除。不妨拿野蛮人对于太阳的经验来做例。野蛮人看见太阳由东方上来，西方下去，全行看不见，第二天又从东方升上来了。他的想像之中，便不满足于经验里的缺陷，设法想出弥补，于是造出一种神话，说太阳乘一只船，由西到东，从天边上绕了一周。这段神话，可以填补缺陷，使经验中孤立的事实，联成一气。神话之于儿童的功用，也就同原人一样。就是借着神话的作用，使天然间不和合的分子，变成一个系统，人生一贯的要求，得以满足。"以此为用神话的理由。

弥氏的这一番话，说想像中的缺陷，可以用神话来弥补，我却无异议。但是就拿这一点来，做应当用神话教材的根据，我却不敢赞同。因为儿童经验中所发生的缺陷，苟非深奥困难，常能自己造出幻想来弥补，并不一定要教者拿神话来代他解决。我从前看见一个小孩子在花园里玩耍，忽然来了一阵风，把花枝吹的上下摇动，好像点头一般，这小孩子停了一会儿连忙跑到我面前，说花要同他谈心。花枝上下摇，他不知道是风吹的原故，是他经验中的缺陷，拿"花同他谈心"来解释，是他自己造的幻想，这就同原人借着想像创出神话来弥补经验中的缺陷一样，诸位如不信，我可举出几家说素来证明证明。

哥克巴特利克（Kirkpatrick）讨论"适应本能之发育"时，有几句话说道："想像指导游戏的运动，在五六岁的时候，常常达到极点。此后几年间，想像的游戏，在创造虚幻的故事（Fanciful stories）以为娱乐，这种故事是常时同表演的动作相连的……”

唐奈氏（Tanner）讨论儿童的想像，也有几句话说道：“……他构造这些故事活动的影像，但是还以人告诉他的为根据。此后他就自己创造他自己的故事了……”

此外例子很多，说法也不尽同，无庸列举。不过有一点各书上皆提及的，是儿童的“想像伴”（Imaginary companion）。想像伴的发生，是由于儿童想同朋友顽耍，又没有朋友来，因此幻出想像伴来，以弥补经验的缺陷。儿童既自有创造幻想弥补缺陷的能力，又何劳教者代庖呢？再进一步说，就是有时教者必须代儿童弥补缺陷，也必定等他有了缺陷时再去弥补，否则近于“无病而呻”。乃今人教授神话，儿童本没有弥补缺陷的需要，教者硬把他的经验界里，弄成缺陷，然后再去弥补，像这样“出尔反尔”的教法，究竟何所取呢？

（2）神话可以发达儿童的想像。欧西学者，谈到神话的功用，大概有句笼统的话：“神话可以发达儿童的想像。”就连杜威博士，很不愿意谈什么神话什么宗教的，也曾以圆滑的态度，轻轻说了一下。不过我对于这句话，很为怀疑。大概普通的儿童（对于变态的儿童①而言）想像的发达，都无须外物的帮助。因为想像的发生，不外乎儿童的经验，詹姆斯说：“各种感觉（sensation）一经经验之后，改变有神经的机体，在外部实物的刺激没有的时候，重将原像现于心中，就叫做想像。但是无论那一种感觉，如果不是从外部刺激进去的（意即经验），断不能将心影复现于心中……把原像复现出来的叫做复演的想像（Reproductive imagination）。用几个原像，重行组织，变成新事物而演出来的，叫做创造的想像（Productive imagination）。”可见只要儿童经验了一种感觉，他就自会发生想像的现象。如前次有几个小孩子看见李纯出丧，回家之后，即刻办出出丧的样子来，这就是复演想像的表现。又如通常的小孩子，都好说故事给人听，东岔西岔，拿他所经验的事情，随意连接起来，好像说诳说梦，这就是创造想像的表现。所以无论

① 意指智能发育不正常的儿童。

什么儿童，只要他不是痴聋盲哑以及各种残废，经验过一种印象之后，无有不现诸想像的动作的。关于此点，学者未有不承认的，即虽弥勒，他是主张用神话的，也曾说过几句话，他说："儿童在幼稚园，及初小一二年间最显著的现象，就是想像。想像的发达，是同较为活动的感觉动作的生活相辅而行的。因为儿童对于日常的事物同事物的用途上所生的联想，日积月累，对于事物的意义，也就渐渐明了。精神生活的全部，于以愈加丰富。想像的动作，就由这种丰富的经验里发生，其结果则又影响于经验，使他格外富厚，所以这个时期，是儿童自然想像的黄金时代。"可知想像这样东西，全是自然发生，并无需用神话来使他发达。神话教材对于一二脑筋沉闷思想闭塞的变态儿童，或者有发达想像的功用，但何能把想像力健全的儿童同变态的儿童一例看待呢？我说到这儿，有个朋友引劳特瓦治同惠特来的话驳我道："创造的想像，能使人发明机器飞艇，他的用处非常之大，办教育的，应当在四岁到八岁儿童的想像力最发达的时候，拿故事、仙人的话、神话等来教儿童，使他的创造想像，能够活动发展。八岁以后，到了儿童重行适应的时代，记忆力最发达，受暗示的可能性减少，就应该拿实物来代神话，用手工设计法、地理等等的科目来鼓励儿童创造的想像，至于教授虚幻的危险，都可因观察同官觉的训练而铲除。"我答他道："儿童普通的想像无需神话，自会发生。至于发明机器的那种想像力，是关于儿童幼年所受的教育（就中以锻炼思想为最大的要素）和日后的造就，绝非神话所能为力。劳惠二氏说发达儿童创造的想像，八岁前应该用神话，八岁后应该用手工设计法、地理等科。我以为要发达儿童创造的想像力，就应该在幼时注意思想的锻炼，多供给他作事的机会，使他们多与事物接触，明了事物的意义，得正确的观念，不应用神话来淆乱真伪，以致影响于日后的生活。至于二氏说虚幻的危险可以用观察同官觉的训练除去，唉！谈何容易！关于此点，我也不必在此发挥，请观下节。"

（3）儿童不能辨别真伪。虚伪的观念不难排除，所以不妨用神话。这一派的人，大概以为事物没有一定的真伪，只要合着人的经验就是真的。主张这种说法的人很多，我可拿高尔文来做代表。高尔文论真理的性质（Nature of Truth），他有几句话说道："真实与真理，全靠着我们现在的经验，能同我们全体的经验及别人的经验一致。不问什么东西，只要是最与经验吻合最能满足智慧的，都是真理。并且经验这样东西，是时时变更的，所以世上绝没有绝对的真理能亘千古而不变的。”高氏又举了一个例，他说：“在近古及中世纪的时候，人都相信秃里美（Ptolemy）的宇宙系统学说是真的，因为那个学说与当时别的已知的事实吻合。但是后来人的经验加广，又不满意于秃氏的学说而相信哥白尼的系统（Copernican System）了。但是我们能承认哥氏的学说是最后的真理吗？又如十八世纪的个人主义，在当时最适合卢梭及一般鼓吹法国革命家的心理，在美国宣布独立的时候，最能使那一般奔走的人满意，但是现在所风行的，乃是社会互助主义。这种主义在那时候，人就不把他当真理了。再如昔日科学上的机械原子论，绝不能在今日物理学的新见解中占位置了。诸如此类的例子很多，我们无须列举。总之，东西之真假，全看他能否令人满意，至于问最后的真理是什么，那是永远不会有结果的，神话这样东西，所以能满足野蛮人底知识的道德的需要，就是因为对于他们是真的，不过我们以他为假罢了。仙人的故事之于儿童也是这样，他们替儿童解释的世界，在儿童看来，非常之真，那迥非成人的观念，所能领受的。儿童有一天长大变为成人之后，这些稚气的东西，他就会丢开，但是他在儿童时代，还是作儿童之想，日后经验扩充，他就渐渐的将幼时的幻想，现在变成不适当的抛去，不过从中经过的手续很慢，不至于使他底‘真实’的一条联贯线上发生出破绽来罢了。”（下略）

我对于这一段话，有三种意见。（1）真理无一定之标准是不错的，不过在没有新发明打消现在的真理之前，我们总归要承认他是真理，不可根据“真理无定”的一句话为不妨教授儿童虚幻及种种误谬观念的理由。（2）儿童不能分别真伪，我也承认，不过教者应当明白儿童所以不辨真伪，是因为他的经验不广，无真伪的标准。教者应当多给儿童与实物接触的机会，如蒙铁梭利用种种东西来训练儿童的感官，那才是正当的办法。若说到因为他不能辨别真伪就拿伪的东西去教他，不是欺他吗？（3）伪的东西如妖魔鬼怪之类，最易动听，误谬的观念，深印脑中，历久不忘。我们受过教育的人，同十岁以外的小学生，所以不相信这些东西，实在是后来的教育矫正所致，教育上实在受了很大的无形损失，断无年纪渐大即自行抛去之理。因为学习一样东西，就是把他神经里开了一条路，打了一个感应结。根据桑戴克养成习惯的原理，快乐的结果，常使感应结加强，说神怪的故事给儿童听，儿童未有不快乐的。既快乐了，误谬观念的感应结，也就随之加强。后来又用种种方法矫正，自埋自掘，岂非教育上的损失呢？（劳惠二氏说虚幻的危险可以用观察同官觉的训练除去，亦同此弊。）况乎我国的教育，很不普及，实际上有百分之五六十的人受不到教育。这些不受教育的人在幼时受了家庭社会里的种种神话的知识，后来又没有矫正的机会，误谬的观念，根深蒂固于脑中，至老死不改，迷信鬼神，因以成为社会的风气。办教育的目的，原在改良社会，又那能在无形中又播下许多迷信鬼神的种子呢？（有一个小学教师告诉我，说他讲神话的时候，有个学生问他“先生你平时叫我不要迷信鬼神，你现在不是讲的鬼神吗？”这个教师，简直无话可答。）诸君如仍以为神话的观念，长大了自会抛除，而非教育矫正的功效，请举一例，重行申辩一下。就如地震的现象，我们在幼时就听说是鳌鱼翻身，当时很相信，现在却不信了。（我们现在不信，是因为受过教育的矫正。）但是那些乡下未受教育的老农，却深信不疑，倘如长大了会抛除神话的观念，那么未受教育的老农也就应不相信这句话，那才合理。总之，说神话的故事给儿童听（家庭教育在内），倘使他后来有受教育矫正的机会，必定是教育上的损失，倘使没有矫正之机会，误谬的观念，可保终身不能排除。（真实讲来，鬼神的观念，无论如何矫正，他的势力总不能完全排除，就如我们受教育的人，都说是不信鬼了，但是叫你一个人深夜独行，你心中总觉得惴惴不安。倘使忽然有一样东西突如其来的碰着你，你的潜伏在意识下鬼的观念，即突然出现，所以我们常常听得人说：“我从来不信鬼，从这次以后，却相信有鬼了。”这就是幼时受的鬼话长大时受的效果，我们办教育的人，我们做父母的人，又何必说鬼怪神奇的故事给儿童听，种这种恶因呢？）

（4）神话可以引起儿童的兴味。又有人说神话可以引起儿童的兴味。这又可分两层说，（1）为兴味而引起兴味，其目的不过使儿童娱乐，如乳媪之娱悦儿童，是以兴味为目的的。（2）儿童对于功课常觉得干燥无味，所以拿神话来做媒子，是以兴味为方法的。我对于第一点要问：用故事愉悦儿童，是不是一定要用神话？假使有一样代替神话的东西，既可同样的引起兴味，同时又可免去神话的弊病，是不是应当首先采用？譬如《帮助人的矮人》的故事里，叙述一个老太太穷苦的了不得，有一个矮人夜里来帮他的忙，替他做了许多事，后来这位太太晓得了，很感谢这位矮人。于是乎矮人说他自己是位仙人——是帮助人的仙人。说后就跳去不见了。这段故事很有趣味，但是把从中仙人这一句话删去却是一样的有趣，又何必一定加上这一点神话的色彩呢？又关于矮人的话，如《非洲矮人的生活》，描写他们居住的状况，曲尽其妙，仿佛到了"山阴道上，令人应接不暇"。一样的矮人的话，一样的有兴味，又何必添上神话的意味舍真而就假呢？张士一先生对于神话问题，曾经告诉我一段经验，很觉有趣，他说："我有两个小孩子，常时要我说故事，我每每穷于应付。有一天，正是吃冰忌淋，小孩子又叫我说故事，我就即景生情，造一个冰忌淋的故事，一壁想，一壁说。有一个人好吃冰忌淋，一杯不够，两杯不够，三杯不够，四杯还不够。说到这儿我心里就想说：'后来有个仙人，给他一个神杯，冰忌淋吃完，却又满起来了。'转一想，不如改个说法，'他就取了很大的个碗放了许多冰忌淋，但是还不够'。这时候我又想说：'叫这个碗大，他就自然大起来了。'一想又不对，最后换了一个说法'他就买了一个橡皮碗，要他大，用手去一拉，他就大了，他要吃多少，就可随意放进去了'。这个故事说完之后，小孩子非常满意，听的时候，也很有兴味。倘使我用神话来圆满这个故事，所收的效果，也不过这样，既有同样的效果，又何必舍真而趋假呢？大概有兴味的故事，不外三种要素：（1）用已知的原子作未知的组合（Unfamiliar combinations of familiar elements），如橡皮同碗，都是已知的观念，橡皮的碗，则是新的组合。（2）变换的快（Rapid movement），不滞泥在一样东西上，说到这样，随即换到那样。（3）重复（repetition），如三个熊的故事，中间有三个床、三个碗、三个枕头，大熊、中熊、小熊，大床、中床、小床，种种重复比称的话。故事之所以好听，大概靠着这三种要素。神话之所以动人，也不外这个原理。我们既得了这造好听的故事的要素，即景生情，处处都可以造出有趣味的故事来，又何必拘拘用神话才能引起儿童兴味呢?”我觉得他这番话，真有道理。虽则他所引的故事里说一个人吃冰忌淋终久吃不够，有些不合事实，但是他想法子代替神话，既免神话虚伪之弊，又收神话兴趣的功用，实系两全之计。极力主张用神话的人，听了这番话也可以觉悟了。

我对于第二点拿神话来做方法，引起儿童对于功课的兴味，却也有点意见。我要问究竟儿童为什么对于功课无兴味?儿童对于功课无兴味，不求根本的解决，而用外部刺激（External stimulation）的方法是否能够收效?我常细考儿童对于功课无兴味的最大原因，就是学校里的功课多偏于注入静止的死板的方面，与实际情形、真实生活脱离，致儿童无活动创作的余地，仅仅做一副照相器、留声机，他所要知道的，学校里不能供给，他所不愿意做的，学校里偏偏逼住他去干，试问他对于功课怎得有兴味呢?我不妨举个简单的例，现在小学校里有一个通病就是叫小学生记笔记。教者搜集许多材料写在黑板上，叫学生抄写（如地理历史科之类尤甚），到了考试的时候，还要出几个题目试试他们究竟记得记不得。儿童在学校里，除去功课之外，又要干许多事，已经很忙，又那里有工夫来抄这枯燥无味的笔记?所以除去少数想多得些分数安心的去抄录的以外，差不多个个都怕了笔记，弄到末了连课都怕上了。这种情形我就曾经亲见过的。唉!这种片段零碎的知识，小学生虽抄了数十本，究竟有什么用?与其叫学生死抄地理的笔记，何如领学生到野外去看看地形说明河道的原委呢?与其叫学生死抄历史的笔记，何如在讲过历史之后，抽出几十分钟的工夫来叫儿童表演呢?与其叫儿童死抄理科的笔记，何如叫儿童课后实验或是到野外去采集标本呢?果能如是办，学生又安得无兴味呢?既有了兴味，又何必要外界的刺激呢?杜威论兴味与训练，讨论兴味的意义，他有几段大概的意思说道：“兴味的意思就是‘己’（Self）与‘物’（World）从事于一种发展的境遇。照这字的普通的意义讲来，可分为三种：（1）主动的发展之完全状态，如某人的兴味在政治学，或新闻事业是；（2）事前预期需要的客观的结果，即是一样东西，影响于人，譬如一个人想在法庭上占个位置，则不得不提起兴味来研究研究法律的案子；（3）个人感情的倾向，此根据于个人的态度，使精神集中于某事，这三层皆系‘人’与‘物’发生关系，而生兴味。若不在这上着想，而要想从外面附加兴味，是犹药上加糖，不过是一种贿赂罢了。考兴味二字，从语源学上讲来就是‘居间’（Between）的意思，把两样分离的东西连成一气。在学习上看来教者的目的同学者的现有能力，不能连贯，在这二者之间的，就是工具，——就是去做事，去克制困难，去利用方法。这种居间的东西，所以能有兴味，乃是因为他们能使学者现有的动作（即现有的能力），发达到所期的目的；教材之所以干燥无味并不是教材不好，乃是教者的目的同学者的能力之间缺少联络，要使他们联络，最好使学者从事于动作，使教材的本身发生兴味，并用不着人为的方法从外附加。”又杜氏论地理历史的意义时，有一段我觉得最说得痛快。他说：“地理与自然研究（Nature study）是二而一、一而二的东西，应当把自然研究包于地理之中。乃今之学校，把自然研究另立一科，教些零星琐碎四无依傍的东西，就如研究花的各部分同花的全体关系分离；教花的全部分，同这株植物分离；教这株植物，同土壤、空气、光线分离。弄到末了，这些讨论的题目，死气沉沉，彼此分立，毫无补于想像。因此缺乏兴味就不得不唤起万有神的观念，把这自然的事实加上一层神话，以期引起学者的注意而固定其心神……”你看杜威反对神话的一番理由，何等充足！我因论教育上兴味的作用，又联想到桑戴克同卢笛鸠论兴味的原理，觉得与杜氏的话，有许多地方，可以互相证印，所以一起写出来。桑氏说：“随便何种天然倾向，有练习，便是适意的，不但如此，若是一种天然倾向发表的结果能叫天然反应自然的练习下去也是适意的。”卢氏说：“……儿童的天性，对于交朋友，帮人的忙，看，听，研究人物的关系同现象等等，是很有兴味的，并且这些兴味是动的，不是静的。他们无时无刻不鼓励儿童同环境里的事物，发生关系。所以教授问题，并不要去引起儿童的兴味，只要把儿童的天然兴味，引导出来那就够了。”总上看来，可知儿童所以觉得功课干燥无味，实在由于教者的方法不好，没有利用教材及儿童本身的天然兴味，因而想到外部的刺激，要找神话一类的东西来帮忙，果能彻底清查作根本的解决，又何取乎外援？又何贵乎神话？

（5）儿童的经验窄狭，故必拿神话来扩充。这句话也有多人主张。不过我以为扩充儿童的经验，当设法使他的知识界扩充，不应用神话来扩张他的虚幻。扩充知识界的方法，依心理发达的程序，第一步当用游戏与工作，使他明白事物间的关系。第二步当用历史地理的教材，使他对于空时的观念扩大。第三步教授科学的知识。这三步当中以第一步的游戏工作对于幼稚园同国民一二年的儿童最为重要，因为经验的性质含有主动被动二方面，一施一受，全在明白彼此的关系，实带有试验的性质，教儿童的人，就应该叫儿童自己同实物去接触，使他们发现关系。等到儿童渐渐长大之后，他对于直接得来的经验，不能满足，教者就应该根据第一步教授史地，以扩充他的间接经验，更进一步再教科学的经验。这三种步骤，乃是扩充儿童经验的正当办法，若不在这上着想，而要想法扩张虚无飘渺不合事理的那一种幻想的经验，试问有何用处？人生在世所以能高于别的动物，控制物质界，就是因为他能利用已往的经验规定后来的进步，所以经验这样东西，实在是一种规划文明的“利器”，试问虚幻误谬的经验，能不能算得一种利器？能不能帮助我们控制环境使世界进化？这是可以不言而喻的了。总之，儿童的世界，有“虚幻”同“实物”两种，虚幻的世界之发生，由于他缺少同实物接触的机会，对于实物不能明了，所以教者应当多供给儿童实地经验的机会，使实物的世界扩大，虚幻的世界缩小，万不能再用什么神话去淆乱真伪。桑戴克说得好：“真的知识比之不实的知识，要好的多。这个理是无需证明的。不过现在的人，还拿无意识的东西来教儿童。幼稚园里，还离不了说谎。小学校的读法教材有四分之一，是荒诞的故事。他们选假的，不用真的，并没有证明虚幻的东西有利无害……”中国的情形，虽略与桑氏所说的不同，但如父母同儿童讲的故事，书坊里出的童话，差不多有一大半是犯这种弊病，我希望他们对于这一点，大大的改正才好。

（6）神话最合儿童的心理。主张用神话的人有一个大根据，说神话最合儿童的心理。现在讲教育的人，不是说教育应当顾及儿童的能力和兴趣吗？那么神话是最好的资料。我对于教育应当根据儿童心理一层，却很主张，不过我所要问的是：现在你们所说的根据儿童的心理，是不是儿童的真正心理？儿童心理的标准是怎样定的，能不能根据于儿童的好恶？幻想是儿童心理中自然发生的现象，鬼神妖魔的观念，是不是同幻想一样，由儿童心理中自然发生？依我的意见看来，鬼神妖魔的观念，全是外面加进去的，不是儿童的真正心理现象。以儿童喜欢听鬼神妖魔的故事为儿童的心理的，我敢说是根据于儿童的好恶，是“适合儿童心理”说素的罪人。我尝考观念的发生，不出乎经验。因为观念这样东西，就是意义。有一样东西，远远的摇荡，你不知是一人摇臂或是朋友向你招手，你必细细的推勘，然后你对于这样的东西的观念才能明白。倘使没有实物在那儿给我们经验，必不能有观念发生。鬼神这样东西，无形迹可寻，又那里可以经验？既不能经验，又从何有这种观念？我常想儿童所以有鬼神的观念，所以要听鬼神的故事，全是因为他常时听见人讲这一类的故事，愈听愈喜欢听，好像是他们心理的表现，不明白的人往往误为儿童的真正心理，要用神话去适应他们的需要，岂非太谬？我试问倘使有儿童从来就没有听过鬼神过，他还有这种要听神话的心理表现吗？中国内地的儿童，从来没有吃过香蕉，教者给一枚他吃过之后，儿童觉得好吃，又问教者索，教者就给了他许许多多，说是满足他要吃香蕉的生理需要。拿神话来适应儿童心理需要的人，岂非同这一样？有人说，所谓适应儿童的心理，乃因为他在这个时期之内，同原人一样，喜欢神话仿佛就是适应他心理发育中的神话时期。这句话是根据于“复演的说素”（Recapitulation theory），关于此点，杜威曾有几段的大意说道：“主张复演说的人，以为教材应当用古文学的神话，歌谣等等，以符合历史上的那个阶级，不知这种见解，全是回顾的（Retrospective），是保守陈死的。在教育上看来，幼稚期（Immaturity）的大利益，就在超脱年幼的人出乎‘过去’，教育的目的就在使生长的过程走捷径，断无使儿童复演过去之理。”杜威的意思，是主张进化的教育。进化的教育，施之于保守的教育之中国，最为重要。我希望办教育的，不要再主张复演说什么用神话来适应儿童的心理需要。

此外又有人主张神话的功用，有宗教的价值，宗教是人生必有的要求，所以要用神话。但是宗教的发生，是由于人生理想同现实发生冲突。人到了有困难的时候，就不得不诉诸宗教，这是自然的结果，不然，宗教将毫无意义。幼稚的儿童毫无宗教的要求，所以神话对乎他也就没有宗教的价值。又有人以为神话有美术文学的价值，幼时读了神话，可以补助人长大之后欣赏美的能力。要知补助欣赏美的能力可不必借助于神话，学校中如音乐、图画以及富有文学价值的读法教材都可于儿童审美的情操上有所供献。又有人以为神话大概都寓有道德的意味。但是据我看来，有些神话如“吃炭男”、“审狐狸”等等，不但没有道德的价值，并且要发生很大的恶影响。进一步说，即使有些神话有道德的意味，同时又发生恶影响的，总应该避去才好。又有人说现在欧西各国的教育总比中国高妙的多，科学总比中国昌明的多。然如美国威西康新小学课程里，则很赞成用仙人的故事，如《美人与猛兽》一篇，就是他们采用的。又如万国幼稚园所出版的《幼稚园的课程》里，也主张用神话同仙人故事，且主张多用仙人的故事，难道他们先进的国家，倒反不如你想得透彻吗？不知中外的情形，各有不同。我们采取人家的法子，第一不要学人家的短处，第二要切合国情，外国的事情未见得件件都好，即是一个人的学说，也未见得处处都对，总在采取的人有选择的眼光，若是一味盲从，那么外国小学课程的故事里，有什么感恩节的故事，耶稣圣诞节的故事，我们一一都采进来怎样呢？我想诸君一定是不赞成的了。我所以不赞成乱引人家的课程滥用神话，即是这个原故。

我驳用神话教材的理由，已经好长了，读者诸君，恐怕也要生厌了。我现在用前面所说过的意思，把不当用神话教材的理由，总起来说一下。用神话教材的最大危险就是使日后的知识上发生恶影响；使教育上受无形的损失；使儿童的想像，流于空幻，妨害正当的思想锻炼；灌输许多恶观念，妨害日后的生活，此外还有一层，是影响于儿童的道德。（亚当氏说“儿童喜欢听仙人的故事同时又希望他是真的”。所以他时常问大人，这是真的吗？大人很难回答。说他是真的吧，明明是欺儿童；说他是假的吧，又犯了教儿童假话的弊病。亚氏想了一法，主张教者不要十分对于所说的故事加重说他是真的，因为这样加重的结果，徒然使得儿童相信别的故事都是假的。我说与其这样作难，不如不说这一类的故事为妙。）我希望教育界里诸君，不要忘记儿童的虚幻是由于缺少经验。当设法使他的实际经验扩大，不要再用神话来扩充他的幻想世界；不要误会想像的意义，以为要用神话来弥补缺陷，或是使他发达；不要迷信幻想因年龄长大而减少的说素，以为不妨教授多量的虚伪观念；不要迷信神话的功用，以为非此即不足以发生儿童的兴味，不要因儿童喜听神话，即以为是儿童的真正心理；最后还有一句，就是不要盲抄人家的课程，以为外国人说的话都是不错，所以我主张神话的教材，在七八岁以下儿童想像发旺的时候都不应用。（能够有东西代替最好。）即有时因不得已的关系，要用仙人故事也必须详加审慎，确有有益无害的证明，才能采用。至于普通人的观念，以为儿童年龄愈小，即应当愈用神话的那种说法，我是完全反对的。

我作这篇文章，至此已完，我希望教育界里的人，看过这篇东西之后，加以详细的批评和指教，不胜荣幸之至。

（载《中华教育界》1921 年第 10 卷第 7 期）

对于乡土教科书之我见

风 凉

海虞市教育会会员程达、徐钟仁合编之乡土教科书，费时半年，易稿三次。又经丁芝孙、钱南山、邵次铭、殷耕石之校阅，宜其内容之完美矣。然而新《刍言报》记者曹师柳，乃作极不满意之批评。吾初以为师柳君之吹毛求疵耳。适该会以是书相赠，嘱为竭力鼓吹，登报介绍，因得展而阅之。爽然曰：嘻，师柳君之批评，乃公言而非私言也，乃对于编纂者而予以切实的教训也。然记者以为编纂是书者无足怪，校阅是书者亦无足怪，独怪海虞市教育会之措置乖方耳。编纂者程若徐，本无著作教本之才，又况旧文学虽似通顺，新体文未尝熟习。该会忽焉不察，使之贸然承乏，率尔操觚，则其著作品之格格不妥，亦意中事耳。书既成，其所就正者，又非其人，须知丁、钱、殷、邵，举为旧文学派，白话均不擅长。又况此也，碍于面子，未便为之多所修改。彼也挂个头衔，初未为之实行校阅，则一部乡土教科书之将错就错，似是而非，不亦宜乎！盲的市教育会会长，置言论界之批评于不顾，指摘由人，推销自我，此种不合现时代小学教育之课本，有如丑媳，如何见得翁姑？该会而为小学教育前途计者，则当舍人的问题，而论书的问题，亟加修正，暂缓发行，废初版而重行出版也。

曹师柳君之一篇批评，惬心贵当，见解既极明了，白话亦极纯熟。吾以为海虞市教育会不妨即以此书委托师柳君痛加修改，然后更请熟习新体文者一二人悉心校阅，再由丁芝孙、钱南山辈负担一个审定之责，而后印行，未为晚也。

（载《饭后钟》1921 年第 13 期）

1922 年

最近出版界的观察

槑 三

出版界的趋势，由横说，甲国和乙国各不能相同，由竖说，甲时代和乙时代也当然有别。甲国和乙国出版物的不同，乃是各国国民性的表现。诸君不信，试翻阅欧美各国出版物的统计：大抵德国出版物，以科学为最多；英国出版物，以宗教及文学为最多，这乃是显而易见，不可捏造的。至于甲时代和乙时代出版物的各别，原来是文化进程上的关系。譬如十八十九世纪为文艺兴盛时代，十九世纪后半叶直到最近，已变为科学万能时代。总之：出版界的趋势，是直进的，决不是圆周的。

现在讲我国出版界的现象：科学幼稚，不必讳言；因此，关于科学的出版物，当然不能和欧美各国齐驱并驾。至于文学，我国本经过极长的历史，具有独立的能力，与欧美文学比较，虽缺点甚多，但其间也有特异的长处。这个责任，全在出版界整理调和，使中西沟通，自然可以发生一种新文学。那知最近出版界的趋势，新进之士，鄙弃中国固有的文学，很想将他根本推翻。而他们提倡的新文学，有些人却笑他是欧美式中国文。两方立于反背的地位：你有月刊出版，我也有周刊，半月刊或季刊出版。唉！出版界混乱到这个地步，究竟是谁的不是呢？

还有一层：关于科学的出版物，我国向来绝无仅有，所以最初的一步，不得不经过翻译时代。可是真奇怪，如有人试造中国出版物统计表，关于科学的一类出版物，恐翻译的也找不出几种。要什么创作，发明，当然不必提起。讲到文学，我国古人的著作品，本已汗牛充栋，只因今昔时势不同，须具世界眼光，不可局于一隅，坐井观天。所以今人讲文学，也从第一步翻译时代做起。于是大家兴高采烈，竭力介绍外国文学给我们读。几年以来，关于文学的出版物，满目皆是，可是依然在翻译时代，却没有走到第二步著作时代。读书的人，大家已厌了，出版界还在那里兴致很浓，介绍翻译作品。出版界的趋势如是，不是很羞耻的事吗？

依记者个人平心而论，今日出版界所最宜注重的：须多多翻译科学出版物，以应时势的需要。文学的出版物，虽不可偏废，但须努力上进，整理我国本有的旧作品，急离翻译时代，而入创作时代，这多是记者所很希望的。

（载《出版界（上海）》1922 年第 62 期）

从出版界窥见的智识界

济 澂

二十年前，早就有人（如梁任公一流）说过这二十世纪的开头二十年，是中国输入西洋新智识的时代。到了今日，这预言大可证实了。改革前十年八年间，虽也不少许多自命维新派的学者，努力做输入智识的事业，然而他们所输入的智识，西洋是西洋了，新却殊未是新。真的输入西洋的新智识，算是最近几年间的事情。这或者是可以叫人鼓舞欢忭的；然而就说中国的学术界便算是勃然中兴，思想界便算是豁然开朗，那就是早的很了。

我们要知道二千年来，中国学术之所以日趋沉闷，中国思想界之所以徒遵故辙，极尠标新创造之风者，其最大原因，就是中国人的妥协、笼统的劣根性。这个劣根性不根本铲除，中国甚么事都没有大希望，不止思想界而已。人家建设文学，先细细的确定了文法，以为行文的依据，研究的梯阶，中国是不管的，文章之好，就好在飘忽游移，可解不可解之间。人家的一切学术，都有论理学和数学做根据，以期细致谨严，中国也是不管的，只凭着思力之所至，放言高论，犹河汉而无极。“洒脱不羁”，是我们泱泱大国之风，谁耐烦去研究些分析组织的事情，耗其思致于区区琐屑的形式上？有了古人的笼统概括的遗规，俾大家有所依傍，也就够了，何必更费许多气力去研究新的方法和规范？只这一点劣根性，就造成中国思想界二千年的黑暗时代，养成历代文人学士的寄生虫般的习惯，只知道向故纸堆中讨生活，而又很少整理古书的能力——在这一方面，只有清代的几位汉学家算是小有成就。因此中国的学术，除了感情方面的出品，还有些可数外，其余如纪事的文章，已无甚可观，说理的更等诸郐下了。这是已往的中国学术界的情形。到今日思想界号称觉悟了以后，情形又有了甚么大变迁呢？我们且把现时出版界的情形观察一下再说。

中国两三年来出版的东西，十之九是翻译的文学哲学书，科学一类，殊不多见，自己创造的作品，也是很少。那些挂上新字招牌的报纸和杂志，则只载些笼统概括的介绍文章，要找一篇切切实实地研究或讨论那一种学业的，更为罕见。新诗之作者，一日多似一日，小说出产的量，也比从前多得多。我们据这种情形，将思想界估量一下，便知道这新文化运动，并未曾令思想界得到根本的变迁，只不过改了头面而已。中国向来是科学极不发达的国，而思想界直到如今仍然是怕谈科学。哲学是很合放言高论的胃口的，大家便兴高采烈地谈起来了。至于新诗之增多，正是代表思想界舞文弄墨，不落实际的态度，虽然作新诗的人自命他的诗为有生命的文学，和旧时大不相同，然而老实说来，他们和旧时吟风弄月的酸秀才也就差不了许多。几年来的出版界上，为甚么不见几部创作的或以新方法整理旧学问的大著作呢？所借以点缀新文化的门面者，只有《中国哲学史大纲》、《东西文化及其哲学》、《中国历史研究法》等几部规模较大的系统的著作。这就可见思想界的情形，实在未曾有甚么彻底的改革了。大家对于专门学业，仍是怕费功夫，只努力去做些卖弄小聪明的东西。思想界之不能独立，依然和旧的一样，只不过略略改变了依傍的方向而已。须知以新态度，新方法去治旧学，是一番改革的事业。若果以旧态度，旧方法去治新学，则新的亦化为旧，于中国学术界，毫无贡献之可言。笼统概括的研究，是历来中国学术界的惯技。而往日拿来对付古学的，今日又拿来对付新学，还会有甚么成就？难道新文化运动的成绩，就只在造成遍地诗人便了么？今日出版界的表面，虽然是轰轰烈烈，很足以壮观瞻，然而一察其内容，殆无处不表示学术界之荒芜零落。已经沉寂的新旧之争，忽然又发作起来，而枯乏无聊之周刊杂志，又有风靡一时的气派，于此可见新的思想界几年来所费的气力，连破坏都没有破坏了甚么，更莫谈建设了。本来思想界的自身，就未曾经过彻底的改革，虽然拼命的输入新学，而总不免把他的精神丧失了，使他变做非驴非马的东西。中国人的同化力真大啊！思想界自己尚是如此，还能怪惰性最大的民众么？

思想界不是号称觉悟了么？赶紧摆脱根本的劣根性罢，这是我们同化于别人的时候了。

（载《东方杂志》1922年第19卷第9期）

资本主义与出版界

林有壬

自有货币以还，金钱魔力，久已统一世界。被统治之人类，心悦诚服，至上以“万能”之尊号。虽其间有绝口不谈，如王衍一流人者，于金钱史上不免略有减色，然蚍蜉撼树，不自量力，圆颅方趾之伦，望金钱而罗拜者，实占百分之九十九。古今来胁肩谄笑卖国卖友诸脚色，大多数为灿烂黄白物所迷醉，是曰：“拜金主义时代。”及社会主义生，劳动界异军特起，旗帜虽不一，大概皆承认货币之存在，仍以金为目的物。不过其所取之手段，不用奴颜婢膝“拜祷的”主义，而用大声疾呼“分配的”主义。换言之，则向之视金为上帝所赐与富贵家，得之，辄颂为“皇恩雨露深”者。近则视金为下土所畀与一般人，得之，可说是“生财有大道”。是曰：“分金主义时代。”共产党兴，劳农国俄罗斯实行废止货币，藏镪者饥不得以为食，寒不得以为衣，过事温存，或且贾祸，是曰：“仇金主义时代。”此三时代因国不同，因人不同。俄国已趋于“仇金主义”之彼一极端，吾国尚滞于“拜金主义”之此一极端，英法美意等国正活跃于“分金主义”之中心点。其于人也，则依其所处地位为资本的或劳动的而异其趋向。

拜金主义为币制所产之孽子。资本家之猖狂，其立脚点即在于拜金主义之普及。吾国产业尚未大革命，所谓资本家者，较诸外国，信如小巫之见大巫。然谓吾国资本家不多则可，谓吾国人未受资本主义之毒则不可。晚近财阀，利用行政上之权势，及其银业地盘，操纵金融，紊乱经济：时而停止兑现，使票价锐跌，潜收而密积之；时而恢复兑现，使票价暴升，即散出其向所积者。一举手间，动获巨万。此种罔民伎俩，比较外国资本家运用大企业掠夺劳动者剩余价值之罪恶，酷毒何止千倍。以其行为鬼祟，可名曰："资本主义之魔。"外如田主之压佃户，店东之虐伙伴，放重租者，登垄断者，种种不劳而获之寄生虫，可名曰："资本主义之疫。"

若江浙间新式企业，则为资本主义真正代表，张鲜明旗帜，为吾国劳动界之制造者，亦即为吾国社会主义者之劲敌了。

吾国社会主义运动，随共和而诞生，当时锢蔽尚深，闻社会党之主张而却走者，几于尽人皆是。寡不敌众，社会党仅如一现昙花。欧战以后，人类思想剧变，社会主义到处繁殖。蹈常习故之国人，得新文化运动者之棒喝，学生界之景从，春草怒生。诸新杂志之鼓励，神州重浊空气，确曾部分的澄清，觇国者至有"中华将为赤色化"之拟议，青年中自命为李宁（Lenine）大弟子者，亦不乏人。于是资本主义者悚然畏惧，而资本主义与出版界之关系由是而生。

环顾国中，新出版物有如前之盛吗？"社会革命"，"社会革命"之声有如前之充满吗？昔日凌厉无前之马克思（Marx）学说，举国中几莫有非难之者，今又怎样呢？最近出世之杂志，其持论及记载不渐倾向于反社会主义吗？富于被动性之学子，前之非《新青年》不读者，今不反而顶礼于绝相反之某某等杂志吗？是即资本主义侵入出版界之见征，是即资本家利用出版界之效果，资本主义正方兴未艾，社会主义将奈何！

新出版物之骤衰，虽由国人持续性之薄弱，要以印刷不能独立为其致命之第一因。印刷不能独立，即以无自有印刷机关故；无自有印刷机关，即以贫不能置备，不能维持供给。故贫为劳动者之本色，欧美社会党其贫也犹是，何以彼之出版物能转战不懈，且日事扩张无已？一则彼有盛大之联合，合则力强，故虽贫而不甚，自立印刷机关，绝非当中难处。二则欧美印刷所众多，报章包印，绝无所苦。三则党人信仰主义如宗教，宁阅较贵本党之报，不阅较廉异党之报，因是党中之出版物得以维持，或且有赢余以赠其他之未入党者，以传播其主义。反观吾国，印刷业尚极幼稚，印刷机关之名贵，几十倍于著作者，僻远郡邑无论矣，即在京沪之包印报章，亦无不困难万状。缺乳之婴，胡能以长！

社会主义以暂为缺乏养料，故不能庆有秋，然其种子早既播于中国了。现任资本家及候补资本家惧其终将虽己祸，以其来，由于出版物之传布；欲其去，亦惟出版物始克奏效。是即前段所云资本家利用出版界之主旨，其进行状况略如下：

一、廉价发售，战败同业：凡大企业对待小企业，其最初所取手段为“暂时牺牲主义”，即廉价售出其商品，使同业者无人过问，久而自闭，如同业者不自量力，降价与争，举鼎过重，势必绝膑。小企业者次第消歇，大企业者垄断独登，价格高抬，惟意所欲，前时损失，不难立偿。资本家治下之出版界正取此手段，穷措大社会主义者所主持之杂志安能比武！销数日减，停罢日多，即以此故。

二、利用重金，制造言论：金钱万能前既言之。有资本之股东，不患无奴性之编辑；有丰厚之报酬，不患无附和之言论于是论也，评也，记也，载也，国内外通信也，无在不颂扬资本主义，反对社会主义。

三、严定酬格，压抑异己：社会主义者与赞同社会主义者既无力办报以鼓吹其主张，不得不投稿以发表其意见。无如在资本主义下之新闻杂志所定投稿约章多有上谕式，“来稿登载与否，不能预覆，亦不检还”之律令。只此数字，不知压抑若于异己，亏负若干寒士，埋没若干舆论，冤枉若干佳著！曰：“登载与否，不能预覆。”则在一年半载留中未发之时期内，投稿者不能揣知上旨，即不便录稿别投，过此以后，纵或知之，而明日黄花，已减发表之价值。即有燥性者，见其稿一月两月未发，意欲别投，但学者时间，本非泥土，寄出之稿，未必均有录存，原稿既不得还，亦惟有奈何徒唤耳！或有施无实之惠者，曰：“凡长篇在几千字以上，如未登载，得预先声明，并附寄邮资，退回原稿。”曰：“几千字。”则少一字必投诸字簏矣。曰“如未登载”并不定一期限，于编辑者方面不太便宜！（共学社征稿条件第三项“来稿如不合，二星期内必寄还”，比较尚称公道。）“预先声明，附寄邮资。”求人之投稿者，敢不从命！但留学及旅居国外者，欲附邮花，则无处可买，欲汇邮费，则为数太微。锱铢必较，本为资本主义者之特色，然而投稿者太苦矣！谓为有意压抑，不是很确实的吗？

其中尤有黑幕：凡任编辑者，既无一定资格，未必俱有专长，以地位之衬托，涨声价于十倍，凡所亲著，皆为好词，弁诸卷端，排以大字。编辑者之亲朋戚友，则为情面计，无稿不登，无篇不报酬，其亲朋戚友之亲朋戚友及其他介绍自股东经理者亦复如是。试思一报一志有若干篇幅？除为近水楼台优先占有外，尚有余白可容我等不识攀援毫无情面之后进学生发言地吗？其间偶有登出者，或因编辑者酬酢倦余，自无大著。或因所预约之亲友投稿愆期，迫不及待。故纸追翻，聊拾一二，后生小子，一经品题，且作进士，纵不酬赠，嘉惠已多，掠夺他力，报谢股东，经理见之，宁不称善？而投稿约章中“登载与否，不能预覆，亦不检还”之规定，亦正以待不时之需耳！否则稿之合否？一阅立悉，何用留滞？即为珍惜分阴计，不妨责难投稿者附上信囊，粘备邮票（指国内）。编辑者止有封寄之劳，与投入字簏均仅一举手，而必留中不发胡乱驱入枉死城何耶？岂编辑者悉具如箕眼光，凡所摈弃，均为废物吗？我不知编辑部内亦有所谓“点头朱衣”否？

因有上述之秘幕，故每更迭一编辑者，则投稿者即随之而易，有如新部长省长上任则各司各课无一非新人物然者！虽个中情况未必合于凡任编辑者，但是否有一部分编辑者竟如上所指摘？请此一部分编辑者反问自己良心，并以质诸知编辑部内幕者。以其带有资本阶级色彩，故连类及之。（自巴黎寄）

（载《民国日报·觉悟》1922年第1卷第22期）

出版物道德

资　平

我乡下有一间中学，叫做省立梅州中学。这中学同窗会出一种刊行物，就叫做《省立梅州中学旬刊》。这旬刊的第四十五期（民国十年九月廿五日发行的）载有一段随感录，论出版物道德的，我深抱同感。我今把这段随感录抄出来给大家看看。

我看国内的报纸（姑不举名），甲报转载乙丙等报里论文、小说或记录等等，往往或全然不注明乙丙等报，及被转载的报纸名与时日和著作者的姓名（有时或只记入著作者的姓名）。转载定期出版物（周刊月刊等等）里的文稿，也是如此（定期出版物有时也有这等毛病）。仅看甲报的人，遂不明白此中的奥妙。月前在某居处，看见上海某印书馆出版的某杂志（月出两本，姑不举其名）。里头印入些诙谐画（Caricature）。某君说："这些画表示讽刺的意思，画得颇佳。中国人的诙谐画如此进步，算是一件可喜的事了。"我说："把那些话的结构和记入的字句细玩起来，不免可疑，恐怕那些画不全是中国人画的。但又并没有注明转印某报的字样……"昨日偶然在巴黎出版的La revue mondiale（《世界杂志》15，mars，1921）里头看见一诙谐画，这画的结构和记入的字句，都和上海某印书馆出版的某杂志某期内（忘记期数）所印的一诙谐画完全合拍（该画所记字句印在某杂志内，当然是转译为中文）。但是这画印在《世界杂志》里却注名是从某某报转写下来的。……照上面所说看来，我国的"出版物道德"也就可想像了。

这段随感录说得很不错。不情愿把被转载的报纸或杂志的名、发行时日及作者姓名登出，要算在出版界犯了一种消极的罪过。犯这种消极的罪过的动机（motive），不外是（一）无责任观念，（二）卑怯心，（三）欺秦无人。

翻译和转载的主旨是介绍学术和智识，要有公开的研究态度。没有这种态度，就失了翻译和转载的价值了。因为翻译和转载，不是单介绍给不懂原文的人，对于懂原文的人，也应当把被翻译或被转载的书籍或杂志的名称和出版时日告诉他，叫他能够领略原作的真价。

中国无出版物道德还可以说是贱丈夫干出来的。（定苛酷的规约，专拿学者和文士的心血去充自己私囊的贱丈夫。）可叹的就是一班卑怯的文士抄译了人家的原作，却不把原作出自何书及其出版时日告诉人。我只好拿“无文艺道德”五个字去批评他们。

重译作品决不算羞耻事。不懂原文，由他国的文字转译过来，何妨明明白白的告诉人。中国有几位博言博士的假翻译，谁不知道？何必假惺惺的写明“某某国某某人原著”接着即写“某某译”。这种“文艺的虚荣心”怕不幸的要产出“虚伪的国民性”。不是的，已经产出了。或者还是说“由虚伪的国民性产出来的文艺的虚荣心”妥当些。

我不懂俄文，我读 Dostojevskij 等的作品，都是用英译本或日译本。我读 Turgenjeff 的“Lukerja”，Leonidandrejew 的“Sehweigen”，Garschin 的“Uier Tage”和 Dostojewskij 的“Weibnaeht”都是用德译本，我如果想译这些作品，一定写明白是从英译德译或日译本。我写到这里，我很拜服屠孝实先生。他译 Kant 的“Grundlegung Zur metaphysik der Sitten”（见《学艺》杂志第一卷第三号第百五十五页），先写明是 Kant 的原著，次写明是 T. K. Abbat 英译，然后写明自己汉译。这才是学者的绅士态度，才是学者的责任！不能直接由德文原著翻译，也算是一种学问上的羞耻事么？

中国近来许多文士抄译日本新潮社出版的译本，说是介绍西洋文学，不免给木屐儿暗笑了。表明由日文重译，还可以自见其真。

《小说月报》第十二卷第八号里有《近代德国文学的主潮》（日本岸光宣著）及《大战与德国国民性及其文化文艺》（日本片山孤村著）

两篇是抄译本年（一九二一）三月号《中央文学独逸》文化号。这是只注明原作者姓名，不把被译的书名及出版期日告诉读者的好例。此外像这种例的很多，举不胜举。

你们看西洋和日本的学者文士，责任心何等之重，抄译了他人的作品，一定详详细细把原著者的名，是否重译，书籍或杂志的名，出版地及期日注明。我望中国的文士和学者赶紧向这一点注意注意。

《省立梅州中学旬刊》的编辑也是一架打字机。他一边把上面抄录的一段随感录编入，一边在“译述”里面把不注明著者姓名的《主要矿物简易识别法》编进去。如果原著者姓名或书籍出版期日在前期登载过了，故从省略。那么就应当注一个“续”字！我写到这里，我只好说“中国的出版物，才有这样随便”。

（载《创造季刊》1922 年第 1 卷第 1 期）

“不做市侩”的书局

伯 焜

书局原是传布文化底先锋，对于将来新中国的建设是负有无穷的责任。

可是现在的书局，都带着资本家底色彩，处处以营业为前提，遇着思想稍激进的书籍，都当洪水猛兽一样看待。遇着没有博士学士头衔的译著者，即使有顶好的材料也休想出版。最近新文化反有消沉的气象，一般书局不能鼓励青年著作家进取的雄心，实是很大的原因。今天民智书局开幕，其开幕辞中最使我感动的有几句话：“我们无论如何，总不做市侩。我们从有始到无终，愿尽出版和发行的力量来做个新文化、新思潮的宣传使者。尤其希望同志们用各种方法，做我们的宣传的指导者。”大哉这“总不做市侩”五字，我敢相信这个书局是很愿意和一般青年著作家携手前进，共谋社会底幸福了。愿为新文化旗下效力的也都抖擞精神，来做这个书局底后援罢！

记者按：民智书局开幕辞，确有特色，兹附录于后：

我们抱着传布新文化新思潮的决心，来创办这民智书局。我们也受了鼓吹新中国建设的使命，来创办这民智书局的。

民智书局的材料装刷虽在这里，民智书局的精神和势力，我们并不希望彼只在这里。要扩展传布到新国民所占有或所寄居的一切地方，要扩展传布到新思潮文化所浸润或干枯的一切地方。

但是现在，我们底能力还薄弱，有许多部分，还在筹备中。今天，我们不过先在进行的一步中，和诸君见面，先向对国家对社会的宣传事业上做些试验功夫罢了。

在这试验功夫中，我们愿推诚布公地说："我们无论如何，总不做市侩。我们从有始到无终，愿尽出版和发行的力量来做新文化思潮的宣传使者。尤其希望同志们用各种方法，做我们的宣传的指导者。"

（载《民国日报·觉悟》1922年第2卷第12期）

我国今日需要的出版物

志　坚

出版物与学校教育，有很密切的关系。学校教育发达，有了全国普及的景象，那末，出版物为供应国人的需要，当然也可以随之发达，有风起云涌的盛况了。假使学校教育衰替，那出版物也当然要少了。现今像我们中国的学校教育，政府对他，不但轻视，而且恨不得要铲除他，国人对他，大都空谈注重的多，实肯负责的少，所以弄得一无生机，势将破产。你看！照这样的学校教育，要出版物的增加，不是将成幻想吗？

不过在这时候，学校教育虽然衰败到这样，然而出版界仍旧要想法增多出版物。何以呢？因为出版物亦是广义的教育的一小部分。大部分的学校教育呈了衰象，那小部分的补助教育，再不去弥缝，这真要使国命断绝了！因此，我希望全国出版界对于出版物，须努力的求他有贡献于社会，补助学校教育的不及。这个不单是要顺世界的潮流，也是要尽自己的天职。

我们要尽我们的天职，我们用怎样方法，好将出版物真正算有贡献于社会的，有补助于学校教育不及的呢？我们为了热心所迫，略为想出些方法，不管他对不对，总要奋勉的做过去。我们以为我国学校教育，既然这样衰败不振，失学的人，不消说，是很多了。失学的人既然很多，那末，我们不得不多供给些"失学者的读物"，就是那种通俗的书报，杂志。同时，我们应当抱定宗旨，用语体文来做这种书，可以使他们失学的，略懂文字的，比较上容易领悟，从书上得些智识。再者，我们中国人最缺乏的，是科学上趣味的涵养，所以物质的文明，总觉进步滞迟。要知救我们中国，不单靠精神的哲学，还要靠物质的科学。为这一层，我们不得不多供给些"研究科学的出版物"。研究科学的书籍，也许用语体文来做，略为好些。

我们看俄国、德国，和战后新兴各国，他们现在虽然国家尚未安宁，他们对于新文化，却努力的求他发展，出版的新书怎样多呀！原来求新文化的发展，是一国国民最要的责任。国家的政象不好，还可缓缓的挽救，国家的文化前途，不可不急急的努力求他进步。我们的国家，今日虽然糟到这样，如果我们出版界和一般同胞，努力的求新文化的进步，幸而真正贡献于社会的很多，补助于学校教育不及的也很多，那时，新文化的根基极巩固，国家的政象，自会清明了，学校教育，也自会兴盛了，就是我们出版界，也可以得极好的结果。出版界同志，努力尽我们的任务呀！

（载《出版界（上海）》1922年第63期）

出版界注意

徐忍寒

（一）批评新书

（二）改良书目

（三）陈列书籍

（四）废除折扣

（五）联络办事

予性嗜读，支出半耗于书。顾平日购书，因种种障碍，殊感不便，辄兴购书难之叹。爰有上列五项之提议，希望出版界从速改进，借以便利嗜读者之采购。兹请详述其理由于左：

（一）批评新书。新书层出而不穷、汗牛充栋，购者何所适从，在东西各国，每有新著出版，必先送请报馆批评。报馆接到新书后，由专家一人或数人详阅一过，复几经研索讨论，然后著为批评，发表于书评"The Book's Review"一栏，以作购书者之南针，洵有裨于学术界也。我国报界记者则异是，诚实者仅志语"谢谢"，不置可否。稍漂亮者，则书未一见，即说内容新颖、材料丰富等笼统之好话，以敷衍送书者。此盖错认义务为权利所致，于是审慎者遂无可购之书。此我希望于出版界之改进者一也。

（二）改良书目。学术日新月异，书籍太旧，竟有完全不合实用，仅可供考古之需者。环顾沪上，中外书肆之著者以十数，而所编书目之有出版年份者，仅广学书局代理发行之牛津大学出版书目一种，然亦非初版，与最近再版年份并列，犹未尽善。至于印明书籍之尺寸（我称版式）及页数者，可谓绝无而仅有。故阅广告上之巨册而函购者，结果必相反，仅为版式狭小、寥寥数十百页之薄卷而已，鲜得巨著？此我希望于出版界之改进者二也。

（三）陈列书籍。沪上东西各书肆，均将所有图书，不论价值之若何昂贵，标明价格，尽数陈列，任人入览检阅内容，购者售者均感便利。返观我国书肆，窗橱架柜，严扃固闭，可望而不可即，购者无从检阅其内容，纵曰派有招待，顾以费时而多周折，咸不愿请求启阅。窃以为，亟宜仿照陈列，俾便登门之主顾，得购满意之图书。设虑国人人格道德不如外人，则如商务印书馆等本雇有“望清”，以监视形踪可疑之顾客，若陈列场所派员巡视，再设出入口以资稽察，何患有窃取毁损等事之发生哉？此我希望于出版界之改进者三也。

（四）废除折扣。原夫商品之有折价，本以优待老主顾与大主顾，以示特别克己。若普通之顾客，均得一律之折扣，已足引起老、大主顾之再求折减，殊属无谓。倘一肆或数肆有各种不同之折扣，如今日之书业然，则函购与托购者，不能预计实价，致多错误与周折，其弊一。现购者因折扣复杂，每多不信任而起争执，或不愿即购，其弊二。售货者不特因计算偶一疏误，而负赔偿，且有频频检查折扣符号之烦，其弊三。损于己而不便于人，折扣之废除，其可缓乎？此我希望于出版界之改进者四也。

（五）联络办事。两周前，阅《申》、《新》两报，招购战事地图之广告，适其时有张吴扰鲁之耗，因往某书肆，购青岛胶州湾地图一幅。肆友初答没有，继告以贵肆广告已登一周，乃谓图未送到，缓日再来，只得扫兴而返。越周再往，竟以此图出版未知时日为复，又遭一度之觖望。即此可知，该肆送登广告，事前并未令印刷部添印此图，亦未查询发行所有否此图，事后更未令存货科配送此图，而售货员不知注意本肆广告，又不知报告缺货，显然易见，无庸为讳。因此办事之欠联络，致使顾客频劳往返，结果仍失所望。顾客遭一次之扫兴，必减少后此之过问，致营业无形受损，联络办事，其可忽乎？此我希望于一般大公司，尤希望于出版界者五也。

上述五项，似属琐琐小事，苟能一一实行改进，则土壤细流，未始于普及教育、昌明学术无补。用是不揣谫陋，妄献刍荛，敷陈末议，业出版者倘不河汉斯言，加以采择，使拙稿不致徒占宝贵之篇幅，则公私幸甚矣！

（载《申报》1922年5月9日）

“出版物”与“批评”

剑 青

“出版物”是思想的代表，文化运动的出产品。在文学改革的时期，“出版物”要占极重要的地位。我们国家，现在是文学革命的过渡时代，所以各种“出版物”特别地多起来了！学校里有季刊、月刊、周刊、日刊等。书馆里有《学生》、《东方》、《妇女》、《新教育》等杂志，新闻纸上有《增刊》、《觉悟》、《平民》、《学灯》、《合作》等，我们对于这种“出版物”，若徒以冷静的头脑，和平的态度，随随便便糊里糊涂念过就算了事，却是一点没有好处的。

我们真要寻出好处来，一定要有正当、光明的理性“批评”。按“批评”二字，含有反对的意义，改正的暗示。世界上许多东西，都要经过“批评”的阶级，说到“出版物”，格外地有密切的关系。所以现在的“出版物”，我们若以严厉的眼光去批评它，我想必定有不少文字，要受淘汰。那受批评的，要有反省、觉悟的努力。被淘汰的，要有彻底的改革。

现在中国的学者，个个有“批评”“出版物”的责任。可是“批评”须要作有理性的“批评”。若是随便说话，反失去了批评的价值。我国近年来许多杂志上，新闻纸上，渐渐的有读者“批评”的专栏了。有时且把“批评”的结果，宣布出来，再求“批评”之“批评”，我想这是很好的现象，学者应有的态度，也可说文学改革中，最要紧的地方。例如胡适的《中国哲学史大纲》受着这次梁启超一番理性的批评，我相信这不是他的不幸，却是给他自省、改革的机会。

南开的《周刊》也是一种“出版物”。我们时常要接近的，内中的文学，很有可批评的地方。上期《周刊》内，我读张放《我理想中的南开周刊》已经有“批评”的地方，我盼望以后，大家起来“批评”，发表真正的新思想，这是作者的希望。至于社会上各种的“出版物”，我们应当先用拣选的识力，而后再下“批评”的文学，才能得着进益，我不知同志们以为何如？

一九二二，四，九。

（载《南开周刊》1922年第35期）

雨后春苗的华侨出版界

千汕（泗水千汕通信）

爪哇在民国以前，听说并无华侨出版界。民国成立后，巴城有一《华铎旬刊》，后来一纸风行，改为二四六出版。同时泗水有一《汉文新报》，与巴城《华铎》对峙，是时风气未开，订阅者不众，登广告者亦少，亏损殊甚。不久《汉文新报》亦宣告停办，《华铎报》亦因屡易主笔经理，营业日蹙，延至民国九年，亦终其寿命。前数年三宝垅开办之《真理报》，因受过激嫌疑被封，主笔白濒洲且受拘禁，而递解回国。泗水《工声旬报》，亦因经费支绌而停办。屹然特存者，惟泗水之《泗滨日报》而已。是时之出版界，可谓零落不堪矣。幸是时巴城之《天声》、《新报》、《工商》、《大中华周刊》、《巫文光报》（每星期六加刊一《儿童界》，有中文、荷文、巫文、英文），相继成立。华侨得多数之指导，程度日高，文明事业日益发达。近日泗水酝酿最久之《南洋日报》，亦经选定临时总理。《大公报》亦从觅定屋址。《爪哇汉报》亦出发收股，成立之期，大都不远。《三马泠日报》，亦经聘定总编辑。《巴达维亚日报》，亦股额将满。风传孟加杀之《海洋洲日报》，有拟移设泗水之议。《巴城新报》亦将在泗水分设支局云。果尔则泗水一埠，将成为文化之中心点矣，将来裨益于华侨者，非浅鲜也。

（载《侨务》1922年第48期）

关于取缔印刷品附律之评论

（一）《泰晤士报》

《泰晤士报》社论云：沪上纳税人皆知，公共租界工部局复欲于纳税人特别会议，提出公共租界中出版界之新附律。此项条例，昔曾备受反对，而于前数年特别会议，以不足法定人数未能通过。今者，工部局又提出其他特别议案，与前项附律，同付特别会议讨论，以冀出席纳税人能足法定人数。但上海出版界及报界以为，此律今年如竟通过，则较往年尤为危险，刻正发表意见告之纳税人，此项新律之宗旨，原欲以阻止租界中荒谬及不正当文件之出版，授权工部局得以停止足以扰乱治安诸印刷品之散播。此项条例，不仅对于租界内各国人民一例待遇，且于同一国籍各界人民，亦无不同等处理。职是之故，凡受人尊敬之报馆主人或发行人，不论中西，于此条例，当无一愿为反对。惟工部局所欲得之权力，至为广大，得以施行上海各印刷品之检查。质言之，工部局苟欲箝制华人新闻界之口，其势几足以完全达其目的，至对于西国新闻界及印刷业，果有不正当之干涉，记者固知各国领事当有以阻止之。说者谓纳税人纵能通过此律，领事团及外交团必将设法撤废之，惟既准工部局以其决议案提交纳税人会议，而不将他方面之理由同时提出，亦非事理之平。例如设有一华报，竭力评诋工部局或其一部之行动，工部局即得取销其注册。倘该报复行出版，即可控诸法庭。夫若是而尚谓不足箝报界之口，则记者诚不解所谓矣，且纳税人会议讨论此事，或此律通过后，领事团或外交团之考虑华人俱无发言之权，自觉有待遇不公之感，吾人固知此乃公共租界，华人执业租界中者，自当遵行西人所视为适宜施行之条例。但上海西人，除对于极端之案件外，究以公道为重，此于创设华顾问一举，可为明证。而华顾问团体，亦即吾人尊视华人有考虑权之标识，故今日之争论，纯系主义上之不同。中国书业公所、中国书业公会、上海日报公会、书报联合会，皆一致表示意见，谓出版自由，必不可稍受束缚，吾人试询工部局之政策，既拒绝施行华仆之注册，何为又欲文士及商人之注册耶？前后行径，尚得谓之一贯乎？岂其中有轻重之分耶？今各团体俱称，此项新律是否近世一致通行，此足以使吾人回忆英国于十七世纪之所遭。一六四三年，英法庭公布之条例，涉及书籍执照及入口事，于是米尔敦氏遂有《无执照印刷之自由》一书出版。此书亦无执照发行者，下院后又于一六九五年拒绝恢复执照条例，故华人今日反对工部局欲回复十七世纪之方法不足为异。如谓今日环境宜有此举，吾人实不敢信，窃谓纳税人当可提议较善之策以限制荒谬文字之发行，吾人深恐工部局坚执今日态度，此律一旦通过，必将激起骚动，视华仆之所能为者愈为扩大也。

（二）《文汇报》

《文汇报》社论略谓，工部局此次提出取缔报章之附律，反对者已不若前数年之甚，反对者多言附律要求过甚，律中规定除发行人之姓名、职业外，其住址亦须标明。在吾人观之，发行人私宅实无标明之理由，尚有一端，亦将大受反对者，则为新律范围太广、措词过泛是。工部局苟欲使印刷业者注册，其条例尽可以一二十字尽之，只须规定凡印刷局须标明出版负责之人，固不必过求苛细也。今照工部局定律，凡各种印刷品出版之前，均须注册，若工部局欲求得决定孰可注册孰不可注册之权，则新律恐将仍如前数次之遭严正反对而失败也。

（三）《字林报》

世界新闻社云：本届上海公共租界纳税西人年会，工部局又将提出取缔印刷品附律请求通过，我报界及印刷界各公团，已表示一致反对，想届时，纳税西人必为公平之判断，以保言论之自由。昨《字林报》载一社论，完全立于赞成地位。爰为节译如左：华人印刷界各团体，已在本报登有广告，对于工部局征求通过于四月十九日纳税人特别会议之取缔印刷品附律，急急为旧事重提的抗议，观其广告内容，足见彼等依然不明此附律之目的及其效用。然无意中对于此律之正当，却已为一度之承认。彼等述及在英国之实施，谓除关于诽谤之寻常法律外，凡印刷物之刊布，只受一种限制，即将印刷人及发行人之姓名载于印刷物之指定地位，并在 Somerset House 注册，此外则无其他限制。按：今工部局附律之所需要者，亦正不过如此，所不同者，注册乃在上海工部局，而不在 Somerset House 耳。且在事实上，英律较工部局所拟附律尤严，因英律规定，凡印刷人或发行人不载其姓名于印刷物上者，可处以每份五镑之罚金，故容易罚至数千镑，而工部局附律所定之罚金，则至多三百元耳。且英律施行极严，无论如何微细之印刷物，皆不能免。

凡此情形，一年前于文字上及谈话中，对华人解说已极详尽，而华人犹不能释其疑虑，诚不解何故。华人曾有一时以为，依照附律，报馆每日出版之报，皆须经捕房核准方能发行，后乃知其不然。即在帝制时代之俄罗斯，亦未尝有此事。上海则纵捕房欲为此事，亦无此权力，况并未尝欲为之乎？华人又尝恐附律施行后，巡捕可以时时至报馆中干涉，后又知此为过虑，实则彼于今日本报登有广告之各团体，乃于无意中为布尔什维克人所操纵，此等人固知附律目的之所在，故以狡诡手段运动反对，而自不出面。要知附律之亟须施行，实在防制布尔什维克主义之宣传。此派人在上海之活动，日见明显，彼之主义，既在破坏一切有组织的政治及社会秩序，并打破一切私有财产制，则凡意在防制彼等计划之合理的方法，华人要当欢迎之而不反对。吾人今请再为一度郑重之声明曰：在拟议中之附律，决不致任何种种不便于可受尊重之印刷人及发行人，不过使工部局得阻止现时广播于租界中之煽动的及排斥社会的印刷物，不至再广播而已。

但吾人此等解说，恐仍未必有效，故极望工部局于《华字报》中登载全页之广告，以简短明显之语，解释华人疑虑之无理由。盖附律中之法律的辞句，大约使许多读者发生恐慌，工部局于此，应告以附律中辞句之细密，正所以使该律施行范围归于狭小也。尚有一端，应请工部局注意者，即于纳税人开会之前，宜先向租界中各商行中为召集议员之运动，俾开会时得满法定人数，庶几此十分必要又于一切守法公民无害之附律，于其第七次出现于市政厅时，得决定其最后之运命也。

(四) 本埠书报团体

上海书业商会等团体，因纳税西人特别会定于本年四月十九日开会，其议案录上有所谓“第四决议”，兹特指出，请世人注意：

新罪案　该决议在提出附律造出几种新罪案，对于犯者之科刑，或为罚款三百元，或监禁三阅月。

此项附律之越权　此项提议之附律，按洋泾浜章程，实越过工部局所应有之管理权限，对于在洋泾浜章程范围内之事件，工部局固得提出附律，而对于不在该章程范围内之事件，提出附律，则为不合法。言论自由之根本权在中国《临时约法》内重加保障，不在洋泾浜章程之范围，今之附律乃在限制自由权也。

此项附律之缺乏先例　无论如何，此项附律之提议，在近世纪中，将无处以求其比偶。譬言之，在英国，从未见有此种举动，惟于一六四四年有相似之举动，经英国之大伟人（密尔敦）痛加指斥，应将一六九五年取消。今日英国之法律，许人自由言论、自由著作、自由出版，所限制者，惟毁坏名誉之普通法律，及指定规条二项。二项之一，即每书籍或纸张于印刷号出版时，须写印刷者或出版人姓名；其二，则令新闻纸之馆主在伦敦 Somerset House 注册。

七种新罪案　此项附律之施行，固不止如英国指定规条二条所限制者，兹更将产生七种新罪案。历举如下：(甲) 无论何人，如不先将其姓名与住址向工部局注册者（外国人自当向各领事注册），而径①印刷，②或刊行，③凡使人印刷，④或使人刊行任何新闻、小册、传单、广告、招贴或别种纸张，载有公众新闻事项，或关于此类新闻事项之评论及观察，则将受罚或监禁。（乙）同等之罪案将加于下述之人物：⑤凡印刷无论何种将刊行或散布之纸张，而遗漏印刷印刷人姓名及住址者。(丙) 无论何人，⑥刊行或散布，⑦助人刊行或散布纸张之未有印刷人之姓名及住址者，亦将受同等之刑罚。

印刷品之意义　如照此项附律，印刷品之解义，包含无论何种机械的复制方法，例如寻常复写机所印出之印件，或打字机器上之复写印件，皆在此项附律所谓印刷品范围之内。

奇异非常之结果　此项附律所具印刷品之特别解义，将有新奇及非常之结果发生。试举其一二以证实之。譬如银行每日须印刷或复写汇兑市价单，或别种经济消息书者，亦将按附律而注册矣。同样情形将见于股票经纪人方，其分送同样印刷之交易所市价表，或通讯社如路透者，或著作家代理著作论文，不以笔墨誊写者，因附律文字之缺乏精确，如上述之银行是否于每次发出汇兑市价之前，应向工部局注册，揣度工部局决无此种用意，但此项附律之措辞，不能不引起他人作如是想也。上海书业商会、日报公会、书报联合会、书业公所、全国青年协会出版部公启。

《字林报》之社论，于昨日礼拜二登载后，即有书业公所等四［五］团体去函驳之。兹将华文原函刊登如下：

> 《字林报》主笔先生台鉴：读今日贵报中之大著，知先生对于同人等所登《取缔印刷品附律之忠告》一文，有误解之处，故不得不一申辩之。兹先举先生原文之一节于下。
>
> 广告（指《取缔印刷品附律》一文）中云，照英国之惯例而论，除毁坏名誉，另有普通法律外，印刷品之发行，仅须将印刷人及发行人之姓名，举示于印刷品中，并于 Somerset House 注册可矣。工部局所拟之附律，其欲达之目的，实亦不过如是；所不同者，在工部局注册，而不在 Somerset House 注册耳。

同人所登广告，明言仅新闻纸所有人须注册，而先生文中则以为同人等不但承认新闻纸所有人须注册，即印刷品（照工部局所拟附律印刷品之解释，包含普通复写机所印出之印件）之印刷人及发行人，亦须注册。至云同人之所以反对附律，系受过激主义宣传者之影响，此非公平之论，因过激派之得势，始自一九一七年列宁之执政；而同人于七年前，当工部局初次发表取缔附律时，即起而反对，抑复有进者，同人前登广告，尚未将反对之理由全体举出，仅就租界内中外人士对于斯案之异议，略述其一二。今执事对于吾人之广告，既有误会，自不得不声明于此。

上海日报公会、书业商会、书业公所、书报联合会、全国青年协会出版部同启。

（载《申报》1922年3月29日）

《密勒报》反对印刷品附律

言论自由必须保障，欲防报纸之批评，当先除致此批评之原因。世界新闻社译《密勒评论报》云：上海工部局将以第七次提出印刷品附律之纳税西人年会，律中规定，一切印刷人、发行人、新闻记者，及凡以各项机械印刷任何文字之人，皆须注册。华人书业商会、日报公会、书报联合会、书业公所，均已起而抗议，青年协会出版部亦加入此反对团体。上海中外报纸，皆有评论，或赞或否，解释批判之语，纷见各报。上述诸团体在各日报登载全页广告，表示反对理由。华字报纸解释此附律之效力，谓一切印刷品及打字机印出之品，皆须注册，违者处不逾三百元之罚锾，或不逾三个月之徒刑，处罚之重，尤堪注意。

按：一市政机关而图取缔报纸，实为特异之事。吾人由此可以设想，工部局或将更进而取缔在其辖管下妇女衣裳之长短，并施行其他同一必要之道德的方法。注册究竟有何效果，实为疑问。依某方面之解释，谓布尔什维克运动由此可以消弭。然附律中并未有此项说明，既未详细说明何为激烈之印刷品，何为扰乱治安之罪案，则虽有此附律，亦断然不能有所行动。又，附律中并未说明何种之印刷物不许注册，如此则注册之或许或否，显然将一以注册管理员之个人意思为准，而此公不几为印刷界之专制皇帝乎？凡人既将其姓名、住址注册，其所印刷之物，苟不违犯诽谤律，巡捕亦无从施其干涉。再则，每一种新闻纸是否须逐日注册，方能发行，苟其不然，则使一报纸而于一夜之间，变成赤色化者，又将何以处之乎？

《字林报》曾载一投函，谓附律应加以解释。其文云：“此附律之目的，在阻止煽乱、诽谤、污秽、粗鄙之说词足以扰乱公共安宁秩序者，在租界内印刷及散布此附律之内容，概不得解释为伤害，或使工部局有权箝制，或不公平、不正当的干涉，可受尊重之报纸印刷人、发行人及公平之批评。”按此项意见，实为新颖，岂各国之诽谤律缺乏力量，以范围上海之情形乎？岂会审公堂无权以处置此等事件乎？中国已有新律保障个人不受报纸抨击，与西方各国相同，然则又何用附律为？此种直接违反宪法上权利之附律，美国印刷物决不受其迫胁而服从之。工部局屡次图通过此附律，实为大愚。此律不足遏止激烈之宣传运动，实无目的可言。苟工部局果欲消除激烈运动者，曷不再进一步，并一切不断流布于上海出版界，从各国、各党、各个人发出之受津贴的新闻材料而消除之？曷不并各国传布于中国之新闻，意在造成中国人之“优惠印象”（实即偏见）者而消除之？吾人深望纳税人将此附律一致否决。日本侵犯言论自由之报律，决非上海所需要。报纸发达之历史，即为争言论自由之历史，若报纸受干涉，则能保护吾人者，唯上帝耳。报纸之必需批评，与记者之必需空气无异。批评容或不确当，不符大多数人意见，容或有煽动性质，但必须保其自由。报纸批评必有其原因，欲去批评，当先去此原因。扰乱治安，本已成一罪名，报纸或其他出版物，苟犯此罪者，自容易惩罚之。以上海警政之周密，吾人深望不必使每一报纸主笔皆戴一“狗套”，俾为捕房所识也。

（载《申报》1922年4月1日）

《大陆报》反对印刷品附律

世界新闻社译《大陆报》社论云：本年纳税人会，已由工部局宣布于本月十九日午后二时召集，自一时四十五分至二时约十五分钟之短时内，为特别会之时间。所有特别议案，均须于此短时内，由纳税人讨论，及决定赞否。议案之一，为印刷物附律，已引起华人报界及印刷界之严重抗议。该附律措词，使读者骤难明其意味。其所需要者，凡三层：（一）注册；（二）载明印刷人姓名；（三）取缔散发。其最当注意之点，即本律中“印刷”一名词，其所被给予之意义，为此名词平常所涵有者，即所谓“各项机械印刷均包括在内”是也。律中规定“凡印刷发行，或交人印刷发行任何报章、小册、传单、招贴，或他种载有公共消息、事件、议论之文字者”，如为外人，必须向其所隶属之领事，如非外人，必须向工部局报名注册；凡印刷（用机械复写）任何报纸，意在发行或散发者，必须将印刷人（或机械复写者）之“姓名、平常住址及职业”载明其上；凡印刷（或机械复写）任何报纸，意在发行或散发者，而未将印刷人（或机械复写者）姓名、住址，依本律载明，该发行或散发或助同发行散发之人，概应受本律所规定之刑罚。无论何人印刷或发行新闻，或关于新闻之评论，而未先行注册，或任何印刷人（或机械复写者），未载明其姓名、住址于其所印刷意在发行或散发之任何印品上者，均可受此等刑罚。在此附律之下，凡违犯其规定者，成为刑事罪，其处罚为“不逾三百元之罚锾”或“不逾三个月之徒刑”或“他种照律应受之刑罚”（但其实并无他种照律应受之刑罚，因在英律或美律，皆向未规定此等罪名）。

工部局提此附律之目的何在？殆非至特别会召集之时，即四月十九日午后一时四十五分至二时，不为任何公开的宣言。窥工部局之意，显然欲藉此附律，取得彼认为应被赋予之新权力。假使叩以“工部局曷为欲得新权力”？则彼必有一准备作答之语云：“工部局亟欲驱除一般‘煽惑或粗鄙性质或意在引起破坏和平秩序之文字及印刷物’。”犹忆工部局于一九一九年图使报馆凡印刷所领照，藉学生罢课事件，证其有理，以此先例推之，今次必借口所谓布尔失威克宣传运动，与劳动风潮之“可惊报告”，为其提出附律之根据。此种论据，对于一般取“不管事政策之纳税人，颇有动听之力”，惜乎此种纳税人，在此间西人中颇居少数，观于一九一九年报纸领照附律之投票情形而可知也。

今姑谓布尔失威克主义，与其他扰乱租界治安之说，确已在侵入一般住宅、办事处及工厂之中，然有一赫然不可掩之事实在，即工部局所提印刷品附律，所欲预防之罪名，固有中国及他国刑律所以处治。工部局向来适用此等刑律，卓著成效，岂此后遂不能适用乎？工部局如欲得公众之赞助，其所能为者，只有设一方法，使对于著作煽惑或秽恶文字之人，容易查知其姓名。而欲达此目的，只须提出一种新条例，凡印刷人不载其姓名、住址于煽乱的文字上者，可处以相当之罚金，而不当就《上海地产章程》第三十五条提出附律，因此条本系为处置马车疾驰等过失而设者也。关于煽惑案，自有刑律处置，且能处置得当。

若逾此方法，则显然为一种越权举动。因工部局势将求实行一种在其"控制、权力及威权"范围以外之法律也。工部局为市政机关，决不许其创定刑事性质之新罪名。若实施印刷品附律，则将立得此结果。

以无可伦比之状况，要求公众于印刷任何新闻或新闻批评之前，向工部局或领事署注册，既属极不公道，且为毫无意义。又使"印刷"一辞作"任何机械复写"之解释，亦太可笑。因如此笼统包括，则凡用复印器及打字机者，皆将与主有印刷机器之以印刷为业者或发行人，归为一类，全无分别矣。

试问工部局，其欲对于上海一切报纸及印刷品，皆施行正式之检查乎？如其欲之，则公众业于一九一九年公开否认之；如其尚不希冀此专制之权力也，则须知注册之举，与工部局所自称预防煽乱文字散乱之目的，实无丝毫关系。

苟非将必须载明印刷人姓名、住址之印刷物，明确规定其种类，则在工部局所拟附律最后一部（即关于散发印刷品者）之下所成立之罪案，将层出不穷。领事法庭与会审公堂皆将嫌太狭隘而不足以处置。因上海各洋商行家，皆随时接到其本国制造家寄来印就之小册、招贴及价目单，此等印刷品当然在"意在散发"之列，而又往往不载明印刷人之姓名及住址者也。

不但此也，此附律在租界以外即为废纸。然则工部局又以何法分辨孰为界内印刷与孰为界外印刷之印刷品邪？吾人非几日日见有请柬、戏单、影戏说明书、学校章程或慈善事务之布告书等之传布邪？此皆为

“意在散发”之品，然载明印刷人姓名，再加以平常住址及职业者，则颇为罕见。

再有一层不可漠视者，即散发印刷品，多苦力为之。工部局是否将印成一种上海印刷人（此仅指以印刷为业之人）全体之姓名清册，依中国字笔墨归类，而供给每一苦力，俾其检查乎？即使此种清册可以造成分给，工部局又岂有魔术使一班苦力骤识中国字，并能以其智力参考之乎？否则假使印刷人之姓名而为伪造者，彼蚩蚩之苦力，又何从而知之？

凡报纸之盛衰与得公众信任与否，全恃乎其判断。何为正当有用及进步的文字应揭载发表，此等判断，每日殆不下百次，其为此判断者，则为有才有学之男女界人物，夙有闻望于社会。上海公众，大半为教育良好、见闻广博之人，每日被供给之新闻与评论，亦为同类之人所为。今试问，上海公众愿继续得此同一之供给乎？抑愿受新闻评论于工部局所委之巡捕，其中乃含有政策作用者乎？

若工部局所提议之印刷品附律，今日而已在施行中者，则本报（《大陆报》）对于一种新提之方法，殆已不能印出一种批评及解释如今日之所为矣。

（载《申报》1922年4月7日）

《远东评论周报》之印刷附律论

国闻通信社译《远东评论周报》记者董显光氏论《印刷业附律》文云：上海公共租界工部局，行将第七次提出印刷附律于四月十九日之纳税人临时会议。中国人方面，又有猛烈之反对，如中国之印刷业及新闻纸书籍出版业，均已声明，决意极力阻止该提案之通过。苟届时不幸此附律竟行通过，则彼等或将请求政府，向北京外交团提出严重之抗议，而使此案变为一外交上之事件，或者更将请求各国领事转请各国公使，援照一千九百十九年取消公共租界纳税人会议所议定出版特许议决案之成例，而撤销此案焉。

华人反对斯附律之主要理由，则以其妨碍言论自由。盖斯律通过而后，将予工部局以阻止无论何种新闻纸、小册子、传单及其他印刷品发行之权，而该局行将成为租界以内惟一之驾驭言论机关。假受其将来具有上述阻止某种文件发行之意，则不难以类于正当之理由，拒绝该文件之注册也。再则，凡有不熟悉于该附律规定之范围者，或非故意违犯该律者，均有被处三百元以下罚金，或三月以下监禁，或受该律所规定刑罚之可能。工部局若竟对于此不遵附律之人，有处以罚金或监禁之权衡，实际上则自成为一强有力之言论取缔者矣。

该附律者并无存在之必要。工部局若欲对华人证明租界以内中西法律并行，尚不足以对付骚乱治安者，则欲得华人满意，恐非易为。反之，华人方面，则可举出实据，证明现行法律，已有充分之力，更无须乎再提出一新法案，为旧律之助也。如有外人写作含有煽惑他人或激烈性质之文件，则其自在领事裁判权管辖范围以内，当应用其本国法律以处治之。苟中国之著作人或出版人有同样之行为，则可用一千九百十四年公布之《出版法》以处治之。该法规定，凡出版或印刷书籍、小册子或图画，激动人民骚乱秩序者，处五等以下有期徒刑，或十五元以上五百元以下之罚金焉。假使《出版法》之制裁尚不足，则尚有前清时公布而今日仍有效力之中国刑律，足以制裁各种发生之事件。该法第二百二十一条云，凡有以书籍、小册子、图画或演说，或其他方法激动人民骚乱地方安宁者，（一）处五等至三等有期徒刑，或三十元至三百元之罚金，如犯罪已遂，则处死刑或无期徒刑。或（二）拘留一日至两月，或五等徒刑，或一百元以下罚金，如犯罪已遂者，则处五等以上有期徒刑。上海会审公堂按述上述各法判案，成例甚多，已足证明此等法律，业有充分之制裁。是故工部局若欲指出一例，证明公堂有判案不能满意，恐非易易也。现在更可举出一例，说明会审公堂以巡捕及法律之援助，已足维持租界内之秩序及治安。当一千九百二十一年二月初，陈独秀氏曾出版若干种关于社会主义、基尔特社会主义及阶级主义之书籍，由浙江路华丰印刷局承印，为工部局所注意，立即取缔印刷人，会审公堂乃按照中国《出版法》，处以一百元之罚金，所印书籍当命销毁。此事为印刷人之一大教训，此后彼当不复更敢于为此。陈氏之书籍，藉足以骚乱社会之治安，但犹不难以寻常法律手续以取缔之。然则寻常法律，已有充分之制裁，则何必又更定一附律耶？

国闻通信社续志董显光氏论文云：租界以内报纸，自应注册。惟此等报纸，确已注册，当不患其再刊登激烈性质之文件。如其刊登此类文件，彼当自知其自身因此所受之影响。如某报即因刊登认为有不稳性质之文件，屡被会审公堂罚金，而事后该报即迅缴款，而立谋改善焉。

附律为物，且不合法理，其范围乃轶出于土地条例赋给工部局之权力以外，其中规定有完全非土地条例所规定者。该条例规定，得制定附律，辅助该条例，俾得实现其目的。目的云者，即公共建筑物之建筑，与其修理租界一般之清洁、供给灯火、引水排水等事，设定水陆警察，赎买及租用土地、房屋，及市政上用途之建筑物，支给市政机关须雇用人员之工资，以及为达上述诸目的之必要，以借款或其他方法筹集款项是也。因此，英文沪报关于本问题之一点，曾云："言论自由权可见该条例并未涉及。故此项权利，并在该条例范围之内。苟非有新订条例规定将其包括在旧条例以内，工部局在法律上，自不能对该权利有何举动，但新条例即使通过，而由列强公使及领事批准，苟非经中国政府承诺，亦不能加入旧条例之内。而中国政府亦可断言，其不敢对于限制言论自由权之条例加以承诺。此自由权盖系中国宪法保障者也。工部局不制定须中国政府承诺之条例，而拟以无须中国承诺之附律形式出之，是否受此种见解之影响，是亦可以征询者也。"

形式固可以免，而土地条例之精神无可免。若该条例并无规定与工部局以限制租界内言论自由之权，则以此附律以补充其缺点，是违反中国政府与列强所定办法，且可使中国欲将该条例重加考虑之要求，变为名正义顺矣。且该附律不切于实用也：一则，假使搅乱秩序者，或过激派决意欲在租界内扰乱，则彼固可于租界以外觅得印刷人为其印刷小册子，然后将其散布于租界以内，而逃附律之制裁。更举例言之，世界之上，决无法律足以防止以下之事件——英国及外国之圣经会，于保定府所散播之中文福音书中，前曾发见过激派之文件。该传经会天津代表杜伯因，于半月前赴保定考查其事，查见有中文福音书样本一件，其中有过激派文件十八页，其封面已撕去，其加入文件及纸张大小与印刷形式，与福音书一样。然则过激派之宣传者固可按照上述情形，再演相类之事实，而无辜之印刷人及出版人，乃反而因之身受分外之艰苦。二则，印刷一字之定义包括一切机械式之重录，过于含混、无精确之标准，凡平常复写机或平常之打字机所制之文件，皆可包括在内。今此附律，印刷一字意义内可包括之物可列举如下，然尚不免有遗漏也，如廉价售货广告、商店散布信件、竞卖之招贴、星期学校之告白、婚姻布告、丧事知单、船期表、铁路时刻表、电车价目表、学校讲义、戏单、假期休业布告、专利药品说明书、集会传单、通信社稿件、礼拜堂青年会或女青年会之揭示、请客单、法庭、警察、天气、关税及浚河工程之报告、印刷或摹写之汇兑率表、股票价格表以及电影广告等等，诸如此类，书写不尽。

该附律又不合于民意也。现在该案提出业已第七次，于此即可见其不合民意。大半外人之尊重言论自由权者，皆反对此案甚力。中国方面，已表示其感想，亦已言之。上海日报公会、书业商会、书报联合会、书业公所，系上海一百余家印刷业所组织，包括商务印书馆、中华书局等均在内，已合力一致积极反对，而中国青年会全国委员中之出版部并亦辅助之。

附律之性质且过于严峻。不独专门印刷业或定期出版人受其影响，且如去年中国方面所发表之文件所云："吾人即使不用印刷机器，但以任何机械式之复写而为印刷者，均在在可受附律之支配，在在可受印刷人之待遇，盖印刷一字之范围，足以包含商店、教育机关及公共团体之一切复写手续，即无论何种印刷品，无不在附律之范围也。"是故上海中国印刷及出版业全体去年所发传单亦谓："吾人苟非先将姓名等等一一登记于领事署或工部局，势将均犯违反附律之罪，工部局即可按律对待，再使业为印刷人之登记矣。然所印刷之物，尚无出版之权，盖附律规定，尚须为出版人之登记。是故无论吾人为定期出版人与否，无不有若干事物在该附律范围以内。苟非待工部局已允予为出版人之登记，亦无出版同样事物之权限也。今若有电影院之经理，于发布其电影传单之先，须于其领事署或工部局为出版人之登记，是岂非妄诞不经？顾此乃竟在附律要求范围以内。然在今日，即不言附律无存在之必要，或不合法理，不切于用，不合民心，即其规定亦不免过于严峻矣云云。”

（载《申报》1922年4月13、14日）

取缔印刷品平议

无　用

公共租界拟重提取缔印刷品附律一事，引起各方论议，见仁见智，各随其所处地位而不同，究竟孰是孰非，殆未易遽下断语。虽然，立宪国家莫不尊重言论出版自由也。所以尊重之故，亦以言论出版，攸关人群发抒意志，与其遏抑之，无宁自由之。自由而越其轨，仍不乏救济之道，若防民之口，甚于防川，川壅而溃，伤人必多。盖人类意志，为天所赋，不予以相当发泄之机会，势必隐秘不宣，流弊滋甚。稳健者碍于过度之法规，而束缚驰骤，不能尽正当之评骘。急激者别谋所以发泄之道，所谓天下之网尝密，而奸伪萌起，上下相遁，至于不振。俄国过激主义之宣传，俄法未尝不密焉。日本政府提出取缔过激主义法案，卒以各方之攻击而修正复修正，其仅存之作用，去现行法已不远，则又何必多此一举，惹起种种反感哉？记者以为，禁止之法，贵宽大不贵严狭，若道路然，宽大则遵路而行，磊落光明，无所用其隐蔽。严狭则□轶超越，转难羁勒。凡此覆辙，稍读往古专制黑暗史者，宜若可以鉴往而知来，援古以证今，海可枯，石可烂，斯理千古不可易，倘欲谋地面之治安欤亦多术矣，固在彼不在此焉。

（载《申报》1922年3月30日）

禁止淫书要从撰著人印刷人禁起

养 气

前日上海各报本埠新闻，载有某马路书摊，因贩卖诲淫小说，被判决罚金及拘禁，小说一律烧毁。这是造福社会青年，大快人心的一件事。但是书摊的小说从何处贩来，不是先有印刷发行的人么？印刷发行所的稿本，从何处得来，不是先有撰著的人么？凡事总要正本清源。譬如禁鸦片烟，不去禁种罂粟，却专是禁贩禁吸。传播烟毒的根本不曾铲除，烟毒那里能廓清？禁止淫书也是如此，不从撰著的人、印刷的人禁起，淫书的大本营，依然存在，还是要传播到社会上来。还有一层，书摊的小贩，多半是没知识的，他那里晓得书的内容？他只知道这种书销场狠好，利益狠大，因而贩卖。平心而论，还有可原谅的地方。最是那自命为小说家的人物，明明晓得淫词邪说容易使青年堕落，他却利用青年情欲发作的时期，爱香艳风流的心理，摇弄笔尖，虚构爱情，令读他书的人败坏了道德和身体，真真是罪不容诛。就是那印刷所的经理，比较书摊小贩，知识应当高了许多，罪过也就重了许多，总要惩办他一些，方是个道理。

（载《申报》1922 年 6 月 10 日）

淫书之罪恶

扶 海

淫书流毒及于人心社会者，至深且巨，推其害之所极，直可亡国灭种，虽处著作淫书之人以死刑、无期徒刑，亦不为过。前见本报所载，某君因读淫书致病一则，现身说法，颇具婆心。兹更就各方详晰言之，以告有查禁之职者，并望吾辈青年知所儆惕，相戒勿观：

一、印刷及行销地。此项书类，以石印小本居多，铅字大本绝少，印刷发源之地，不外沪汉两埠，旅馆舟车之中，每有负贩者避人兜售，售则索价甚昂，虽内务、教育两部屡经通行禁止而毫无效果，以获利丰、售者多也。

一、读者之影响。青年男女情感正盛，见淫书未有不爱读者，小之荡检逾闲，大之逞欲伤身，其传播之速，中毒之深，直与虎列剌百斯笃同一可惧，则禁之乌可不力乎？

一、著者之报应。种瓜得种，理无或爽。著者日以淫邪诱人，其家人子女，耳濡目染，感应极速，自然流入奸邪。果报即在目前，所谓地狱之设，正为此辈。

一、查禁办法：（一）《出版法》规定，凡属言情小说，此项书类刊行之先，应将底稿送交教育会与警察机关审核，方准付印；（二）应由警察会同教育会，随时随地严密检查，从重究办；（三）父戒其子，师诏其弟，禁止购阅；（四）搜集此项书类，并将查出没收者，一律焚毁，务绝根株。

上条所列四项，倘能见诸实行，庶可障欲海之横流，挽淳风于不坠，其功正不在大禹治水之下。海内贤达，幸垂注焉。

（载《申报》1922年6月30日）

为书业公所取缔淫书进一解

味　戆

最近上海书业公所为取缔淫书，在各日报刊告白警告。其原文节录如左：

“……前岁，因外间发售黑幕等淫秽不正当书，及用欺诈手段，发售预约等情。因此，本所早于庚申年九月初十日，登报通告，取缔纠正。不意人心不古，近来外间又有发售淫书情弊，本所同人因即创立书业正心团，专行调查消毁一切足以危害人心风俗之淫词小说，以为正本清源之计。先从最著名最淫亵之书，为第一步著手，业已消毁淫书底板三十六付，淫书四万六千三百九十六本。此后更当积极进行，以免虎头蛇尾之诮。为再严重声明：今后如遇淫词小说，印局不得代印，钉作不得代钉，发行所不得代售，以绝根株……”

夫淫书足以败坏世道人心，各国均明订法律，严重取缔。但法律条文，不能列举。有时穷于应付，不得不借行政以取缔之，如我国内务、教育二部，时有通咨取缔某某恶劣书籍之举，此即所以济法律之穷也。所惜者，官样文章，有名无实。取缔者自取缔，出版者假出版自由之名词，依然出版，或销数反因取缔而旺盛，岂非憾事！今书业同人自身觉悟，组织正心团，严重取缔。果能切实进行，有裨于世道人心，诚非浅尠，然而吾犹有说。

危害世道人心之秽恶书籍，非惟中国，世界各国咸有之。至销行最广，贻害最巨者，厥推德国。故取缔之法，亦以德国为最周密。查一九〇九年五月，德国书业公会，对于不良读物，曾发布一件议决案曰：

“本公会近因恶俗文学跋扈太甚，使民心荒废，害及安宁。甚且伤害青年之精神，以及其身体之健康，我国文明之道德的基础，亦因之而受动摇，至为遗憾！今兹集会，凡德意志，奥大利及瑞士之书业代表，对于恶俗文学之著作者及流布者，相率共同拒绝，此为吾公正之书业当负之责任也。吾人一方面谋良书之普及，一方面极力防遏不良书籍之流行，扑灭此国民之害毒。”

今将此议决案与我书业公所警告文相比较：则书业公所此举，用意虽可钦，惜尚有魄力不足之点二：

一、范围狭小。取缔秽恶读物，各国咸认为国际的大问题，我国殊无加入之必要。兹就我国论：上海书业公所，应联络各大埠同业，共同集议取缔。不然，为渊驱鱼，为丛驱爵，上海虽禁绝淫书销路，于世道人心，仍无所济也。

二、偏于消极。读书，美事也。以中国人不识字者多，即识字者亦大半具惰性，故尤宜提倡读书。淫秽读物，严重取缔，此系消极的办法。一方面宜编印幽美浅显之通俗读物，廉价发行。此事体虽大，办理恐非易易，但尽吾心力而为之，终有成功之一日也。

上所云云，仅对书业公所言之也。欲悉其详，请参考译丛栏《恶俗文学之取缔与儿童保护》。

（载《出版界（上海）》1922年第63期）

初等教学的教材与教科书

计硕民

一、什么是教材?

在说明什么是教材的一个问题以前，一定要拿以前的人——或者是现在的人——对于教材的心理说一说。他们的根本误谬，就是将教材独立，和儿童及社会，不发生关系，现在可以分两层说：

1. 不顾及儿童身心两方面。这般人常常以主观的眼光态度，去决定教材的选择和去取。至于儿童身心发达的程序，一些多不顾到。他以为那一部分教材是好的，就拿他来教儿童，但是成人以为好的东西，实在太多，而学校内教学时间又有限，不得不想尽方法，将整块的东西，尽量灌输进去，不管儿童之愿学及能学与否，灌完就算。他们以为这些好东西，不吃岂不可惜。而且他又以为儿童对于这些东西将来总有懂得的一天。现在只要吃就是了。殊不知吃了不会消化的东西，反不如不吃的好。杜威说得好，他说：“这些硬饼干，虽然很好，无奈吃它不动。”

2. 不顾社会的需要。时代变迁，社会的需要也变化无穷。从前以为适用的好东西，现在也许变成不适用的糟粕了。我的意思，并不是说从前的东西，多是不好，不适用的；但是有一部分确是成为过去的废物了。或者有些东西，成人时候可以应用，但是要去教儿童，倘使不设法使他“儿童化”，简直不发生什么影响。现在的人，能够决定何者为有社会价值之教材者有几人？能够明了将教材“儿童化”者有几人？还有一般人，自己虽然学了很多的学科，但是对于学科的真正意义，还没有明了。至多他只能知道些学科上机械的方式，至于这些方式，如何去应用于实际生活，就莫明其妙了。你看那些学高深化学的人，如其请他做一块肥皂，一瓶花露水，梵士林，恐怕有的还做不来呢！这种与实际生活隔绝的科学，学了有什么用处？有了以上两种根本的误谬，至少就发生下列二种结果：

1. 儿童视学校为畏途。从前私塾里常常发生逃学的事情，但是现在学校里上课的时候，教室内发生睡眠，谈话——也许就是逃学的变相——等现象，岂非和以前是一样吗？这种现象的发生，是谁的责任？现在有一般人，因儿童不喜欢学习，就想尽种种方法使他学习，但是注意于教材方面的，还是少数。我们要知道儿童实在有很欢喜学习的本能——因为适应需要起见——你看他们在未入学以前，涂东抹西，问长问短，时时刻刻在学习之中。这个时候，并没有先生和家长的指挥命令，他们却孜孜不倦的在那里学。（教育上称此种行为，为自发活动 Self-Activity）但是一入学校，与家庭迥然不同。一切作业，并非儿童乐于做的——呆板、机械，不发生兴趣和需要，于是乎就发生逃学的心理。我们想，何以儿童在家庭中喜欢学习，一入学校，就想逃学？要解决这个问题，不得不在教材方面去探究。

2. 学科与生活的隔绝。教育最要目的，是希望儿童能将平时所得者，作为适应环境的工具。但是现在的结果，学科自学科，生活自生活，不相贯联。往往有四六烂调做得很好，而不能写一便条；博物学完以后，而不辨菽麦；算术学至浅近几何代数，而不能计算日用账目。试问化了许多年的时间，去学那些与实际生活无关的，不能应用的机械智识，有什么用处？所以现在做教师的人，第一要有对于社会生活的智识——社会的哲学——就是要对于社会有很明了的观察，知道它的趋势和需要，预备使儿童将来入那一种社会最为适宜，然后定教育的目的；第二要详细研究儿童的身心两方面，然后定教育的方法。这是关于教育哲学方面的问题，不是一两句话可以说了的，而且觉得与本题太远了，所以不再说下去。

看了上面两种结果，我们可以用一句话来说明教材究竟是什么的一个问题。简单说起来：“凡合乎儿童身心发育程序而有实际生活的价值者才是真正的教材。”

二、现在教科书的缺点

教科书在学校中和教员占同样的位置。所以美国有人说："教师与教科书，为教授的两大砥柱（The Teacher and the textbook are two great pillors of Instruction）。"我们现在依据上列的标准，去批评现在书坊间所出的教科书，实在有很多的缺点。现在因限于时间不能详细说明，只能将缺点的大纲摘出，将来如有机会，再当发表专文，以供同人讨论。

1. 仅为经验之摘要表。

2. 少事实的叙述，及经验的供给。

3. 纯属论理的组织（Logical Organization），不是心理的组织（Psychological Organization）。

4. 结果叙明，毫无思考余地。

5. 枯燥无味，不能发展读者的想像。

6. 成人意中的教材，不合于儿童。

7. 一种教科书，不能适用于各地。

三、教科书实在的价值，究竟是什么？

学校内因种种关系，有时不能不用教科书。但是做教员的人，一方面应该详细审查教科书的内容，一方再考察儿童的经验，才可以收教科书实在的效果，而且应该明了教科书是：

1. 要儿童经验中，具有力的兴味的。

2. 要儿童有满足需要的欲望，不是勉强学习的。

3. 能助儿童经验之扩张、改造，及重行组织的。

因为我们教育儿童的可能，就在利用儿童固有的经验；一方面与以种种刺激，使儿童自知经验之不足，而需要扩张、改造……时，然后与以适当的指导。倘使不以儿童固有经验以为基础，任何方法，亦不能收些微效果。必定要依儿童固有经验，施以相当方法，才有效果。例如儿童有吃的本能——亦可说做经验——在他需要吃的时候，他自然而然能想出种种方法，去求得吃的东西。如其他从来没有吃的经验（假定），或者在不会发生需要吃的时候，虽然有人请他吃种种精致的东西，他也是不要吃的。就是成人也是如此，例如平常人对于厦门的地图和旅行指南等，倘使他对厦门没有特别情形要参考，那末对于这些厦门地图及旅行指南等，一定不发生要看的需要，即使看了，也是过目即忘。倘使现在有一个人，预备从上海到厦门，他对于厦门的地图等，觉得有十分的需要，于是走到各书坊购买或戚友家借阅这一类的东西，这是什么道理呢？就是因那个对于厦门不发生关系的人，所以不需要这些厦门的地图等，就是有，他亦不要看。这个需要的人，因为要到厦门，所以虽然没有这一类的东西，也要设法求得，以适应他的需要。所以学校内教科书而能满足儿童的需要，且合适于他们的经验的才可以说教科书的实在价值，这个时候，虽然不要儿童学习，也是不可能的事情。

四、教材应该怎样采取？

现在小学欲求一本完善的教科书，实在不可多得。即使有差强人意的，也不能随时随地多能适用。做教师的人，对于教材的选择和采用，自不得不有一种确定的标准，照我个人的意见，教材的去取，应该注意下列各项：

1. 教材是合于儿童发达程序——经验的。

我们知道三四岁以上的小孩子，是最欢喜吃的时期，而且也是最好问的时候。我们采取教材，就可从吃从好问着手；海滨的小孩子，就可以从儿童海滨一切生活的习惯着手；城市的儿童，就可以从城市一切生活经验着手。以外如农村，山地等处，可以照此类推。例如：有一个儿童带一块粉糕到学校来吃，这个时候，教师就可以问："我们大家都欢喜来蒸糕吃吗？"于是就讨论蒸糕用什么，怎样蒸法。讨论完结以后，大家去蒸。这个里面，就有不知多少有兴味，切实用的教材可以教的；而且儿童这个时候，一定能有很多有价值的问题发生出来。教师就利用这个机会，教以种种智识；以外如烧饭，裹粽子，养蚕等问题，都是很有价值的；而且俯拾即是，不难获得。

2. 各科目的教材应该注意联络。各科目教材联络以后，可以使儿童得到更具体的经验。例如研究到山东的青岛，那么地理科研究青岛的形势、气候、交通等，历史科研究日本二十一条件中关于青岛方面的条件，自然研究，就研究青岛的物产、人口等，公民科就研究如何收回青岛的办法，文艺科就读关于青岛的作物，其余如音乐、算术、工艺等科，莫不以青岛为中心详细研究。如此则儿童对于青岛，可以有十分明了的观念。最好在研究这种问题的时候，拿一个问题做中心，竟可以不分什么历史、地理等科，等到一个问题详细解决后，就算结束。所以现在有一般人各科不主张有严密的界限，也是这个理由。要废去既有的分科名目及各科严密的界限，美国哥仑比亚州米苏黎（Missouri, Columbia）附属小学的课程分类，倒可以作一个参考品。他们拿课程分为五部分：一、观察；二、运动；三、游戏；四、故事；五、手工。现在拿他们的时间表摘译如左：

九时至十时三十分	观察（Observation）
十时三十分至十一时	运动（Physical Exercises）
十一时至十二时	游戏（Play）
一时三十分至三时	故事（Stories）
三时至四时	手工（Hand Work）

他们学校里，从低学年起到高学年，都照这个课程为主体。不过范围渐次扩充，程度渐次加高罢了。我们办学的人，都欢喜照着部章，盲目地附从，不顾实在的价值。你看那一个学校不是从低学年起，就有许多科学上的课程名目——这种时间表看起来却很完全，实际上儿童并没有得到什么利益。学校内的课程，不过是一种装饰品及虚应故事罢了。

3. 教材选择不必过重系统。现在一般教师的心理，以为低学年的儿童，学些浅的，容易的；高学年的要学些深的，繁难的。这层果然有一部分的理由。殊不知教材的难易深浅，与儿童的兴味和需要，大有关系。例如低学年用烧饭的问题，儿童引起了需要解决燃烧、膨胀、蒸气等种种问题的动机了。这种问题在成人看起来觉得是深的，难的。但是他们因为需要及兴味关系，学起来一些都不难。反过来说，有一种教材，倘使儿童对于它不发生需要和兴味，虽然很容易的教材，儿童也觉得很难很苦。做教师的人，应该利用机会，使儿童学习时，均能有兴味，而且觉得需要时，已尽教授之能事，否则徒然注意在教材之难易及系统先后的组织，还是不行呀！

4. 能够发生问题的。教材内容，应该使儿童看了以后，能发生有力的问题。现在一般的教科书，实实辟辟，不能发生丝毫问题。这种教材儿童学了以后，因为自己没有加一番思考的工夫，所以不能发生若何影响和兴趣。现在摘录宗亮寰君编著的《自然研究补助读本》(Supplementary Reading）的一课如左：

张华生是一个小学校里的学生，他从七岁进了学校，每逢空闲时候，常常喜欢和人家谈天玩耍。有时说得人家笑痛肚子；有时说得人家一声不响；有时想着许许多多的奇怪事情，同人家讨论；有时对着一样东西呆看，弄得人家莫明其妙。所以这个学校的先生和同学，都以为他是一个很有趣、很奇特的朋友。这本书里就是记张华生九岁到十一岁的种种事情。各位小朋友，你们留心看了，能够把许多事情告诉同学和先生么？张华生有不明白的地方，你可以明白么？你如果都能够的，那是好极了。

有一年夏天，华生同他的弟弟华民在书房里谈天，忽然眼前暗起来了。不多一刻，风雨大作，檐前的水，如同瀑布一般，他们俩正是看得出神，忽听得杀杀……的声音，从天上下来；同时看见屋面上有许多水晶似的大珠子，在那儿乱跳。他们都吓得大叫起来，恰巧祖母在客堂里听见，连忙跑出来说道："宝宝不要怕，这叫做冰雹，是龙鳞里掉下来的珠子，夏天里常常有的。"话未说完，这许多珠子都缩小了，声音也没有了，云也飞开了，太阳仍旧出来了。过一会儿珠子不见了，地上也慢慢儿干了。华民听了祖母的话，倒不怕了。但是华生心里却是很疑惑。

明天进学校，路上遇着许多同学，也在那儿谈昨天冰雹的事情，有人说雨是天老爷降的，冰雹一定是天老爷撒下来的。有人说雨是云变的，冰雹是雨变的。也有人说有龙身上掉下来的。议论纷纭，莫衷一是。到了学校，大家就争着去问先生。先生叫他们一一讲过，大家辩论一番，然后写出几个问题来：

云是什么东西变的？怎样变的？

雨是什么东西变的？怎样变的？

冰雹是那里来的？为什么有冰雹？

露、雾、霜、雪、冰，这许多东西你们都看见过吗？这许多东西，那里来的？大家依着这些问题，发表许多意见，先生也跟着说了几句，大家都很明白了。华生回去，笑嘻嘻地对他祖母说道："昨天祖母错了。"祖母不知什么错，也笑嘻嘻地叫他讲。华生就说："水遇了热会变汽，汽升上去就是云，云遇着冷就凝结成小水点——就是雨——倘使雨落下来的时候，遇着很冷的空气，就变成冰雹。冬天落的雪珠，也是这个原因，那里是龙鳞里的珠子呢！"祖母听了，哈哈大笑，说道："好宝贝！我是说不过你了！"

5. 合于时令的。教材合于时令，容易有直观的机会，而且儿童能发生深厚的兴味。例如春天就研究各种植物的生长，禽鸟的生活状态；鸣虫多的时候，就研究鸣虫；又如天空自然现象，如日月蚀、雷、电、虹等，发现以后，就可以作为研究的材料。现在一般教师，泥于教科书先后的次序，反把这种有价值的机会，轻轻错过，岂不可惜？

6. 合于社会需要的。所取材料，要和人类生活有密切的关系。但是各人所处的环境，因生活种类及气候、地质等关系，因此需要亦异。例如蚕桑之区，就应该注意关于蚕桑一类的教材；米麦之区，就应该注意关于米麦一类的教材；以外如农村、市廛、工业等，应各视其需要，养成各个人有适应的智识和能力，否则就容易蹈入不切实际生活的弊病。

以上六项，为选材时普通的原理。其余应视各科情形，详细规定选材标准，从事采集。至于各科选材标准，请参考本杂志第一期小学部各科课程报告，兹不赘述。

五、教材应该怎样组织?

教材精选以后，对于组织的方法，却是一个很重大的问题。简单说起来，就是我们做教师的，怎样使有社会价值的教材儿童化？在解决这个问题以前，应该先明了心理学上心意过程之研究。我们知道人的心意之进行，是由简单而入于繁复，亦即由心理的而入于论理的。但是论理的不过为最后的结果，在未至此结果以前，一定有极复杂的心意活动全体的过程在内，所以心理的与论理的二者有密切的关系。要明了论理的组织，须先研究心理的全过程，方始有效。我们根据这个理由，决定教材的编制，应该由心理的组织到论理的组织。有一般人以为我们教育的目的，是论理的，拿论理的结果，去教儿童，岂不省事？殊不知个人生长的程序，和人类发达的全过程是一样的。一个人由幼而壮而老，就等于由原始而文明进化是一辙的。你虽然想用成人论理的结果，去教儿童，但是儿童因心意发达的关系，不能越级容受的。例如我们看见了一瓶荷兰水，一定去研究它的原料、制法、功用等。但是儿童一看见荷兰水，就想它颜色是红的，黄的；味道的甜的，酸的；他就想如何去得到吃它的方法，吃过以后，才想到荷兰水是什么做的，几个钱一瓶，吃了有什么好处。做教师的人，应该明了儿童思想的过程，将教材组织，依据儿童的思想，编制起来，儿童才觉得有兴味，切日用。否则教师以自己的眼光去组织教材，很容易失败。要知教育的目的，虽然是论理的，但是方法不妨从心理的着手；因为心理的是论理的基础，视其需要，随时满足之，才是儿童化的教材。

六、教科书应该怎样使用?

现在使用教科书的种类，大概可以分成三种：

1. 盲目的使用。有般教师，自己以为这些东西有用的，不问儿童的思想如何，需要如何，勉强儿童学习，以冀将来有用。结果儿童学了以后，莫明其妙。学的时候，一些也不发生反应，苦不可言。教师呢，也承认学习是一件痛苦的事情，常常对儿童说：“你们将来要得到好处，现在就不得不受些痛苦。”

2. 心理化及统觉主义的使用法。这种使用法，大约分起来，有左列各种：

a. 不以学习望诸学生。

b. 改变材料，合乎儿童心理的组织。

c. 唤起及补充儿童的新旧经验。

d. 先教与儿童经验有关系者；其他则利用机会，再行教学。

3. 最新的使用法。即设计教学中使用教科书的方法。它的主要点，是以儿童为中心，不以教材起点，先使儿童发生需要，然后设计满足之。简单说起来，就是从儿童至教材，非由教材至儿童。

七、结论

统括以上所说的，是：

1. 教材的范围很广，不限于书本。凡合于儿童的需要，而有社会价值的，多是教材。

2. 取材要注意社会的需要，尤宜注意于儿童身心发达的程序。

3. 使用教材，应从儿童方面设想，不可以教材为本位，勉强输入。

（载《师范教育》1922 年第 2 期）

小学教材的研究

苏醒之

（一）拣选教材的标准：适宜儿童心意发达的程度，实际生活上所必需的，含美含趣的。

（二）教材的分配：阶段教案与圆周教案的比较。

（三）活的教材：直观的天然界，具体的人事界。

（四）小学的课本的缺点与改良的办法：设编辑审察部。

新教育家常说：“儿童是教育的基础，学校和学科是教育的工具，社会是教育的目的。”本会以恢复原人为目的，即以天国为目的，此件应该注意。孔子说："工欲善其事，必先利其器。"这样看来，想本教育的基础，以达到教育的目的，非把学校和学科弄好不为功！今请专为学科——即教材——窄而深的研究，以供大家参考。

语云："不慎其始，鲜克有终。"又曰："差之毫厘，谬之千里。"是以凡事贵慎始。拣选教材，为教育之初步。教材之良否？即将来教育结果之先声。如此是何等重要呢？然而拣选教材，是用什么方法呢？共分三条如下：

(一) 拣选教材的标准：

(甲) 教材当适应儿童心意发达的程度。这里含两个意义：

第一，教材的深浅，当视乎儿童的程度。不然，教材虽好，儿童不能领略，有什么益处呢？保罗说："我是用奶喂你们，没有用饭喂你们，因为从前，你们不能吃，就是如今还是不能！"有些学生，读了好多年数的书，还是糊涂一篇！其中自有别故，而教材不适应学生的程度，亦是其中的最大之主因！弄得学生昏天黑地，厌学逃学，就如给奶孩饼吃，把奶孩的消化器反而弄坏了！所以拣选教材，当以是否合乎学生的程度为取舍，不当以教员的眼光为标准。

第二，教材不惟要适乎学生的程度，一面还要注重教材有顺序，发达儿童的天性，本能的可能性，就如奶孩可吃的物很多，而总以能吃，且含有多量滋养料的东西为宜。因为教材的职能，一面是最要合乎儿童的程度，一面要供给儿童发展天性本能的材料。所以拣选教材固当以是否合乎儿童的程度为取舍，而拣选者，亦有参观内容，详加称量审察的本分，这二者是相关的。

(乙) 实际生活上所必需的。论及此条，世人似乎都知教育贵实用，岂知成人有成人的环境和需要，儿童有儿童的环境与必需，二者不可一概而论。若将成人实实的智识教儿童，儿童无领受的可能，又无实验的机会，教材虽然实用，到了儿童身上，就成无用了！我国各书坊出的小学课本上，对此尚不十分注意！所以选择这样的课，却是很难，只有教员随时加添罢了！

儿童的环境与必需是什么？就是玩的方法、说话的方法、衣食、起居、坐卧、读书、写字等等的方法。因为儿童学儿童所需要的，比学将来所需要的有滋味，且可借着他的实验，发展他的天性与本能。在儿童时不能成个好儿童，到成人时如何能成个好大人呢？即或能成，也是不经济极了！“当殷勤教训你子；无论你坐在家中，行在路上，睡卧，兴起……”（《申》六章七节）

（丙）含美含趣的。不美多不趣，不趣多不美，然含趣的间或有不美的，含美的亦有时对于儿童是不趣的。所以拣选教材，不惟是要含美，也要它是含趣的。请看古文经书高深学理，不是很美吗？但对于儿童则不生趣味；谎谈鬼话，不是很有趣吗？但其中没有道德及学理的美！耶稣说：“上帝的国，好像甚么呢？我拿甚么来比呢？”《路加》十三章十八节“耶稣用比喻教训他们许多道理。”《马可》四章四节又十一节“凡事就用喻比”。耶稣教训人的材料，多用比喻，这就是美从中来，趣因美而发。一面使人容易明白，乐意听讲；一面又把真理的奥秘，浇灌在人心中了。我们无论教授那一科，所用的教材，总以小中见大，趣中生美，美中含趣的为上，对于小学的学生尤为重要。以上三者，是拣选教材的原理与标准。能明白这层，就知道何种教材可用，何种不可用了。

（二）教材的分配：论到段阶教案、圆周教案二者，在蒋维乔所编译的《新教育学》上，有一段说得最好，所以不妨把它引来作为材料：“何谓段阶排列？例如理科教授两年，则将科材分为二：第一年课其前半，第二年其后半是也。圆周排列，则先第一年课全体之大概，第二年则广其范围，解说益加详密……二者得失，未可一概论，或以圆周教案为良，盖确有长处。例如一学年中，应课事项分量，确定至难，即令详定之。而儿童精神次第发达，比二年后不妨课以较难之事，而初年则否，势必至同一科中，一半精详，一半粗略。且自始至终，年月颇多，迨三四学年，回顾初年所课之事，往往遗忘，不得首尾完具，是则段阶教案之缺点也。”所以小学的课本，总以圆周排列法的教材为上。我们在南京三育工读学校所用的历史、地理、理科、算学等课本，均是这样的教材，试验二年，教员学生均觉方便。这样的课本，是商务印书馆早二年最新出版的，所以它的名字叫《新法教科书》。本会小学的《圣经》课本，也应该如此编辑。可惜本会在中国尚无此种圆周排法的课本，是一件极可惜的事！有什么人能应这种需要而兴起，请他赶紧下手才好！

（三）活的教材：前几条斤斤以何原理为拣选教材的标准，何公式为教材的分配法，其实都是消极的。我曾听见杜威师母说："儿童所得智识，全在活动里，而不在书本里。"这话看来，似乎太差，其实是一点不错。人的智识若不是从经验实验中得来，则所得的，多是邈茫的，玄想的，无用的，死的，至于儿童尤甚！所以课本不过是死智识的记录，所记的有限，儿童能以见文生义的有限，而能应用的更有限，所以杜威常说："书本的智识是死的。"

如何能使它活呢？这是我们当教员的所当注重的一个最大的问题！书本上的智识，是什么呢？大约可分为二：即天然界及人事界的一切现象及意义，活的教材亦是如此。对于天然界的活教材，可举一例，如在儿童出外旅行时，见一块稻田里的稻苗，可乘机问他们稻子如何种的？如何长的？如何收的？内含几种成分？并有何用处？这是植物学，若讲到种法，彻水法及下肥料方法，这是农作学。由彻水法更可论到力学。若是遇见一棵树木，可以分析辨明树花的萼及雌雄蕊，树木生长与日光的关系、与水分、空气的关系，更可连及树的培养法、管理法并成材时的用处。由煮水可谈到水蒸气，由蒸气可谈到蒸气机，及近代种种科学文的发展。由食物可讲到生理及卫生的智识。至于人事界的活教材，我曾记得早二年夏威尔在南京开华东三省小学教员研究会时，有天我们结队去参观江苏省立第四师范附属小学，他们小学生有好几班，有的是上课，有的是体操，我们经过他们的操场，忽听教员高声下令：立正……稍息……问小学生说这些人是什么人。答是来宾。来宾是什么意思？——是从校外来的客。——来作什么？——来参观的。——对于来宾该行什么表示？——该鞠躬。于是鞠了躬，又操起来了。我初听了不解何意，想想，原来是乘机教授运用活的教材罢了！在五分钟的时候，把"来宾"、"参观"、"鞠躬"刻在五六岁小孩子的心里，且练习了鞠躬致敬的礼，你看经济不经济，有趣不有趣呢？以上是运用活教材的举例，余可类推。总之教员要养成拣选分配教材的能力与智识，更要利用直观的天然界与具体的人事界的活教材，随时随地运用到教授方面。如此，方不愧尽了教育的能事啊！

本会现用之课本的缺点列后：

（一）《圣经》：教育部虽已定规一至四年级的经学，选择《圣经》上的故事与上帝的创造，作为教材；但尚无标准的课本；在普通教员甚觉为难。余在南京时，内地教员屡有以经学课本为询者，余无具体的办法以回答他们。此在小学经学上困难之一。在五至七年级是旧约、史记，此课本按章节作为回答，拘泥板滞，无统系，无趣味。且那教材的排列法，是用段阶法排列，每事直述到底，不按儿童心志次第发达的原理。每使学生所学者半精半粗，有前学后忘之虞。此经学课本在高小之困难之二。

（二）国文：在初小或用文体，或用语体，尚未一致。然所用者多系商务印书馆出版，其中内容不能说它不良，惟课中毫无宗教的智识，有的教材，且与宗教的精神大相径庭者。在高小者尤甚！此为本会取用此种课缺点之一，但教员在教授时能将宗教的精神哲理相联络，与相反处，加以纠正，应用此种课本，亦无大妨。

（三）历史、地理、理科、算学等科，采用外书甚佳。惟历史与理科，其教材与宗教精神大相径庭者亦甚多。教员教授时，应加注意。地理、算学对于教会应用的智识上，毫无所用。教授时应该随时留意，乘机授以本会关于地理及算学术上的实智识，较为妥当。

末附对于本会改良课本根本办法的两个希望：

第一，远东教育部的中国部，应设一教育编辑审察部，以中学以上各专门教员分任编辑本会现缺各课本，并审察所用的书。

第二，各地小学教员，应就其所经验的，随时向编辑部报告教材上的缺点及教授上的困难，以供编辑部之采择。每年开暑期学校时，最少有一次教员报告运用教材的困难与心得的研究，以便大家集思广益研究解决。

以上谬见所见，是否有当？尚希诸教育家指正！

八月一日发自九江庐山寓次。

（载《华东教育》1922 年第 2 卷第 6 期）

编辑单级国语教科书的讨论

曾茂林

现在的单级国民学校，是不是改用国语教科书么？是不是采用商务印书馆和中华书局出版的多级国语教科书么？这两家书坊出版的多级国语教科书，用来教授单级国民学校，尽都合宜了么？先就教授上说，单级国民学校，合四个学年为一级，采用多级的国语教科书，一定要分做四组教授。教师以一点钟的工夫教授四组，平均下来，每组直接教授十一二分钟，其余的那三十三四分钟，尽都是自动课业了，直接教授时间如许的短，遇着难字句较多的课文，他那课文里面的音形义尽都完完全全、清清楚楚的授与儿童么？据我一个人经验下来，不论教师的手腕如何敏捷，教授的方法如何完善，一定是要敷衍下台。到教授出于敷衍，那结果还有良好的希望么？大凡执过几天教鞭的人，都晓得的，不必细细说了。再就训管上说，单级国民学校，第一个要点，是在教授时候，儿童不生惰力，具有一种专心习学、细细揣摩的精神，方才与多级国民学校能收同一的效果。若是这类的精神不能使儿童养成，那么教授上就生莫大的阻力，效果也就远不如多级国民学校了。但是要养成儿童这类的精神，在教授时候，是很不容易的。因为儿童的意识薄弱，没有连续的研究力和推理力。一方面要赖教师提起他研究科学的兴趣，他方面又赖教师督责他预习复习，日久方能成功。换句话说，就是要直接教授的回数时间多。间接教授的时间，不可过于延长，予儿童以暇力罢了。现在教师以一点钟的工夫教授四组，平均下来是直接教授的时间短，间接教授的时间过于延长，怎么能提起儿童的兴趣，督责他研究不生惰力呢？恐怕儿童循规蹈矩呆坐默思的时候，心意早已飞向教室外去了，哪里还有什么专心习学细细揣摩的精神？除到没有这类的精神，将后来的效果，与多级国民学校比起来，真是天上与地下了。再就课程上说，单级国民学校，去年三年级生所学的算术，有的是诸等数，有的是小数，今年升为四年级，改用新算术教科书，有一部分必定是儿童学过的。

(因为新算术七八两册的编制，是诸等数和小数。）以儿童学过的算术，提出来重复教授，虽教材不同，他心里都会起一种藐视算术科的现象，大凡研究过心理学的人都是晓得的。单说这类的现象发生一久，并其他一部分没有学过的算术，也就影响了，视为无足轻重的。教师处此情况，用什么法子把这科的知识输入于他的脑子里呢？况且单级国民学校里的三年级生，是与四年级生合为一组教授，以四年级生的功课来教授三年级生，纵使他懂得，诸等数小数学完了，明年升为四年级的时候，又折回头来教授吗？就这几层说下来，单级国民学校采用多级的国语教科书，实在是不经济不合宜的了。

有些人说，现在单级国语教科书还没有出版，单级国民学校里的三四年级生，骤然改用多级的国语教科书，是不可能行的事实。只得仍用照旧编制的单级国文教科书，既便于教授，又与部令不违。“民国九年教育部令，凡照旧编制之国文教科书，其供第一、二两学年用者，一律作废。第三学年用书，准用至民国十年为止。第四学年用书，准用至民国十一年为止。”俟等单级国语教科书出版了，再行采用，是目前救急的第一个方法。这样的话，骤然看去，似是至当不移的一个救急办法，细细研究下来，也是可暂而不可久，能用今年就不能用明年的。何以呢？单级国民学校里的学生，也是同多级国民学校里的一样，一年一年的按步升班。今年是二年级的学生，明年就是三年级的学生了。今年用国语教科书，明年又改用国文教科书。第一层，前后的教材不能联络，儿童的脑子容易混乱。第二层，教科书上排列的生字，教授过的和没有教授过的，骤然看不出来，要费一番审查厘定的工夫，就消耗了授受上的宝贵光阴。第三层，民国十一年要到了，代用的单级国文教科书，也要遵令废止。单级的国语教科书，现在不惟没有出版，并且要编辑这种书的书坊也还在云里梦里，那里就会诞生一种单级国语出版物来打破我们复式教授时的难关呢？总一句话说，国语教育，是国民学校不可缓的设施了。单级国语教科书，又是单级国民学校不可缓的出版物了。负提倡国语教育的人，应当趁早编辑单级国语教科书，以济复式教授时候的穷蹙，才不愧上下一致提倡的苦心。若是照那一类“俟等单级国语出版再行采用”的依赖言语，就好像俗语说的：“拴着老牛等草长，不晓得牛肚子里怎样饥饿。”明明白白，是使那劳苦最多报酬最薄的单级小学教师，吃尽千辛万苦，不为出奇，还要受视学批判这教法是大错特错的呢。

从上面说来，编辑单级国语教科书，是目前不可缓的事了。但是编辑这类的教科书，又是什么人负责呢？单就云南一省而论，就是负提倡我们昆明国语教育的人了。我们昆明教授国语的人，有编辑单级国语教科书的责任，有下边三个理由。

一就事实上说。我国地土广大，风土人情，社会状况，各地不相同。以一地方出版的教科书来教授全国儿童，合于此处的，不能完全合于彼处。（就如现在使用的单级国文教科书里边的五岳、西湖……和那些不合时代的军国民教材，以及黎锦熙先生所指摘不合教育原理的课文。）采用来教授特殊的地方，其流弊必至于空疏不切实用，而枉费师生一部分的授受力。所以当今教育家，提倡教科书自编的声浪很高。推其原因，不单是为有特殊情形，鉴于世界潮流“学校为社会而设，校中功课，总以能造就适于社会生活的次代国民”。取录教材，应适合于儿童的身心环境。旷观我国文化发达的地方，实行教科书自编的学校，正是源源而来。但是教科书由各校自编，非惟教师的材力不及，经济上面，也有莫大的阻抗。最好方法，莫如一个政治区域编用一种教科书，因为经济、材力容易支配，风土人情、社会状况，亦不大差，优胜于全国儿童用一种教科书了。我们昆明负国语教育责任的人，有二百数十员之多，劝学所的收入也较别县为厚，不可不编辑单级国语教科书，尽尽提倡国语教育的责任。

二就地位上说。昆明是云南省政治的中心点，也是云南省文化的中心点，为一个首善的区域，就应该创造个首善的学校教育，做外县教育人士的榜样。可是创造首善的学校教育，不是专靠宏丽的校舍，完美的用具就算了事。精神上面全靠有适合儿童身心环境的教科书，用良好的教授方法，输于儿童的脑子里，没有呆滞不化的现象，才不愧为首善的学校教育。若是教科书里的教材不优良，不切合，那末虽有良好的教授方法，也就不能使儿童领略其中的况味，教授力付诸东流，而首善二字，也就是有名无实的了。所以提倡昆明国语教育的人，不可不积极地编一种优良单级国语教科书，以应现代的要求，而祛除复式教授上的难点，创造个首善的学校教育。

三就人物上说。大凡发明一种新思想，或是一种新学术，都是在文人才士荟萃的地方。昆明虽不是全国文人才士荟萃的所在，却是云南省的文化中心点，文人才士也较外县为多，学校教育也较外县为发达。一切学术思想上的建设，都应由此文化中心点，先着手改造而后波及到外县去。断没有建设和改造的教育事业，先从外县着手，而后波及到文人才士荟萃的文化中心点来。旷观东西文化发达的程序，都是如此的进行。若要反此常轨，希望文人才士稀少的地方，改造一种伟大的教育事业，是绝对没有发现过的事。负提倡我们昆明国语教育责任的人，应本固有的学识和历来的经验，编辑一种完善的单级国语教科书，以供外县教育界人士的参考或使用，才不负此是文人才士荟萃的文化中心点。

言话未了，旁人说道，编辑教科书，不是很容易的事，你的言论，只是空事鼓吹，不能见诸事实罢了。我即忙答道，不难不难，只要长劝学的人毅力提倡，从事编辑，自然有成功的日子。若是怕难，不往前做去，就是最容易的事，也不会不劳力就成功的。但是编辑单级国语教科书的手续，不可不先事研究，或委诸一二人，或取材于公众，总要长劝学的人，裁酌情形，相机施行，以免临事的困难，才会有良好的希望呢！

注一：篇中所说的单级国民学校，是指复式而言。因为昆明的单级国民学校，差不多完全是复式制，所以没有说复式，而复式的意义已经包括在里边了。

注二：题目上说的单级国语教科书，是包括算术、修身在内，因为记述上的便利，才把它省掉的。

（载《昆明教育月刊》1922年第4卷第7期）

研究国民学校国语教材底商榷

徐国模

一、经过情形

国民学校国语教材的经过情形，大约可分做三大时期：

第一期　当废止科举，创设学校的时候，以为儿童对于各种智识，多是应该知道的，于是拿种种科学，什么外国史、中国史、外国地理、中国地理、理化博物……多是当做国民学校里的课程。以为儿童得了这种的课程，可以做一个健全优良的国民了。那里知道儿童多被著这种死呆的文字，精神消费了许多，还不能够弄得明明白白，那里还有时候来注意到实质方面呢？所以于实质方面，及成了一层膜了。这时候的课本，完全是不顾到儿童的能力够不够。

第二期　到了清末，办学校的人，知道从前的不是。那没拿各种科目都是除去，只剩了修身、国文、算术三科，以为儿童得此三科，可以顾到实质方面了，学成后一定可以做一个健全优良的国民了。那里知道儿童生活上的需要很多很多，并不是这三科所能供给的，所能满足的。并且还有些供给，不吻合儿童生活上需要的。所以这时候的课本，是完全不顾到儿童生活上需要的。

第三期　现在办学校的人，对于从前的缺点多知道知了，于是拿国民学校里的课本，完全改做语体文。以为这样儿童的精神，可以不被这种文字的障碍所消费；并且顾到实质方面去了；那里知道文字的障碍固然除去，但是还有种种不圆满的他方，这个问题现在吾们所研究的。

二、现在国语课本的缺点

1. 取材太广。一种科目的材料，有一种科目界限，就叫做职能，这是各科不同的。什没国语科自然也有一定的职能，一定的规定，但是现在的国语课本，拿各种科目——历史、地理、理科、修身——多是包含在中间，当做百科全书一样看待。吾们须要知道国语课本究竟是讲什么的，还是道德的呢？还是智识的呢？还是技能的呢？即使是讲道德的、智识的、技能的，什没是否合于儿童生活上的需要呢？是否满足儿童生活上的需要呢？这个问题，吾们应当详细去研究的。

2. 缺乏适当中心。一种科目，一定要定一个中心。那没各课方能连络贯串，学者能够得一有统系的职能。但是吾看国语课本，对于这个一点，还没有适当。一课归一课，照这样儿童那里能够全书完全记忆？全书做一个中心，固然不能，但是各课做一中心，未免太嫌散漫无纪，所以这个问题，吾们也应当研究的。

3. 不合儿童经验。儿童读的课目，必须吻合他的经验，那没儿童方肯尽心去研究，即使有不合的，也须要儿童能够想像得到的，那没儿童也肯去研究，没有这二个的吻合，什么儿童那里肯去研究，那里能够使他明白呢？这个问题，还不是吾们能够研究，因为学校里用的课本，不是各地编著的，不过从一二处书坊里出的，什没那里能够适合各地儿童的经验和想像，所以这个问题，吾们最好各地编著课本，那没能够适合。①

4. 词句不能深浅有阶。现在课本上的词句，大多以词句组织字数的多少而定。多的是深，少的是浅，拿字数少的置在前面，多的在后面，词句深浅同字数多少，因成正比例。但是词句字数少的，未必一定是浅的，多的未必一定是深的。所以词句的深浅，应当结本意的深浅来定，切不可拿字数来定的。

5. 生字反复次数太少。儿童对于生字必须再三反复，方可记忆。否则一见就忘了，但是现在各课本的生字，没有反复的很多很多。照这种不反复的生字，教儿童那里能够记忆呢？生字譬如生客，假使吾们见了生客一次，就能记忆得到么？这个问题，现在各种课本的一个大缺点。

6. 词句反复太嫌呆板。编书者以为儿童对于有几句词句，是日常应用着的，重要品，必须记忆的，于是拿这种的词句，收集来编成一课使儿童复习，以为这种儿童可以记忆了；那里知道这几课只有形式，没

① 此段文字疑有误，原文如此。

有实质，一点儿没有变化，一点儿没有趣味。这样的复习，教儿童那里能够不厌呢？教师那里能够不倦呢？所以这种复习终没有圆满的结果，还那里能够达到真正的目的呢？所以词句反复必须改变原句那没能够得到真正目的的地步。

7. 各课生字和熟字没有一定比例。吾看现在各种课本，有几课的生字只占全课的一二，有几课占全课的大半。照这样教儿童能够课课明了么？儿童的智力是一定的，渐进的，什没课本上的生字和熟字，也应当一定的，渐进的，那没儿童能够课课明了。

8. 插图太少。插图是明白文字的表示，并且有的课目必须要有插图来表示。那没儿童能够明白文字。所以插图于教授方面，是很紧要的。什没自然应当愈多愈妙。

9. 插图缺乏动的气象。动的插图，关于儿童身心的活泼很大。现在的儿童，是要活泼的。什没插图自然当有动的气象，养成儿童的活泼，并且儿童对于动的插图，比静的有兴趣去研究。

10. 缺少美的分子。插图的美分子，是养成儿童的审美心，并且陶冶儿童的道德和智识，养成观察自然界的趣味。所以插图必须含有美的分子。

三、选择国语教材的标准

选择国语教材，以上的缺点固然应当研究改良，但是也还须要一定的标准。现在吾拿选择国语教材的标准，约略的写在下面。

1. 实质方面　教材

a. 和儿童经验吻合的，或想像得到的。

b. 和儿童实际生活适合的。

c. 教材组织适当的，各课有适当中心的。

d. 可以发展人类互助精神，而为儿童能领会的。

e. 可以引起对人类事物的研究兴趣的。

f. 可以养成儿童审美情操的。

g. 便于设计教学的。

2. 形色方面

A. 词句方面。

a. 和儿童的语言和力适命的。

b. 深浅须照词句的本意而定阶级。

c. 序述组织和序述动程多少适命的。

d. 须含有文字的趣味，和文学思想的。

e. 韵文的词句宜稍多。

f. 应用句和难句，须反复练习，不宜呆板。

B. 文字方面

a. 须合于现代社会上需要的。

b. 全都生字须有一定标准。

c. 反复次数须平均适当。

d. 各课生字和熟字须有一定比例。

C. 插图方面

a. 须唤起儿童的美感。

b. 事实的和理想的须平均。

c. 动的须多。

d. 须和书中文字相吻合。

附注：此篇对于子音字母没有谈到，这个问题在《国民学校教授子音字母底意见》一篇里面。

一九二一，十一，二四。

（载《崇明旅沪学生会杂志》1922 年第 2 期）

对于中等教育中国历史教材之意见

沈恩孚

谈教材而限于历史，狭矣；谈历史而限于中国，更狭矣；谈中国历史而限于中等教育，狭之又狭矣。吾人须考虑中等教育之中国历史教材，影响于国家前途者何若？影响于共和政治前途者何若？而后对于一般青年所施之历史教育，所应采取之教材，可得而讨论焉。

历史教育者，发扬国民精神之教育也，非徒使略闻国故而已。而中等教育时期，则历史教材，由无系统而乍入于有系统，此系统又非如高等教育时期之详且密也，则所以唤起青年之注意者，在使周知已往之数千年，关系于民生之利害者何若？将来之趋势，所应从事于改革及建设者何若？此其关系之重大，乃受教育者之思想问题，而非施教育者之能否熟于国故问题也。然则所取之标准，究如何而适合于中华民国之青年之需要乎？

将取材于《二十四史》乎？则《史记》以下，皆一姓兴亡史耳。将取材于《资治通鉴》及《通鉴纲目》等书乎？则又专制时代之名贤，纂辑以备君主之披览者耳，非特繁而无当，去所谓发扬国民之精神者远矣。吾尝谓自秦以来二千余年历史之精神，可以三语概括之：项籍之言曰："彼可取而代也。"刘邦之言曰："大丈夫不当如是耶？"李世民之言曰："天下英雄入我彀中矣。"此三语者，尝有丝毫民生之利害在其胸耶？读此等历史者，固宜演成今日攘夺政权，愚弄国民之怪剧矣。而辛亥革命以前，竟有以思想创造民国者，其精神固得之于西方之美利坚，而决非得之于中国之历史也。

由是论之，自秦至清之历史，除国力之伸缩，政教学术之变迁外，谓之无教材也可。何言乎无教材？无合乎民生主义之教材也。可采之教材，其惟古代史较多乎！

孔子《易·系辞·下传》，述庖牺、神农、黄帝、尧、舜，及其创造之事物，皆以有益于民生者为断，此即中国历史教材之标准也。欲采此类教材，若《尚书》，若《左氏春秋》，若《国语》，若《史记》，若《通鉴外记》，若《路史》，若《绎史》，已足备参考。而自秦至清之材料，宜省之又省，凡不合于上述之标准者，可概从其略，历朝之兴废，括以一表是矣。约而言之，可分四期。

第一期自太古至唐虞，曰民族进化期。第二期夏商周三代，曰王政期。第三期自秦至清，曰帝政期。第四期自欧化东渐至辛亥革命以来，曰民国成立期。第一期之教材，即依据孔氏《易·系辞·下传》之说，凡创造事物以利民生者，叙述宜加详。以唐虞为一结束者，示我国古代，固亦有不传子之政局，非谓即今世之共和政局也。第二期之教材，当采其制度之可为今人法者。盖三代之政，虽已成天下为家之局，而其设官分职，固尚无一不为民生利害计也。第三期之教材，则所谓国力之伸缩者，如汉唐元清之盛，晋宋明清之衰是。所谓政教学术之变迁者，如秦以焚书愚民，隋唐更以科举愚士，汉魏两晋，儒与黄老杂，唐以后儒与释道杂是。要其政体之专制，则皆竭天下之力以养一人者也。第四期之教材，则近取即是，可毋赘言矣。

虽然，此特其大略已耳，捃摭所及，述焉而未精，语焉而未详，一隅之见，无当大雅，其必赖熟于国故之君子，本上下古今之眼光，济以改造国民思想之宏愿，就平时实施教育之心得，依据新学制系统草案，酌定中等教育历史之教程，编成善本，以饷学者，则中国史其辟一新纪元乎？最近吴兴汤君济沧之国史课本，与鄙见合者十之七八，草创之功，不可没也。

（载《新教育》1922年第5卷第1、2期）

选择小学自然科教材之我见

甘豫源

溯自卢梭（Rousseau）创自然主义，教育之趋向注重直观。各国小学校，皆以自然研究一科，列为重要教材。逮乎近世，实用主义（Pragmatism）兴，而教育之趋向又变；且科学发达，故自然研究一科，更觉重要。起视中国，科学幼稚，普通人民，往往以自然现象之不可解者归诸神灵，故迷信之风以盛，方今盛倡平民教育，欲兴科学而戢迷信，自然研究一科，不可不加重焉。且以儿童之心理言，儿童自初生以后，日与自然界接触，其好奇好知之心，自必油然而生，于此时而以各种自然物为教材，自属适当。故自然研究一科，既为社会上所必要，尤能合儿童之心理，教育者宜注意焉。

然自然物纷纭繁复，教育者实不能一一列举而教之，即儿童日常所见闻者，亦不能于学校中尽举而授之，且穷物之理，本科学家专门事业，于儿童尤不能领悟，是以教育者当明儿童之环境及其心理，而择自然物与儿童之关系最密切者及其理之明显者，然后列为教材，是以教材之取舍，当力防偏而不全，繁而寡要，或深浅不当，种种流弊。兹据管见所及，述其一二：

（一）教材宜因时因地而异，小学校儿童想像、理解之能力尚弱，自然物之教授，须实物或实地观察及试验。如植物之成长，必按时节，而教授亦宜因时。且儿童临生发生之事项，教师尤宜投其所好而指导之，以助长其自动能力，此教材之当因时而异也。所谓因地而异者，如海滨异于大陆，城市异于乡村，上海近地之儿童，难以语山，大陆内地之儿童，难以语海。以儿童未得实地观察，故言之者虽津津有味，听之者仍茫茫然也。故此必待儿童智识渐增，想像渐富，或游历地点较多，然后能领悟，此则以儿童心理之发达而言。至于以社会之环境言，商业之都市，则教材之选择，当多以商业为设计之中心。工业之都市，则多以工业为设计之中心。农村则多以农艺为设计之中心。务使儿童亲熟其所处之社会。

（二）教材不宜多取于书本。坊间出版之教科书，既未能因时因地而异，且用之者每多依赖，致学生所学不能真切。书中所言，与社会所用，视为两途。社会上之谬见，仍不能损其毫末。予忆昔在小学时所受之功课，实不免此种感想。故小学校自然研究之教材，不必多求于书本，更不必坐守于教室，当从实地而求之，更当时予以实地应用之机会，使知与用合而为一。

（三）教材宜注意儿童在社会上的不能获得者。中国社会上程度尚低，如风、雨、雷、霆、疾病、死亡等原因，普通人民辄委诸神灵。故水旱之防备，卫生防疫之道，以及其他普通常识，均感缺乏。儿童年幼识浅，易为社会上邪说所欺，故教育者当考查社会上对于自然界各种迷信，于教授时特别注意，则社会斯有刷新之望已。

（四）教材宜注意生活的。学生中教授动植物时，每易注意于形态之观察，而忽其生活状况。即有中学学生，动植物学虽已学毕，而生物学上普通常识，仍属茫然，于小学校更甚。小学学生智识虽浅，然粗浅之生物学观念，于高年级学生已能了解，如植物与日光之关系，雉雁之能高飞，人之鸡鸭则否。由此观察，可知肢体不用，必致退化。非但鸟兽为然，人类亦正相同。又如各种生物之互相依赖，从实地观察，可得生物学上粗浅之原理，而其影响于人类之生活亦颇巨也，较之徒事形态上之记忆者，当更为有益焉。

（五）教材宜互相连络。小学生之生活，本混然一体。故小学自然科教材，不能用科学系统，而教时不免用列举主义。其流弊也，则前后不相连续，使学生觉繁而寡要，不易记忆。且自然界品类繁多，不免顾此失彼之弊，同一为生活上所必要者，一则言之反覆，一则阙焉不讲。欲匡斯弊，则当使学习化为生活，使教材组成自然统系。

（六）教材不可过于抽象或限于感官。儿童智识之发达，初由实物而至抽象，由事实而至原理。其经验以次扩张，教育者宜以次递进，过深则抽象而难明，过浅则粗泛而乏趣。故小学之自然科教学，虽重实物之观察，不可不予学生以思考之机会。至于问题之深浅，则视学生之程度而定之。

以上六项，不过就愚见所及，且但限于选择教材之理论。作者自知于教育上尚乏经验，不敢自信能行之无碍，是以就有道而正焉。

（载《江苏省立第二师范学校校刊》1922 年第 16 期）

编制混合心理学教科书的意见

舒新城

I

近来因为思潮变化的原故，许多教育者都觉得现在已出版的教科书有不甚适宜的地方，很有编制新教科书的趋向和要求。

书字上面加一教科两字，其性质必定和普通的书不同。大凡编辑一种普通的书虽然也有它特殊的目的，但其内容底观点，总以著作者本身底注意点为主，少顾及读者底客观方面——有些叙述纯粹科学的著作，完全表现著者个人底意见，别人看得懂不懂是不管的。教科书固然不能脱离科学底范围，所叙述的内容都要以科学为根基，但和纯粹叙述科学的著作不同。就是说，科学的著作底系统，教科书底应用，这是教科书和其他科学著作不同的第一点。第二，科学著作是发表个人研究的心得，材料多寡，次序排列，完全以著作者研究的态度和精神而决定，教科书底材料和次序虽然不能说没有著作者底主观性存于其中，但一定要以读书者底时间和能力为主要点。总括说来，教科书要将科学底系统和研究者态度同精神去迁就读者底能力、时间，并要顾及读者读了此书以后的效用。

因为上述的原因，所以编辑教科书时，最少有下列三项问题应当讨论：

1. 选择材料。

2. 排列次序。

3. 叙述方法。

教科书重在科学的应用，不重在科学底系统。有些材料在科学系统上是极重要的，但在教科书上可以弃置不录。例如维伯（Weber）底感觉律，詹姆士·兰凯（James Lange）底情绪律，在心理学的系统上，未尝不重要，但心理学的教科书却可以不录，因为这些定律和日常生活只有那些关系，与其费许多时间去讲这种定律，不如讲感情对于人生之效用还好一点。并且一种科学的发明，前后总经过几十年或几百年以来的学者底研究，一切要素都是一点一点的积起来的。要作科学家，自然对于已往的历史，都要件件知道，以为发明的张本，但我们教中小学生以科学的目的，不是要他们成为纯粹的科学家。是要他们于极短的时间，用经济的方法学得科学底重要原理，以为日常生活的应用。因此关于选择教科书的材料，我以为要顾及两事，即（1）适用，（2）精要。

选择材料要适用而精要，第一要明白学科底内容，第二要估定学科底价值。就是把学科底必要材料和教课的时间通盘筹算一番，然后按照时间的多寡、生活的需要，以估定这学科至少的精粹材料。关于选择教材，徐则陵《论编辑教科书之原则》有一段曾经论及，兹摘录如下：

“定夺一学程之至少精粹教材，照吾国今日情形尚可用两种方法：一曰标目发现次数定相对价值法。例如定地理教科书之至少最要教材，可拟地理教科书上应有之标目若干则，取十余年来数十种较有价值之报纸杂志，检查各个标目在各报纸杂志上所发现之次数，发现次数愈多之标目其价值愈大，所有标目可依发现总数而次第之。编辑教科书时得择其尤要者依年限长短、学生程度高下而支配分量之多少、记载之详略，此一法也。二曰专家同意定相对价值法，将所拟标目送交地理专家（多多益善，此法在十人以下即不适用）请其照己意用数目字定各标目之价值，照大小次第之，并指明地理教材内必要之各标目，得最多数专门同意者为至少精粹。用二法所得之结果照理想应相符，如其不符，以从第一法之结果为较稳。总之，非用科学方法，则教材之相对价值无从定，非依据用科学方法得来之标准而编辑教科书其内容不适用者必多。”

徐先生所讲的这两种方法，很可以作选择教材的标准，编辑教科书的人值得注意。

教材选定了，其次便要注意于排列。教材排列的方法可分两类。第一类教材简单、教授时间不多的单程教科书，可用两种方法排列，即论理的，心理的。第二类教材较多，须分作若干年教授的复程教科书，亦可用两种方法排列，即圆周法，直进法。例如师范学校教心理学只是一年的工夫就要教完，我们可以叫这种教科为单程教科。这种教科书编制的方法，有按照心理学底系统分作知、情、意三篇挨次直叙的，学者便于学习与否是不过问的。这种排列法我们算作论理的排列法。又如有些编心理学教科书的人，以为知、情、意的三分法太机械了，特把它底次序变换，先讲心意现象和作用，次讲心意作用的生理基础，这样以迎合学者心理为排列教材的标准，我们叫做心理的排列法。又如数学这门科学，在师范学校不是一年所能学了，必得继续学四年半以至五年，虽然教学总名之下有算术、代数、几何、三角等子目，但每年所学的都以用平常语言译解符号语言和用图形法表现数之关系为目的，所以我们叫做复程的教科。即以数学为例，普通教科书的编制，都是把算术、代数、几何、三角分开的，教师教学生也是把它们分开来教，有条不紊地继续进行。这种编制我们叫做直进法。但现在美国有位 Bleslich，他把中等学校的教学教科书从新编制一次，把代数、几何、三角混合一起。从第一年起便混教代数、几何、三角，第二、第三年仍然是如此，不过程度加深耳。这样的编制，我们叫做圆周法的排列。第一类和第二类的教科书及它们的排列法，也并没有一定不可混合的“鸿沟”，不过因叙述的便利把它们加以区别。其实第二类的教科书也可用论理的或心理的方法排列，第一类教科书也可用直进法或圆周法排列。

要顾到学者的利益，教科书的排列自然以心理的和圆周的为好。关于子目的多寡也不可不注意，所以我以为关于教材排列的方法，除上面所讲的方法，还有两个要件要顾到，即：

（1）系统简明。

（2）学习便利。

顾到系统简明及学习便利，教材排列起来，总可以少数重要问题为中心，统率其他连类的纲目使之互相发明，不至于庞杂无章，致学者无从摸索，徒费脑力。

教材底选择和排列都讨论过了，现在所要研究的是叙述的方法。从前因为太看重科学的原故，教科书上所用的名辞都是科学上的专门名辞，并且一般编辑教科书的人都欢喜用演绎的方法来叙述。我们只要把各教科书翻开过细一看，教学理化文法等等都是先用简短古老的文字下定义，然后再根据那定义来举例。定义和举例中间的文字又是古典的专门名辞。在编辑教科书的对于所编的科学曾经费了许多研究的时间，最少也要初学者对于那科的知识要高几倍。他们看来这种专门名辞本不算什么事，用演绎法去叙述科学也是一种简便而应当做的，自然没有什么困难。不知中小学学生平日既没有那多时间去研究专门的科学，并因知力不充分发展的原故，有些抽象名辞竟无法了解，无怪学生对于功课不留意而专门去看小说。有些教师总怪学生怠惰，其实教科书和教师所讲的都是他们脑筋中间所无的，勉强记了下去，又永不要用它，日常生活所不能解决的问题又不能在教科书上得个解决，这样，学生自然不愿意学科学。因此我以为教科书的叙述方法，也有两件事要留意，即（1）常识的，（2）归纳的。

科学是从常识抽绎而成的，用常识来说明普通科学，并不是不可能的事。叙述无论什么科学都用日常的事实来作例，讲完了例再归纳起来作科学底定理或原则，学生因为日常事实和他们旧观念相联络的原因，对于科学也容易记忆了。

Ⅱ

上面讲了一大篇，还只讲到教科书底性质和编辑的方法，还没有讲到本题。从这段起要讲我编辑混合心理学教科书的意见。这事可分作下列几节说明：

1. 我为什么要编辑混合心理学教科书？

2. 混合心理学教科书底范围。

3. 混合心理学教科书底内容。

我是经过初级师范、高等师范的学生，在师范学校的年数很久，因为教员变迁的原故，学心理学一共学过四次，但是每次所学得的东西，只是知觉、感觉、记忆、想像、感情、意志等等名辞，不仅毕了业在中小学当教员找不着用处，就是对于自己底行为也没有丝毫影响。当时我却很奇怪：以为心理学底效用是这样，大家为什么要学它？后来仔细研究，才晓得我所学的是知、情、意三分法的普通心理学，教科书无非只解释几个抽象名词，其他都不过问。这样要能把它应用到日常生活上，自然是不可能的。民国七年我在福湘女校教教育学和心理学，用张毓骢编的《师范学校新教科书》。这书很简单，但教到结果，学生所得的也不过几个抽象名辞。他们毕业后去教小学，实在没有一点用处。我以为这种教科书不甚适用，遂根据 H. H. Home 所著的 *The Psychological Principles of Education* 编一本《心理原理实用教育书》，虽然也是用知、情、意分编，但很注重于教授上应用。不过这书只说明心意作用的现象，所讲的极普遍，并没讲到儿童方面，师范学生拿来还是不适用。民国九年至十年我在湖南第一师范教教育学和心理学，因为在福湘所编的书不适用，便又仿桑代克《教育心理学》底体裁另编一种《教育心理学》，内分人之原始禀质、学习心理学、个性三编，很注重儿童精神发达的程序和教育上的应用，而很略于普通心理学。教到结果，很感困难，因为学生平日没有学过普通心理学，对于心理学一切名辞都不明了，讲义上既不注意于此，所有名词俱未加解释，所以讲授起来很不容易。经过这两次失败之后，我脑筋中间常有一种观念："师范学校的心理学教科书到底要怎样编？"讲到师范学生底需要，他们应当懂得普通心理学、儿童学、教育心理学，其他如变态心理、智力测验等，也不可不知道一点。要把这些科学都分门别类地独立教授，学生没有这许多时间来学，不分别教授又恐学生毕业去教小学，心理学的知识不够用。想了许久，想得一个方法。拟把一部教科书分作若干部分，以一部分，讲普通心理学，一部分讲儿童学，一部分讲变态心理学，又若干部分，讲教育心理学、社会心理学、智力测验。但过细配置，觉得合起来教材太多，分开来材料又太少，终非善法。后来看的 Bleslish 混合编制数学教科书，因想到心理学对于师范生既有这样需要，而他们底时间又这样少，为什么不混合编制？去年十一月和商务馆订约以后，便常常想怎样编辑，直到现在才决定混合编制，其中经过的时间虽然只有三个多月，但酝酿最少也有几年了。

我决定混合编制心理学教科书以后，第一个问题引起注意的，混合心理学教科书底范围怎样？要把普通心理学、儿童学、教育心理学、社会心理学、变态心理学、智力测验等等都包括在内，还是只择讲一二种；若要择讲一二种，又应该取那几种去那几种？我想这种去取的标准应当以师范学校的需要为衡。师范学生毕业后的职务，是去办小学校，到小学校去当教员。他们所接近的是儿童，所要明白的要研究的也是儿童；那么，师范学生最需要的是儿童学无疑了。但儿童学是心理学之一部分，虽然它底对象为儿童和其他心理不相混，但它所引用的名辞，大半是从普通心理学来的；并且普通心理学叙述人类心意作用一般现象，有助于儿童学的地方很多。所以师范生于儿童学之外，应当晓得普通心理学。又因为师范生学儿童学和普通心理学，目的是要拿到教育上去应用，而教育心理学中的学习作用，更为作教师者所不可不知的，所以师范生应当懂得点教育心理学。因此我对于混合心理学教科书的教材，以关于儿童学之材料为最多，关于教育心理者次之，关于普通学者又次之。其他如智力测验即附于个性的后面。又因为中等学生治科学其目的虽重在应用，但对于这科学最近的趋势和派别，也不可不有一个大概的观念，以为出学校有时间更求深造的预备，所以在第一章上并略述心理学史。至于神经系统的组织，五官的构造，一般心理学书籍都费了很宽的篇幅，为之详细说明；但我以为中等学校的教科书，不是专门讲学派的，用不着另立神经说（Theory of Nerves），只要说明精神作用之生理的基础就够了。其他关于神经构造，生理学教科书都要详细讲的，心理学教科书再略为说点就够了，可省点篇幅来讲精神现象。一部极简单的教科书内要包括许多的材料，实在是不容易的事，只好尽力选择求其能略近于理想罢了！

混合心理学教科书底范围决定了，其次所要讨论的便是选择材料和排列次序。教材的多寡和排列的先后实是两件很难决定的事。书局里编教科书，因为营业的关系，事事要顾及教育部底章程。据商务馆调查结果，只有张毓骢所编的《心理学教科书》销行最广，因为那书只有三万二千八百字，所以定新教科书的字数也只此数。我拿得这个限制去选择材料，竟至没有办法。据我调查所及，外国中等学校所用的教科书，一年中每周只要有三个小时的教授的时间，最简单的也有十万字以上（原文译中文估计的数目）。中国的学生为什么只要三分之一就够了？并且心理学对于学师范的学生是很重要的，这样简略，尤其不对。所以关于材料的选择，很费踌躇，无论如何决不能照预定的字数编辑，最少都要增加二分之一。教材底量既然预备扩充，排列的次序也很费考虑；最初拟分作十六章，后拟分作二十章，后又拟分作十四章，最后才决定作十章，为什么要分作十六、二十、十四章，当时都有很强的理由，只以过于琐碎，不去管它。所以只分作十章的，概括讲是为的系统简明，学习便利，现在把目录摘录于下，以供研究。

第一章　绪论

1. 历史 甲、十九世纪以前之心理学 乙、近代心理学之进步——①方法 ②对象 丙、心理学最近之趋势

2. 定义

3. 问题及参考书

第二章 精神作用之原始禀质（The Original Nature）

1. 神经系统 甲、神经系统之简单形式 乙、神经系统之复杂形式 丙、神经系及结合部（Synapse） 丁、神经系之种类——①感觉（Sensory） ②联合（Association） ③运动（Motor）

2. 人类之神经中枢及其作用 ①脑髓 ②脊髓

3. 教育上之应用

4. 问题及参考书

第三章 本能

1. 定义及分类

2. 自存本能

3. 传种本能

4. 教育上之应用

5. 问题及参考书

第四章 知觉

1. 感官 甲、视觉 乙、听觉 丙、嗅觉 丁、味觉 戊、肤觉 己、有机感觉

2. 知觉之发达 甲、空间知觉 乙、时间知觉 丙、错觉幻觉

3. 教育上之应用——观察注意

4. 问题及参考书

第五章 记忆及想像

1. 记忆 甲、记忆之性质 乙、记忆之方法 丙、记忆力之增进问题 丁、记忆在教育上之效用

2. 想像 甲、想像之性质 乙、想像之种类 丙、想像在教育上之效用

3. 问题及参考书

第六章 思维及行为

1. 思维　甲、思维之构成　乙、思维历程之分析　丙、演绎与归纳　丁、思想训练之必要　戊、教育上之应用

2. 行为　甲、意志之性质　乙、意志之作用　丙、意志之分类　丁、行为与知识　戊、坚强意志在行为上之效用

3. 问题及参考书

第七章　感情

1. 感情之性质

2. 感情之表现

3. 感情之功用

4. 情操

5. 感情在人生与教育上之价值

6. 问题及参考书

第八章　习惯

1. 习惯之本质

2. 习惯与本能

3. 习惯之养成

4. 习惯之破除

5. 习惯在人生及教育上之价值

6. 问题及参考书

第九章　学习

1. 学习之性质

2. 动物学习之大概

3. 学习定律　甲、准备律　乙、练习律　丙、效果律

4. 学习与遗传及环境

5. 习惯在学习上的势力

6. 学习之经济　甲、局部学习与全部学习之支配　乙、学习与行为　丙、继续学习与间断学习的效用

7. 学习与进步　甲、进步之条件　乙、进步与疲劳　丙、进步之限度

8. 教育上之效用

9. 问题及参考书

第十章　个性

1. 个性　甲、个性之本质　乙、遗传之影响　丙、教育之影响　丁、环境之影响　戊、心理上之一般变态现象　己、教育上之注意点

2. 个性之测验　甲、智力测验之意义　乙、智力测验之方法——皮奈西门　丙、教育测验之意义　丁、教育测验之方法——桑代克

3. 问题及参考书

Ⅲ

以上所列的目录虽很简单，但去取之间颇费时间。因为要顾到包括儿童学、教育心理学、普通心理学及智力测验等等，选材和排列，固然要斟酌。但为着混合编制的缘故，不再将各科分列标目，叙述的时候，更要注意。本书叙述的方法，大概都用归纳的方法，把常识解释科学；但这样只能顾到科学底一部分而不能混合说明，故于常识和归纳之外，更兼及发生法。这就是说，无论叙述那种心理要素，都从儿童讲起，再经过成人讲到教育上的应用。这样，儿童学、教育心理学等等都可顾到一点。

编本书目录的时候，曾经和数友人讨论过，但分量的多寡，次序的先后，未见得尽能确当，很望国内专家以及在师范学校教心理学的先生们过细加以批评。这书要到六月才脱稿，六月以前有所见教，还可以修改。这书每章后面教育有问题及参考书一项，是预备提出若干问题指定若干参考书，以便学生自习的。至于这书编成之后到底合用不合用，现在不敢预断，我个人曾经两次失败，这书或者要作第三次的失败呢！

十一年二月三日草于吴淞。

（载《教育杂志》1922 年第 14 卷第 3 期）

1923 年

出版与文化

臧启芳

一、出版与文化之关系

出版物的质量与文化的消长有特殊关系。文化异常进步的国家，出版必定特别讲求，特别发达。出版特别讲求，特别发达的国家，文化也必异常进步。出版和文化二者本来是互为因果，相互为用。如想提高国民的文化程度，非先增进出版事业不可。若想增进出版事业，也须国民有相当的文化程度。然而出版推进文化之功，终似大于文化提携出版之力。印刷精良，著品无穷，学术思想才容易传播，一般人增进智识的机会，才格外加多，这是显而易见的理，毋庸举证。欧美今日出版物之发达，言之殊足使人惊叹。无论那种学术，或那个问题，必一方面有许多专门学者著了许多专书，作了许多短文，从事讨论；一方面更有许多研究的人立了许多学会出了许多丛书，从事研究。虽平常一个工人身边总离不了出版物，其出版物之发达可知。再看看日本，其制度学术之所以进步，更与出版事业有重要关系。不要说日本学者自己所著的书报甚多，就是欧美书籍，日本人翻译的也不可胜数。往往欧美一出新书，不久日本就有译本。国民像这样努力，文化还能不增高么？

我国从“五四运动”以来，出版物总算一天一天的增多了，更有学会之组织，丛书之刊行。这些事业对于我国文化前途都极有关系。不过四五年来我国的出版物虽属不少，并不算多，就中且多犯错误、割裂、抄袭等弊病。然在过渡时代，思想免不了破碎，材料免不了缺乏，我们似乎不必以这些弊病为虑。但我国今日出版界的趋势非常卑下，所有著书人、译书人、学社、书局，以及一般读书人，若不洗心革面，改变态度，而仍像现在这样贪懒浮夸，我国的出版物必不能多，即多也不能好。开首鄙人说过了，出版物的质量与文化的消长有特殊关系。若要量多质美，非专赖国民努力不可。现在可以讲讲欧美人努力的方法。

二、欧美出版界之状况

曾到欧美走过的人，自然知道欧美出版物之发达。欧美出版物虽不能全好，总算很多，而其中好的本也不少，欧美人的努力盖不外于：

（一）学者之自勉；

（二）社会之鼓励。

学者自勉专赖乎忍苦耐劳和精细谨慎。就忍苦耐劳说，成书一卷常费力十年。近人罗斯（E. A. Ross）著《社会学原理》（*Principles of Sociology*）竟用十七年工夫搜集材料；勃来士（James Bryce）著《近世民治主义》（*Modern Democracies*）至于游历八国，费时六载；当年马克思（Marx）鼓吹社会主义，奔走数十年，始在伦敦著《资本论》；斯密亚丹（Adam Smith）未著《原富》之先，曾历游欧陆各国，归后复闭户三载，其书始成。这些例子最为显著，稍治社会学、政治学、经济学的人皆能知道，并非是鄙人随意铺张。惟因他们肯这样忍苦耐劳，所著的书籍才格外透辟精到，因而国家制度和社会文化都受了他们的影响。而且因为有马克思的《资本论》才引起许多赞成派与反对派的人来著书立说，谈论资本与劳力的关系。因为有斯密亚丹的《原富》，才使后世成了许多经济学专家，出了无数经济学专书。就是拿我国诸子百家的往例来说，差不多也都是殚精竭力，历有年所，才作成他们所作的书。忍耐苦劳这个资格，实在是学者所不可不具备的。

就精细谨慎说，著者对于一书之成常感谢一二十人，不是赖他们校阅草稿，就是赖他们批评文义。譬如著关于市政问题的书，必向许多城市探询切实消息，搜集可靠材料。著关于财政问题的书，必一方面向财政机关搜集统计材料，一方面向财政教授商榷意见主张。凡为著者所感谢的人多属大学教授和专门学者。至于著者自身，无不具有多年研究，半生经验，自然不用说了。

社会鼓励可以从好几方面来说。第一，学社的组织发达而完善。单就美国说，差不多每种科学都有一个或几个学社，其他讨论政治问题、社会问题或教育问题的团体更不可胜数。这些学社团体，有出杂志的，有印丛书的，有专搜罗讨论某种科学或某项问题的文字的。所怕社会一般人不肯研究，不能作出好书、好文字来；如肯研究而能著出好书，不至于无处出售。听说日本方面也因为很有几个组织完备的学社，才引起了著书人和译书人的努力。然则学社鼓励出版品的功能实在不能算小。

第二，书局眼光远大，印刷精速。欧美书局常能牺牲目前小利而印刷大部科学著述，实则收买此项稿本。虽一时不准获利，最后定有大利可图。因为科学是进步无止境的东西，后来研究的人且不得不读前人的著作。文化越进，研究科学的人越多，科学的新旧著作，也就卖的越广，书局焉能不获利。试证之研究经济学的人，到今日还得争买百余年前斯密亚丹、李嘉图（Ricardo）和马尔萨（Malthus）诸人的著作。一种科学如此，他种科学皆然。然而眼光短浅的书局只顾目前小利，不知道为自己将来的大利和国家社会打算，就不肯收买大部的科学著作了。书局肯不肯收买大部科学著作实与一国学术的进退有重要关系。像欧美书局那样眼光远大，很能鼓励出版品。再者欧美书局的印刷，不但精良而且神速，平常一千页或八百页的书稿至快可以在三五天内印出，至迟亦不能出三两个月，全书且差不多找不出一个错字。这真是既利于作者，又利于阅者，诚不愧为文化功臣。

第三，批评发达，批评的态度严正。欧美一出新书，学者争相批评。批评原具有两种功用，一鼓励出版，二监督出版，然批评文字必须以学理与事理为依据，方能引起多数人的讨论研究。批评态度必须严正，才能具有监督的效用。大概有批评来鼓励，出版物可多，有批评来监督，出版物可好。我们虽不可说欧美批评界全能尽鼓励监督之责，大多数批评家却是真能。

第四，社会一般人读书的兴会浓厚。一国大多数国民若有读书兴会，最足以鼓励出书。这是一个供给需要的道理。需要书籍的人既多，书局必喜欢收买书稿，书局肯收买书稿，著书译书的人也就多了。鄙人在美国时，见美国社会，几乎无人不喜欢读书。学校中的教授，讲师，学生，不用说了，就是在社会各界做事的人也多以余暇研究学问，再不然也是借书作消遣。通常家庭有家庭小图书馆，城市有城市图书馆。每当夕阳西下，各界工作的人完了事，多往图书馆里跑，所以美国公共图书馆阅书的时间也多半定在下半天及晚上。

从前边所说的情形看来，欧美学者既能那样自勉，社会又能那样鼓励，出版物焉能不多，焉能不好？现在莫论他人，瞧瞧自己，瞧瞧我们中国出版界的现状是个甚么样儿。

三、我国出版界之现状

我们不能说近数年来我国译著界没有苦心研究学问的人，也不能说出版品全都没有价值。然而他山攻错，贵乎略其长而评其短。我们若仔细一想，我国今日著书译书的人、学社、书局、批评界，以及社会一般读书的人实在各有各的缺陷。据鄙人观察，这些缺陷全与我国文化的消长有关，故不能置而不言。

著者译者的弊病很多，请就其大者分述于下：

第一是懒惰而好名。懒惰的弊病可以从出版物缺乏和破碎看出来。好名的弊病可以从言论浮夸看出来。只是懒惰而不好名，还有一个藏拙的道，就是永不作文。若好名而不懒惰，也可用点工夫，有点供献。惟独既懒惰又好名才足以遗害于社会，所以我把这两种弊病连带的举出来。科学著作原非积有研究不可轻易下笔，著作之时更须费尽穷年累月的苦工才行。翻译科学书也不是容易的事，一则译者须对于他所译的专科先有研究，二则译者须对于原文与译文十分思量。而且欧美科学著作多半是五六百页以至一两千页的大书，翻译起来必得很费工夫。著书译书既这样烦难，懒惰的人如何能办？但是你说他懒惰他偏好名所以不得不东拉西扯抄袭些破烂东西来欺骗社会。大概这种人著书的方法是“抄袭剽窃”，译书的方法是“裁剪割裂”。鄙人尝见某著者自序其所作之书谓该书系以某某西书为蓝本。著者既以西书为蓝本，何妨译而不著。反之，著书应当多事参考，断未闻可以仅用一两本书为蓝本的，这是著书只会抄袭剽窃一个证据。鄙人又尝见某译者自序其所译之书，谓原书冗长，故译本提纲节要，以利读者。实则西人著书章法文义大半谨严，若没有可以发挥的余地，必不愿过事铺张。假使可以像译者那样提纲节要的译出，著者尽可以提纲节要地著出，何必多费气力。这是译书只会裁剪割裂一个证据。再者，请问问我国今日有多少科学著本和译本，大概不论那一种科学总找不出几本有本有源而很完备的著作。不论看那一家书局的书目录，所载的多是零星破碎，不周不备的小册子。科学出版物如此残缺，能说负译著之责的人不懒么？而且试读一读这些破碎小册子，却多属浮夸的言辞，不是高谈主义，就是倡言创作，实则对于学理与事理说的全不透澈，能说这一类译著的人不好名么？

第二是趋时而贪财。我国古哲著书专讲究藏之名山，以待来者。窥其书之内容不是对于学术有特别发挥，就是对于世道有针砭功用。今日则不然。社会喜谈恋爱，就千篇一律皆作恋爱小说，并不注意人心世道的转移；社会喜谈社会主义，就报纸杂志皆言社会主义，也不计较国家社会的经济状况。所以然者，古人著书为传世，今人著书为卖钱。只要卖钱能多，他事都非所问。译书的人更往往揣测书局的心理译书，并不在思想学术上打算岂非怪事。从出版文字的粗率误谬上确可看出著书人译书人急于卖钱的情形来。

第三是崇拜偶像。提倡新文化的人们都反对从前我国著作界崇拜偶像的恶习，孰料他们自己也犯了这个毛病。现在译书著书的人多喜欢求当时名人给他们作序，并不问他们所求的那些名人研究过没研究过他们所译著的科学，也不管那些名人有没有工夫来看他们的稿子。许多时候被求的人虽没有工夫看稿子，因为不好拒绝情面，只得不问书的内容如何，随便作一篇恭维的应酬文字。你道这种弊病纯粹怨译书人和著书人么？这乃是社会奖励这种习气的毛病。就书局说，常常欢迎有名人序文的稿子，就买书人说，也每每因为有名人序文他才购买。著书人揣度书局的心理，书局揣度买书人的心理，如此转相揣度，就养成了崇拜偶像的坏习气。推其流弊，著书人、译书人、书局，差不多是要借名人招牌欺骗社会；好替人作序而无暇阅稿的人每每恭维失实，遗害社会；至于购书人不看书的内容而专信名人序文更容易上当。如陶君乐勤所译的《政治经济学》（此书系法人季德所著，有英文译本名为 *Political Economy*，为今世经济学名著）错误的地方实在不少（参看下文），蔡孑民先生给他作序竟说译文必能合于信、达、雅三字。买这部书的人若是对于经济学没有根底，颇有受害的危险。鄙人深愿给人作序的人多加谨慎，以免遗误社会。

第四是不务实际。思想、学术、制度之产生都与环境有重要关系。著书为文完全不顾当时当地的环境就叫作不务实际。试看看我国近年的出版品实在多空谈主义，无补实际，不然像租税问题、币制问题、度支问题，不都是很重要的经济问题么？像省宪问题、人民参政问题、市政问题不都是急待讨论的政治问题么？像人民生计问题、社会教育问题、贫民救济问题，不都是迫不容缓的社会问题么？为什么竟全找不出很完备而可资研究参考的专书？出版界照今日这样虚夸浮躁，作文时一味搬请外国圣人，征引新颖学说，以眩惑国人，虽一天出书万卷也不能解决国家社会的问题。而况大家都是疏懒成性，并不能作出多少书来！

第五是著书之抄袭。自命新文化运动者的青年往往摭拾西文书一两段，略加改窜，便作一篇时髦文字。再不然就是拿一两本西文书，裁剪裁剪，来凑一本小册子，我的朋友周守一说："三年前我在《新青年》上曾见过一篇关于唯物史观的文章，完全是从席玄格曼所作的《经济史观》第一章译出的，然作者并未附原著者姓名，也未用引用号，这真成为文字上的诈欺者，智识上的盗贼了。"抄袭毛病犯到这样利害，我们还能希望出版品有价值么？

第六是译书之错误，犯这种毛病的人实在不少。今请就鄙人最近所看见的略举出两三个例子。

一、陶乐勤君所译的《政治经济学》几乎页页都有错误，译书第三页有："各种科学，虽得划分界限，然其目的，均为人类社会，犹之地质、动植物等科学其间不能划一明线。"然原文的意思是"各种社会科学虽得划分界限，然其目的均为人类社会，不似地质、动植物等科学，其间可以划一明线”。又译本第五页有：“天文家可预言万年内之日月蚀，约占二分之一”一句。实则原文是说：“天文家可预言万年内之日月蚀，虽一秒钟也不能推差。”若不然“约占二分之一”这句话怎么讲呢？又第九页译演绎法为归纳法，错误更大。

二、赵蕴琦君所编，张慰慈先生所校的《美国政府大纲》第三十九页述美国宪法修正案有“第十六条规定入口税的征收”一句。

大概凡看过美国宪法修正案的人都知道第十六条修正案是规定所得税的征收，原文为 Income tax，怎么能认为入口税？

细察译者所以有错误的毛病不外三种原因。一种是译者西文智识太浅，简直未明白原文意义；二是译者与校阅者太忙，太粗心，不加仔细；三是译者喜欢直译，用欧化的语体文把原文意思弄错了。

第七，直译与意译之弊病。直译最大的弊病是译文生涩，甚且不通。鄙人读国人的译品往往煞费思索，尚不明了其意义，及阅原文竟明白了当，没有什么难解之处。读译品而感受这痛苦的恐不止鄙人自己。这岂是学理艰深，文字巧妙的缘故，也不过欧化的语体文把人套住就是了。再像赵蕴琦君的《美国政府大纲》译 Omnibus bill 为“搭客车的议案”，译 Log-rolling 为“滚大木”实在太难。该书第九十六页有：“在搭客车的议案里面，滚大木的事是很多的”的一句话。试问不懂译文的人看了这句话，能不能明白是什么意思？恐怕研究政治学的人，不见英文原字，也不能明白这句话的意思。原来 Omnibus bill 乃是“杂支出的议案”，Log-rolling 乃是“利益交换”的意思，我们何妨说“在杂支出的议案里，利益交换的事是很多的”。照这样说法，阅者总可明了这一句话的意思。

直译有病，意译也有病。意译最大的弊病是割裂抛弃。译书人所借口的理由是节译与撮要，实则多属偷懒，再不然就是译不出来。这种例子不一而足，可以不必举了。

讲过著书人译书人的缺陷，可以讲讲我国学会或学社的缺陷。简而言之，今日各学社通犯三种毛病：一、组织不坚，二、负责不专，三、阅稿不细。学会或学社的组织本以提倡科学，鼓舞出版为目的，非集合多数学者，筹措充足基金不可。所以然者，提倡科学鼓舞出版乃是关系国家文化的要图，不可不有宏大的规模与永久的计划。现今国内各学社那一个有充足基金和齐备人才？因为基金不充足，人才不齐备，才不能支持久远，这是犯了组织不坚的毛病。学社审查书稿必须有专人负责，研究哲学者须专审查哲学书稿，研究政治者须专审查政治书稿。现在一个学社往往只有几位研究教育的人，就要校阅各种科学稿子。而且他们并不把责任分配清楚，使某人专校阅某类稿子，只是有几个人称名阅稿，等到稿子来了，竟无人校阅。实在犯了责任不专的毛病。再者，阅稿的人须有充足光阴，认定阅稿是他的正当事业，才能对于书稿的好坏仔细品评，对于译文的正误加意审查。像现在各学社负校阅责任的人往往非常忙碌，对于书稿的好坏正误简直没有工夫细看，也是一件大毛病。

学社的缺陷既是这样，再看看书局的缺陷如何。前边说过了，欧美的书局眼光远大，印刷精速。我国的书局恰与之相反，就是眼光短小，印刷迟缓。书局是营利性质，我们原不必因其惟利是图而加责备，但是营利亦自有道，倘能眼光远大，不囿于目前小利，而具一种提携文化的心思，结果必收利人利己的大功。今日我国书局虽不乏稍具眼光者，而眼光终属短小。至于提携文化，利人利己的事情就不见得真肯实行了。说到印刷的迟缓最足使人惊异。听说页数稍多的书总得一年工夫方能印出。印刷像这样迟慢，实在与文化的发展大有关碍。

著者、译者、学社、书局，虽各有各的短处，我国社会一般人之不喜欢读书也是一个极不好的现象。农工两界本多不识字的人，如何能读书？商界虽然人人识字，全没有工夫读书。至于政界的人，惟知钻营奔走，那有研究学问的时刻？我国本有一种不农不工不商不政的人，似乎该有读书的工夫，那知他们不是吃喝嫖赌，那就是游手好闲，断没有读书的。稍稍读书的只是学界的教员和学生。不过我国中小学教员往往担任钟点过多，每天除上课而外，也就没有多少余假。大学专门教员又多属兼跨政学两界，下课以后无不生活在政界应酬场中，绝少读书机会。至于学生，多存混资格的思想，而无求实学的意念，所以但愿在考试时要求范围，不愿在平素稍用苦工。加以作教授的每每学识浅陋，性情懒惰，也乐意随学生自便而不能指导学生令其多读参考。学生一旦卒业出校，就算与读书宣告离异，再也不求重见。大概每人此后一生的荣枯全定于有没有钻营奔走的能力了。如此看来，教育界中肯读书的人也不算多，就说我国全国人人不学，亦不为过。只因有人人不学的社会才养成前边所说过的那种种毛病。

最后对于我国批评界还有两句话说。批评可以鼓励出版与监督出版前边是说过了，但我国批评界往往丧失学者态度而别有两种特殊现象，就是谩骂和恭维。批评学术本当不越乎学术范围，方合学者态度。国人批评常因挟嫌或立于反对派的原故，牵涉个人私德而肆口谩骂，试一检阅报纸杂志，此类之往例甚多。商榷学理是何等郑重的事，偏效村儿口角，泼妇骂街的行为，岂不难堪。反之，则又互相标榜，胡乱恭维也未免不成事体。批评原所以求鼓励与监督，今除了谩骂就是恭维，那会有鼓励与监督的功用。

四、结论

本文说的不算少了，今请总括全文把鄙人的希望简单申述一番。第一希望国中有能力的著者译者忍苦耐劳，多卖力气，译著系统完备的科学书籍；还希望能力薄弱的著者译者暂且少作文章，多读书报。第二希望有组织完备，规模远大的学社出现。第三希望书局放大眼光，立在文化之前，不专以营利为前提而多作点促进学术，鼓舞出版的事业。第四希望全国各界人士竭力节省浪费的光阴来读书阅报，以增长个人学识，提供社会文化。最后希望批评界勿忘批评功用，而尽量发挥其正当批评的本能。鄙人所引为隐忧的只是我国今日出版界的趋势，此趋势一变，出版物的量必定比现在增多，出版物的质必定比现在优美。否则，量少而质劣，文化进步，如何可期？

（载《学艺》1923年第5卷第6期）

学生与出版物

李栋章

学生与出版物关系，差不多人人都知道，不待要我来说。但是一般人所说的，学生与出版物的关系，大概是指着学生看出版物，或读出版物说；然而我现在所要说的，并不是指着这方面，是指着学生自己发行出版物说。学生看出版物，或读出版物，固然是重要；然而我以为学生自己发行出版物，更比较的来得重要。这是我与大家不同的一点。至于我为什么这样说呢？我现在把我的几条很浅薄的意见，写在下面：

（一）养成自己读书的习惯（habit of self-study）。我们中国的学生——我亦是一个——最大的毛病是死抱着几本讲义，或课本，用全副的精力来揣摩，以为只要能够了解讲义、课本，学生的能事，算是尽了。至于课外的书籍、报章、杂志，是总不肯涉猎的。可叹！可叹！不知道这学问的广漠渊深，那真是所谓“浩如烟海”、“密若宝藏”了！讲义，或课本，不过是航这个大海的南针，和开这个宝藏的钥匙。我们借这种南针，去航那个大海，和借这种钥匙，开那个宝藏，倾毕生的精力，也不过仅仅得着千万分中一二，那的还敢因循懈怠呢？但是这些利害的关系，当学生的未必不深知道。然而人的普遍性，多半是因循不前，不受外界的激刺督率，是很少成功的；固然是有一些的例外，那真是“凤毛麟角”了。这学生自己发行出版物，就是外界逼迫自己读书的一种好方法。因为学生自己发行一二种出版物，每人轮流的担任编辑，投稿。好读书的学生，借这种机会，多读些课外的书，即使不好读课外的学生，亦不得不东翻西阅，去搜罗他的出版的材料，也可多读几种课外书。假设他不如此，他就不能应付轮到他身上时候的出版，于面子上太下不去了。学生是智识界的中坚，最讲面子的。像这样勉强涉猎下去，久而久之，不知不觉就养成了自己读书的一种习惯。出版物也发行了，书也读了，其不是一举而两得吗？

（二）养成办事的材能（managing ability）。“言行一致”是一件很难的事，大半的人，只能坐而言，不能起而行哩，尤其是学生。我常常遇见一般学生，与他们接谈，个个都是“议论风生”、“头头是道”。调查他们的成绩，人人都是“穷古通今”、“卓尔不群”。我想着像这样的一般学生，将来出而应世的时候，一定是有莫大的贡献，惊人的成功。那晓得大大的不然，他们一出学校门，与社会相周旋，着着的失败，件件的灰心，甚至于有些度量较狭的青年，因为失败灰心，以致轻生自杀的，也不知道有许多！这并不是他们的学识不能够应世，只是他们办事的经验，实在是太缺乏。我们想免这种弊，学生自己发行出版物，是一种绝要的方法。因学生在校内，很少练习办事的机会。发行出版物，是一种很繁难琐碎的事，像投稿、编辑、校稿、付印、发行、交换……手续太繁，都是要潜心静气来办的。我们借这种机会，可以长许多的阅历，受莫大的教训，照这样的慢慢练习下去，到一旦出校门，同社会相周旋的时候，虽不敢说如何的成功，然或者也不至于再有大失败。

（三）养成独立的精神（independent spirit）。现在学的学生，除掉上面所说的两种通病外，还有一病是缺少独立的精神。这种病是对于教授所讲授的，一意的服从，不敢非难，怀疑一下，甚至于有墨守师说，同旁人分门别户，惹起一些无味的争端。我国的思想、学术，所以没有多大的进步，这也是一个很大的原因。我并不是说教师所讲的，学生不应该去信仰，不过教师有时也有错误的处所，假设我们一意地服从，岂不有累我们的终生学业吗？就令教师所讲的是都对的，我们也应该将他们所讲的，发挥光大，进一步的研究，不应该故步自封。况且学问又是月新月异的，是相对的（relative），不是绝对的（absolute）。师生是互相研究的，不是彼此承授的。这是一种服从，还有一种，就是盲从病。像现在的新思潮、新理想，真是风起云卷，多不胜数了。一般惊新的青年，像疯狂一般的，奔命的去盲从他。不知道新思潮、新理想，是应运环境而起的，适于甲地的，未必适于乙地；合于今日的，未必合于将来。所以我们对于这些东西，不得不过细思考一番。总而言之，无论对于什么事情，都要有我在，不能够仅仅的盲从的，服从的。学生自己发行出版物，也是一种免除这种病的好方法。因为借着出版物的机会，师生的疑团，可以互相问难，对于外界的思潮学说，可以彼此批评，常常的像这样做下去，那独立的精神，还有说不能培养好的，我不相信。

依照上面所说的看来，学生自己发行出版物的利益，真正的足以补助学校教育缺憾地方。这不过是我个人愚见，至于究竟对不对，我也不知道。我也就此搁笔，读者诸君，请再会罢。

十一，十二，二七。

（载《江汉潮》1923年创刊号）

呼呜小书出版之难也

村　鸥

书报出版，诚非易事。余初固不知其难焉，自与友辈办《钟声报》，乃得一大教训。式样不新奇，不足以使读者盼。稿件非有名者作，不足以号召。资本不丰足，不能以持久。同事非知心，不足以团结。其他障碍，不一而足，固非片言所能解决者。然以上述而解决之，已过半矣。仆今编此，宜其可以善之者，奈何才疏学薄，不足孚读者望。身弱事忙，又不能尽力于兹，是为病耳。然既允友朋之托，亦不胥敷衍塞责。小报前途，当逐步改良，期以副爱吾诸公之雅望耳。今将王君村鸥稿，所论极是，兹录于下，盖亦作以借镜也。尚乞读者诸公有以教之。十二年双十节，鄂常识。

余去冬过申江，于访顾公佑敏（本报主人），蒙晏我于老半斋。慷慨卓荦，令人倾心下拜。别后光阴，又是一更裘葛。记去冬余来，正小报呱呱坠地时也。今已将一纸而编辑为书，顾公何亦许子之不惮烦耶。虽然，销数已达二千份之多，顾公犹自谦内容羞涩。顾余撰述，余学劣笔钝，有诸子专美于前，不敢续貂于后也。呜乎，近来著作家，积千累万，骚坛赤帜，海人茫茫无非说鬼谈狐，欲出风头者多。牛鬼蛇神，奔于笔底者，鲜有之矣，亦板桥先生所谓不遇秦烧，终归孔炬耳。

恐儒林艺苑，争睹无人，此顾公所谓小书出版之难者一也。近来编辑家，多半以希望标题某报某人为编辑主任，以为名震寰宇，荣宠一时，绝不讨论修饰。夫点缀之工，在乎编辑，编辑不良，则全功尽弃，此顾公所谓小书出版之难者二也。近来看小书家，一登书肆，则先视其书面，绘画得丰采何如。入手便先揭阅目录，审定是何人著述。兹海上有虚名者，无论其作之佳与不佳，购之而去。或真有贾谊之哭，阮籍之悲，竟尔掩目而走，此顾公所谓小书出版难之者三也。呜乎！著书无笔，编书无准，看书无瞳，欲其出类拔萃，乌可得哉？余盖谓顾公之所忧且深矣，公之所见且明矣。公之所供职于小报者，何其热忱毅力有如此焉？若此是不难得辅佐以成是书，小报为小杂志之明星，当可拭目以俟之矣。文章未泯，不妨著书无笔。热毅未灰，不妨编辑无准。耆宿未死，不妨看书无瞳。求有虚名之綦，宁使凭他掩目而走，君子不易其志。小书出版之难者，又何患焉。

（载《小报》1923年第9期）

禁淫书之我见

凌 云

上海某校发现学生在寄宿舍阅看淫书之事，函请省教育会设法取缔坊间发行淫书，斯真治本之法。

第淫书之禁，非一日矣。淫书之出版亦日新而月异，几有禁不胜禁之势，况学校青年甫当成年之时，血气未定，情窦已开，以淫书为导火线，不独逾检荡闲，抑且贼性戕身，害至巨大，总其害之结果有二：

一、手淫。其害为片面的消耗，及无限制的纵欲，酿成虚痨、贫脑、体弱、夭折等症，此为安分学生所犯者。

二、野合。其害为不道德行为，及逾越范围之兽欲。酿成痨瘵、肾亏、梅毒、夭折等症，此为不安分学生所犯者。

淫书之害如此，实为学校青年之一大劲敌，以我所见所闻，购阅淫书不独男校然也，即女校亦有人手一编者。其戕贼男女青年之身心性命，害且甚于洪水猛兽。某校之请求禁止发行，实为当务之急，惟法律有时而穷，吾以为继法律之后者，除严禁学生购阅外，须加以切实之开导。

禁淫书发行为治本法。

不准学生之购阅淫书为治标法。

余以为能与学生为切实之开导，尤为治本之治本法。

何以言之？禁淫书为法律问题，然死灰有时复燃，故淫书未尝弛禁，而淫书仍暗中活动不已也。

禁学生购阅淫书为事实问题。在校时固可以强制，离校后，学校方面尚有何法以制止耶？

惟切实之开导为感化问题，可以说明青年时期之重要，与淫书之弊害，以及淫书种种之诬妄，与不宜阅看之理由。吾意受教育之青年，智识当然开通，脑筋自较清晰，必能容纳忠告，幡然悔悟；不惟可以绝不寓目，即陈列在前，伊等亦必毁弃，充其效果，或可转劝他人勿犯同样之病，此诚根本解决法也。况一方面厉行禁止，庶几淫书之祸，可绝迹于天地间矣。不知世之操教育权者，亦以余言为然否？

（载《申报》1923 年 10 月 1 日）

取缔无聊印刷品之我见

正

吾国出版界，近来消沉极矣，目下风起云涌，盛极一时者，厥为小说杂志与小报。以上海一埠而论，不下数十种，或三日一出，或一周一期。每行于道途间，见小贩所持此种出版品，纷披手中，令人目迷。吾人苟眼光短浅，睹兹现象，当不胜乐观。中国文艺之勃兴，其在于斯乎？但一考究其内容，则每令人掩目，舍一二种研究艺术可资消遣者，尚有阅览之价值外，余均不足观矣。无聊文人，集合三四，所语均无关宏旨，有以詈骂他人为能事者，有以诲淫导恶为目的者，不论青年受其贻害与否，只图销售之发达，此等出版人之心理，固不可问。吾独怪夫负社会风化之责者，曷不加以取缔耶？

吾意一地方之出版品，足以代表一地方之思想程度，果思想而清高，则其出版品亦随之增高价值。关心公益者，幸速组织团体调查此事，加以取缔，匪特与风化有关，亦文艺界之福也。

（载《申报》1923年12月17日）

书店店员和国语

ㄏㄡㄐㄧㄛ

店员，是任何商店里专属于营业上底一种职员，营业底发展与否，关系于店员应付顾客底责任，不消说是很重大的啦！

当面的应付，自然少不了“口语”这个宝贝，可是，只会说上海话底店员，遇到了一个广东人，如果彼此不能懂得对方人底说话，将怎样应付得好？从前有个北方人到南方来买“湖笔”，甚么“狐皮”、“虎皮”、“和璧”、“花边”，一个南方人和他这样的缠扰了半天，还是牛头不对马嘴，后经写出了字来才得明白。如果做买卖时，要这样地打口头官司，顾客或者不耐烦地，早已跑走啦！

或者说："要应付异方人，懂得异方的话就好啦。"这话固然不错，可是中国不知有几千百种的方言，一个人都能学得会吗？即使学得会，在"职有所专"底店员，也大可不必！那么，应付又要好，方法又要巧，怎么办呢？我说：惟有学习"国语"！

试看，凡是跑跑码头的旅客，对于北方官话，不但大都会听得懂，还有会半三不四地说几句的（北方人更不必说）。国语就是改良的官话，如果会了，说出来又漂亮，又省事，而在应付顾客方面，自可得到许多的便宜！

而且，书店和别种商店有一点不同。书籍是一国文化底表现物，同时也是传播文化底工具（毫无价值的滑头书，自不能同样地看待），所以书店也是一种宣传文化底机关，书店店员就是宣传文化底使者！要不辱这个使命，又少不了"国语"这个应用的利器啦！

还有一层：店员不但要做"一手交货，一手交钱"底呆板生活，对于本店底贩卖品，至少总得知道它一点性质、内容或使用法……底大概，国语的书籍，现在无论那一家书店里至少总有几种啦。店员如果懂得了国语，这在营业底推广上，你想，又有多少的益处！

总之，从书店店员自己底生活上看来，从对于本店底营业上看来，从对于社会应尽的责任上看来，都有学习"国语"底必要！国语，国语！想列位久耳它底大名啦！如果还和它少于亲近的，请快快和它行亲密的接吻礼吧！

一九二三，二，二六。

（载《中华书局月报》1923年第6期）

编辑课本

仁

书本为增进智识之源泉，然其劣者，乃导人于迷境。有如灯之不明，安能行路？唯有陷于荆棘中耳。

中医数千年之学说，宁无精义？但书籍既多劣者，间出杂驳不纯之论，所不能免。非下一番抉择选辑之功，不能达明白康庄之路。有识者久见及此，然迄无具体编辑课本之计划者何？则曰：任事不勇，苟安而已。

自今以往，愿吾医界奋发精神，从事于此。读书临证，念兹在兹。日知其所亡，月无忘其所能。如是，则编辑课本之事，期之一年二年以及三年五年，必有告成之一日。勉旃毋怠。

（载《江苏全省中医联合会月刊》1923年第14期）

再论编辑课本

仁

课本之当编辑，所以为后学树之准的者，已言之矣。其编辑之道，谨述意见于下：

（一）采古。中医书籍浩繁，精华不尠。此无限之宝藏中，大有足启人智慧、增人学识者，而其尤著，不外《内》、《难》、《伤寒》、《金匮》诸书。传讹者固有，但当采掇其佳者，大足为人师法。可取其原文，分别段落，便于诵习。或取其意，而易其文，然以不离于真理者近是。

（一）取新。吾国古医籍，于论治臻乎上乘，谅非此日之西医所能望及。唯于脏腑部位，每多误会，此无实地解剖之过。关于此项生理，似宜采取新说。而药品陈陈相因，固有宜采西法以制之，提其精粹，编药物时，尤宜抉择精当，引证真确，而后医药有功，一破数千年蒙混之积习也。

（载《江苏全省中医联合会月刊》1923年第15期）

对于编辑新制小学算术教科书的意见

杨逸群

（一）绪论

我国小学制度，本定国民学校四年毕业，高等小学校三年毕业。自从民国十一年十月第八届全国教育联合会会议在济南开会之后，于是始将旧制小学，改为六年的新制小学，无国民和高等之分，而统称之为小学校，不过前四年称做初级小学校，后二年称做高级小学校罢了，但是学制既经变更，于是影响到教科书的编辑问题，非常之大。一般教育专家，曾于去年十二月初在南京开会讨论新学制课程纲要问题，并推定小学课程纲要起草委员编制各科课程纲要和最低限度，俾编辑教科书的人有所根据。当时编制算术科的课程纲要委员是俞子夷君，他所定的该科课程纲要，是分初级和高级两种，我们可在商务书馆编辑的《新学制学校课程说明书》参考而知。自从算术科有了这个标准之后，于是编辑新制小学的算术教科书，始有根据。但是编辑一部书籍，很不容易，对于小学校的书籍，尤其难于编辑。我在四师附小教学数学科有年，兹将平时经验所得和理论所悉，对于编辑该科教科书的意见，分选择教材和编辑方法两种，分述于下：

（二）选择教材

（1）须注意教学的目的。凡一种教科书，都有一种教学目的。我们编辑教科书的时候，首先要认定目的，而后方可着手，否则编辑的教科书，必不适合于实际教学情形。算术教学的目的有三：第一，授以生活上必需的知识；第二，使知计算方法的应用；第三，练习他们的思考力。这三种教学目的，是编辑算术教科书最宜注意的。我曾教过数个书局所出的算术教科书，也曾参观几十处学校所自行编辑的算术教科书，他对于以上的三个目的，虽能顾到，可是非失之过于高深，即失之过于繁琐；所以问问一般教学算术的先生们，没有一个不说算术教学，真是困难。这并不是我故意暴露教学算术者的短处，我们要图教育的进步，非尽量发挥教育的短处，不足以图改进，何况算术呢？所以我对于编辑新制小学的算术教科书，觉得第一要把教学目的弄清楚，那末编出来的教科书，方适合于实际教学情形。

（2）须适合儿童的心理。现在各处小学所用的算术教科书，大都采自各书局所出版的。编书的人，既不一定亲自教过小学，对于儿童的心理怎样，学习能力怎样，都不去过问，完全以己意为之。所以教学算术的人，没有一个不感受学生不懂的困难，只得自己抽出时间，重编课本教学。而又迫于时间，不能够编得完善，这真是我们编辑界的一个大缺憾！我以为编辑算术教科书，当以儿童做主体。教材性质、问题选择，第一要儿童的知识能了解，第二要儿童的兴趣能提高，第三要儿童的能力能运用，第四要儿童的思考力能养成，第五要儿童的办事力能造就，这才可以达到上面所说的教学目的。假如敷衍了事，这种书编出来有什么价值呢？

（3）须注重生活的材料。算术教学的第一目的，是授以生活必需的智识。但是什么是必需的？什么是不需要的？我们编辑算术教科书时，不可不加以注意。倘把不需要的编辑在内，对于学生学习时间，既不经济，对于儿童脑力方面，又多消耗。所以材料上的选择，宜适合于普通社会的需要。依目下社会情形而论，算术上生活必须的材料，像度量衡、货币、年、月、日、邮寄、电报、交通、款项、租税、股份、公债、保险、买卖以及寒暑表、几何形体等等，都是日常所必不可少的，那末编辑的时候，应当随材料的性质，支配于各学年之中。

（4）须有提起兴味的材料。兴味教育，是努力教育的基础，不能引起儿童的兴味，怎样能引起儿童努力学习的动机？所以算术教科书的材料，当以含有兴味为主体。但是兴味的范围很广，到底以何种为界限呢？不可不先研究一下。依我看来，像自然现象、历史、地理、理科、手工、缝纫、家事等等，都可随材料的性质，编辑于各种方法之中。而对于游戏材料，尤能引起儿童的兴味。倘能照这样编辑算术教科书，那是一定能适合儿童心理的。

（5）须有陶冶公民道德的材料。修身教学，注重公民道德的陶冶。算术教学，骤看他似和公民道德的陶冶，毫无关系，其实算术教材，像勤俭、劳动、慈善、储蓄、国货、国债、人口、国家、世界等等，都可摆在练习题之中，俾学生练习，练习长久，他对于公民道德的智识，于不知不觉之中，自然可以陶冶完全。所以对于公民道德的材料，当编辑算术教科书时，须择最关切要的，编入书中。

（6）须删除重复的材料。从前的旧算术教科书，重复的地方很多，例如：商务书馆所出版的《新算术》，第二学年的教材是分数、百分法和利息，第三学年又有分数、百分法和利息。在编书人的意思，以为采取圆周法，可以得到回环复习之妙；然而我曾教过这部书两次，觉所得的效果，适成一反比例，弄得学生的脑筋，错杂而无头绪，混淆而无系统。即就分数一部分说，《新算术》第二学年第一学期开始是教学公约数和公倍数的求法，到第三学年第一学期又教学最大公约数和最小公倍数的求法，骤视之，诚可得回环复习的妙用，然而学生的脑筋，为他混淆错杂了。况且求最大公约数和最小公倍数的法则，未见得难于百分法和利息，但是百分法和利息倒在第二学年第二学期教了，求最大公约数等法，反在第三学年第一学期教学，难的先教，易的后教，不适合儿童智力发达的顺序，孰甚于此？我曾为了此试验过四班学生，前两班是用商务书馆所出版的《新算术》教学的，后两班是用我自己编辑的算术教学的（见后面编辑方法中），觉得前两班毕业的算术成绩，不及后两班的好。前两班到毕业时，往往对于各种方法常多混淆不清。后两班教一种法则，就明了一种法则。因为我的编辑主旨，对于教材的排列，是采取直进法；对于问题的支配，是用圆周法，所以学生学了一种方法之后，都能彻底明了。而已经学过的，在问题中，又有时常复习之机。这种编辑方法，固不敢自谓合辙，但新制小学，年期缩短，教材的排列，删繁就简，非采取直进法的编辑，不足以教完。问题的选择，回环兼顾，非采取圆周法的编辑，不足以熟练。按之儿童的学习心理和教育的原理看来，这种方法，是很合乎新制小学的。

（三）编辑方法

（1）教材的排列须根据智力测验的结果。从前旧制小学的算术教科书，其不适合于儿童心理，已如上述。但现在商务书馆所出的《新法笔算教科书》和中华书局所出的《算术课本》，到底如何？俞子夷君所定的《算术课程纲要》，又到底怎样？我们尚不得而知。惟就《算术课程纲要》和商务书馆、中华书局所出版的算术教科书看来，教材的排列，除初级小学四学年的编制大致相同外，其余高级小学五六学年教材的排列，那就各不相同了。《算术课程纲要》定的教材如下表：（参考商务书馆的《新学制学校课程说明书》）

第五学年	（1）同第四年，加四则练习，诸等小数、分数、百分初步的教学 （2）明了分数化法，分数和小数的关系，分数、小数和百分的关系
第六学年	（1）同第五年，加简利法、简比例、求圆积等 （2）明了百分法的应用……

商务书馆所出的《新法笔算教科书》教材的排列如下表：

第五学年	（1）整数和小数 （2）十进诸等数（附求积） （3）非十进诸等数 （4）万国权度通制 （5）各国度量衡币 （6）整数的性质（大公约，小公倍）
第六学年	（1）分数 （2）分数和小数 （3）诸等数的小数和分数 （4）百分法（利息附内） （5）比例 （6）簿记

中华书局所出的《算术课本》教材的排列如下表：

第五学年	（1）整小数的四则 （2）十进复名数的四则 （3）求积 （4）分数四则 （5）百分法和利息
第六学年	（1）非十进复名数 （2）比例 （3）外国度量衡币 （4）求积

我们统观以上的三表，各书的教材排列，先后各不相同。像《新法笔算教科书》百分法和利息是在第六学年教的，《算术课本》百分法和利息是在第五学年教的。再看非十进诸等数，《新法笔算教科书》是在第五学年教的，《算术课本》是在第六学年教的。又看外国度量衡，《新法笔算教科书》是在第五学年教的，《算术课本》是在第六学年教的。更看簿记法，《新法笔算教科书》是教的，《算术课本》是不教的。而且《算术课程纲要》说："分数不用叠分，利息只教简利息，比例只教简比例。"但在《新法笔算教科书》，分数中含有叠分，利息中含有复利息，比例中各种方法都全。在《算术课本》，复利息有好几个繁复的公式，比例和求积怎样，因三四两册尚未出版，不敢悬断。诸如此类，孰是孰非，不可不深加研究。我以为编辑小学算术教科书，不能拿教材来凑合儿童，当拿儿童来凑合教材。什么年龄该教什么材料，那末就要先行年龄的智力测验；什么年级应教什么材料，那末就要先行年级的智力测验。既经测验之后，于是儿童的智识阶级，一目了然，什么材料，该教什么年龄的儿童和什么年级的学生，教材排列的次序，自无不相同，也无不适合儿童心理了。所以编辑算术教科书的最好方法，莫过于根据智力测验的标准。现在商务书馆和中华书局既出了两种算术教科书，正可供我们编辑试验之用。怎样试验法呢？譬如我们要知道第五学年第一学期的算术，

应当放些什么材料，我们可依照《新法笔算教科书》第五学年第一学期的算术教材，仿造许多题目，测验学生（愈多愈好），看他的结果怎样。再将《算术课本》第五学年第一学期所学的算术教材，仿造许多题目，测验学生，看他的结果又怎样。两种结果求出之后，再比较他的中数，孰多孰少。多的当然是适合儿童心理，少的当然是不适合儿童心理了。我们于是根据这个测验结果，再来定第五学年第一学期该教什么教材，那就不会差误了。其余各学期各学年，都可用同样的方法测验。待测验完毕之后，看各种方法结果的中数怎样，于是定编辑各学期各学年的教材标准，那这种算术教科书编出之后，无有不适合儿童心理的。但是行过年级的智力测验之后，或不足以达圆满的效果，可再行年龄的智力测验，那更正确不移了。年龄的智力测验怎样？这方法比年级的智力测验较难。就是选定一种教材，依照教育法令的儿童入学年龄，来施行测验，看他的结果，有无差别的一种法则。例如教育法令规定十一岁至十二岁的儿童是入高级小学一年级，十二岁至十三岁的儿童是在高级小学二年级；但是商务书馆和中华书局的算术教科书，像百分法和利息，商务的是在十二岁到十三岁的时期教学，中华的是在十一岁至十二岁的时期教学，二者全不相同。我们就把这种例子来测验学生，先仿做百分法和利息的题目，来测验十一岁至十二岁的学生，再拿原来仿做的题目，来测验十二岁至十三岁的学生。测验完毕之后，看他两种结果怎样，再比较他的中数，那就可知十一、十二、十三岁的儿童，教什么教材，才合他们的心理。其余各种教材，也都可用同法测验的。年级和年龄的智力测验行过之后，于是根据年级测验，支配各学期各学年教材的排列，根据年龄测验，分别各学期各学年教材的深浅。那较之单用年级测验的结果编辑算术教科书，格外完善得多了。这种编辑方法，虽觉得麻烦，但编一部教科书，供全国小学之用，关系何等重大，那里可草率编辑，遗误国民的根本教育呢？

（2）教材的编辑须采用归纳法。现在的算术教科书，他的编辑方法，大都采用演绎法。归纳法的算术教科书，几看不见。当没有说明这个问题之先，我先要问现在演绎法的算术教科书，有什么弊点？改了归纳法之后，又有什么利点？盖不发见弊点，怎样可以改良？不发见利点，怎样可以采用？所以这两个问题，一经解决之后，那编辑的问题，就迎刃而解了。要解决这两个问题，只有把旧有的算术教科书，新出的算术教科书和我所拟的拿出来一一比较，看他到底什么一种是学生容易懂的。今分举四种的编辑法如下：

按以下四种的例子，是单举倍数，公倍数，约数，公约数的。

商务书馆所出版的《新算术》，求倍数，公倍数等法则的编辑法是：（参观《共和国教科书·新算术》第三册 2 页至 3 页）

倍数 公倍数

凡数可以某数除尽者，则此数谓之某数之倍数。

凡数能以 2 除尽者，谓之偶数。

凡数不能以 2 除尽者，谓之奇数。

（1）试辨别下列各数中，孰为奇数，孰为偶数。

2，5，7，10，13，18，34，45。

（2）试从下列诸数中，选出 3 之倍数，又选出 5 之倍数。

6，10，15，71，21，25，36，45。

某数同为二数或诸数之公倍数者，则某数称为诸数之公倍数。

（3）试从下列诸数中，选出 2 及 3 之公倍数。

6，8，9，15，18，20，24，36，48，

约数 公约数

凡数可以除尽某数者，则此数谓之某数之约数。

（1）下列各数中，其可以 2、3、5、7 除尽者，试列举之。

12，15，17……

（2）下列各数中，其可以 11、13、17 除尽者，试列举之，

33，34，39……

某数同为二数或诸数之约数者，则某数称为诸数之公约数。

（3）下列各组之数，试求其公约数，

（4，6）（12，15）（15，27，36）……

商务书馆所出版的《新法笔算教科书》求倍数等法则的编辑法是：（参观《新法笔算教科书》第二册 38 页至 54 页）

（51）倍数，约数

无论何数，能用本数除尽的数，都是本数的倍数。本数是本数的一倍，也是本数的倍数。倍数可多至无限。

例　3 能除尽 3，3 是 3 的倍数；3 能除尽 6，6 是 3 的倍数；3 能除尽 9，9 是 3 的倍数；12，15，18，……都是 3 的倍数。

无论何数，能除尽本数的数便是本数的约数。约数也称生数，又称因数。

本数必能除尽本数，1 必能除尽本数，所以每一个数，不论有没有别种约数，必有 1 和本数的约数。

例　6 可用 2 除尽，2 是 6 的约数；6 可用 3 除尽，3 是 6 的约数；还有 6 和 1，都能够把 6 除尽，所以 6 和 1 也是 6 的约数。

中华书局所出版的《算术课本》求倍数等法则的编辑法是：（参观《算术课本》第二册 1 页至 4 页）

一　公约数和公倍数

定义：无论什么数，能除尽他整数两个或不止两个的，叫他们的公约数；能被他们除尽的，叫他们的公约数。

如 60 和 20 的公约数是 2，4，5，10，20；公倍数是 60，120，180，240……

定义：无论整数若干个，他们的公约数，必有个最大的叫最大公约数；他们的公倍数，必有个最小的，叫最小公倍数。

如 60 和 20 的最大公约数是 20，最小公倍数是 60。

我所拟编的，举三课例如下：

1. 倍数

2 的 7 倍不是 14 么？

3 的 5 倍不是 15 么？

8 的 9 倍不是 72 么？

我们既知 2 的 7 倍是 14，那末 14 就是 2 和 7 的倍数。

同理 15 是 3 和 5 的倍数，72 是 8 和 9 的倍数。因得倍数的定义如下：凡数可以拿某数整除尽的，那末这个数是某数的“倍数”。

例如有 45 一个数，可以拿 5 或 9 除尽，那末 45 就是 5 或 9 的倍数。

练习题一

（1）3 的 7 倍是什么？

（2）4 的 6 倍是什么？

（3）5 的 9 倍是什么？

（4）21 是什么两个数的倍数？

（5）35 是什么两个数的倍数？

（6）12 是几个数的倍数？

（7）18 是几个数的倍数？

（8）121 是什么数的倍数？

2. 约数

14 不是好拿 2 和 7 除尽么？

15 不是好拿 3 和 5 除尽么？

72 不是好拿 8 和 9 除尽么？

我们既知 14 好拿 2 和 7 除尽，那末 2 和 7 就是 14 的约数。

同理，3 和 5 是 15 的约数，8 和 9 是 72 的约数，因得约数的定义如下：凡数可以整除尽某数的，那末这个数就是某数的“约数”。

例如 45 一个数，可以拿 5 和 9 除尽，那末 5 和 9 就是 45 的约数。

练习题二

（1）下列各数，举出 2，3，5，7 除尽的数。

12，15，21，24，28，30，32，35，36，42，45，48，210。

（2）下列各数中，举出 11，13，17 能除尽的数。

33，34，39，44，65，85，

3. 公约数

15 和 21 两个数的中间，不是同时含有 3 的约数么？

30 和 35 两个数的中间，不是同时含有 5 的约数么？

我们既知 15 和 21 同时好拿 3 来约尽，那末这个 3 就是 15 和 21 的公约数。

同理，5 是 30 和 35 的公约数。

因得公约数的定义如下：某数同为二数或诸数的约数时，那末某数就是二数或诸数的“公约数”。

例如求 35 和 45 的公约数怎样?

答：35 和 45 的公约数是 5。

又如求 24，40，64 的公约数怎样?

答：24，40，64 的公约数是 2，4，8。

练习题三

试求下列各组的公约数。

（4，6）（9，8）（10，20）（12，24）（14，28）（27，81）（15，27，36）（16，24，32）（50，75，105）

我们看了上面的四种编辑方法，前三种是用演绎法的，后一种是用归纳法的。这四种的编辑方法，到底是什么一种适合儿童心理，我们骤看似不得而知；但亦很容易试验出他的好歹，可用四班学生同时教学求倍数等法则，教完之后，看他那一种容易领受，那就知道什么一种适合儿童心理。这种试验方法，我曾经试验过三个学级：第一个学级是用商务书馆的《新算术》教学生的，觉得当教学的时候，先说明定义而后再教方法，学生往往不易懂得。因为他们脑筋中间还没有这一种法则的观念，今先教一种法则的定义，怎样能了解呢？第二个学级是用商务书馆的《新法笔算教科书》教学生的，他所得教学的结果，和《新算术》一样。第三个学级是用我所拟编的稿子教学的。应用归纳法，先由举例引起儿童对于某种法则的观念，待其观念印入脑筋，有了系统，而后再教定义和法则，觉得学生了解的速度，比较用《新算术》和《新法笔算教科书》教学，学生容易进步。但是这种编辑方法，较演绎式的编辑稍难。因为每种法则，都须先由事例证明，而后才生出定义，不像演绎式的编辑，开首把定义直说，以后再举例解释，殊不知道儿童没有这种法则的观念，怎能懂得这种法则的定义？所以演绎式的算术教科书，很不适合于儿童心理，这真是要改良的一件事。日后待我各种法则的算术测验有了正确标准之后，当另编新制小学算术教科书，求教于海内教育大家！

（四）结论

我草这一篇文字，到了这里，要结束了，不过我有几句话要声明：

我所提出选择教材的原理，编辑方法的修改，我并不是反对现行的算术教科书不适用。我以为我们研究教育的人，要谋教育进步，不批评，不知好歹；不研究，不见真理；不试验，不得结果；不革新，不能完美。我抱了这意思，所以才有这一篇的论文。误谬之处，自知不免，犹望编辑界、教育家指正是幸！

（载《中华教育界》1923 年第 12 卷第 10 期）

平民学校教材之商榷

朱公肃

我们中国的文化，开通可算是极早。谈到进步二字，不如人家的地方还多，这是什么道理呢？考求起来，实在是教育上的关系。因为现在的教育，虽然办得堂皇，毕竟还是少数的、阶级的，并没能普及于平民，怎能有显然的进步啊！近来熊希龄夫人和海内一般教育家，组织个平民教育促进会，接着开了许多平民学校。目下已成立的，单就南京一方面说，已有了五十余所，四千多名学生。倘各省各县，都照这样推行，真是教育普及的最好一个方法，也就是图谋国家富强的一个根本解决。然而这里面教授的东西，仅仅用这千字课本，并不兼授珠算和注音，想起来，还是一种缺憾。鄙人把这个意见，就发表出来，以便热心平民教育的诸公，研究研究。

（一）珠算。算盘这种工具，是我们商店和家庭里面少不了的一个计算器。现在平民校里，所收的学生，多半是苦工和做小生意的。替他们设想，用珠算的地方很多，这也不要细说了。还有一层，这个时候，是平民教育创办的时候，社会的信仰心，还没有引起，也可以借此引起社会上的欢迎，促进平民教育的发展，岂不是一举两得么？

（二）注音字母。各国所以进步快的原因，就是语言能一致，文化容易灌输，知识容易传播。我国感受语言不统一的困难，已不是一天了。幸民国二年，教育部办了个国语统一会，制了三十九个注音字母，就积极推行，如今全国教育界，除改用文言为语体更多兼重注音的了。此刻平民学校，正可趁这机会，把三十九个字母，教给一般平民，既可以统一语音，又可以帮助多识汉字。

照上所说看来，实在有添入珠算和注音之必要。若以为平民学校，每天只有一点钟，恐怕不够教授，这倒不成问题。查平民校，多系晚课，来就学的平民，大半在没事的时候，既是能够一点钟，再加上半点钟，或是四五十分钟，我敢必定其也可以做到的。管见如是，还请诸教育家指正是幸！

（载《通俗旬报》1923 年第 4 期）

过渡时代底学生和出版界

C. F. T.

我常常和人家说："最困难的是过渡时代底学生，最快乐的也是过渡时代底学生。"欲明此中的意义，请看我的下文：

一、过渡的释义。我们试展开目光向中国社会上去观察，就可以发现种种过渡的现象。譬如从政体上看，由君主专制政体，过渡到民主立宪政体；从实业上观察，由家庭工艺制，过渡到工厂制，由小企业过渡到大企业；若使从教育和文化上看，就可见自私塾教育过渡到学校教育，再从旧学制过渡到新学制；由文言文过渡到白话文；由旧文化过渡到新文化……总之，中国现在的一切政治、实业、教育等，都可以说他在过渡时期中。那末我们这个时期，真正可以算得过渡时期。而生在这时期学校里的学生，也就可以叫他过渡时代底学生了。我也是这学生中的一分子，就不妨谈谈过渡时代底学生罢。

二、释困难与快乐。这过渡时代底学生，究竟和平时底学生有什么差异？简单说一句，平时底学生只有一条路可走，过渡时代底学生，就有两条路可走——一条新路、一条老路——因此世人对于他们的论调遂不一致。从乐观和积极方面讲起来，这时候社会上出版物增加，研究的材料也丰富。新智识的获得既较前便利，思想就容易启发，人们的个性，可以充分的发展。正如笼中之鸟，一朝解放，可以任意飞翔，纵观宇宙间的万象。那种自动活泼底精神，蓬勃发展的现象，真是乐观极了！有古学的根底，又能吸收新颖底思想；尝过了旧学校底生活，又能享新学校底幸福，这种经验丰富，学识渊博，要算过渡时代学生底幸运快乐，非从前学生所能梦想得到！但是从悲观消极方面着想，这时候的学说，何等分歧，主张都不一致。要弃旧罢，从前的圣经贤训，并不是一点没有存在的价值；要从新罢，也不能说新思想新学说都是救世的福音。在这些杂乱无章的状态中，除具有鉴别能力底少数人以外，大多数人对于种种新潮流新欲望，就好像在茫茫大海之中，不知朝那一个方向走才好。又好像盲人骑了瞎马，在黑夜里乱跑，不知究竟要跑到那一种境地！照了这样，既不合时代底精神，信仰那样，又不懂他的利害得失。这种的苦楚，也是过渡时代底学生所独有的。所以我说："最困难的，是过渡时代底学生；最快乐的，也是过渡时代底学生。"所困难的，就是他的快乐；快乐，即寓在困难的中间。

三、过渡时代底重要和危险。我上面已经说过，过渡时代底学生有两条路可走。因为路多，就容易发生危险。惟其有危险，所以更觉得重要了。最近北京大学闹风潮，蔡孑民先生演说中有一段可为过渡时期学生危险底佐证。他说："余在南洋公学时，学生曾闹风潮，余遂辞职……其时各处学校，往往因细故而起大风潮，余察其所以如此之原因，实因其时政治社会大坏。一般青年，皆跃跃欲试，欲为改革运动。此等思想，既不得发挥于政治，遂以学校为试验场。"胡适之先生也说："清末学生颇喜闹风潮，但彼时之风潮，比现在光荣得多。盖其时闹风潮之学生，不徒破坏而能建设……"这两位先生的经验之言，真能切中过渡时代学生底弊病。所以在这混乱危险期内，不得不靠学行兼优之教育家，和言论健全的出版界为之指导匡正，引诱这般无所适从的过渡学生，太太平平的渡他们到安乐光明的彼岸。他们能够"诞登彼岸"，就是这时候的教育家和出版界的功劳。假使中流遇险，那就不得不归咎于教育家和出版界了。

四、《学生杂志》当以指导学生为中心。不过照我的观察，出版界的影响于学生，比训练教育之力还大。醉心于新出版物的学生，往往要说校长教员的顽固和不对时，常要表示一种不满意的态度，这就是出版界感化力强大之表征。我国现在的出版物，虽可说“汗牛充栋”，有一种蓬勃的好现象！但要是详详细细地去考查他的内容，丰富健全的，恐怕十不得一二。要在健全之中寻一种拿学生生活为中心的，更好像是“凤毛麟角”，不易多得！真能以学生为主体而能尽指导引诱底责任的，就要算我们这《学生杂志》了。《学生杂志》对于现代学生虽不能说尽了全部的责任，但至少也总可以说尽了一部分的责任。且自产生以来，将及十载，对于学生界的义务，也算尽得不少了！在起初的时候，虽不十分健全，但自近年改革以来，却已楚楚可观，较前强健得多了！不过世界上事物的进步，是没有止境的。万仞的高峰，我们可以登其绝顶，世界闻名的极顶，一时不容易爬上的。所以现在虽已好了，必要求其更好。我国古时王献［羲］之有句话：“后之视今，亦犹今之视昔。”足见世运之进步无穷。后世的看现在，和现在看古代一样的简陋，那么我们生在这世底人，更不能不用全副精神，以求更好的一层。

五、《学生杂志》改进的方针。本杂志上已经有人说过：“本志讨论的问题，应该拿学生生活为中心。”又于今年第九卷第七期出一学生生活的专号，足见本杂志已经很注意拿学生为中心了。不过我以为本志既以学生为中心，又命名为《学生》，当然以越切近现代学生生活为越好。以后改进的方针，最好也要根据现代学生的精神——过渡时期底精神——尽启发指导之责任，而尤当注意于社会之环境，为指导青年底背景。因势而利导之，长其善而救其失，这都是本杂志惟一的责任，其重要之点如下：

（1）指示学生正当底生活——表示正大的人生观。

（2）输入切实有用之智识，多供给参考资料。

（3）介绍最经济的研究方法和求学之捷径。

（4）多留学生界发表的余地。

（5）删除与学生无关系的文字和不良的暗示。

至于改进的具体办法，又可分为四端：

（一）多记载学校的事实。现在新辟的“学校写真”栏，用意甚好，可惜范围太偏狭，且于滑稽有趣之中，往往容易引起不良的暗示。鄙意认为当扩充其范围而代以积极的事实。

（二）设学校通信栏，以便各学校有讨论的余地和研究联络的机会，共谋改进。

（三）多记载现代模范学生及世界名人之事实，以资观摩。

（四）多介绍东西各国学校底现状和新趋势，以备我国学生之借镜。

六、结论。总结一句话：过渡时期底学生最重要而危险，重要的就是开辟未来之新文明，都在他们肩上。危险的，就在没有前进的大道，供他们行走。进行的大道，要待学生自行开辟。那么，就保不定他不走入歧途。于是此时期教育家和出版界都负担很重大的责任，而我们《学生杂志》既在出版界中为现代学生惟一的指导者，责任的重大，自不必说。然则怎可不在自己本身上力求精进完美，以应付这般学生的请求和需要？怎样可以不愧为学生的指导者？怎样方始不致自误误人？这就是《学生杂志》惟一重要的本身问题！

还有一层，中国智识界中往往不注意的，就是书籍的程度分不清。无怪西洋人要讥诮东方人的脑子笼统了！大学里的课程，中学生和小学生都在乱看。小学里读过的，往往到中学再读。中学校教过的，也有在大学再教。这种情形在现在学校里已经司空见惯，不算甚么了！至于杂志等类，更分不清他的等级，有的竟从小学看起直到大学，这种躐等混乱的现象，不特具有科学的精神和分析的头脑的西洋人所不取，就是我国古圣先贤也都引为戒条。而现在的《学生杂志》，却最适合于中学程度。我以为不妨再辟小学生和大学生两种杂志。一方面借此可以扩大范围，以广文化的宣传。他方面则可分清程度，以免笼统混乱之讥。话虽这样说，不过这是事实上的问题，不是我三言两语所能发生效率的。

十一，十一，五，于无锡第三师范。

（载《学生杂志》1923 年第 10 卷第 1 期）

中学生对于文艺的兴趣及读物之统计

卢冀野

我曾经立下一个誓愿，想把国人对于文艺的兴趣作一度正确的考察，并且统计读物的质量，看看究竟是偏于那一方面的多，因为中国人在世界上是最文雅的民族，这句话到底靠得住与否，似乎还不敢遽然肯定，必须经过一种手续。不过，我国教育还不能普及，第四阶级差不多连常识都没有一点，他们虽然也有喜欢听听山歌和故事的，终竟谈不到什么兴趣（兴趣是有选择的）。若是在受教育方面调查，大学生专攻一科，文艺部分的也无须去考验。小学生思想还没成熟，合于他们环境，他们是喜欢的，在这儿童文学的范围里，实在是狭小的不得了。无已，我看当以中学生为最适当的标准。

所以我实行这个计画的时候，就择了一个中等学校。我拟了十个项目，印了一百份，在高年级散发一半，其余都分与低年级的。现在得了一个小小的结果，这虽然算不得什么成绩，于此或者可以看出青年对于文艺的修养如何。

（一）中学生对于文艺的观念是怎么样?

我把他们的答案归纳起来如次：

主观方面　文学能发抒情感，表现意志，固定人生的价值。扬展兴趣，拿他作高尚的娱乐品。同时可以补助我们研究别种学术，并且往往能因此创造一种新的境界，在我枯燥的生活里，在在还能实用。

（以上是联合多数零碎的片段的思想而成，虽然其中有几个说“吾人离文学不能生存”或“因为文学是科学基础”，此类不大合逻辑的话没有收入，然而中学生对于文学能有这样一个健全的概念，总算这几年来新教育的结果了。）

客观方面　文学能安慰我们，引导我们，启发我们的美感，把社会上一切的实形，送给我们看，陶冶我们的性情，给我们伟大的修养，向光明的路上走去。

群体方面 我们从文学里，了解一个民族的文化、社会各方面。文学从我们这儿造成一个特殊的民族在世界上。

（从这两项看来，很可以使我乐观，因为这样，对于文学的观念，是如何的远大的呀！）

（二）中学生欢喜研究文学的，究竟有多少？

百分比例如下：

最喜欢 5

喜欢得很 12

喜欢 63

还喜欢 8

有点喜欢 3

不大喜欢 4

不喜欢 4

（从这表看来，有特殊兴趣的百分只有二十以下，特殊厌恶的百分只有十以下，而以通常的爱研究的为最多。这种统计，虽然不十分可靠。然而普通一般的标准，似乎也不过差罢。）

（三）他们读的是些什么杂志？（读者人数）

《儿童世界》64

《少年杂志》17

《学生杂志》40

《小说日报》42

《东方杂志》29

《新青年》18

《创造季刊》30

《创造周报》27

《学灯》46

《晨报副刊》20

《觉悟》32

《小说世界》84

《青年进步》1

《妇女杂志》22

《小朋友》18

《浅草》2

《英语周刊》33

《诗》10

《国语月刊》2

《文艺周报》2

《心潮》4

《新民丛报》4

《少年中国》8

《文哲学报》12

《弥洒》3

《教育杂志》2

(此外有许多没有注出的，其中注《侦探世界》者一人，《礼拜六》者二人。但是究竟读那些东西的，是不是百分中只有三人，恐怕不大的确！我这个统计，仅仅作一度诗钞的工夫。上列的书，图书馆里备的只有百分之三，中学生自己订购杂志，是否如此之多，最好将来再到书局里去调查。)

(四) 小说书与中学生

小说给人的暗示力极大，而一般人又最爱读小说，所以我于小说一栏，特别又作了一个统计，看中学生所读的究竟是些什么小说。因为书目参差过甚，所以人数没有记出来。

《三国演义》、《爱罗先珂童话集》、《小物件》、《一叶水浒》、《红楼梦》、《西厢》、《福尔摩斯侦探案》、《儒林外史》、《聊斋》、《老残游记》、《呐喊》、《西游记》、《镜花缘》、《东周列国志》、《点滴》、《岳传》、《封神榜》、《征东征西》、《剑侠》、《说唐》、《五虎平西》、《沉沦》、《维特之烦恼》、《隔膜》、《人心》、《超人》、《冲积期化石》、《短篇小说第一集》、《小说汇刊》、《泰戈儿小说集》。

其中读者最多的只有《水浒》、《红楼梦》两部书，我很奇怪现在什么没有一个爱读《雪鸿泪史》、《余之妻》的了？

（五）他们爱读的是那一种文字？

这种测验是试察他们的鉴赏力，究竟在中学生这个阶级里，新的势力和旧的影响那一方面比较的大些？计这一百人中新旧兼爱的七十二人，纯粹保旧的四人，余二十四人都是绝对拥护新的。此外我在这次测验纸上又发现关于新诗的几句话。有的说："新诗同白话一样，所以我对于新诗是不喜欢的。"有的说："新文学的作品我大都还爱读，惟有新诗是不爱读的。"从这几句话看来，可知现在青年中对于新诗怀疑的人还很多，但是这也是因为新诗没有十分成熟的缘故。

以上的几项，总算是现在一般中学生对于文艺的一种赤裸裸报告。

这都是欣赏方面，附带还有爱创作的。在百分之二十，指明小说创作者四人，新诗者二人。

足见中学生中，研究他种科学而爱研究文学者，仅是一部分。专研究文学者，尤其不过是小部分。在这小部分中，能创作或爱创作的，恐怕也不是全数罢。时下有些先觉者以为青年研究文学的太多，从这统计看来，似乎还不能谓为"太多"。况乎文艺的修养也是不可少的，对于青年当以积极的提倡为是。

关于读物方面，我很以为满足，因为那般堕落的作品，青年受他的引诱还少，而且他们所选读的大都有读的必要。

在此暂作一个结束，供献于教育界同人。希望大家以诚挚的态度，为青年谋文艺的训练，现在的环境太恶劣了！生活太枯涩了！莫使活泼泼的青年朋友向烦闷的路上去！

（载《教育与人生》1923 年第 9 期）

现在妇女所急需的出版物

严敦易

国中一时奋起的妇女运动，渐渐的愈过愈沉寂了。这种情形，大约是知道现在女界的实况的人，都可以认为必然的趋势，必有的状态，并没有什么可悲观可惋惜的地方。

至于所以不免陷于停顿和无力的理由，爽直的一句话，就是仅仅是一小部份——少数而又少数的——妇女，和学生们所发起，所主持，不是普遍的一个结合。那些占大多数的，简直不晓得这么一回事！她们还自欢欢喜喜，或者含辱忍痛的，在过那些生活。她们积久相沿的习惯，把自己的意义，也认为很轻微的。解放这些话头，说不定还要被讪笑呢！多数既不曾觉悟，自然不能加点助力，一切的担子，都搁在几个有高等智识的中坚人物上，怎样会不沉寂呢？

所以妇女的各种运动，不问是母权，是参政；不自身全体觉醒，努力的向切实方法做去，是永不得成功的！那么促起一般的觉醒，用什么方法？

我们相信男子同女子的天赋机能和智慧，是一样的，是无分轩轾的。女性所以凡事不及男子的原故，是历来受着男性的压迫，不肯使她们受到完美的教育，得着办事的能力，湮没她们智能的发展。现在才可算稍稍去了这层障碍；而能得到良好的知识的，又是少数，大部分还是那样固陋，那样闭塞，或者还守着无才是德的训言，不然便是限于种种关系，没处去求得。现在学问是再少不了的，用什么最便的法子，教她们能求得一点呢？

回答这两个问题可说，最好是给她们一些浅显完备的读物？

在如今的出版界里，所能够算是关于妇女们的刊物，可怜呵！数得过来的几种。本志、《现代妇女》、《妇女评论》……还有几种论产儿制限的，笼统地讲妇女问题的书，此外再不容易找出来了。

本志同《现代妇女》这几种，诚然是妇女界前途引导的灯光，大有贡献的。不过他的内容是理论的，深邃的多，不是入目便解的，不是成一个狭的系统的，是廓大而繁碎的。研究妇女问题的人，和高级的妇女看，才合宜，才了解，一般大众，怕不能完全理会。故谈到现在亟需的读物，似乎不很适宜。

即如我有好几位戚友家，起先全读本志的，后来改革之后，她们仍旧订阅着，不过都不高兴了。有的说："现在弄的莫名其妙了！不知说的什么？叫人看了不懂！没有意思！"有的说："太深了，我们没有这些素养，这好是好！不过不适于我们看了。"看这两种口吻，就可以明白普通女性们对于出版物需要的程度。此时且不论出产多寡，而一种都不是能普及到她们的。

这样现在需要一种甚么书呢？

在我个人的意见，是要将各种的常识，如科学上的，社会上的——用浅切、明了、提要的文字，介绍于她们。关于这一点，周作人先生在他那论《妇女运动与常识》里，说的很好；列的一个表类，很可为这本书的编辑纲领。

此外要略进一步，计画一种妇女丛书。把现代的思潮、两性的问题、妇女的现状，也明晰有序的，编成篇幅不多的小册子。意义却要周全！他的如何编列，不详细分大要了。在下举几个私拟的书名，就可知其性质。如：《贞操论》、《女子经济问题》、《离婚》、《家庭问题》等，这是我认为切要的亟需的书！

务期用流动不呆的简明文体，多加注释，以免她们莫名其妙和不能懂得。一面呢，高深的刊物，仍旧致力于上一级的进步，慢慢的使得她们平衡，一齐的去奋斗，大家作人格的运动，和求两性的真正平等。

这是我一点意思，本无甚精到和可取；不过我想写将出来，或能引起出版界和刊物主持者的注意罢了！

（载《妇女杂志（上海）》1923 年第 9 卷第 8 期）

对于吾国纺织出版物之商榷

张树人

我国纺织，自古有之。然用机器制造之法，输入未久，故此学术，甚为幼稚。所用机器。尽须取之他国，固莫论矣。即以彼机而纺之织之，尚难使用适当。盖除少数专门人才而外余皆一无学识之工匠，徒供指挥，呆司装拆。如遇必须变更之处，则牢记其法，而不知其所以然。是以中国之厂，而往往聘外人为技师。外人虽非不忠于我国之厂，而我国之工匠，将永为其奴隶。况依赖之性不脱，何能有自立之一日？欲望我国纺织业之发达，不亦难乎？然则如之何而可欤？曰：必使我国之工匠，人人具机器上之学识。明其原理，谙其计算。然后选优择良，以充技师，则人才方面，可以无求于外人。更就经验所得，互相研究而改良之。以为日后自铸机器之准备。能如是，则何忧我国纺织业之不能发皇？虽然，欲使我国工匠，人人具机器上之学识，非从事于教练不可。教练之法，须先有相当之书籍，而我国纺织书籍。向所缺乏。近数年来，虽有热心之士，从事辑译，然出版寥如晨星。且所译者，大都墨守原说，不加变化，其论理未必尽能适于我国实用。而同一机械之名称，因著译者之不同，而书与书各异，尤为学者所不便。余常亲睹一匠，于工作之暇，勤习英文，盖机匠而兼英文函授生也。然身为纺织机匠，何不研究纺织书籍？其不满意于本国著译，故必先习英文，以期径读欧美之书，可以知矣。夫以工作之暇，研究学问，已甚急迫，然犹以本国无完美之书，而不能直接研究其所欲研究之学问，岂不更可怜哉！于是虽有好学之子，而每因不胜艰苦，中途折止。如此而欲我国纺织工匠，学识普及而深造难矣。工匠之学识，既不能普及而深造，斯业终不能发皇。故研究著译，增多出版，为吾国纺织界今日之要务。兹就愚见所及，分条陈之于下。

（一）组织专社。我国纺织，既甚幼稚，研究之人亦少。故凡关于此种书籍有所出版，购者极为寥寥。发行者非惟无利可图，甚且至于蚀本。此吾国大小书局之中，终鲜纺织书籍之出版也。然则非组织专社不可，宜由著译家联合发起，而请名人赞助，更求工厂补助经费，以贴出版之亏耗。苟能努力研究著译，出书未有不受欢迎，而销路自渐推广，经济自趋独立，则于工厂方面，必能谅解而不吝区区目前之损也。吾国纺织界中，不乏热心之著译家，盍起而图之？

（二）奖励著作。凡人著作一书，必费无数心血，方抵于成。如无相当酬报，将何以鼓励之？至于风行之书，或售版权，或径自发行，所获利益，亦可稍慰其苦。不幸吾国纺织书之销路如此之恶，以在东西各国，政府必负提携之责，而有特别奖励之法出焉。但殊不能有望于吾国之政府，是吾纺织人民又不得不自为之计矣。

（三）教授读者。著译有人，出版丰矣。然无读者奈何？则惟有于工厂之中，附设学校。考察吾国现状，宜分日夜两班，每日每班授课二时。久之学者之趣味渐深，研究之性能日增。岂仅读者因此而多，势且出版资料，非由彼等供给不可。盖研究与经验所得之结果，为最有价值者也。

（四）划一名称。世界之中，英美之纺织书籍最多。观其内容，所用名称，一国之间，各书无不相同。且有纺织字典，凡关于纺织上之专用名词，依次编入，详为解释。既便学者易于问津，兼使著者有所标准。一举两得，法莫善矣。我国如欲纺织出版界之前途光明，自非取法彼邦不可。

（五）分教科用本，参考用本，定期出版，三种。

（甲）教科用本。用以教授初学之人，文字宜浅，说理宜明。凡与纺织有关之学识，均须完备。以养成参观他书之基础为目的。

（乙）参考用本。无论何种学术，研究无尽。而况纺织，范围广大，门类繁多，自非集合无数人之脑力，各出其所长，著为专书，共同讨论，无以为力。是则参考用本，不可少也。

（丙）定期出版。研究之进步，与日俱长。仅赖陈旧之参考用本，仍不能予吾人以满足。故必有定期出版，方可补此缺点。惟定期出版，当以传达消息，交换意见为主要之职务。庶与参考用本之宗旨稍有区别焉。

上述各条，如教授读者，欲于工厂之中，附设学校，此种附设学校之工厂，目前已得觏之。仅须速编教本，请其提倡，而更推广之而已。又如本季刊之足为定期出版之代表，将来投稿者愈多，每期出版之时间，亦可决其必愈改为短，无须多立名目，更有待于他种之出现矣。余者就表面观之，虽似易说而难行，然能群策群力，勇毅为之，何患不举？此余之拙作，并非好为空言，实深望其实现。惟望之深，故亦不畏贻笑于人。尚祈热心诸君，有以进而教之。

（载《华商纱厂联合会季刊》1923年第4卷第3期）

1924 年

出版界之责任

范祥善

论者每谓今日中国之出版界，当尽力于下列之事业。

一、提倡科学。

二、整理国故。

三、介绍新文化。

四、宣扬艺术。

其言似颇中肯。顾我以为此等大问题，不应独责之于出版界，先当求之于学术界。何者？凡一种出版物，必由于学术界之探索讨究而来。苟学术界而绝无表见，虽有神智之出版界，亦无所施其技。纵欲敷衍门面，粉饰其事，而其内包，必了无意味，徒耗纸墨而已。于此有一比喻焉，出版界犹制造银元之工匠耳，学术界则为开垦银矿之矿师，勘矿苗、别矿质，乃矿师之分内事。至银元之式样成色分量，则固机匠之天职也。今乃不责矿师之未能尽量供给原料，而独斤斤于机匠之制造未能精良，揆之事理，岂得为平？

中国近年之出版物，可谓夥矣。极其流弊，则在庞杂，且不能普遍。然所谓科学也，国故也，新文化也，艺术也，孰缓孰急，孰重孰轻，吾人颇难抉择。则惟就能力所及，各图进取，冀于社会有些微之贡献，而其原料，仍期之于当世学术界之供给耳。

抑更有进者，出版物宜适应时代之要求，今日国人所缺乏者在教育。吾人以为教育之最重要者。

一、曰学校教育。

二、曰社会教育。

嗣今以后，亦惟就能力所及，认此二大事业为目前治标之方。务使举国学子，由书本上所得之知识，参证直接之经验，以完成其人格。而国民亦由于读物之繁夥，增高其程度，是即吾人之责任也。

（载《世界月刊》1924年第1卷第1期）

论出版家

忆　秋

著作事业，至今日可谓盛矣。朝方属稿，暮已付梓，浃旬之间，已风行全国矣。不知昔人著一书，尽毕生之精力，悉心修改，多方校正，又恐灾及梨枣，为盛名之累。可见著作一事，不可不审慎出之也。而近时之出版品，有裨于文学者果多，而导淫之作，十居二三。诲盗之书，与夫无意识之作品，徒伤读者宝贵之脑筋。但求一纸风行，得些润笔之资者，比比皆是，于礼教风化，固不暇计及也。大都无耻文人，不肖学者，稍识之无，谬然立说，为书贾之傀儡，即奇极荒淫之著作，倘能获得厚利，亦乐于应命，名誉道德，早已置之度外矣。呜呼！十数年来，正学未见大效，而此种伤风败俗之小说，已不胫而走矣。少年薄弱之脑筋，斫伤于此，岁不知其凡几。我为出版家放声哭也！

（载《木铎周刊》1924年第214期）

学术界与出版界该怎样合作

朱翊新

广义的学术界，——包括一切学术团体和教育团体而言——是学术思想的总汇。一国文化的向上发展与否，全视学术界致力于研究学术思想的程度高下而有差异。

但是学术思想的传布，要希望它不限地域而得到久远的开展，决不是教授几十几百个学生，或演讲几点钟几礼拜所能达到，必须得到出版界的赞助，广为流传，以益社会。

出版界当然负着一种责任——一种很重大的责任，就是为社会传布学术思想。倘使遇到学术界有较好的作品贡献出来，自然应该出力赞助，使这有益于社会的宁馨儿，能够早一日产生，与社会相见。

一种有益社会的作品出版以后，在群众的思想方面，自然受到不少的影响，在这不少的影响里，可以引起许多较为精邃，较为完善的思想，而同时再产生较有进步的著作，以供出版界适应时代的需要。

这样，学术界与出版界便成为一个新陈代谢的有机体，相需相成地在不绝进化的社会里合作，是何等可喜的事啊！

我知道近来学术界与出版界的情形，渐渐能够做到这样的合作，当然是一件可喜的事。可是就我观察，觉得还有两个显著的弊病，似乎应该要赶快的改去。

一、偶像的观念太深。假如是一个著名的学校，他们发表的东西，无论好坏，总能得到出版界的信任。假如有一种很好的著作，只要著作者的头衔狭一些，便不值出版界的一睬。

二、精良的作品太少。青年的发表欲，本来很旺盛的，五四以后，更觉得蓬蓬勃勃。这本来是一件可贺的事，可是研究的功夫太浅，发表的作品，往往不容易健全。现在觉得出版界已有精良作品太少的缺憾了。

总之，我的意思，希望学术界和出版界亲爱如手足地合作起来，同时一方面用真实的眼光，评衡作品而从事于出版；一方面有深切的研究，贡献心得而致力于著述。

（载《世界月刊》1924 年第 1 卷第 2 期）

现代之出版自由

王世杰

出版自由，是现代诸种文化的一个公共基础。这种自由的演进与其现状，颇值得一般的注意。兹届《东方杂志》二十年出版纪念，为应斯志主编者征文之约，因本研究所及而撰此文。

出版自由，便是人类表示其思考与意见之自由。思考与意见之表示，自然不纯藉出版物，举凡非印刷品之文书图画，以及演讲、辩论，固皆为思考与意见之表示。然在现代社会中，出版物的势力，在思考与意见的表示方法中，实远过于其他一切方法的势力。

出版物之地位，既如是重要，国家的法律，对于出版自由，遂不容不有慎重周详的规定。这种规定，自然应兼顾两面：一方面务顾及政府干涉，以致人民思想与意见之表示，受不当之侵犯与束缚；一方面务顾及人民之滥用出版自由，以致社会全体之利益，或特殊私人之利益，受不当之损害。

本文之所欲解说与讨论者，为欧美重要诸国，于其过去与现行法律中，对于出版的手续，出版物的范围，与出版物的处分三问题，所曾采用的种种制度。（吾国法律之关涉这些问题者，于此亦当连带说及以资比较。）但此之所论，将限于平时状态，故于以上三问题之外，将更略论欧战期内交战国家之出版状态，以及苏俄制度下之出版状态。本文之范围，约略如此。本来这些问题，范围俱甚广阔，殊非单篇文字所能尽意，本文之作，窃冀对于出版自由之演进及其现状，能晓示其梗要。

一、出版的手续问题

出版事业，在欧洲文化中，本来是比较晚出的一种事业。吾国木版印刷，自隋已兴，自唐已盛。即活字印刷，说者亦谓北宋时已有泥塑活字版之行用，欧洲之活字印刷，只创自十五世纪中叶。即其木版印刷，亦只伴十四世纪欧洲纸业之出现而始出现。然出版物虽为欧洲晚出之品，而教会君主对于出版自由之干涉，则几与出版事业并时而兴。自十七世纪以后，出版自由虽渐为学者所鼓吹（注一），然除英格兰而外，欧洲重要诸国出版手续之趋于完全自由，都只是十九世纪期内或二十世纪初期之事。

就列国过去或现行的法律而言，其关于出版手续问题之规定，要不外两种制度。一为预防制度，在此种制度之下，凡出版物不特于出版以后，须受法律之制裁，即于出版以前，亦须受行政机关之干预。一为追惩制度，在此种制度之下，凡出版物于出版以前，毫不受任何机关之干预，仅于出版以后，须受法律之制裁；换言之，凡出版物，须于出版后，始依法律之所定而受惩罚。

预防制度之目的，无非欲假借行政机关之干涉，以预防人民之滥用出版自由。然采用此制，谁又能保障行政机关不滥用其干涉权，以束缚人民之言论？且人民的普通行为，实亦只于行为发生而后，始受法律惩罚，事先固大率不受国家任何机关之干预。倘人民于执行出版自由之前，便须预经行政机关之一度干预，亦实与法律上之普通原则相反。以是英国人士，自十七世纪以来，即群认出版自由之根本的条件，应在扫除一切预防手段，而励行纯粹之追惩制度。

顾列国过去及现行法律所采用之预防手段，亦有种种；预防制度之严厉的程度，亦随其所采的预防手段而异。

预防制度之第一严酷者，自为检查制。自十六世纪而后，欧洲诸国，对于出版自由，即群采两项干涉：一为对于出版物之干涉，一为对于出版业之干涉。其对于出版业（印刷业或发行业）则限定须归国家特别允准之机关，或公司经营。此种限制，于十六世纪期内，即行于英国及欧陆诸国；其束缚出版自由，已属过甚。然当时诸国，不特如斯的限制出版业，其对于出版物，亦设定极严酷之干涉，即凡出版物非预经政府检查机关（censorship）检查，不得出版是也。在此种检查制度之下，出版自由直可谓全不存在。英国在十六七世纪期内，对于一切出版物，俱励行检查制。法国则于一七八九年大革命发生以前，尚且如此，法王亨利第二对于未经政府允许而擅自出版之人，并曾以明令设为死刑之处分！（系一五五九年事，以此与嬴秦相较，抑复有何大异？）然英自一六九四年而后，即已纯采追惩制、检查制及其他预防制，从此便归消灭（注二）。法国虽于十八世纪大革命时代，曾宣示人民之出版自由，取消从前之检查制，然不旋踵而检查制及他种预防制又相继而起。在欧陆其他诸国，检查出版物的机关之消灭，尚有迟至十九世纪后半期（例如德意志诸邦）甚或二十世纪初期（例如俄国）者。然除英国采用追惩制最早，与美国自一七九一年于其联邦宪法中宣示出版自由而后，追惩制亦已确立外，亦尚有其他国家，于十九世纪上半期即已严禁设立检查机关者，如比国宪法（于一八三一年成立）第十八条之规定是。今则一般国家之宪法或法律，俱不承认检查制度在承平时期，可以存立。

预防制中之类于检查制者，为特许制，列国曩所行用之检查制，时或适用于一切出版物，亦或仅仅适用于报纸；但列国曾经采用之特许制，则系特别适用于报纸之制度。对于报纸而行检查制，则每次出版，便须预经检查机关检查；倘对于报纸仅行特许制，而不兼行检查制，则一种报纸之发行，仅于其成立之初，须得行政机关之特许；成立以后，其报纸便不受政府之检查。此即特许制与检查制之歧异，而后者自较前者之干涉为浅。然特许制足为行政机关束缚人民言论之重大武器，亦自不可掩饰。法国在拿破仑第三帝政时期，虽未设立检查制，然凡政治新闻纸之设立，则须预经政府之特许；是亦特许制之一例。在此种制度之下，法国人民之言论自由，曾感受极大之束缚。法国一八八一年出版法（即其现行出版法）鉴于往事，乃不能不设为明文，规定一切报纸之设立，得不预经政府之特许（该法第五条）。其他自由国家，今亦莫不否认特许制。

预防制中之次于特许制者，为保押金制。此制在十九世纪期内，亦曾数次行于法兰西，法国在拿破仑第一时期内，对于书籍与报纸，复励行检查制；至一八一九年，乃废止检查制；然对于报纸，却又设为保押金制，以代替检查制。凡开办报纸之人，须于开办以前，预缴甚大之保押金（cautionnements）。此制在拿破仑第三时代，并与前述之特许制并行。换言之，即凡开办报纸之人不特须得政府之特许，并须缴纳保押金。在十九世纪期内，法之保押金制，颇为他国模仿，如奥国在一八九四年以前，对于报纸，亦索取一种保押金（kantionsxwang）。是保押金制，一方面既是阻止报纸之成立，一方面对于已经成立的报纸，亦大足影响其言论，因政府既握有各种报纸之保押金，则惧政府或法庭之收没保押金，自为主持报纸者必有之戒心，由是报纸对于政府之评论，抑或不免过于怯懦。以是奥国于一八九四年亦即废止保押金制。法国一八八一年之出版法（现行出版法）且设为明文，将此制与特许制，同样禁止。他国尚有将保押金制与检查制，径假宪法条文，明示禁止者，如比国宪法第十八条之规定是。

与保押金制略相类似者为报纸税制，报纸税制，在十九世纪期内颇多采用者。英国自一六九四年以后，对于一切出版物，虽未采用检查、特许、保押金等等预防手段，却亦曾经征收报纸税。报纸税制云者，对于报纸，按其篇幅或按他种标准而逐期征收出版税之制也。此种制度，与保押金制性质相似之点，即在二者均能限制报纸事业之发达。报纸税制，且不仅限制报纸事业之发达，并使报纸之销行，限于中上社会，而不能普及于一般民众。因报纸税之存在，大足影响于报纸价目故也。英法诸国，自十九世纪末期以来，一般报纸价目之大减，与极廉价报纸之出现，虽有诸种原因（如纸价之跌落、印刷机器之进步、电报费之缩减皆是）而报纸税之废止，实一极大原因。英国于一七一二年征收报纸税，一时廉价之报纸，遂至完全消灭；于一八一五年对于每页报纸征收四便士之税，而日报之平均价目，乃高至七便士；自一八五五年废止报纸税而后，日报之平均价目，遂又跌至一便士，其在欧战以前，半便士之日报，亦已极形普通。法国于一八七〇年亦已废止报纸税（注三），至今法国亦为报纸极廉之国，其廉价日报之销行数额，至欧战期内，有已达二百万份，而为世界日报冠者。

预防制中之比较轻微者，为报告制。报告制与特许制有别，如行特许制，则出版人于出版前，将不独有报告行政机关之义务，且须得其允许；反之，如行报告制，则出版者于出版前虽有报告行政机关之义务，行政机关却无拒绝其出版之权利。报告制之目的，在使行政机关得预知某种出版物行将出现，因此而予以注意；故其性质，亦可谓为一种预防手段。此种预防手段，自较以前诸制之束缚出版自由为轻微。然使此制适用于一切性质之出版物，则其束捉出版自由，要亦不可轻视。现时法国所行之报告制，却仅适用于报纸，而不适用于书籍及其他出版物；换言之，即凡报纸之出版，虽于该报成立以前，必须报告警察机关，然其他出版物则可径自出版（但出版物必须刊入印刷者之姓名）。此种报告制，既仅适用于报纸，且仅适用于报纸成立之始，实际上殆不发生如何之束缚（注四）。

循上所说，从知关于出版手续问题，所谓检查制、特许制、保押金制、报纸税制等等预防手段，在理论上讲，固无足容认，即就列国实例言，亦已成历史的陈物，而为现时一般国家所唾弃，报告制虽非绝对不可采用，然今之采用斯制者，亦只限于报纸，而不认斯制可以适用于一切出版物。

吾国《临时约法》，虽曾承认人民有言论著作刊行之自由，然关于出版手续及其他出版问题，并未设定具体的保障。尔后，特别关系出版自由之两种法令，俱出自袁氏时代；一为民国三年四月之《报纸条例》，一为同年十二月之《出版法》。《报纸条例》所规定者为报纸之出版；《出版法》原在规定报纸以外的“文书图画”之出版。依照《报纸条例》之所规定，则报纸出版，须经警察许可，且须按其报纸之种类（日刊、不定期刊、周刊、旬刊、月刊、年刊）分别缴纳若干“保押费”，盖与拿破仑第三对于报纸兼采特许制与保押金制者后先一辙。《出版法》对于一切文书图画之出版，除规定须记载著作人姓名、籍贯及发行人与印刷人姓名住址而外，并规定须于发行以前，报告警察官署；盖亦一种报告制也。《报纸条例》却于民国五年废止；该条例废止而后，迄无关于报纸出版之新法律产生。以是报纸出版，今亦同受《出版法》之支配；而所谓报告制者，遂适用于报纸及其他文书图画之出版。

二、出版物的范围问题

就出版手续而言，出版自由，虽然可为一种绝对的自由，无须设定若何之限制，然就出版物的内容而言，出版自由，自然不能认为一种绝对的自由，而有设定限制之必要。然则出版物之内容，究应受如何之限制？换言之，出版物之所记载，何者应认为合法？何者应认为非法？这便是出版物的范围问题。

就理论言，就列国法律而言，关于出版物的记载之限制，可说是含有两类：其一系根本的为保障社会全体的利益而设定之限制；其一系根本的为保障私人的利益而设定之限制。兹分别论述这两类限制。

（一）为保障社会的利益而设定之限制。此种限制，在列国过去的法律中，彼此固不一致，即在今兹，亦尚不免分歧。但就理论而言，此种限制之设定，究亦有其正当之标准。这个标准为何？即凡出版物之记载，如仅系一种意见，但不能构成一种非法行为；必其记载之本身，已经构成一种妨害社会利益之事实，始应认为非法。法人谓出版物的非法行为中，应不含有所谓“意见罪”。（Delits d'Opdnion）者，意即谓此。惟意见罪与非意见罪，理论上殊不易下一界说。兹姑举示若干例，以明意见罪之大旨。

列国法律，为保障社会全体利益起见，固皆承认出版物之含有以次各种记载者，为犯罪。如败坏风纪之淫书淫画，鼓煽人民犯罪之言论，揭示法庭未经公判而应秘密之案件，揭示军事外交秘密文件，散布知其为伪而有害公安之谣言等等，皆是。凡斯记载，其本身实已构成一种危害社会利益之事实，故其认为犯罪，即不得目为意见罪。

反之，如认次之诸种言论为犯罪，则其犯罪殆不能不认为意见罪。第一，反抗国体之言论，许多国家均曾视此种言论为犯罪，而于无政府主义者之言论为尤甚。第二，攻击元首之言论，许多君主国家均认此种言论为犯罪，即自由国家如比利时者，亦尚承认一切言论之攻击国王人身、国王的宪法权利或议会的权利者为犯罪。第三，诽谤宗教之言论，此种言论，亦曾经许多国家严酷禁止，即在英国，至今亦有所谓诽谤宗教罪（Blasphemy）者存在。第四，鼓吹阶级争斗，或中伤各阶级的感情之言论，如德国刑律一百三十条及其一八七四年《出版法》之所规定，与意大利一八四八年《出版法》之所规定者是。此种规定，自易演为政府压迫社会党人之重大武器。凡斯言论，但使不到造谣，或鼓吹犯罪（如鼓吹暗杀与强暴之类）之程度，俱当目为一种政治的，或宗教的意见，原不妨任其自由表示，苟加禁止，纵或有裨于一时之秩序，而人类思想与人类组织，或且无从改善。

顾现代自由国家之法律，虽尚不免含有上述关于政治与宗教之诸种意见罪，然意见罪之日趋缩减，究为显然之事实。甚者且如法国现行出版法，盖已完全废止一切意见罪矣。即在意见罪尚未完全废止诸国，因其对于出版诉讼，大都采用陪审制，意见罪之存在，实际上亦殊不易演为政府蹂躏言论之武器，因陪审官原为普通人民，其对于意见罪之诉讼，尝易袒护被告而为宽大之释放故也。

（二）为保障私人利益而设定之限制。列国法律为保障私人利益，对于出版言论，俱设有两种极关闳要之限制：其一，在设定妨害私人安全信用、名誉及秘密之犯罪；其一，在设定答复权（Droit de Réponse）之规定。

列国法律对于各种出版言论之妨害私人安全、信用、名誉，或其在法律上得自秘密之秘密事实者，率皆认为犯罪。其受害之私人，类得提起刑事诉讼以求惩罚施害之人，与提出民事诉讼而要求赔偿。此种规定，自为不可或无之规定。至何种言论，便为妨害私人的安全、信用、名誉或秘密之言论，列国律文自甚分歧而无一致之规定。然凡出版物中损害私人之记载，如为虚伪的与恶意的记载，固无不受法律之制裁者。依据英美法，凡对于此类施害行为而提起民事诉讼时，被告责任之有无及其范围，在原则上便以虚伪与恶意（malice）之是否存在为断。然若提起刑事诉讼，则即所载属实，被告者之责任，亦初不因是而消灭。法国现行出版法，亦承认损害私人利益之言论，虽所言属实，亦得认为犯法；惟该法对于官吏，则因官吏之人格与道德，直接关系公众之利益，遂认出版者但能证明其所载属实，则虽损及官吏之信用、名誉或其他利益，亦不受任何法律处分。

答复权之重要，亦极不容忽视。提起诉讼，是一件极麻烦的事，是许多人所不愿意的事。倘凡信用、名誉或安全，受报纸记载之影响者，除却诉讼而外，便无其他救济之法，则法律对于私人利益之保护，究嫌薄弱。以是列国法律，对于报纸，率皆设有答复权之规定。依此规定，则凡报纸记载之涉及私人利益者，该报对于当事之私人，应负有登载其本人答复函件之权。答复权之执行，既较诉讼权之实行为简便，而答复函之功用，有时且较诉讼之功用为切实。以是列国对于此权，尝不惮细为规定，如答复权对于如何之记载而始存在，答复函必须刊出之期限，答复函的篇幅等等规定是。但答复权制度之适用，自只以报纸为限，而不能适用于书籍，即对于报纸，亦只能适用于日报与新闻期刊，而不能适用于一切报纸。就实际言，私人信用名誉安全之需乎如斯保障者，究亦不过如此。

列国法律除设定妨害私人安全、信用、名誉或秘密之犯罪，与设定答复权之规定而外，其保护著作权之法律，自然系为着私人利益而设定之一种出版限制。但此项问题，本文却无深论之必要。

吾国已经废止之《报纸条例》，与现存之《出版法》，其对于出版物内容所设定之限制，盖几完全一致。按照《出版法》之规定，凡文书图画含有次列情事之一者，俱为违法：一、淆乱政体者；二、妨害治安者；三、败坏风俗者；四、煽动曲庇犯罪人、刑事被告人，或陷害刑事被告人者；五、轻罪重罪之预审案件未经公判者；六、诉讼或会议事件之禁止旁听者；七、揭载军事外交及其他官署机密之文书图书者；八、攻讦他人阴私损坏其名誉者。这些禁止之事项，兹亦无庸为详细之分析与评论。其第一项认“淆乱政体”的出版物为犯法，即是剀切承认意见之足以构成犯罪；其第二项“妨害公安”云云，词旨空阔，自然亦易入人意见于刑罚（实际上历来北京军警当局之摧残报纸与出版物大都亦以此项条文为名义）至于私人利益之保障，该法第八项既设有攻讦阴私损人名誉之禁，现行《刑律》亦设有妨害安全信用名誉及秘密之罪，固亦未遭忽视。且依《刑律》第三百六十条“凡指摘事实，公然侮辱人者，不问其事实之有无，处五等有期徒刑，拘役，或一百元以下之罚金”之规定，则其保护私人之安全、信用、名誉与秘密，且不得不认为甚严。惟是律文虽然甚严，然因法庭之信用未孚，私人之避趋过甚，凡名誉信用之受不当损害者，实际上亦不及受此种律文之恩惠。且吾国报纸之势力，虽不能对抗政府，然摧残无力之私人，国中一二报纸，却尝勇气百倍；或且假借改良社会，鼓吹文化之名，对于私人阴私之攻讦，不惜尽情记载，以迎合社会不正之心理，抑或藉谋扩充销路。凡斯皆极堪悲悯之现象。至于答复权问题，《报纸条例》虽曾设为规定，然自《报纸条例》废止后，此项问题之规定，遂亦付诸阙如。

三、出版物的处分问题

凡经警察官署或他人认为违法之出版物，究应由如何之机关，采如何之手续，依据如何之原则，施以处分？这便是我所谓出版物的处分问题，所谓处分的机关问题，便是警察官署应否享有直接处分权之问题。所谓处分的手续的问题，便是出版诉讼应否由普通人民（陪审官）参与审判之问题。所谓处分的原则问题，最要者便是违法出版物的责任问题。这些问题，在列国过去出版法中，彼此虽曾有重大之差异；今则自由诸国，大部分固已趋于一致。

（一）警察的直接处分权问题。所谓警察的直接处分权，即警察机关，对于彼所认为违反法律之出版物，得不预经法庭之审判，而径行没收出版物，停止出版，或封闭出版等处分之权。在十九世纪期内，列国警察机关，每每享有此权，如法皇拿破仑第三时代是；即在英国，其警察机关，亦延至一七七六年始无此类处分之权。德奥等国，则虽在欧战以前，亦尚保有没收权，当时奥国警察机关，对于一切认为违反出版法律或妨害公安之出版物俱能径自没收；惟没收之后，须于若干日以内，向法庭提起诉讼或向法庭证明其没收之理由耳。德国在欧战以前，虽不承认警察能没收一切违法出版物；然对于特种违法出版物，警察亦保有没收权。就理论言，警察之直接处分，无论为封闭、停止，或没收，在原则上实不能成立。因授警察以此等权力，便无异以警察而行法律之解释与评判，便无异以警察而行司法权故也。且停止、封闭或没收等处分，对于出版者之关系，每每甚大。警察处分纵系一种临时处分，出版人之损害，亦常因此而陷于不可收拾之状。故此种处分，殊不能不付诸法庭，以昭慎重。以是，英美诸国，俱认这些处分之实施，须预经法庭之审判。即法国一八八一年之《出版法》，亦毫不承认警察有停止权或封闭权，其对于没收问题，除认淫猥图画由警察径自没收外，亦不承认警察享有没收其他出版物之权利。故即就自由国家之实例而言，违法出版物之处分，亦俱已付诸普通法庭，而不属诸警察机关。

（二）出版诉讼的陪审制问题。出版物诉讼之手续，须采用陪审制，亦已成为一种公认之原则。一般论者主张此种原则之理由，殆不外两层：其一，以为出版物之目的，既在诉诸公论，则关于此项记载之诉讼亦自宜付诸公意之评判；以是之故，出版诉讼之审判便宜令陪审人员参预；因此项人员，比于普通法官，较能代表公意故也。然此层理由，似不免近于穿凿。第二层理由，则以为出版诉讼，最易演为政府压抑言论之武器，倘采用陪审制，政府之高压伎俩，或无所施，因陪审人员既为普通人民而非常任官吏，自不至如普通法官，易蹈仰承政府意旨之嫌故也。（有时因律文限制出版言论过严，陪审制且或有几分调剂作用。）此层理由，殆属无可否认，现时欧美重要诸国，对于出版诉讼，亦实已一致采用陪审制；所不同者，特陪审制适用之范围耳。英美法对于民刑诉讼，原皆采用陪审制，此制自然适用于刑事出版诉讼，与民事出版诉讼。德国则仅对于刑事出版诉讼之重大案件，采用陪审制。法国陪审制度，对于一般诉讼，原只适用于刑事而不适用于民事，然其现行出版法，为使陪审制对于出版诉讼能普遍适用起见，乃设为特殊之规定，认民事出版诉讼，须与刑事出版诉讼同时提起；由是民事出版诉讼之审判，实际上亦获经由陪审人员之参预。此种规定，是否适当，亦或尚成问题；然列国出版法之崇尚陪审制，于兹固可概见。

（三）出版物的责任问题。出版物如含有违法之记载，其责任果应谁属？这个问题，即在今之自由国家，亦有两个根本相异之解决。其一，即为英国法之解决。英国法认著作人、编辑人、发行人及印刷人，对于出版物之违法记载，俱须负责。英制人之理由，无非欲令违法出版物，与普通犯法行为，完全立于平等地位；因普通犯法行为，既须由一切参与犯法者负责，则著作人、编辑人、发行人与印刷人，对于违法之出版物，自俱不能逃脱法律的处分也。其二，为比国法之解决。依据比国宪法之解决，则对于违法出版物负责任之人，只是一人，为首者，为著作人；著作人不可查知时，则由编辑人负责；无编辑人时，则由发行人负责；无发行人时，则由印刷人负责。比之此制，在使著作人之言论，不致受编辑人、发行公司或印刷公司之阻遏，因为编辑人、发行人，或印刷人如须与著作人同负责任，则著作人之出版物，事实上便不免受彼等之一度检查故也。愚以为比制之解决，实较英制为完善，第对于特种场合，或须设为例外耳。

以上为出版物的处分问题在近今自由国家之状态。吾国已经废止之《报纸条例》与现存之《出版法》，对于此类问题之解决，亦复在在与正当之解决相反，《报纸条例》承认警察对于违背该条例特种规定（最要者为关于出版手续之诸规定）之报纸，有径自停止出版与罚金之权，但报纸之认为含有非法言论者，仍须由法庭处分。《出版法》虽以拘役、罚金、徒刑等等处分，归诸法庭，然警察官署“认为必要”时，对于一切认为含有非法记载之文书图画，却保有径自没收其印本与印板之权；此以上两种法令之承认警察直接处分权者一。出版物之含有违法记载者，《报纸条例》则大都科发行人与编辑人以刑罚（但不及著作人），《出版法》则大都科著作人与发行人以刑罚；此以上两种法令承认公司负责制者又一。至于陪审制度，吾国普通民刑律，既俱未采用，自亦不能希冀该项出版法令能予以容纳。

四、非常时代之出版自由

凡值战争或其他非常变乱之发生，出版自由，自亦如其他自由，不得不受特殊之限制。顾此种限制之范围，一方面固随变乱之程度，与当事国之地位而异；一方面实亦随当事国人民之自由的素养，与其对于自由的信仰而异，此则求诸此次大战期内欧美交战诸国之出版状态与夫苏俄期内之出版状态而亦彰然甚著者。

（一）欧战期内之出版自由。欧战发生而后，交战诸国出版物的范围之增其限制（尤其是关于军事外交消息之记载），出版物的处分之异，其机关与程序，盖属普遍的现象；彼此之间，虽仍不免稍有异同，兹亦可勿深论。所堪特别注意者，即列国对于出版手续问题之态度。此种态度，即在法、英、美三个民治国家，亦俨然大异。此种差异之由来，固不纯出于当事国地位之相殊；其与当事国人民之自由的素养与其对于自由的信仰，亦实大有关联。兹说明这三个国家，在大战期内，对于出版手续问题的解决，如何互异。

法国于战事发生而后，其行政机关即依附《戒严法》之条文，而设立出版检查机关，以检查行将出版之出版物。此种检查机关之设立，不仅限于巴黎一隅，抑且遍于各省；检查之范围，不仅涉及报纸，抑且涉及一切书籍。其对于报纸与书籍之检查，亦不仅以军事与外交的消息为限，而涉及一切与军事、外交无关之政论或消息。其严酷之程度，于兹可以概见。

英国于战争发生而后，自亦设有种种机关，以检查种种消息。其在战地则有战地之检查官吏，其在兵船则有海军之检查官吏，其在本国，亦自有种种检查邮电通信之机关。凡此固与欧洲大陆交战诸国，无多差异。然其对于出版物，实未采用直接检查手段；英国虽亦设有检查出版机关（the press bureau），然此种机关之重要职务，只在检查国内外之邮电，与发布政府的消息，至各种报纸之消息与论说，虽可由当事人于出版前自愿的请求检查，然当事者实无受该机关检查之义务，其对于书籍之出版，亦复如此。故严格的讲来，英国在战争期内，对于出版物，实只施行间接的与有限的检查（即检查邮电消息），其与法国之兼行直接的与普遍的检查者，亦自有别。

美国因受宪法条文文义之束缚，政府干涉之权更受限制。依照美国联邦宪法之规定，议会便不得制定任何法律以“缩减人民的言论及出版之自由”，以是美国政府，在欧战全期间内，遂至不能设立任何检查出版物之机关。因依美国法庭及一般人士之意见，该项规定，实为一种绝对的规定，其效力初不因平时战时而异故也。美国政府，在欧战全期间内，仅获以特种间接手段，防止军事外交消息之流露，如收发无线电信、限制密码电报之类是；其对于出版机关之直接交涉，不过由政府敦劝各报纸自行检查各种消息而已。此种宽大态度，就表面上看去，固似纯以美国距战地甚远为原因，然美国所处之地位，亦实有其特殊之危险。美国未加入战争以前，中欧诸国军事外交之间谍组织，即已喧传遍于其境。及其加入战争而后，中欧诸国人民之未经归化美国而居留美国者，殆不下四百万。其旧隶中欧诸国国籍而已归化美国者，更不知凡几。此种状况，实为欧洲交战诸国之所绝无，其危险之程度，可以想见。然美人对于出版自由，始终坚守其历史上宪法上之传统主义而不稍变易，自非自由的素养甚深，自由的信仰甚笃，又乌能望其如此？

（二）苏俄制度下之出版自由。苏俄人民，原为毫无自由的素养之人民，以毫无自由素养之人民，而值国内革命与对外战争之交乘，几何而不陷于紊乱与专暴之状态？兼之，苏俄革命者之信仰，亦复与自由主义背道而驰。就彼等之言论看去，彼等之信仰，似可以两言而概其全：第一，社会间一切人民的物质状态之一致，与精神信仰之一致，为纯粹的共产主义实现之条件。在这个条件尚未完全实现之时期，便须由无产阶级实行专制，以期殄灭有产阶级，以期此种条件之实现。第二，无产阶级之人民，亦不必皆有如斯之觉悟与能力，以是无产阶级的专制，实亦应由无产阶级中之少数有觉悟有能力者行之。依傍这些信条，我们对于苏俄革命政府之种种设施（尤其是一九一七至一九二一间之设施），便可以了解其意味，我们对于苏俄废止出版自由之种种手段，自亦无所用其骇怪。

因为苏俄革命者是要纳全国人民的精神信仰于一个范畴的，所以苏俄革命者，便绝对不能容许有产阶级享有出版权利。因为苏俄革命者是必须以少数有觉悟有能力的分子所组织之革命政府，指导无产阶级的全体人民的，所以苏俄政府之下，社会间的出版物便几完全为政府出版物，即无产阶级之私人，亦不能有出版之自由。然则苏俄政府，为达这些目的，究采用如何之方法？这些方法，虽然新颖，却甚简单。

第一，印刷事业，是完全收归政府经营的。此种政策自苏俄革命者执政之始，即已开始实行。第二，纸业亦是完全由政府经营的，此则自一九一九年始以明令实行。尔时而后，举凡需用纸张之人，非经政府特许不可。第三，书籍发卖业，在许多大城市中，亦是由政府经营的，在莫斯科、圣彼得堡两城自一九一八年即已如此，至一九二〇年，则书店之非由政府经营者，已寥若晨星。第四，外国出版物，是绝对的禁止的。

在这些情形之下，凡与政府立于反对地位之人，虽欲假借出版物以为宣传之资，已属无从实行。矧上述数种方法之外，尚有诸种其他方法，足以毁灭私人之出版兴味（如著作权之取消），与夫私人团体之出版能力（如政府报纸之不索代价）耶！

这种种方法，与苏俄革命者之主义，自是一贯。我们果不信奉苏俄革命者之主义，自然也就不能信奉这些方法。然无论苏俄革命者之主义，在理论上有如何之价值，我们却不能不承认次之重大事实：

苏俄革命者之主义，因受事势之压迫，最近两年间，亦已产生重大的变更。即其出版自由，自一九二一年秋间以来，亦已渐呈恢复之状，如私人经营出版事业者之增加（但仍须政府特许），外国出版物之得以入境（但仍须受检查），报纸之收费（但各报仍由政府津贴）等等现象，皆表示此类恢复的趋势者也。（注五）

故凡自由的信徒，仅当努力于其所信，而无所用其徘徊。就理论言，就事势言，人类之进步，殆皆不能不出于这一途。

（注一）米尔顿（Milton）于一六四四年出版之 *Areopagitica*：*A Speech for the Liberty of Unlicensed Printing* 英人称为鼓倡出版自由之第一名作。

（注二）英国现惟戏剧须经检查始能演唱，此其检查制之惟一遗迹。又凡政府及议会之公牍，须经政府印刷局出版，教经及祈祷书，须经政府印刷局或国待定大学牛津大学出版；此其对于出版业的干涉之唯一遗迹。（美制凡中央议会、法院及行政机关之出版物，亦须由政府印刷局承印）。

（注三）但法国对于粘贴之告白（Aftlches），今尚征收告白税。

（注四）即在英国，各报纸的所有人，亦有向政府机关注册之义务。

（注五）兹所举苏俄诸种事实，系根据 Lydia Bach，*Le Droit et les Institutions de la Russie Soviétique*（Paris，1923）之所述，著者之为是书，似非有所偏袒，书中记载亦殊无夸张之痕迹。

十二年十二月作于北京。

（载《东方杂志》1924 年第 21 卷第 1 期）

出版自由之现状及其趋势

刘正华

出版自由，就广义言，包括言论、著作、刊行之自由在内；就狭义言，仅为报纸、书籍、图画等，以印刷物表示吾人意见与思考之自由。本文所论，涉及广义。

自法国一七八九年的《人权宣言》（*Declared of Human Rights*），剀切规定人民之言论、著作、刊行之自由以来，此种自由已成天经地义。现代列国宪法，都有极明了之规定。本文仅说明出版自由在现代各文明国家之现状，及其将来之趋势，而于此种自由之历史的变迁，则不妨从略。

本文讨论出版自由，可分为五个问题。第一，出版的手续问题；第二，出版物的范围问题；第三，出版物违法的处分问题；第四，非常时代的出版自由；第五，出版自由的趋势。兹分别述之。

第一，出版的手续问题。

现代世界各国，关于出版的手续问题，综计不外两种：（甲）追惩制（Système Répressif）；（乙）预防制（Système Prénentif）。

世界上有许多国家，对于出版物，完全没有手续之规定。在此种制度之下，无论任何一种出版物，在出版之先，完全不受国家任何法律之限制，与任何机关之干涉，欲刻书则刻书可也，欲印报则印报可也。但如所刻之书或所印之报，有妨害社会治安，扰乱善良风俗，及他种危险性者，国家得于该项出版物出版之后，依据法律加以适当之制裁。此种不防患于未然，而惩罚于事后之办法，吾人谓之追惩制。英美两国采用此制最久，实可为采用此制者之代表。

然在欧洲大陆诸国，采用预防制度者，甚为普遍，且流传亦甚久远。此种制度之目的，在预防人民滥用出版自由，传播种种危险思想以妨害社会治安，故为之预设种种手续，加以干涉，凡不经法定程序者不得出版。然采用预防制度之国家，又难保行政机关之不滥用职权，以束缚人民之言论。且人民之普通行为，实亦只于行为发生之后，始受法律之制裁，而行为未发生以前，则绝对不受任何机关之干预。故出版物取预防制度，实有背于法律上之普通原则，吾人殊难与以承认。

以上两种制度，究竟孰善孰恶，殊难断言。但采用追惩制者，则以为事前若须先经行政官吏之一度干涉，则行政官吏可以任意行使其职权，而压抑人民之言论；且国家对于人民之诸种行为，皆系事后追惩，而不于事前预防，实亦不能事前预防也。至主张预防制者，则谓可以减少危险出版物的种类，预防手续，均依法律之规定，当不至压抑人民之正当言论也。

十九世纪以来，各国采用预防制者渐多，其预防之手段，实有种种，预防制之严厉的程度，亦随其所采用之预防的手段而有若干之差别。今将现行之预防制度五种简单分述于后。

（一）检查制。欧洲出版物在欧洲文化中实为比较晚出之事业，但教会或君主之干涉出版自由，亦几与出版事业并时而兴。其干涉之法，即施行一种检查制，设立检查机关（Censorship），凡属出版物，不经该机关之检查、核可者，不得出版。此乃对于出版物之干涉。此外尚有对于出版业之干涉（出版业即印刷业与发行业），限定须经国家允准之机关或公司经营是也。此两种干涉，在美国则因受宪法条文之束缚，无论平时战时，皆无检查机关之设置。英国亦于1694年正式废除。此外欧陆诸国，虽于十九世纪期内尚有采用者，今则列国宪法皆已禁绝取消。盖因此种办法，实为预防制中之最严酷者，无论如何不能适用于现代故也。

（二）特许制。此种制度仅用于报纸。报纸成立之初，出版之前，必须先期报告行政官吏，得其许可，乃能出版。既经报告之后，出版物即可不受检查。故从表面上看来，此制似已较检查制为和缓，然行政官吏挟持许可之权以束缚人民之出版自由，亦殊与检查制之遗害无异。法国于拿破仑第三时代对于出版物之限制，即系施行此种制度，今亦取消。列国咸否认此项制度之存在，且有于宪法明文中规定不准采用此制者。

（三）保押金制。此种制度，亦系防范报纸者。大凡报纸成立之初，出版之前，皆须向地方行政官吏，纳相当之保押金（Cautionnement）。如报纸言论，过于激烈，或带有若干危险性者，政府得没收其保押金。此种制度，因保押金无一定限度，政府可以任意征取。且政府既握有保押金，则惧政府之没收，自为主持报纸者必有之戒心，因此之故，报纸对于政府之评论，便不免过于怯懦。故此种制度之影响于言论出版之自由者亦甚大，现在各国，均已完全取消，法比等国并于宪法或其他法律中特别规定，不许政府采用此制。

（四）报纸税制。在十九世纪期内，有许多国家，采用一种报纸税制。报纸出版之后，政府得按其篇幅之多寡大小，或其他标准定出税率，征收报纸税。此种制度之施行，影响于报纸之销场不小，且因政府征税，报馆为顾全成本起见，不得不增益报价，其结果则中产阶级以下者，皆无阅报能力，报纸遂不克普及于群众。在十九世纪前半期内，英法两国，均曾采用此种制度，但英国已于 1855 年宣布取消，法国于 1870 年声明废除，故至十九世纪后半期时，此制已无存在之余地矣。

（五）报告制。在此种制度之下，出版物在出版之先，须报告于当地行政机关。其目的在使行政机关得预知某种出版物行将出现而与以注意，故其性质，亦可谓为一种预防手段。但此种报告与特许制之报告实有不同：特许制不惟须于出版前有报告之义务，并有要求行政机关与以特许之必要，否则不能出版。此种报告制则不然，出版者虽有报告行政机关之义务，而行政机关却无拒绝其出版之权。故此种预防手段，较以前诸种似觉轻微。虽然，此制若仅适用于报纸成立之初，尚无多大妨碍，若竟适用于一切出版物，则束缚言论自由，自亦未可轻视。现时法国，即行报告制者，但亦仅适用于报纸，而不及于书籍或其他出版物，亦所以防微而杜渐也。

以上所述关于预防制之诸种制度，或则理论上不能得吾人之承认，或则事实上有若干妨碍，故皆为现今各文明国家所不能采用，而转瞬已成历史上之名词矣。

中国之出版自由，在法律上无特种法律之规定，《临时约法》及《中华民国宪法》（十二年十月十日宣布）均只有空洞的规定："人民有言论著作刊行之自由。"而别无法律以规定关于此种自由之诸种问题。

惟民国三年有关于出版物之两种法律，严厉的压抑人民之言论出版之自由，而为吾人所不惜迭次牺牲以与政府力争者：一为《报纸条例》，一为《出版法》，皆袁世凯所颁布，关于出版手续问题，颇有规定。《报纸条例》规定出版者于出版前须报告当地行政机关并缴纳相当之保押金，此与拿破仑第三之兼采报告制与保押金制者正复相同。《出版法》则系规定报纸以外之一切出版物之法律，但自民国五年废止《报纸条例》以来，即成为一般通用之法律，报纸出版亦受其限制，而为压抑人民言论出版自由之惟一法律也。

第二，出版物的范围问题。

出版物究应有如何之限制？其合法与非法之分，究以何种为标准？此皆出版物之范围问题也。各国对于出版物所设之范围，概括言之，不外两种：（一）为保障社会上全体利益而设定之限制；（二）为保障私人利益而设定之限制。

（一）为保障社会上全体利益而设定之限制。人民发表意见，完全自由，不能加以任何罪名，但在号称文明之许多外国法律上却有所谓“意见罪”Délit d’opinion 者，例如在某种国体之下，而发表反抗国体之意见，在许多国家之法律即认为犯一种意见罪。不独此也，在欧洲许多耶教国中，即最称文明之英美诸国，如有批评耶教之得失，或竟发为反抗耶教之意见者，即犯“诽谤耶教罪”（Blasphemy）。此外更有反抗或批评宗教之意见，亦竟犯意见罪者，足见外国法律对于人民发表意见限制之严厉。出版物为人民发表意见之机关，在实行“意见罪”之国家，若不有一定之范围，则出版物之记载，当因“意见罪”之规定，而完全不得自由。各国有鉴于此，乃规定范围：对于出版物之记载，如仅系一种意见便不能构成犯罪的行为，必其记载之本身，已经构成一种妨害社会利益之事实，然后始能认为非法。故质而言之，即认此种事实为犯罪，不得以意见罪目之也。虽然，意见罪在理论上既少根据，在事实上各国均已逐渐取消，行见此项罪名，将成犯罪学上之历史的名词而已。

（二）为保障私人利益而设定之限制。列国法律关于此项限制之重要者约有三种：（1）认妨害私人之安全、信用、名誉或秘密之记载为犯罪。因私人之安全、信用、名誉、秘密，皆为国家法律所保护，报纸若为虚伪的或恶意的记载，直不啻侵犯人民之私权，故应认为犯罪。（2）答复权（Droit de Réponse）之规定。凡报纸登载失实，若涉及私人之名誉信用或安全者，当事人有要求该报登载其本人之答复函件之权利。答复权既较诉讼为简便，而功用有时且较诉讼为切实，故此项规定，亦极重要。惜乎中国尚未有保障此项权利之明白规定也！（3）承认著作权。著作权原为国家鼓励私人著作之一种政策，其为保障私人利益而设固甚显然。

第三，出版物的处分问题。

凡属违法之出版物，小之妨害私人之权利，大之扰乱社会之治安，故国家不可不施以处分。但究应由如何之机关，采如何之手续，依据如何之原则，以实施其处分之权，此乃出版物的处分问题也。兹分别研究之：

（一）机关问题。所谓处分出版物违法时之机关问题，即警察官署应否享有直接处分权之问题。大凡出版物违法时，其处分之方法，不外没收、封闭、停止等等手段。警察官署是否能直接享有处分权，即是否不经审判机关之决定而径行没收、封闭或停止其违法出版物之权限。就理论言，出版物之违法处分，既为违法，则当由司法机关施以处分，不应授警察以直接干涉之权。即就实际言，没收封闭等处分，关系亦甚重大，不能径由警察之自行决定。是以现代各自由国家，除极少数尚承认警察有极小限度之直接处分权外，大都完全否认警察之享有直接处分权，良以没收、封闭、停止等处分，在原则上实惟法庭能决定之耳。

（二）手续问题。所谓处分出版物违法时之手续问题，即出版物违法诉讼之审判，是否应由普通人民参预之问题。现在欧洲重要诸国之法律，对于出版诉讼，多已采用陪审制，由普通人民参预陪审。人民为陪审员（jury），对于事实之审判，大概为陪审员之力，而法官不过为法理上之审判耳。各国出版法，最易演为政府压迫人民之武器，若采用陪审制，则政府之压迫，将无所施。盖陪审制为律文限制言论过严时之调剂制度，因陪审员为普通人民，不特不易仰承政府意旨，且对于被告之人民，尝易为宽大之释放也。

（三）原则问题。所谓处分出版物违法时之原则问题，即系违法出版物之责任问题。出版物的责任究应谁属？这个问题，有比英两国制度之不同。在英国则负责之范围甚宽。英国之普通法律，凡犯法问题，不惟罪及直接犯罪者，凡参加或有关系于其犯罪行为者，皆当分别科刑。其关于出版物负责问题，亦本此一般之原则，而认著作人、编辑人、印刷人、发行人，甚至代卖人等，皆应负连带责任。比国则不然，比国法律对于出版物负责问题，只须一人，彼认为负责最重要者为著作人，其次为编辑人，其次为印刷人，又其次则为发行人。著作人不可查知时，则由编辑人负责；无编辑人时，则由印刷人负责；无印刷人时，则由发行人负责。比国此种制度，在尊重著作人之权利，因编辑人等不与著作人负同等责任，则著作人之言论，不至受编辑人、印刷人或发行人之阻遏也。由此两种制度比较以观，比制实较英制为善。但中国法律大概采用英国制度，如出版物有违法时，则著作人、编辑人、印刷人、发行人，皆须共同负责也。

第四，非常时代之出版自由。

以上诸节所论及者，皆世界各国平时之出版自由。但出版自由亦如其他自由一样，在非常时期，每不免有若干之限制或变迁，故本节当述非常时代之出版自由。

关于非常时代之出版自由，可分两节说明之：（一）欧战期内交战诸国之出版自由；（二）苏俄制度下之出版自由。

（一）欧战期内交战诸国之出版自由

欧洲各国在交战期内，虽同在战争之下，但因各国战争状态之不同，各国人民对于自由之修养（习惯）不同，各国人民对于自由之信仰不同，故出版自由亦各各互异。

在欧洲交战时期内，交战国家中之比较尊重自由者，如法如英如美，其对于出版自由，亦各有多少之不同。在法国当战争时则设检查机关，检查范围，并不限于报纸，即书籍图画，亦受同样之检查。且其检查报纸时，其检查之范围，不限于报纸所记载之消息，而尤注重报纸之论文。因报纸上之论文，最能引起人民之注意，而于战事之进行，社会之秩序，皆有直接间接之影响。盖彼时法国情形，非常危险，不能不从严检查也。

英国则比较宽懈。英国在战争时亦曾设检查机关 The Press Bureau，但检查不甚严厉。愿送检查者施以检查，不愿者亦不勉强。报馆无请求检查之义务，惟受过检查者不受追惩制之拘束而已。英国虽于报纸检查不甚严厉，而于函电邮信，则检查特严，盖恐泄漏战争消息也。

美国宪法，规定人民之出版与言论自由，不受法律之限制，惟无战时与平时是否有别之明文，故当战争发生时，出版自由，竟成宪法上之一大问题。当时人士，皆以为宪法上既无战时平时之分别规定，则虽在战时，亦不能施以干涉，否则惟有先行修改宪法耳。以是之故，美国不能对于出版自由，有若何之限制，只得用间接方法，如封锁无线电台，禁用密码电报等，以减少战争消息之泄漏。并用劝告之方式，劝导人民顾全国家利益，勿稍泄漏军情。惟美国因加入参战，为时最晚，在未参战以前，德奥两国为刺探参战国之消息起见，曾派许多间谍，密入美国。美国参战以后，此类间谍，皆在美国国内肆意活动，加以美国人民，多有自奥国移殖者，故当时情形，实属非常危险，一有泄漏，关系匪轻。然美国处于此种非常时代之下，始终未闻对于人民言论及出版自由，加以若何直接之干涉或妨害，吾人于此，不能不赞羡美国人民之酷爱自由，与美国政府之尊重人民之自由也！

（二）苏俄制度下之出版自由

欲知苏俄之出版自由，不能不先明其根本的政治制度，俄国现在为共产政府，其人民对于政治之观念，可分三点：（1）实行共产制度，须以人民物质的状态和精神的信仰均能一致为前提；（2）欲使人民物质的状态与精神的信仰均能一致，其方法惟有使无产阶级专政，而令有产阶级居于被治之地位；（3）无产阶级，不尽皆有共产主义之觉悟，故必须令无产阶级之少数有觉悟之优秀分子掌握政权。由此三点政治的根本观念，以研究苏俄之出版自由，则可以知其概也。

苏俄人民对于政治的根本观念既为上述三点，其对于出版自由之观念，亦与上述三点有连带之关系。因苏俄人民相信有产阶级受治于无产阶级，然后人民之物质的状态与精神的信仰乃能一致（政治根本观念第二），故有产阶级绝对无出版之自由。苏俄人民又相信无产阶级之少数优秀分子，乃能掌握政权（政治根本观念第三），故无产阶级之个人，亦无出版之自由。惟无产阶级之政府及无产阶级之少数优秀分子乃有出版自由耳。

由此可知苏俄之对于出版自由，实完全取严格限制主义，其限制之方法，即将（1）纸业归国家经营，（2）印刷业归国家经营。如此，则有产阶级或无产阶级之个人，殆无自由出版之可能。此外出版物之发售亦归国家经理（莫斯科、圣彼得堡等城市），外国出版物不能入口，故不惟私人在国内不能出版，即出版亦不能自由传布，即在外国出版而欲运回销售者，亦决不可能。此种现象，自一九一七年革命成功，直至一九二一年，均继续存在。惟彼时苏俄因国内革命之后，秩序未定，政治未上轨道，许多建设事业，尚未成功之时，为保持治安，促进政治，以便努力建设事业起见，限制虽然严酷，亦可得吾人相当之谅解。

苏俄自一九二一年施行新经济政策以来，国内各种情形，皆略有变动。且在数年之内，经革命领袖列宁氏等惨淡经营之结果，政治社会，皆已粗具基础，而得世界友邦之提携，故国内出版自由，亦颇有复苏之望。现在对于出版物所设定之限制，只有预请检查及征收出版税两种，外国出版物入境之禁令，亦已取消，如国内政治情形，从此日臻上理，则出版自由之完全恢复，固吾人意计中事也。

第五，出版自由之未来的观察。

吾人观察出版自由之未来，不觉抱无穷之杞忧。现在出版自由每为政府所压抑，似出版自由所发生之危险，将直接影响于政府也者；而不知现在出版自由之趋势，其危险将不在政府而在影响于社会。

现在且以报纸言之：报纸之天职，本在代表舆论、监督政府、指导社会。惟其能代表舆论，故人民视之如喉舌；惟其能监督政府，故执政者不敢有私；惟其能指导社会，故人民视之如明星。今之报纸则不然，其最显著之趋势，约有二端。

（一）报纸之商业化的危险

在欧洲大企业制度之下，资本家、企业家，皆各有一二种报纸，完全以营业为目的，并不以提倡某种主义或实现某种政策为职务。其报纸之惟一使命，由指导社会而入于迎合社会。美国现在有许多报纸，为欲扩充销场，达其营业之目的起见，每每记载某处之赛马会，或某女士之离婚案，较国会议案或内阁政策尤为详尽。此无他，盖欲藉此迎合社会心理，扩充销场，而达其营业之目的耳。新闻记者，本以提倡某种主义，或鼓吹某种政策为目的，但因受资本家之支配，不能自由主张，故报纸之商业化，足以影响新闻记者之意志，其危险亦甚大也。

（二）通信社之托辣斯化的危险

新闻贵乎翔实而尤贵乎新奇敏捷，稍知新闻学者类能言之。通信社为供给新闻材料之机关，万不能有垄断或操纵之事实。乃近年以来，通信社虽称发达，而操纵与垄断之趋势亦日以显著。美国各通信社，皆有“托辣斯”（Trust）之性质。欧战以前，操纵美国之新闻者，为“纽约通信社”（The New York Associated Press）。纽约各报，皆须加入该社，凡不加入者，该社即断绝其新闻材料之供给。是纽约新闻事业，悉为该社所垄断，为所欲为，其影响于社会者，不亦大乎？

现在世界最大之通信社，当推英国敦伦之“路透社”（Reuters）。据吾人所知，该社殆完全为一商业团体，经营国内外新闻通信，势力极大。或谓其代表英国帝国资本主义，而实行侵略政策，果尔，则尚不失为一有主义者，吾人虽极端反对其所代表之主义，而于理论上吾人殊无理由以攻击该社之不当。惟该社势力既大，倘一旦而受托辣斯化，则其操纵新闻之影响，殆将及于全世界之舆论，故吾人对于该社，亦殊未可遽抱乐观也。

综上所述，吾人可知出版自由之现状及其将来之趋势矣。吾国为新进民治国家，人民之诸种自由，尚未得完全发展，而于出版自由，尤多拘束，此则吾人所不能不详加研究者也。

（载《渝声季刊》1924年第3—4期）

上海印刷出版界后患未已

无　明

“凡在租界内经营印刷业，石印印刷业、雕刻制版业或印刷发行日报、定期刊物，或载有公众新闻消息之印刷物，必须先向工部局领照。如系西人，须得该管领事会签。如未领执照而营业或印刷发行者，应处以三百元以内之罚金。凡相助发行散布未载印刷人姓名地址之上项刊物，每次应处以二十五元以下之罚金。上项处罚，得以犯者所属管辖法律所定之罚则代之。”

这是一九一九年七月六日上海公共租界纳税人会议中所曾经通过而未能实行的所谓“印刷业领照律”。这“印刷业领照律”的得以通过于当时的纳税会议，实因当时发生学生运动及商界罢市以抵制日本的举动，经多数日侨出席赞成而可决。至其所以未能实行，则因中国人团体以外，还有许多美国团体也帮同反对。而美按察使及英按察使，尤为有实力的反对，所以上项议决案从纳税人会议咨交领事团后，即被无声无息地搁置起来。租界工部局当局年来虽刻意要使他复活，而一九一一及一九一二两年都因阻于纳税人会议的不足而不克达其目的。

今年四月十六日纳税外人年会，工部先期拟定议案，于四月三日的《工部局公报》上发表。议案中如加征码头捐案，证券及物品交易所注册案等，都足以引起中国人的剧烈反对；而尤其反对得厉害的，即为这旧事重提改头换面的取缔印刷业制定印刷附律案。

所谓印刷附律，于四月上半月中，颇使上海各团体空气紧张，坐立不安，而工部局的原议案，则为：“下列附律，应通过编为第三十五条 A. 印刷局，无论何人凡印刷（包括以各种方法之印刷而言）或发行任何报纸、小册、传单、招贴或他种载有新闻消息或事项、或议论、或意见之纸张，而不于印刷或发行以前向工部局（即系外人则向其所属国籍领事）注册，填明其姓名、居住地址与营业地址，或有意误填、或漏脱，致使注册不准确者，与无论何人，凡印刷意在发行或分散之任何纸张；而未将其姓名、居住地址、营业地址，以明显之字迹刊登于每纸之正面（指专印一面者而言）或于同样页纸之每第一页或末页或社论页者，以及无论何人，凡发行，或分散，或襄助发行分散，未照上述刊有印刷人姓名住址或营业地址之纸张者，皆得处三百元以下之罚金，或三月以下之监禁，或处以其人在可适用法律中所载之他种惩戒。此条附律，应送达领事团，请其赞助，俾可从速获取必要之核准。”

工部局复自称为辩明误会起见，另有一文解释提案的旨趣，而说明该附律要点不外三点，即：（一）印刷人及发行人只须向工部局或领团注册；（二）注册以后，印刷人须将其姓名、住址、营业地点，印明于印刷物上；（三）凡未曾载明印刷人姓名、地址之印刷物，不准发行或发布。解释文中并声明注册只须一次，无须重复。

我们试将上述工部局议案及解释文一加研究，并与一九一九年议决案一加比较，即知其妨碍印刷及出版界的厉害。且附律所包范围的广大含浑，冯炳南君在《对于洋泾浜章程及附律之意见》中曾有一段说：“譬如有人于打字机上作一书翰，述及某大人物已卒之事，则照该律原文之规定，自必先向工部局或该管领事将姓名、地址、营业处所注册，否则必遭三百元以下之罚金，或三个月以下之监禁。”又附律中“公共”两字所包的范围。冯君文中说：“如孔子诞生，恺撒被杀，皆属‘公共事项’，此种事项，于今日固无关大局，然一经复印而未豫先注册，即须受违背该附律之惩处矣。”观此，则附律的苛细及对于印刷出版两界的不便，可以看出大概。

议案消息的漏出，正在上海商界各团体一方面静默地运动收回会审公廨管理权；一方面甚嚣尘上地反对推广租界的时候，得了这消息，各团体便连日纷纷开会反对，纳税华人则致函各理事请向工部局当局交涉取消议案；纳税华人理事会则一面函请纳税西人协同力争取消该议案，一面由工部局华顾问四人向工部总办磋商。而与这附律有直接关系的上海书业商会、书报联合会、日报公会、书业公所四团体，尤其视为生死关头，出全力以争执，既发表两次宣言，报据种种理由说明附律不应成立；更因《字林西报》为附律辩护，不惜从反面下手，出五千元以求能证实英美法律有与附律同样无理者，可见他们的苦心了。

印刷附律与码头捐加征及交易所注册三议案，是从三月底到四月中一个时期中上海商界所阢陧不安的大事件。经过剧烈的反抗，到了四月十六日纳税外人特别会议开会这一日，因人数不足，工部局所拟三议案不能交议，上海商界半个多月的惊慌，总算成为“虚惊”。但是这一年一度的纳税外人年会，后来正无穷期，不知各团体将来还是从根本着手谋使这项议案永久消灭呢？还是情愿永久作一年一度的反对运动？

（载《东方杂志》1924年第21卷第9期）

《字林报》对印刷业附律案短评

自公共租界工部局发表本年纳捐人年会时续开特别会，提议历年积案之消息，本埠各西报大都取静默态度。昨日正式宣布特别会议案，其第四案即为印刷业附律，而西报中亦仅《字林报》有短评，希望该律之终能通过。原文谓：今日《工部局公报》正式宣布本届纳捐人年会时，同日举行特别会议，而其议事日程内复列有著名之印刷业附律。该律措辞，吾人虽未取已往九年内所提出者一一比较，但料已加以修正。当此九年中，该律曾为彼自行组织之保障公共权利者所忧虑而反对，今律文措辞之清晰，已同于其他法律，毫无疑义。律中仅谓任何人民欲经营印刷或出版业，而事前未以姓名地址向该管领事或工部局注册者，或更于印刷或出版之任何纸张上未标明其姓名地址者，应处以某种之刑罚。往者华人印刷业以为此项附律，将强迫以各种印刷品送交捕房查阅。而其所以误会致此，实非本人之过，乃一般不谨慎之鼓吹家应尸其咎，而西人亦有附和其中者。今则该律本文已不复有误会之可能，而在维持租界内良好秩序上实有无可疑虑之重要。吾人希望其卒能通过也。

（载《申报》1924年4月4日）

书肆营业一夕谈

夊 三

客窗灯下，聚友闲谈，友有业商者，因述往事一则，并录之如下：

吾在政界，奔走四方，游历多省。某年在某地制造局，因事到省，偶尔闲游，忽见一家新开张的书店，门面辉煌，书物整齐，随步入内，游览参观。无意中，见人种相貌图，随问店中人价值若干，不料遇着一个麻木混虫，答说一元五毛。吾看此图只值四五毛钱，见其胡说乱道，即不与多言而出。又到一家向来认识的书局内，谈起此事，言下不觉的恶骂了一顿。待两天之后，事毕回局，见案上有书包两大卷，挂号信一封，随手拆阅，乃系某省内新开张书店之来件，函称：某某先生鉴。某日驾临敝处，购买人种相貌图，适遇新进学生，不知价目，又不转问，茫然胡说，冒犯台端，万分惭愧。今将先生要购之图送赠，并附书目，画片样本等，奉呈哂纳。有便到城，当乞辱临敝处，不胜感盼云云。

吾见了此物，甚以为奇，吾想吾在某城，一共住了两三天，去那书店，走了一次，又在相熟的书局里坐了一会儿，那新开张的书店，如何能知道吾的姓名住址，又寄信件来呢？他是书店，不是侦探，即使侦探，也未必能如此神敏，可疑之点，实在不小。但他既然对吾如此推诚认过，内中或者有一些道理，对于营业上或者有点儿经验，否则，万不肯做到这个地步。吾当时回他一书信，比来信更加客气，并说吾奔走多年，在商界之中，对于营业上如此留心的人，尚未见过，实在钦佩，到城时定当走访云云。不到两日，他又来信，说何日到城，请寓敝处，扫榻以待云云。不多日子，吾果然又因事到城，就到那新开的书店里，拜望那伙计，相会之下，一见如故。当时他就邀到餐馆儿里畅叙一会，大快生平，从此订为至友。以后吾要书籍，就托他代办，每年往来，数虽不多，也在数千元之外。一次吾问起他如何探到吾的姓名住址，他说那天先生由敝处走后，在某书局里，将我们骂了个不亦乐乎，该书局幸灾乐祸，引为笑谈，逢人遍说。后来敝处于无意之间，询得先生姓名住处职业，并悉先生性喜书籍，每年选购甚多，故将人种相貌图等件送赠，以表甘受大教之意云。

请大家想想，某处新开张书店的伙计，若然没有经验，没有营业思想，没有忍耐性，抱敷衍了事的宗旨，试问他肯这样干法么？我本来是一个反对他的人，如此一来，非但不反对他，而且我要购的书，托他去办，并且替他介绍生意。可见做生意买卖儿的人，说话不可不用心，交接不可不留神，时时用心留神，才能有进步。一个留心的，一个不留心的，常日不觉，几年之后，成绩就相差不少了。比方一个伙计，每天在店里要交接几十个客人，若能对人留心，对人客气一点，一年三百六十天，要见识得多少人，交友多少人，积年累月，自己的能耐，一定渐渐多了。能耐并非专指本领而言，本领越大，越能够耐，越对人谦恭和气。这是就商人独一无二的大能耐，请大家想想，这话对么？

（载《中华书局月报》1924年第25期）

书业与图书馆

ㄙ. ㄅ.

“图书馆为国民终身的学校”，这是西洋人常说的一句话。这句话，仔细想起来，很有道理。人们所受的学校教育，都有一定的时间底限制——譬如，一个人，从幼稚园经小学，中学而至于大学，学校教育底时期就完了——图书馆不断地供世界上一切新旧知识，永无尽期。

学校教育，不但都有一定的期限，并且都有一定的课程和学级底等差，最容易束缚人们个性底发展和自由。图书馆不但没有时期底限制，并且没课程底规定和阶级底定分——图书馆里，有男的、有女的、有老的、有小的、有博士、工程师、有艺徒、工匠。图书馆可以作研究高深学问底参考部，亦可以作供给新知底渊薮。我们整天研求专门学问或整天动作，图书馆里并且有小说、诗歌、剧本、图画给我们许多安慰。

从历史上看来，图书馆底起原，已经很久了。不过从前的图书馆，多半专为研究高深学术者探讨之所，甚至于只是搜藏古籍，保护古代文化，同珍藏古董一样。二十世纪以来，普及教育底潮流，渐渐漫布于欧美，向来专为智识阶级独享的藏书楼，就都一变而为国民共享知识的宝库了。这公开的图书馆，最发达是美国。美国从1876年图书馆协会成立之后，全国图书馆，相继崛起——各大都会，都有模范宏大的公立图书馆，各县都有县有大图书馆，一县又分数区每区分设分馆，图书馆就普及全国了。

我国图书馆事业，到了甚么地步了？我想，我们只要想一想一百五六十万人聚居底上海，尚且连一个较像的图书馆都没有，就不去再费心往下想了。我们固然可以推说，我国学校教育提倡不久，社会教育幼稚，所以图书也就十分缺少。但是教育之有益于人生，我们随地随时就可以随口说得出许多，图书馆在教育上之价值既然这样重大，从今以后，决不许我们不去十分注意了。

固然，在今日之任何阶级，都应该有对于图书馆事业底提倡之义务。我们书业界同人，却尤其应该十分而努力。图书馆是最能引起人们读书买书的兴趣的；图书馆能提高人们底读书力；图书馆是各书局联合的展览会，书业公共的样子间——图书馆是推广书业的一条大路。

（载《中华书局月报》1924年第21期）

教科书不应由外人编辑

余家菊

一国教科书为一国教育方针之所由表现，而社会学科之教科书则又为一国精神之所由凝结。是故从事一国教科书之编纂者，必须（一）熟悉该国教育之宗旨，与（二）该国国民的精神，而且（三）对于该国前途具有热烈的希望，徒有（四）专科的学识，（五）教育的经验，与（六）文字的技能不为功也。试问客籍教师对于我国能经此等条件之考验而无愧乎？无论其于我国国民精神与教育宗旨未能领悟，即其爱护我国家之衷曲亦属可疑。谓予不信，请例证之。

战后新编《英文世界地理》一书，由苏州书院（Soochow Academy或即东吴大学）Roger D. Wolcott编辑，教育部审定，商务印书馆出版，现已为第五版，销行之数想必甚广。然该书讲香港则离却中国自为一节，且无一语涉及香港原为中国领土一层。中国人于其已失之领土不应知其原属中国乎？不应激发其雪耻之心，恢复之念乎？而该书竟欲使中国人永忘其故土，居心之险毒有如是乎！复谓英国政府干预西藏事，“其唯一原因”盖恐西藏之乱扰及印度之平和也。此语之辩，可谓无以复加矣。因此吾愿教育部反省外人所编之教科书果应予以审定否？吾愿各书店反省外人所编之教科书果应为之出版否？吾愿各学校反省外人所编之教科书果应加以采用否？（节录余家菊《论外人编辑教科书事》）

（载《中华教育界》1924年第14卷第4期）

教科书的批评

荆　生

近来常在《学灯》上看见大家批评教科书的文章，这原是很好的事，但有时觉得过于拘泥，正合古人的“胶柱鼓瑟”的一句话。发议论时多凭理知，少用感情，固然最好，但若呆板地讲理，不能理解，那又是很可笑的了。《学灯》五卷十二号中有《批评中华书局新小学初级国语读本》一文，有一节云：

“（六）早晨

鸡叫了。天明了。

呀！四处的鸟声十分的好听！

太阳呀！请你快些出来罢。

多好看哪！青的草，绿的树叶，

红的白的花。

太阳呀！请你快些出来罢！

这课书我简直‘莫名其妙’！开首是叙述语，‘呀！……’惊叹底是谁呢？‘请太阳出来’的又是谁呢？才说‘多好看哪！……青草，绿树，红白的花，……’明明天已大亮，怎么更要请太阳快些出来呢？”

其实据我看来，这课书诚然不能算是好文章，却还不至于“莫名其妙”地难懂。开首是叙述语，“呀！……”惊叹底即是叙述者，也就是读者，“请太阳出来”的又是他。至于明明天已大亮而更请太阳快些出来，则因天明与日出并不是一件事，正如日没与天黑并不是一件事一样。查观象台历书，京兆在冬至时日入四时三十八分，而点灯总在五时后，夏至时日出四时三十一分，但是至少在四时已经看得见青的草等等了。这些事本来只要凭了常识就可了然，我却引了历书来断断争辩，也难免有点“胶柱鼓瑟”罢。

我写到这里，不禁想起十年前的一件故事来。那时我在东南一个府城——现在因为学生扮演“卓文君”，县议员们要查办女师校长的一个有名誉的地方——充当教育会长。曾经开过一个初小校长会议，商量采用教科书问题。结果是大家以为中华本较适用，不料因此却触了别家书店之怒，几乎把我捉将官里去。这是过去的事了，但我总是惊弓之鸟，这回又凑巧似乎替中华作辩护，不由地不有几分戒心。记得批评商务本教科书的文里，关于《关在房里没说话》那课书，也有过同样呆板的评论，心想把他引在一起加以反驳聊以表明心迹，无奈《觉悟》上没有总目，我把近三个月的合订本反复找过，终于不曾找到，实在没有性子，只好硬了头皮单独发表了。

（载《晨报副刊》1924 年 1 月 9 日）

小学校教科书问题的我见

丁晓先

一、导言

我从前也是一个肆力抨击坊间教科书的人；嫌他的材料不生动，不合实际教学状况；宁愿在百忙中抽出时间来，自行选教材，自行编教材。我的许多朋友，都是这样的主张。有什么发表的机会，如暑期讲习会等，我们若是参与的时候，便把我们的主张，用力的鼓吹，深切的批评坊间教科书，希望造成一种不信任坊间教科书的空气。当时深得教育界的同情。推原这个运动的起因，是由于小学教育界太枯寂呆滞，死守教科书当金科玉律，分毫没有活动进取的气象。

我们要造成这种空气，有两个目的：第一，促起坊间革新教科书的动机。第二，促起小学教育界同人精研教材，改良教法的动机。老实说，坊间发行教科书，他们是利用教育事业以遂他们懋利的欲望。我们从事教育事业的人，一方面也就可以利用他们懋利的欲望，以为推广教育的帮助。双方相济，虽曰利用，实际也可以说是相互倚畀。在企业时代，我们便应当顺应潮流，与企业家合作，他们出资编印教科书，也未尝不有利于教育。倘使没有人办印刷事业，没有人设立大公司编印教科书，也就是我们教育上多一重阻力。但是推考究竟教科书的印行，总是书坊家供应教育上的需求。需求者对于供给者的出品，当然应该详加选择和批评。选择以求合我之用，批评所以使供给者知需求者之意旨，而对于出品上有所改革，决无需求者一任供给者之支配操纵垄断。但是当时教育界上所呈露的现状，很不能使人满意。学校里的教员，大都视教科书为教学上唯一的利器，不明教材需如何始适合于儿童，更不知课程为何物。教育行政人员之视察学校，只看教员对于教科书的讲授能否明白晓畅，在规定时间内，是否能够教完儿童必须读毕的教科书。一般人对于学校的概念，也以为只有教师、学生、教科书三者而已矣。而当时的书局，又顺应时世，迎合心理，专请一辈社会所公认的通人学士，模仿日本教科书，编成各种教科书，送请教育部审定、印刷、发行。这种教科书，便为一般人认为新式的四书五经。教学法的研究，也似乎以教科书为中心，考订注释，推演，着实下过一番死工夫，在今日观之，这种情形，当然是可发一笑。但兴学未久，学校教育的真相，一般人还未能了解，这也是必经的阶级，不可遽尔见怪。若是长此枯守古株，不能超脱这一重樊笼，教科书、教育便永无发展改进之望。所以当时许多同志，都热烈的抨击教科书，使一般人对于教科书，不致信仰太深，渐渐的谋教学方法的改善。

当时许多同志中，似乎也抱着一种宏愿，想努力的创制合用的教材，给教育界同人采用。隐隐然心目中也执着一个观念；编教科书，应该由对于实地教学有经验的人来办。这似乎是一种狂妄的思想，但也是一种负责任的表示吧。我们对各种教科书的编纂上，都有一贯的主张和具体的计画，认为教科书应当不绝的受教学法的试炼。编纂的着手，当以教学法为背景。编纂成书以后，须先经实际试用，逐渐修改。但亦永无作为定本之日，再版一次，当然要改过一次。编书者当与学校、教师双方切实联络，而共同认定一个目标，不息的谋教材之妥善。这末一来，编辑室和教室联成一气，相互扶持。各书局印行教科书，当能适合教育上的需求，而无所用其操纵垄断的伎俩了。

我的服务地点辗转变更，去年秋初竟也厕身编辑界，入编辑室去编辑教科书了。就事之始，有几个朋友以为我是变节了，从前反对坊间教科书，现在入坊间编辑教科书，前后若出两人。有几个朋友说我固有的主张，也许渐渐为环境所转移。也有许多人属望我努力的实行主张，编几部革新的教科书出来。我当时以为这是尝试编辑生涯的机会，是实地试行我几年来对于教科书改革意见的机会，不见得就是变节，也许我的重要主张，不至于受人转移。现在试探一下，也未尝不可。

我在编辑室做事一年了，在一年之中，当然是很注意小学校教科书问题。对于编辑生活的况味，略略尝得。日常做事，当然也有许多感怀。而于教科书编辑上，也有些新见解。今姑拉杂的写出来，以为留心教科书者作参考。

二、自编教材终非久计

我现在觉得我们应当多做革新教科书的运动，慢说打破教科书的空话。我最近看见某书局一种营业统计表，按中华教育改进社所调查者，全国公立小学校，儿童数有五百四十多万，而该书局所销的国语国文教科书，在四百九十万册光景。从这一点看来，坊间教科书对于小学校的供给，实在占重要地位。这不过是一家书局的统计，若合各书局之销数计算，其数目当更为可惊。坊间教科书对于小学教育，其势力的弥漫既是如此的广大，要想打破铲除，也许是曲高寡和，极难成为事实。试想现在一般学校，方以教科书为教学的唯一凭借，今把教科书打破了将不知何所适从。打破教科书后的第一件事，当是小学教师自行编选教材。可是一般小学校都能做到吗？请详论之。

第一，现在的小学教师是否有余力为编选教材的事？小学教员担任的授课时间，大率总在二十小时左右。内地小学校，甚至有以一个教员完全担任一级功课的。在通都大邑的教员，有的为生活需要的驱逼，纷纷兼课，有兼任钟点至三十小时以上的。在此状况之下，欲求教员之不因循敷衍，已属不易。要使他们研究教法，精选材料，势实难能。我是尝试过自己编选教材况味的人。当时我和我的同事担课时间，大都在八百分钟左右。还幸亏是师范附属小学，每半年有教生实习一次。教生实习，虽要和他们研究指点，究属比自己上课闲些。所以在教生实习期间，尚能从容编些教材。至于平时，则捉襟露肘之象，自知不免。并且又是同事很多，可以通力合作，统计每年每人所选的教材而可以合用的，也不很少，而由自己编制创作的教材，究属不多。这也未必完全是才具拙劣所致，实际也是精力不继了。

再就所做成的成绩看，把当时的实况拆穿说，所谓选教材，有时也未免是“拖在篮里就当菜”，事后反省下来，也未必都能满意。自己著作的，未必都是得意之笔。动笔之前，难得有充分的思想。着手时，又不能有充分的参考商量。完篇后，又因急于应用，难得润饰修改的工夫。所以若把作品底细考核一下，实难免谬误缺漏，这也是急不暇择之故啊!

以上都是就时间上说的话。我们再论修养方面。老实说，我们师范学校毕业的人，学业上的修养，恐也还说不到根底确立。况且现在师范教育与初等教育，还有不相吻合的情形。我常觉得在小学校里做教师时所需用的东西，师范学校课程中，大半缺如。从前在师范学校所学的课程，现在已大都用不着了。最大的一个原因，就是师范学校课程中，都是些“科学词典”和“科学初阶”，日常生活上的各项常识，反是很少。小学校教材，不用论理组织排列的材料，宜用心理组织排列的材料，这是大家都知道的。但是要把教材作心理的组织排列，那末日常生活上各项常识是亟需的东西了。这都是我们求学时代所未经修养的。临渴掘井，结果未必多佳，所以我们常常嫌坊间教科书材料不生动，不合实际教学，而自己着手编教材时，亦未必一定有使材料生动活泼确合于实际教学的把握。弄到实在没法想，还是翻译外国教科书和补充读本罢——这也可以说是教材上一个开拓的机会。看现在所有的教科书和补充读本，以及一切的教材，一切的故事中比较的有精彩而适合儿童学习用者，大都还是外国材料的译本。教材中果然不必拒用外国材料，也不必一定执意的不用外国材料；但是不去搜集中国材料，整理中国材料，也终不是长久的办法。外国材料，别说他未必适合国情，即论儿童的环境，也很有凿枘不相容的地方。要搜集中国材料，整理中国材料，偌大的工程，小学教员未必有此力量可以单独担任，正赖与各方面合作。

想法翻译外国材料，的确是小学教员不满意于坊间教科书后的一种贡献。在教育界上的势力，果已不小了，且可以使编辑界也追随上来。这可喜的成就，我们固然可以庆祝第一步的成功。但是这第一步的成功，还是革新教科书，而未必是打破教科书。就是废弃旧教材而改用新教材。吾们因这第一步的成功，可以相信革新教科书的运动是有把握而当继续用工夫的将来的成功，就实际情形，如以上所讲社会上一般的趋势，和小学教员的时间学力而论，未必可以拿废弃教科书为革新教育的唯一途径。

我说这一番话，本意并不是要抬出坊间教科书，而认为编辑室中的成绩品，一定较优于小学教员课余所编的东西。我是以小学教员的身份，反省一切，觉得时间和学力上有不能独身承当之处，而须与各方面合作。所谓合作的各方面，坊间所设的编辑室，当然也是一员。因为他们是倾全力为之，而有职业性的。除坊间编辑室以外，如教育团体之编辑机关，对于小学教材特有兴趣和经验的私家著述等等。而小学教员之有余力，才足以胜任者，当然亦尽可做去。我的意思以为编选教科书，一定须由小学教员自任，非打破教科书废弃教科书，不足云教材教法的改良。在事实上有做不到之处，即使勉力做到，也不能有最佳良的效果。今日所当群起注意的，在切实从事教科书的革新。用教科书的和教育学者严密的督责，深刻的批评。编教科书的和印行教科书的，当虚心克己，勉力振作，共图教科书的改善，以造福于儿童界，使教育事业大放光明。

第二，自己编选教科书后之印刷问题。自己编选教材后，须付印刷。就普通情形讲，是用油印的多，用石印铅印的偶然有之。油印的教科用书，实在多模糊不明了处；可以说是因陋就简的方法，不是久远之计。教科书的印刷问题，虽似是枝叶小节，但也不可轻忽。讲到这层，且容我串插一句话。我对于坊间教科书的印刷，实在不能满意。纸张粗劣，印刷随便，形式和图书等，都太不考究。书局中人，以为中学以上用书，定价可以稍高，纸张和印刷，都可以较好于小学教科书。小学教科书，须求推行甚广，不可不定价低廉；而印刷纸张，不妨较劣。这是他们观念上的错误。据我所想：书局中对于印行小学教科书计算利益，须特别从轻，不该认为唯一懋利的好买卖。你看欧美的小学用书，印刷装订，多么精良。以与我国教科书相较，真不啻天壤之别，这也可以算各国文化上的一种比较啊！这样说来，我们把小学教科用书油印代用终究不是事体。不过要把自己编选的教材去用精美的印刷，经济太浪费了。所以我们若是要为儿童谋幸福，该利用印刷的企业，不可以因为坊间教科书不足信任，遂安于简陋，应该对于书局为严密的指摘，还要积极的来作一种精印小学教科书运动。

油印教材，小学生不便保管，的确是一个问题。有时并可以引起家属的抗议，而致影响学校教育。即认为没有养成习惯成为惯例的缘故，使儿童有保管散页教科书的习惯，果然也是小学教师合当注意的事，但其容易散失破损，亦为不可掩之事实。或谓散页教材可以多收活用教材之利。这不过是皮相之谈。苟无完善之教材，则活用适足致纷乱。实际上教科书之为散页与整册，是各有长短，未必彼善于此。平心说来，坊间教科书内容，或有大可斟酌之处，装订成册，亦未可厚非。自编教材，即使内容十分完善，油印终非善法。

从以上两端看来，小学教师自编教材，大有心有余而力不足之概，而确非永远之计。则打破教科书，只可作为放一大炮。实行有效，尚非目前所能做到。所以切实一点说，目下小学教育界重要的工夫，还是努力于革新教科书运动。

三、革新教科书运动

现在小学教育界上不信任坊间教科书的空气，实际还没有十分紧张。坊间教科书，仍能畅销，是一个有力的证据。我今春为研究新课程，曾出去调查讲演一次。在调查讲演中，顺便和各地教员谈谈，觉得有一种大可注意的情形。一般小学教员，对于所用教科书，最不喜欢时常变更。因为他们把一种教科书用了几年，其中内容，大都熟悉。教授时不需什么预备，岂不省事？你想在这种状态之下，不要说不能不信任，简直连怀疑态度都不会有，都不愿意有。在我国初等教育界，一方面虽是设计教学，道尔顿制等的试验声浪甚嚣尘上，但也不过有数的师范附属小学校等是如此；大多数的地方小学校，还是敷衍苟安。真可叹！

尤可笑的：国语宣传，不是大家以为成熟了吗？但是七八年前出版的文言老教科书，居然占教科书销数中第一把交椅。这种老教科书，岂是特有所长？新编的教科书，难道全无长处？国语文在小学校里岂不是不宜教学吗？文言文难道比国语文容易教吗？真可以令人百思不得其解。最大的原因非他，却因为这种教科书用久了，不肯遽尔抛弃罢了。谈到这点，真可以使提倡新教育者灰心短气。

表面上看来，似乎革新教科书的运动，可以为小学教员对于坊间的一致行动。孰知一般敷衍苟安的小学教员，竟是革新教科书的大障碍呢！书局中人，当然以懋利为大目的，不影响他的营业，他终不肯改弦易辙。果使革新教科书而有影响于其营业，他们非丧心病狂，焉肯狭其资本以图反抗？甚而言之，坊间或将因我们的革新教科书运动而推广营业，又何乐不为呢？只为着老教科书依然畅销，革新教科书尽管进行，一般大腹贾，将视为无聊文人在那里掀波作浪，毫不动心，冤煞人哉。

我近来很遇着许多感触：我总想把教科书改革一点。但是改革的计画，屡次失败。原来我的编书方案，大都和当局者从营业经验上的买书者之心理不合。他们常说："你的办法都很合理，但实际上不为群众所喜。"这所谓群众，完全是那些惯用老教科书的没出息的东西。我很希望一般教育界，速起为革新教科书的大运动。于是编辑室里的人，可以和你们协力打个内应外合。但是只闻打破教科书的空炮，而不见向老教科书猛扑力剿的军队，闷煞编辑室里的人了。

起来啊！大家努力啊！长于学理的根据学理，老于经验的根据经验，分头把我们所不满意的教科书，用具体的方法——不必用谩骂口吻，尽力指摘，使他体无完肤，站足不稳。这一番批评工夫，一方面还有积极的功能，拿来汇集整理以后就是建设那改革的教科书的具体要项。一番批评过来，再向社会上去搜集那些藏庇此等不能满意的教科书的窠巢，用社会的制裁力量，使大家不用这些教科书。再看有这些教科书版权的人，有什么反抗的表示。我想总没有发售人家不需要的货物的呆商人。

旧的打翻了，新的当然源源的建设起来，而可以有立脚地步，可以站得稳定。若是一任旧的盘踞不去，则犹如在参天古木之下播植新苗，希望新苗的发荣滋长，是多么艰难的事。

以上都是就学校里和一般教育界说的话；以下当论及编辑室中，若要做革新教科书运动，编辑室中，也尽多应该破除的事件。今请于下节述之。

四、编辑室中的杂感

我在编辑室中做事一年，所感甚多，且多可以成为讨论的问题。详细说来，恐亦太占篇幅，姑将重要的写成随感录的样子如下：

好好的一部教科书，去送到教育部审查，以取得一个教育部审定的头衔，这是太无聊的事了！我曾细查教育部签阅教科书上种种批评，大概只配说他是校勘，还是迂腐读书人的校勘，而不配说他审查。他们对于一部书的大体上，往往不能有什么精当的指示。多于字里行间，捉些漏字误点罢了。有时对于书中指摘时贤之处，及独到精警之点，反多批驳。批驳的说法，大都是一副公事面孔，或引古来谬说，或请出教部指令来一笔抹杀，唉！这“教育部审定”五字，简直是教科书上点缀品而已。但据书局中人云：这五字的点缀，在营业上，有很大的关系；那末，这五个字原来是官商朋比以垄断教科书的标记了。

教科书一定要一套一套的出版，这也使人大惑不解的。我想成为一套的书，总难部部皆好，而亦难望各学校整套的采用吧。他们何必一定如此办法？一套书有一个线索，编辑主张相同的，倒也罢了；但是一套书中，往往有新旧绝不相同的主张，而有时可以发生矛盾的情形。那末，一套书用一种牌子，如新式、共和、新法等等，不过是便于发行的营业上的一种标记，而非所以便于采购书籍者之选取。这种办法，也可谓无聊之至。

赶编教科书，可以为教科书不健全的最大病源。火车可以开特别快车，制造厂可以开足机器，加工制造，编辑人不是机器，要快就只有取巧或苟且，出品不会健全了。编教科书可以从容不迫的做去吗？不能有营业上的竞争来压迫着。两家书局为营业上的竞争，编辑员便该不顾性命的呕心血。这风气是谁开的？可恶！

我国的小学教科书太不美观。封面上太正式，何不加一幅图案画。或将书中有趣的故事画画一幅在封面上，当可以深得儿童的欢心，并且也是美感教育的一种设施。据说成本上并不耗费多少。惠而不费，何乐不为？我曾屡屡献议，未蒙采纳，大概受习惯的拘束，也许是怕受顾客中老先生们的反对吧。

书局里有一件事情可以做得。在寒暑假中，征请各地小学教员对于教材研究、教学法研究有声誉者，开一个教科书审议讨论会。搜罗指摘教科书，改良教科书的意见，以为改编重编时的参考资料。一方面使编辑人和小学教师，实行携手，而免除中间的隔膜，积极为之，必于营业上大有发展而教育界上亦可以受惠不浅。最大的成就，是教室与编辑室的空气交通了。教育上的改进，当可加大速率。

编辑室中今日最大的任务，是在整理中国教材。小学教材中现在可以说是洋货居多，这是暂时的办法。我以为我们该努力将散佚在各处的小学校需用教材，用外国的纂修小学教材方法，整理一下。这也是整理国故的一部分工夫，大可注意。

编辑小学校教科书的人，应有到小学校里去访问考察的机会；于是他的笔端上，才有儿童所欢迎的生趣，在教科书上流露出来。他的头脑中，才能感受小学校小学教师的感化。他的作品，始可以与小学教学状况相容合，这等小学校教科用书，才能有畅销的机会。

五、撮要

话说得太多了，这里把我的重要意思提一笔，以醒眉目。我以为坊间教科书，已成为一种特殊的势力。小学教师自编教材，又非永远之计。空言打破教科书，不如切实的从具体详细批评教科书做起，努力于革新教科书运动。革新后的教科书，当为不受偶像的拘束，而为教室编辑室交通后的产物。

（载《初等教育》1924年第2卷第1期）

新学制教科书的特色与需要

苏醒之

要知道新课本的特色与需要，当先知道新学制的特色。新学制的特色是甚么？

甲、适应社会的需要。

乙、适应个性。

丙、有伸缩余地——那新课本的编制全本着新学制的形式与精神而来，这新课本即为预备达到新学制精神的工具。孔子道“工欲善其事，必先利其器”，所以我说新课本第一个特色，就是根据新学制的新精神生产而出；足为一般办学者，欲达到新学制的精神与目的之最新最宜最不可少的新工具了！

新课本第二个特色：新课本的编制，是采用美国最新方法，把互相联络的各学科，编成混合教材。如小学课程：把历史、公民、人文地理、卫生四科合成一科，称为社会科。又把自然地理、理科、园艺合成一科称为自然科。(又可把两科合并曰常识科。)

初中课程：把物理、化学、动植物、矿物及天文、气象、地质等科混合成为初中自然科，使科学与人生问题，处处密切相关，并可增加学生的兴味不少；而且这几种科学本来是有密切的联络，在初中时无特别分科的必要，改混合科学，实便初学应用。算术把数学、代数、三角、几何各科，混合而成，先易后难，由浅入深，用圆周式的教授式，把它混合起来，使学生轮回演习，且可多次复习，故收效必佳。历史把旧学制的世界史及本国史混合而成，使学生对于数千年人类主体生活进步的状况，得着明了的概念，打破狭隘的地方观念，把东西文化联合在一齐研究，可使历史一科增加无数兴味。地理把旧学制的本国地理与世界地理混合而成，可使学生对于中国在世界上所处的地位，认得格外清楚，并可打破国别的观念。这混合教材，一面可以节省时间，一面还可增加研究趣味，而且可分可合，可加可减，使各处办学者颇可有伸缩自如的余地，以求各适所适，各取所需。这就是新课本第二个特色。

本会各学校业已改照新学制办理，今日为要适合新学制的办法和精神，第一不能不采用新课本，此其需要一。

为改良教授，增加学生研究兴味，使他所研究的与人生实际上趋于一致。欲收实际效果的，不能不采用新课本，此其需要二。

总之，新课本有以上两样的特色与需要，所以我们不能不为新课本作个介绍者；至于新课本的内容与详细的分配，诸位采用后，当可按图索骥，无庸于此多赘云。

(附注) 去年夏令学校学时，本会教育部特请十余位素有经验的教员，慎选课本，以便分别采用，后据课本委员会报告，本会小学与初中应用课本，除了圣经课本和课外读本以外，全用商务印书馆新出的新学制教科书。因该馆所出的教科书较为合适，应用云耳，特此声明。

（载《中华基督教育》1924年第4卷第9期）

谈陕西近年青年界出版物

杨钟健

（一）总论

我写好这个题目以后，觉得这题目虽小，而将藉以说到的东西却很多。我将大胆的尝试，结这一笔六年来关于陕西文化运动和政治运动的账。我本来莫有工夫算这账的，但我觉得结账后，看看清单，倒是很有趣的事，而且可为未来的账簿上，指出许多新途径、新教训。因此，我就来算一下，忙里偷闲来算，却也值得。

这一次结账，我用三种方法：第一，历史的回溯，我将把记在我脑筋中的无形账簿子，依时间的先后，回溯一回溯看。第二，由这些出版物的组织，就是这本账的造成功，来观察一观察看。第三，由这些出版物的性质，就是由这一项账那一项账的性质，油、盐、酱、醋，来观察一观察看。三种方法用完以后，再本着我个人的见地，下一点结论。这一着本不十分重要，因账既算明，用不着算账人来说。但算账人的意思，不尽和看账人意思相同。算账人意思，或许有为看账人作参考的必要。所以虽不十分重要，仍然附在后边。

还有三件事要声明：第一，六年以来，关于陕西出版物，不胜枚举，尤以近一二年为甚。就最近说，我去国不过七月，而新出版物之增加，已五六个了。我在客中，势不能把这些出版物，一一读到。许多名字我也说不上来，至于出版的先后，更只可记个大概。所以严格说来，我在目下，或者莫有做这篇文章的资格。但是，我的目的，注重在看出版界情形的趋势大概，并不是要做一篇“出版调查”。所以敢于动笔。

第二，我自己是这些出版物中的一个《共进》半月刊的出版人共进社一个社员——我说起共进来，在看账人看或以为不免有“丈母喝彩女婿”的嫌疑，然而我不可避嫌，放下不干。我尚可自信，是用上述三种方法来观察的，不敢杂以个人的偏见。我自己办什么？我相信有不少的大公无私的聪明的读者！再我要附带声明的，这些出版物中，除《共进》外，和我有直接关系的，为北京旅京陕西学生联合会出版的《秦钟》和后来的旬刊，陕西实业会出版的《实业浅说》。至于个人的朋友关系，差不多个个出版物都有一点，且有些比较亲密的。

第三，本篇所及的范围，特标明“青年”二字，以五六年来青年界而且关于文化政治运动的出版物为限。五六年前，陕西出版物，除日报外，曾有郭希仁的《敦社学谭》，王敬如的《丽泽随笔》，某在上海办的什么周刊月刊……但不久都停止了。至我究竟从何说起呢？下文便见。

（二）历史的回溯

谈文化运动、政治运动的人，大半从“五四”说起，因为“五四”是中国近代年青年运动一大关键。但谈到陕西的运动——文化的政治的！却不能从“五四”说起，因为“五四”前两三月，已有了很有组织的运动了。

那一年是民国八年春，上海开南北和议，陕西未单独停战，陈树藩的纵兵害民、勒捐、强民种鸦片等事，已甚昭著。北京的陕西学生在这样情形之下，于是就振臂而做救陕运动。由各校学生举代表，组织陕西学生团，请愿、打电报而外，油印一种东西，这东西由我主编，叫作《秦劫痛话》，每天以陕西人民疾苦事，纪出一二条油印数十张，分寄京沪各报，所幸许多家报纸，均代为揭载。所以无形中好像一“陕乱通信社”的样子。因过时较久，我的印象更深刻了！我现在还记得主席段韶九的跑东跑西，王震东和已死的顾□伍，为打电东跑西走，各校代表，在东斋，在北大第一院教室，集议的热忱。每天下课回来，候又可拿了钢版，把我所记的写出，立时我们又成了印刷工人。印好以后，立时又成了收发课的听差……这是八年以前的事了！

当时陕西学生的目标是什么呢？不外四个大字，就是“停战”和“去陈”。当初大家心里，还觉得那个骗人的上海和会，是中国统一的一个机会。各省均已停战，陕西独受刀兵之苦。至于陈树藩，虽为陕人而所作乖谬，故虽和平停战，而必去陈。所用的方法呢？当时已鉴到向什么府院请愿，是无效的方法。更须注意民众的宣传，所以有《秦劫痛话》的刊行，以陕西痛苦，宣布出去，求得在外陕人和国人的觉悟与同情。

所以中国近代，并无什么学生组织，有之，自陕西学生始。中国近代并无什么学生为政治的出版物，有之，自《秦劫痛话》始。这是史实，莫有法子可以避讳的。后来自“五四”以后，除大规模的学生联合会外，差不多各省都有学生联合会。最有声色的，为福建旅京学生联合会、河南旅京学生联合会……然到现在，又都消化了，而旅京陕西学生联合会，还在北京。至于继陕西学生出版物而起，划定一小范围而从事宣传的，更多。最重要的如安徽的《改进》，河南的《少年河南》，福建学生会的会刊，云南的《云南旬刊》，甘肃的《新陇》……这些出版物到现在有早已停止的，也有才出版不久的。陕西学生会的出版物除《秦劫痛话》非正式出版物而外，后有《秦钟》，以后不久停止，改为旬刊，到现在还维持着。这又是史实，我无法避讳的。

不久就是惊天动地的五四运动了！同时和会也决裂了，外交又在吃紧，于是大家又从事于大规模的运动去了，陕西学生的单运动，不免消沉一下。但以后，不久，陕西旅京学生，终觉目的未达，非干不可，于是由比较临时的陕西学生团组织成正式的旅京陕西学生联合会，除进行各事外，有正式出版的《秦钟》月刊。《秦钟》当时负的使命有三：（1）改进陕西社会；（2）介绍外界文化到陕西；（3）宣传陕西实况到外界。已由较偏的政治运动，到双方并顾的文化运动了。

《秦钟》出了六期，不幸停期。停版的原因，一方面由于陕西当局扣留，而主因，由京中各校代表，及各方面意见不能一致。究竟为什么不一致，有说得出的理由吗？我恐当时闹意见的人，也莫名其妙。因此陕西学生会，又不免消沉一下。

自此后差不多一年多，而陕西局势更坏。这时候，陕西已实际上成了直系的外府，而刘镇华作恶的胆子，比前也大了。国内局势呢？不用说更坏了。当此时期，旅外陕西人，有两种出版物发现：

（一）是南通陕西一部分学生出版无定期刊物《介绍》，以提倡实业尤偏重于纱厂为职志，而同时还介绍些文化到陕西去。出版的原因，他自己虽不曾说过，然就其出版物本身观察，是避开政治而从事实业的发展的。《介绍》大概是十年夏天出版的。

（二）便是北京一部分陕西学生出版的《共进》半月刊，现已快到七十期了。《共进》创刊号于十年十月十日出版，而《共进》的胚胎却很久。天章君在《培养时代的共进生活》上说："远在一九二十一年十月十日以前一年中，是《共进》的胚生时代。在这年中，中国政局的纷乱，陕西政局的纷乱，不成样子。人民处在外交势力高压、中央政局变替、地方军匪残扰之下，于是生出一种反动，对外谋世界列强势力的侵凌之反抗，对内谋全局之整理和地方之粑梳，是种心理集中的结果和初试，便是轰轰烈烈的'文化运动'和'五四外交运动'。由此运动的结果，人人更感觉到种种的不自由，更感觉有联合的必要。因此便产生今日中国到处无千无万的团体。《共进》便是应此潮流，而胚胎的团体之一。"（《共进》第二十三期）

子休君又在《共进生活的面面观》上说："《共进》的胚胎时代，可算在民国十年以前一年多的时期。在那个时期内，国内新思潮正在蓬勃，国际上的外交问题正在吃紧，又加一万恶的安福党正在执权，三者相乘，就演成了'五四'、'六三'等等惨剧。民气好像是带着弹性的，压力愈大，反抗力亦愈大。在青年学生界中，这样现象，尤为显著。共进社的胚胎，就由于这种反抗恶势力的民气激成的。"（《共进》第四十七期）

《共进》刊行的背景，被他二位说得清清白白，我无再申说之必要了。

自此以后，关于陕西出版物，逐渐加多。十一年春，首先继《共进》而起的为天津南开陕西学生的贡献，不久又有上海的《秦铎》。是年末，有北京一部分陕人的《进化》，这时候旅京陕西学生联合会的旬刊也出版了，还有在关中北馆什么团体出版的什么。到十二年春，出版物更多了，旅鄂陕西学生有一种出版物（期数我不记得），东京一部分学生的《革新》，天津陕北学生出版的《改进》。最近出版的有上海大学陕西学生出版的《新群》，北京一部人出版的《甲子社刊》，上海南大出版的《南针》，南通一部人出版的《竞进》，上海某地出版的《新时代》……这些都是纯粹青年学生办的，其他有政客和学生合办的有过只出了一期的《时潮》。这些都是陕西地皮以外的陕西人办的。在陕西境内的，有实业会出版的《实业浅说》（约与《共进》同时出版），此外三原学生、西安学生、华县学生，均有过出版物，可惜我一则记不起名称和出的期数。以陕西一省有这些出版物，尤其觉得在文化闭塞的陕西可算盛极了。以外还恐有许多或不曾见到，或见到而忘了的，抱歉之至，然而我不是作调查，已在篇首声明过了。

总括起来，依时代先后来看这些出版物，前两年莫有什么，到近一年，可算盛极了。这些出版物中，到现在有早已停刊的，有出版不能按期的，有新近才出版的。而继续至三年之久期期不误，始终如一的，当推《共进》。我希望现在的出版物，个个有这种精神。

（三）由各出版物的组织来观察

上边是纵的观察，现在是用横的方法来看。

这些出版物中，出版的组织，不外两大类。

第一类是由一地方，或一学校的全体陕西学生来组织的，用以宣传全体的方针、手段和意志。如北京的旅京陕西学生联合会的旬刊，是所有北京陕西学生的出版物。这样的组织，名意上听起来较大，然因分子是以不自然的地方为区界，此区界以内的分子，不见得意见一致，而且人格学问，不见得在一个水平线上，并对某任何问题，不见得观察一致。因此，不免有人从中操纵，便是，意见不一，难有进步的主张。至少也使这出版物，无何等精彩。

第二类，是由私人组织而成的。除用带地方团体性质的出版物外，都是这一类了。这一类又可分为三种：

第一种，是虽由私人组织，而这组织，是偶然的集合，当初并无若何历史的深远的意义的。这一种最多，不胜枚举。譬如某校偶因招生的关系，集了许多人，或偶因在外，寄居住在一块或邻近，因而组成一种出版物的。

第二种是虽为有意义的集合，而这意义，初不为什么文化政治，或是乘大家高兴来干，凑一凑热闹，或竟是一种反动宣传，因自己意志的偏狭，而欲遂一二人或少数人之私。这一种本不多有，我亦无举出代表之必要，请读者闭目思之！

第三种，就是有条件的自由组织的。这个条件至少有三：

(甲) 主张须在一水平线上；

(乙) 人格须在一水平线上；

(丙) 于上二者之外，更须有友谊的浓密的连合。

我可以不客气的举《共进》做代表，或者只是代表它自己的代表。《共进》自出版迄今，完全是有计画有主张的进行，将在后边略为述及。而这种精神，又寄托在一个根本原则上。刊行的原因，《共进》第一期上说："我们现在所有的力量，就是借《共进》的使命，来直接做我们所做的事了。我们认为，无论解决现在什么问题，除自己起来，直接行动，做所能做、所应做的事情外，莫有第二个更好的方法了。"

这是有主张有计画的干的精神。

《共进》半月刊出版后一年，共进社乃有了正式简章，看他的组织是："本社由志愿革新的青年组织而成，以'提倡文化，改进社会'为宗旨。"(共进社简章第二条)

这已表示出主张须在一水平线上，但还嫌不明了，到今年又立了纲领，把各重要问题，分析解说一下。凡承认这个纲领及一切议决案的，始得为共进社社员。

我们认为一人的"人格"，是一个人事业的"精髓"。一个团体的"团格"，是一个团体事业的"精髓"。今国中有许多只以主义集合的团体，而不管分子的好坏，但以主义为以归宿，以致终无所能。共进社为要完成它至美高尚的社格起见，对于社员的行动，不肯放松；至少人格有一最低限度。共进社简章：

“（四）……自己须具向上之精神，对本社须尽忠实之义称。

（五）……劝告无效请其出社：

（甲）违背时代精神者，

（乙）妨害社务进行者。

（六）凡本社社员，人格上有重大污点者，即令其出社。”

后来同人觉得仅关于限制严，亦无大用，且亦太宽泛，于是到今年，除重新规定社章而外，兼设一自治委员会以司其事。

仅只有主张与人格，仍不足以言到了坚固有为的团结，素不相识的人，虽其主张及一切相去不远，而终难根本了解，于□上遂不免发生多少的困难，所以友谊也是要紧的。这件事，除章程稍有规定外，每一社员之入社，对于已入社社员中，已均有不少的友谊的情谊，这是事实，我不必赘说了。

我知道《共进》出版的情况，较为明晰，所以我略说一下。我个人觉得惟有这样的组织，才是真正的组织，而成功的可能性最大。我希望别的出版物，也有这样的精神！

（四）由各出版物的主张、性质来观察

由各出版物的主张和性质来观察这些出版物，是一个最有趣而重要的方法。我觉得至少有四种不同的种类：

第一，是抛开政治，单重实业、医药，略及教育的，可以从前的《介绍》、现在的《实业浅说》和《竞进》做代表。他们大概认为政治一刻清明无望，而实业教育等，又为国家命脉，非提倡不可，并且认为在而今局面下，可做实业和教育的。

第二，是只有很诗意向上趋向，无大显明的主张，不过无论如何，总勉力向上走，但却无什么具体的计画，所以总是很诗意的。这可以从前的《贡献》做代表。

第三，虽有主张，而不是彻底的主张，而且各主张可以矛盾的。在一张纸上，同时可以看到民治主义和无政府主义同时赞扬的，且亦无具体实现的计画。此派大概不外“凑热闹”、“打秋风”主义，无何等讨

论价值的。

第四，是有主张，有计画的。政治上主张很明显的，有过当年说过驱刘的《秦铎》，而无他远大计画。比较最有计画，最有主张而且前后一贯的，还不能不算三年不变的《共进》。

《共进》出版的第一期，便表明他要生世的原因——内力外力——而努力从事于文化与政治的改革。当时适逢才换了陈树藩，一般人对陕局十分乐观，而《共进》便表示不信任的态度。我在《换了以后怎么样》一篇上说："我们把换陈认为是我们自救的方法，而且是一步的方法，千万不要以为换了陈树藩，我们的目的就算达到了。"（《共进》第一期）又说："我们靠军阀爪牙的督军吗？我们靠督军走狗的省长吗？我们除了我们自己，海阔天空，更有何人可靠！"（同上）

可见我们不是对人问题，乃是对事问题，我们所以名之曰"驱陈"、"驱刘"，不过为集中大家的视线罢了。"打倒军阀"的口号，自十一年，北京国民裁兵运动大会后才叫起来，而我们已早开始唱"进行曲"了！自后不久，《共进》便正式标明出三年不改的"驱刘"（《共进去刘篇》在五、六、七、八四期"）主张。我们悲壮的唱着：

"生命之火燃了！
自由之火开了！
不必再在苦痛中，求生路了！
杀死恶魔，
赶去群鬼，
收回我们已失的权力！
达到我们期望的自由！
去刘！
去刘！"（《驱刘前歌》，见《共进》第五期。）

自此后，《共进》便走着很遥远的长途。虽然障碍很多，虽然以后出版物很多，而表同情的很少，她还是照旧的走着。她并不仅对于政治，而对于教育文化、礼教等等有应付时势的表示和介绍，读过《共进》的人，自然深知，无待我说。共进社的人不完全认为现状之下，一点不可建设的，所以本着同时破坏，立时建设的见地，也不时表示一点具体的意见，然而并不是妥协的。周年纪念上，共进社曾有一次宣言上说(《共进》第二十三期)："陕西的政治、教育、社会、家族、礼俗等等改革的重担子，都要她肩着一步一步的往前走。换一句话说就是，她对于陕西的政治、教育、社会、家族、礼俗等等都是不满意的脑筋，都具着一种积极破坏的大志好作建设的根基！"

共进社有"此时此地"的基本策略（参看我的《我们的基本策略》，《共进》六十三期)，所以虽然注意陕西一部分的事，而又对全国各事，也不肯放手。十一年春加入非宗教大同盟，同年秋加国民裁兵运动，及其他一切事，凡不背主张与计画的均勇往直前的向前干。"

当此期内，陕西不少人们，也多作些改革事业。便是许多如春笋初生的出版物，也是这现象中事实之一。但是大家都放轻政治，改作小规模或不关痛痒的事情，因之或于大局无所补益，或竟受人之骗。我曾有一篇《敬告近观眼的改进陕事者》一小文上说过他们的见解还是："他们还梦想在军阀盘踞的情形下，想图政治和社会的改造！"(《共进》第二十九期)

我立则坚决的劝告："所有近观眼的谋改进陕事运动，只是徒劳无益！"（同上）我们的意见乃是请大家把："驱刘的意义，重新认识一下！"（同上）。

（载《共进》1924年第65期）

学生界刊行定期出版物宜用"级番编辑制"

张煦侯

一、导言

今之中等学校，有一种流行而且普遍之时风焉。主校者以是延校誉，社会中流以上人物以是课成绩。其消耗精神与财力于是中者，不可以一二数。若是者，非所谓定期出版物耶？以其所耗，卜其所获，固宜有几许之利得；而进究实际，又大不然。请姑就学校与社会两方面而述其不足之感想：

主校者之言曰：余于五四学潮后，即大从事于出版物之提倡，以期不后于顺应潮流者之所为。计年来校友会经费之耗于此者，数百金矣！顾金钱岂余所惜？所希望者，此物能持续勿废，则学校之精神，庶几有所发表已尔。当上年度初发刊时，校中诸先生皆踊跃输稿，诸同学亦时有所投。故第一期杂志，厚可三寸强，材料亦自觉不恶。第二期本应在初期出版后三月发刊，因稿件不继，延期半年，其书之厚度已清减许多。今年今日，在理已当出第五期，而按之事实，第三期之稿件犹不知在何许也。余以此事关系文化特巨，督促不遗余力，开会研究者二十余次。顾每次会议，主席者余，提议者余，讨论赞成者亦无非余。其他诸先生，其舌端乃至不能迸出一字。更检廊下之投搞箱，已变成轻便之字纸库。而远道校友，则始书以杂志为询者，月有其事。余储款以待，而稿件乃愈久而愈寂，奈之何哉？

其在社会旁观者则曰：异哉此校之出版物也！古之著述，终身而一二种。此校期年之间，乃有两次之付刊！第一期材料尚可用，然已使梨枣叫冤，为文字造孽不少。至第二期，则弱点乃明白的暴露无遗。腐烂之作文成绩也，摹仿而未成熟之白话诗也，抄袭而改头换面之论说也，有气无力之谐谈与杂俎也，滥竽充数之学校图表与文件也，穰穰满家，如行山阴之道，应接而不暇。其论文之中坚，则女子解放也，德模克拉西也，工读互助也，职业教育也，裁兵问题也……皆他种书报习见之大题目。以云创见，则其文多浮泛而无归宿；以云介绍，又模糊影响，少彻始彻终之陈述，且不见原著者之姓氏；以云批判，则往往人云亦云，轻描淡写，不类批判者之笔墨。独不解此等文字，发表之有何必要？具何目的？吾侪捧读之后，与未捧读以前，个人智识上了无同异之可判。以言文艺的涵泳，则腐恶之调，殊未易引起吾侪心弦之共鸣，是真不可索解之怪事也！然在此校杂志之《发刊文》，固大揭“指导社会”之旗，其校友之祝词，亦尊为明星，称以木铎。盖此中分子，什九皆具有癫痫性耳。以若所为而云指导，诚不如其已！

是二方面者，观点虽殊，其有不足之感想则一。其所自认以为是者，容有未尽确当之处，然大致颇符事实。信如是，则是定期出版物可以无作，亦奚必抢攘彷徨，无事自扰，以为此“劳什子”哉？

余以为此非杂志之咎也。由前之说，弊在无稿；由后之说，弊在有稿而太劣，要之胥办法不善之故。夫青年时代，贵在储能；亟焉以未成熟之文字发表于世，诚未能免读者之讥。然必如旁观者之以“古人著述终身一二种”相衡，则又岂有是理？彼作者为毕生定说，则吾辈以定说观之，此作者为少年文字，则吾辈以少年文字观之，可耳。所当注意者，稿件虽不求其如何高深，要不可不具相当之条件。条件维何？即：

一有本。此语乍见之，颇似奖励守旧，屏绝新机，而其实非也。所谓有本者，即“材料多从读书得来”之谓。青年时代，非无湛深之想可以记录；然在摄受智识正旺之际，其能力与程度，均非读书不可。与其凿空而鲜当，曷若撷群书之精英而融冶为论文？今之学生，束书不观，游谈无根，虽非尽人皆然，要持此消极态度者，未尝无之。使于杂志中明定以读书所得为稿源，则高材固益自厉，中人亦藉知学问之方法，虽所出之杂志不赚一钱，而利益已难以偻计。鹄的既定，然后示札记之方，严抄袭之禁，行之期年，学风必起。今各校之定期出版物，能注意及此者殊鲜，此所以投稿者不知寻源，而但以冥想臆说姑且充数，致诒读者之指摘也。即就前说“裁兵问题”而言，此题诚太习见，且易惹人厌倦；然果能罗列众说，一一爬梳而陈其要，然后就个人所同意而予以折衷，固未见其不可以益读者，要之不可作无本之论耳。

二有用。此所谓有用者，非如昔人论经世之文，不可绝于天壤；亦非如功利之徒，轻哲理为虚妄，要在能益读者之一点耳。今世学校出版物，惯称交换知识，然实则吾未见其果能若是。夫既不能若是，则谓之无用可耳。依上述读书方法以得材料，其为有用，不俟论矣。即在小说一类诸纯文艺之作品，亦万不得谓之无用。何也？彼之有用，为益我知识；此之有用，则陶冶情感，其效亦伟。所当注意者，其小说之实质与其描写方法，必当兼美，乃为佳作。今人讥《玉梨魂》一类小说，粉饰事状，滥砌词藻，读之诚不能有所感发；然若滥收无谓之小说或诗歌，则其去旧小说之猥俗而腐烂，又几何哉？至于昔日杂志通例，有国文成绩、杂俎、谐谭等栏，以有用之设衡之，俱在简汰之科。如学校具有他种目的，则与其列于定期出版物中，似无宁别谋发表之为善。须知学生破有黄金般贵之光阴，来读此同学所为之杂志，苟无实效可收，则不将使已丧去之光阴叫屈也哉！

二、办法

然则汝所抱之方法，可得而闻欤？曰：欲求定期出版物之增高其效能，第一，宜废除特设之职员（指学生专任其事者），制止各级之歧出，而采“级番编辑制”，以编辑级之各科教师为指导者。第二，宜以读书札记为出版物之稿源，而用介绍之方式移送于编辑级。请得而疏论之：

先论编辑。夫方今各校之为出版物也，大率不外三式：一、由教职员任撰稿及编辑之劳，而任学生之投稿；二由学生中选出编辑部干事诸名目，司其撰辑；三完全放任，听各级之自由出版。第一式以教职员为数众多，其始必皆谦让不遑，莫敢先发。且同侪易于相猜，自爱者益必以钤秘为尚。迨学校鉴于稿之难产，公举一教员或职员为之，则此被举者必益入于孤危之地。他教职员必且坐视而不为之辅，甚者以冷酷之态度，横加无责任之品评，以为闲谈之助。而此负有专责者，其结果不出二途：其一，不负责任，使难产者竟成不产；其二，则多方请托，以充篇帙。不济，则绞其神明之脑筋，而一一为之填补以完乃事。彼有投稿权利或义务之学生，则以稿政操于先生，又不愿轻易寄投以为尝试，致遭诎辱。故此式之行，其结果不过表扬学校行政成绩，或学生国文成绩而止；过乎此者，未易即佳也。第二式由学生中分子专司撰辑，其同辈之投稿，必可易得，然亦有弊害可言。盖学生掌其笔政，鉴别力每难正确；即使正确，而同窗有情面关系；即使不恤情面，而来稿之能具吾前述两条件者亦稀。设刊登劣稿，岂惟诒诮旁观，其金钱亦无异掷之虚牝；甚或持说矫激，谩骂时俗，而不能中肯；滥收猥说，而不切事情；其影响所及，足使校誉增其斑点。虽因学生主政，学校职员未能为之别择，然外间不之知也。第三式之弊害尤大。各级并峙，则必各投相当资本，乃可从事。私人出资，与学校负担经费不同，其得失心尤为强烈。始也以竞争之故，各耗其可贵之光阴，日孳孳焉惟利是图；而功课为之抛荒，成绩为之低落。其继则互出手段，为不正当之讥讪，与无价值之攻击，意见愈滋，道德愈绌。终也则以杂志滞销之故，分出募捐，否则兜售，学校秩序为之不宁。故当其盛也，有如星宿之海，百泓并发，灿若列星；及其败也，则两败俱伤，但余售余之册，可覆酱瓿，与憔悴可怜之旧日诸编辑员，则是第三式更无当也。

"级番编辑"之制奈何？曰：准上以言，当以一级合办为最热心。前之第三式，虽因与他级竞争而生不良之结果，然不谓之热心不可也。事实上论，当由校中予将毕业之前一年某级以编辑出版物之职责。毕业之级，在中学为行将升学，在师范又有实习之障碍，皆不能任此劳务，故以毕业之前一年为相宜。此年既终，则递移其职务于次级，既满则又如之。当在某级时，即由该级互推编辑、庶务、会计、书记诸职员，而以简章公认该级某科教师为指导主任（以国文教师为最宜，但亦当依学校之性质定之），而他科为指导员。主任有审定稿件之权责，指导员有匡助商订之权责。如是行之，利益有五：其一，轮流编辑，则各级皆有发挥本能之一日，即皆有练习治事之一日。其二，未输及时，但能投稿，不能另谋发刊，则稿源不他溢，且无多头并峙之害。其三，教师为亲民之官，不至上下睽绝，蹈第一式之弊；且稿件经其审定，则他级之投稿者，不至因异级而自沮；而校誉上尤可免猥杂等类之诮。其四，任事期年，即有代者，则不至久久因服务出版物而荒学业。其五，经费系校友会或学校负担，虽出版物滞销，不因此而生出版之困难。比较而论之，窃谓其可行焉。

次论稿源，夫今日学生之宜重读书，宜为札记，盖已成不可疑之定说矣。专恃教室所受，其获几何？教师苟能选定专书，俾学生更就所近者而选读之，必能各因其材，有迅迈之进步。斯时也，为师之职务，在导其门径，示以札记之法则，察其心得与阅读之勤惰，为成绩上之考查而已。此项理论，吾于与友人范君耕研、王君绳之等共著之《中学国文述教》中，言之綦详，今不备述。兹所当言者，行"级番编辑"之制，其中既有某科教师为指导主任，则此人即同时负有指导读书及札记之责任。除接受他级学生投稿予以审定别择外，其于本级，则每期杂志未出版前，必当预示札记题目或范围多条，而逐项指定参阅之图书，使符上述“有本”及“有用”之条件。斯时愿作者，即自行认定一题或数题，而依所指定之参考书，从事札记。其或两三人共作一题，或一题而认作者乃有数起，教师均不过问，而但依一定之期日以集众稿而为审查。其能会集群论，别出机杼，甚者且有特别而新确之发挥，则入上选，而介绍于此级之编辑员；若杂抄并陈，毫无剪裁，徒塞篇幅，则不入选。他级来稿，其审查之标准亦准是。是以发刊定期出版物之故，而转收策厉自修之益矣。若因此而虑教师太忙，则其忙也不逾期年，便行瓜代，亦非终无已时之比。且发刊定期出版物，不必即为月刊，季出一册，未为不可。教师一年之中，当指导之任者四次，亦未必遽不能支也。而此教师以担任指导之故，且转得以多所阅读，是不但无损，又受其益矣。

三、余论

以上所陈，余昔任事某中学校，曾以国文教师兼一杂志之指导者；其时彼校未行“级番”之制，然就余所任年级之杂志成绩推之，知学校之采行此制，实多便利，故本其所知，以介绍于读者之前。使此制用诸师范学校，则宜以该级教育教师为指导主任；用诸实业学校，则宜依其性质，以主要学科之教师为指导主任。惟在中学校，则国文教师，其最合宜者也。或谓教师为指导者，未免失学生自动之能力，斯说也，亦非无其理由。顾就事实上言，凡学生之为编辑主任者，大率以其稿件就决于教师之衡量而为去取；即以作者自身而论，其始亦并非自荐而当指导之任。盖学生直接行审查之事，是有二难：其一，能力上、时间上之障碍，二者至少必居其一；其二，投稿者被绌，每因不服而生意见。由教师当此任，无是弊也。

再就读者方面言之。未用札记方法而得之稿件，诚或每易如第一节旁观者之所云。若采行此制，于一说有分析之陈述，于众说有具体之论列。凡吾侪日常重要知识，皆能一一为之介绍，而为读者节省旁参多籍之心力与时间。吾恐社会将争先购读，安能发生非议耶？又况生徒读书与著书之法门，且由撰稿而养成哉？

盖教育之道无方，随在而可以藉寓其意。即以学生界刊行出版物言，放任之则流弊生而德育败坏；独揽之，则又与学生暌隔，不能生教育之益。今采“级番编辑”之制，则一举而五善悉备，而读书札记之善果，尚不在内。其有教育上之价值，或非浅鲜矣！

最终尚有欲言者，立法无常，惟校所择。斯篇之实行，必其校有前节列举之弊害，然后乃可改用此制。苟行其故法，久而愈便，则万不可急遽改作，致蹈他种不可逆计之弊端。此又不佞未尽之怀，敢以告于诸主校者之前者也。

（载《中华教育界》1924 年第 13 卷第 9 期）

文学读物

张维思

欣赏文学是人类的天性，大凡读书人往往嗜好文学作品，任是谁总有几部诗词小说在手底下，不时把来玩索玩索。这个自然是很好的事，没甚可说的。不过所谓文学作品——所玩索的文学作品，不必限于几种《唐诗》、《宋诗》、《元曲》、《八大家》、《饮冰室文集》、《古文辞类纂》、《三国》、《水浒》……必然有时下的几种刊物——现代人读现代的东西，这自然是千该万该也没可说的。而现代人的东西，也是好坏不等，碱砆乱玉，不可不有番甄别，拣好的读，把坏的丢开。

在清末和民国初年，林琴南的译品——西洋小说——一时应社会上的要求，极受欢迎，真算是一般自己不能读洋文书而急要看看洋人生活状况和趣味的人的恩物，无怪它风行一时呀！次后来夹杂了一些不三不四的、助长老朽毒气和华族劣点的、冒牌子的文学作品，给它们骗去了不少的读书人的工夫、金钱和精力，无形中蛊惑了这时代的读书人，弄得他们像有了鸦片瘾一般，这可是不是玩的一桩事呵！读这些东西有什么不是玩处呢？说起来真是更仆难终，在这里只略说几条大的害处。

一、这些人的脑袋，早在污浊社会的毒汁里浸透了，眼珠子也污黑了，还有什么好的东西写出来吗？他们所写的脱不了是一大套荷花大少的腌脏历史，不就是六姨太太的风流，不就是……翻来覆去出不去那几套臭话头。

二、文学是有生命的，它是从心灵中的鼓励再加上一番艺术手腕生产的，它是一种 beautiful thought，是一种 melody from heart。这些臭皮囊原没装着什么新鲜东西——新酒不能装在旧皮袋里——装的是些臭恶不堪的汁子，莫说是他们的艺术手腕是粗浅的，就让他们有相当的艺术，的确能描写，恐怕他们的生产品是要恶化的，是丑不可耐的——天地间也自来没有这种作品能有普遍或永久的价值——这一大批脑满肠肥的先生们只肤浅陋劣的粗制滥造，总摸不到 thought，heart，更不用说到 beautiful，melody 了。

三、一时代有一时代的精神，文学家是要这种时代精神的描写给与欣赏文学者一种努力，更要给与读者人生观的肯定，教人有安身立命的内力活动。他们这些臭皮囊早已丧失了内在的生活，说出来纯是一些呓语，还有什么活动力给人吗？

可惜时下的青年学生在这比麻还乱的国里，没有伟大的文学作品来慰藉他们，来供给他们生命的泉水，只拿些臭糟粕当作美味吃，听凭这般文妖往地狱里拉！

时代的要求，决不是要一些没有定见——随波逐流的人，也不要那些不能装新酒的旧皮囊。因为这正是时代要抛弃的。

所以我们要读：有活力能给与精神营养的读物，和世界各国文学作品在水平线上的著作或超越的作品。就是找不到这样好作品，也要找一些差不多的。

那么，那里有这样的文学读物呢？我暂且照我现在窄狭的眼光说——大略说：

目下中国的两个文学会——创造社和文学研究会的出品大略可以了。其余也有不少的较好的出品，只是尚不及这两个会社的。这些

《创造季刊》、《周报》和《文学旬刊》，还有《小说月报》，以及他们个人的作品，其中有不少的活力。你若细心读去，自然有几篇能和你的心弦共鸣，惠赐你不少不少的宝物——我们不自甘为废物，愿为能装新酒的器皿。我们直接读一些外国的文学作品更好，不然，除了那些无聊的礼拜六派文字，决不让它们玷污了我们清洁的脑髓以外（注：原文后一句空白）。

我国故有的好文学书必须读——如《红楼》、《水浒》……我国现在新出文学作品必须读，如《创造》、《女神》……外国现在的名家作品最好也读读，如夏芝、易卜生、托尔斯泰、徒格涅夫、迭更司……他们的文学译品。

自然，这不过是为一般人进言，至于特别研究文学的人，更有他们当读的书籍，在这里是题外话，不必乱说。

一九二四，八，二〇，于安丘。

（载《齐大心声》1924年第1卷第1期）

灾洋钱，殃钞票的出版物

鹘 突

自从胡博士跟他底乡亲汪先生合作着，用新式标点做返魂香，复活了几部旧书以后，一班惟利是图的书贾，看见他们“禄在其中矣”地大获其利，非常眼热起来，于是拉了些买办大先生，流氓大先生，也“画虎不成”地做起这路生意来。什么《儿女英雄传》，什么《花月痕》，什么《荡寇志》、《七侠五义》、《小五义》、《续小五义》等等，都加起“标点其标点，非吾所谓标点也”的标点，把它们点铁成铅，甚至《水浒》、《红楼梦》、《三国志》等等，也横加删节，点金成铁地标点一下，拿来影戤射利，累一班无识青年，花若干的冤枉钱，真是可叹！

他们底这些点成的“铅”和“铁”里面，不但笑话百出，简直是笑语万出。那位陶大先生底《儿女英雄传》，把“唐明皇选色征歌”，点成功“唐明皇选巴征歌”，已经是奇闻创见了。那位许大先生底《红楼梦》，只消翻开它第一叶序文一看，把不是问句的，都加上问标，而夹注标当中，一概不加标点，真是“标点其标点，非吾所谓标点也”了！

从前人批评不好的书，就是“灾梨殃枣”。现在像这样妙书，只好说是灾人家底洋钱，殃人家底钞票了！

（载《民国日报·觉悟》1924年3月20日）

1925 年

上海书业界之现状

贺岳僧

上海之书业，以其组织而言，可分新旧二派；就其营业而论，则一为出版印刷，一为印刷书贩；然大抵皆林立于福州路棋盘街一带，恍如北京之琉璃厂肆，其规模之最宏大者，首推商务印书馆。该馆在二十年前，亦一小书肆耳，以经营得法，一跃而执书业界之牛耳。分馆达数百所，南洋暹罗华侨荟萃之区，无远勿届。印刷工厂设在闸北，职工达五千以上。又设立编译所，延至专门之士以司纂述。海内中小学校，几无不用其书，推广教育之功，有足多焉。中华书局，为继商务而起之大书店，股东如范静生、熊秉三辈，多为教育界知名之士，营业虽不及商务之盛，然年来日渐推广，颇有蒸蒸日上之势。世界书局，为书业界后起之秀，数年前资本仅两万元，今则骤增至五十万元，伟大之印刷所，方建筑于塘山路，将来不难与商务、中华成鼎足之势。有正书局专印碑帖佛书，店主狄楚青，为工于鉴别之收藏家，故选择精审。吾人以数金之费，即可获观富绅巨贾所收藏专有之美术品者，皆得狄先生之力也。泰东书局，多出新文艺思潮之书，于新文化不无功效。民智书局，则印行民党政治之政论与著作，风行一时之《孙文学说》，即为该书店所出。闻店主颇有志于社会改造，不仅商人已也。扫叶山房、千顷堂、文瑞楼等店，则为旧式书店，设立年度最早，印行之书，大抵为翻刊旧籍，自行编辑之书甚少。年来纸价昂贵，普通书多用洋纸印行，颇易蚀腐，然以其价廉，销行亦颇广焉。专事贩卖旧书之书店，四马路所在皆是。然收书甚少，不足以餍购者之求。惟来青阁差为宏富，间亦有精本。二马路之蟫隐庐，则蓄书较为精审，阅其目录，则上虞罗叔言之著作较多。

店主颇通目录学，冷僻之书，亦能查出。迨今之曹籀，然售价遇昂，贫士恒有向隅之叹。

书业为流通文化之助，当此提倡教育之际，吾甚望书业界益自努力，多印高尚雅洁之书，而淘汰不良之小说，则社会风俗之改良实利赖之。

（载《申报》1925年10月16日）

关于出版界的话

贺岳僧

诚然，现在的人，真善于揣摩风气，善于拍时代的马屁了。你看自从胡适之先生提倡白话文以来，就有无数的青年，借白话以出风头，无数的书贾，借白话文以骗钱。自从梁任公、顾颉刚辈整理国故以来，就有无数跟风随浪的学者，借整理国故以文其浅陋。

诸君不信，只消到四马路的书摊子上去看一看，就可以证明我的话并不是故意刻薄的。甚么言文对照的《史记》、《汉书》、《国语》、《国策》，白话注解的《古文观止》，新式标点的《庄子集解》、《老子》、《列子》，王充《论衡》、《六朝文絜》、《文史通义》，诸如此类经新文学家整理出来的古书，还有甚么花呵，月呵，爱人呵，一类肉麻的爱情诗集，真是汗牛充栋，这不都是文学革命以后的产品吗？最可怪而最可痛惜的，这类浅薄无聊的东西，诸然会风行一时，这我就不能不佩服现在文艺界的鉴赏能力了。

新式标点，非必不可以用，但是有因时因地之不同。试看马路上形形色色的群众，各随其老少新旧妍丑，而其衣服之装束与色彩花样不同。教一个乡下老头儿穿一套时髦的西装，这不是舞台上的滑稽戏剧吗？强将二千余年前的古籍——《庄子》、《老子》，王充《论衡》——施以新式标点，这不是强乡下老头儿穿西装的办法吗？

新式标点的意思，无非是因为旧式的圈点法，把人名、地名、词气等等夹缠不清，恐阅者易于误会，故仿照西书标点以易于辨认。此在迻译书里是顶好的办法，所以用此法施之旧书，我也是相当的承认的。如《红楼梦》、《水浒》、《镜花缘》一类的小说，是用得着的，因为看这种书的，不一定是文人学士，一般略识之无的掌柜先生与引车卖浆之流，得到这种本子，比较醒目一点。而且这种书的人名、地名太复杂，所以不妨用一用。若是《老子》、《庄子》、《列子》、《六朝文絜》一种的哲学书与文学书，所用的人名，无非是孔子、墨子、刘向、扬雄这一类鼎鼎大名的。读这类书的人，又大约于国学是稍有常识的，断不会连这都不知道。论到词气，真谈何容易，清代的汉学家，为一字一句之间，费了无数的笔墨，经过激烈的辩论，至今还是黑漆一团，难道标点者就可以包拦在最短的时间里，判决这件几千年的疑案保无错误吗？

不过这种浅显的道理，书贾也未尝不晓得。他们所以敢于胆大妄为者，是利用群众好时髦的心理，以为不如此不足以刺激人们的好奇心，不足以引诱人们来购买。他们简直把书籍当作金龙牌香烟，闪光华丝葛一样，可怜呵！教育部核定的标点法，仅给书商以赚钱的机会。

甚么言文对照，简直成什么话。文言与白话，并无多大的鸿沟，只有时间的关系。我们所认为“佶屈聱牙”的古文，也许正是古人的白话。所以不用文言者，是不必用古人已死的文字代表今人的言语思想，不必用“桐城派”变相的八股文以文饰自己的浅陋，《史记》、《汉书》，是有它的地位与价值，正不因为提倡白话文而减少，我们又何必削足适履的去迻译？而且译书的人，未必见得是学问高明的。要是译错了，反而弄得不清不白。总之海参燕窝的大味，只让他自己去尝，不必代嚼来喂。惟有他不能嚼（读外国书）的时候，才用这种无办法的办法。

以上所讲，还只谈到这种办法的不必须而已。究竟它的流弊所及，恐怕还要将古书弄得一塌糊涂。何以言之？因为校勘的不精与妄加删节的两种流弊。刊书本来不是件容易的事情，在从前的时候，是由国家设专门的人管理的，如五代监本，与唐时石经，以及清代的官书局，就是毛子晋、黄丕烈、潘士成、鲍廷博，这一辈人，也各有相当的学问，并且聘请许多宏博硕学之士为校勘，校勘是专门的学问，清代许多汉学家所做的功夫，其实也不过是种精审的校勘，如王念孙的《读书杂志》，孙诒让的《墨子间诂》，不过取各种不同的刊本，选择而折衷之，就成功一种名著，所以段金坛说："校书之难，非难于照本改字不讹不漏之难也，定其是非之难也。"可怜呵！现在的书贾，那里谈得到这一点，真正如曹聚仁君所说："除了赚钱以外，别的事一点也不负责的。"讲到选择底本，他们真是不懂得这一套，随便据一本坊间的刊本就翻刊起来，本来底本就错得一塌糊涂，加以那般校对先生，都是费了十六元或二十元一月雇来的高小毕业生，于国学是毫无根底的，他们懂得甚么叫校勘，甚么叫校勘学，胡七乱八的看完就了事。好在这种麻木的购书界，无论如何都不加以责难。就是责难也未必见效，所以他们居然窃据流通文化的尊号以自娱。

还有一些人，他还要强作聪明的将古籍胡乱的删节或重新编过，名为甚么节本，甚么精华，调个花样，又来骗钱。同是一册《曾文正家书》，就有无数的编法与分类法。甚至如《秋水轩》这类的尺牍，诸然也有人会替它整理，认为是一册重要的文学书。

去年有个朋友费了四毛钱买一本尺牍书，内中有史可法致多尔衮书，生生的把当中一段删去，还改了不少的字，真是改得一窍不通！还有甚么钱牧斋编的《关夫子集》，但是奇怪，这类书居然有人买起来，我怕上当的还不止一个。

所以我说印行古籍，不但新式标点、言文对照、精华节本的法子用不着，就是翻刊也须当心一点。所据的底本，必经名家审定，是否是最精的，顶好是照《四部丛刊》的办法，照原本影印，或仿宋体精印。石印是最容易错误的，校对也须多费几个钱，请有学问的人担任。如果有人对于该书研究有得，用文字发表时，无妨另出单行本，或附于本书。但总须将古籍还它个本来面目，不要学明朝人的习气，贪这样便宜，将古书圈点眉批，就以为是个附骥尾的著作家。

讲到鉴别，更难说了，中华与有正在上海的书业界里，总算是稍为有点声望的，而且狄楚青先生，还号称是个工于鉴别的收藏家，不解何故，这样的一块"燕石"，如《钱南园楷书正气歌》（中华）、《钱南园临元靖碑》（有正），他们居然很宝贵的影印起来，不知是有心欺骗人，还是他一时眼花。若论到碑帖，甚么唐拓宋拓，总由他们瞎说一阵，割裂这本帖上的翁方纲题跋，扯到那本上面，就说是经名家鉴定过的，诸如此类的笑话，不一而足。

最后我只有奉告爱读书的先生，要提防着骗子，奉劝书贾，不要只顾赚钱。

十四年十月十二日恒丰纱厂。

（载《鉴赏周刊》1925年第22期）

漆黑一团

为　法

谁也不能否认罢？如今的文坛，不论是创作界，翻译界，批评界几乎统是漆黑一团。

你如有手段，你便可依倚在资本家的脚下。你如更有手段，与资本家发生了特殊的关系，便更能为所欲为。不论写的什么东西，都可登载出去，都可发售出去。其他的人，若是羔羊似的不抗拒你了，你也可将他的作品不论好丑的登载出去，赏他几个钱的稿费。朋友！如今只有钱是好的。你如有了资本家做靠山，你便可以大吹大擂的做个文坛的盟主，即你一个人动不起来，也不愁没有许多人为着那光华而且响亮的银元来替你搭台。真的，谁也知道的，如今能支持他出版的发行的寿命，并且风雨飘摇不动安如山的还在那里大吹大擂的文艺出版物，恬不为怪的藉着一群虾兵蟹将来做他文坛的领袖，不都有资本家做他的后台吗？

有些人说我国人——当然不是全部——的特性，在于怕死与要钱。我以为还有一点，就是“不要脸”。请缩小些就最近的文坛来讲。因为有资本家做后台，便可随意的自己来吹嘘。譬如《浏河战场》是个什么诗呢？因为是在资本家的腋下，便有许多人说他是一首少有而且可贵的长诗。什么《硖石土白》、《杭州土白》、《太太》、《老爷》，是个什么诗呢？因为他与一班资本家的腋下的编辑先生们有勾连，便可以随意登载出来，并且刊印成诗集子。做文章印成诗集子，或者在刊物上登载出来，本来是作者的自由，是谁也不能禁止的，但因为要抬高作品的价值，替自己宣传，便不惜颠倒黑白，拼命为自己吹捧。明明是奇丑不堪的东西，偏要自诩说："这是新文化运动以来的第一部名小说哪，这是至少要受五十年欢迎的哪，这是近来散文作品的鼻祖哪。"许多肉麻的说话，滔滔的说出来，未免过于不要脸了啊！

或者有人责我说得太苛刻，然而在我自己看来，却一点也不，因为我所说的只不过是创作界丑态之一部分，实际上还多得很哩。本来写点文学作品，不必便能做成文学家，更不必便能挣到许多钱。为钱去创作，为文学家去创作，这文学上第一义第一步便认错，走错，因为一个真正的文学家的创作的动机，不是如此卑劣的。第一，他应有他伟大的性格，这伟大的性格，便是他作品的保障与后盾。其次，要能够诚实的说出要说的话。若只为了想钱，为了图名，便不敢得罪那些应当得罪的人，左支右碍的捏手捏脚的，昧着心在说，红着脸在写，既不顾花费青年的时间与经济，也不怕笑折外人的牙齿。这也能说是要脸吗？

——唉！这便是我们的创作界！漆黑一团的创作界！

若再论到翻译界的丑态，我想，我们只有流下不值钱的眼泪。放开眼睛看看，有几本翻译书是使我们满意的呢？我想翻译书至少要：第一，懂得原文；第二，要进而深解该书的原义；第三，译成之后，也还是一篇文章或是一本书。我们虽不必强翻译界都遵守严又陵提出的信达雅的三个条件，至少也应达到信达的地步。譬如译诗，即不论译成的是诗不是诗，也应不失原文的意义。王统照的译书，译成"胡说"，将眼面前的成语都译误了。因为他自己声明是三年前的旧稿，所以仍不失为当今的一个文学家，依然在活动，依然在吹擂。《意门湖》译得怎样，该是有目共见了罢？然而因为他是文学研究会的丛书，所以仍旧在继续翻印，二版，三版……前面我已说过，只有钱是好的。有了钱，什么坏事都可随意的作，还畏什么人言呢？人言反正只做了他广告，提高他身价的法螺，这真是我百思不解之事，或者算是一种大国之风啊！

即如不久出版的《小说月报》，他说一般人太不重视翻译。于是在某一期的《小说月报》中全载翻译，作个矫枉之举。其实《小说月报》

编者也该想想一般人不重视翻译之故啊！倘使一本翻译书中，触目尽是“新鲜的呼声”，尽是“画室”，尽是“人物”，试想谁还来重视呢？所以，不重视翻译的罪过，并不在读者，而在翻译者。翻译者只要肯诚心翻译，而学力又足以继之，其结果一定会受人重视。倘使翻译者首先对于原文就不重视，就不忠实，别说一期月报上全载翻译作品是无用，即全年都是如此，也正一样使人轻视，不加重视。唉！“人物”多，是压不到人的，“新鲜的呼声”，也不足诱惑人的。“不患人之不己知，求为可知也”，专靠字典的翻译家！请再四的反省一下罢。

还有，不论文言，白话，我想通顺二字总该要做到的罢！然而有许多翻译者，除了错误不算外，还得加上不通，而且有人说他，他便会老脸的说这是欧化的调子，或者呢，绷着脸皮不理你。啊！啊！我们的翻译界啊，便是如上面这样的漆黑一团。其漆黑一团的原因，我也尝推阐过。大概开书店的资本家，为了他多获剩余的关系，便一次，两次的不断的印下去。原译者一面为版税的关系，一面又为维持他老脸的关系，也乐得任书店里再版。而且译者本身都直接或间接在资本家的腋下，左右的虾兵蟹将又多，谁敢来指摘？即指摘，也无从发表。即幸而有处发表，他也能用他鬼蜮的伎俩来围攻你，中伤你，冷嘲你或热骂你。这么，实际上你不但不能使他诚服修正，反会无辜的中到无穷毒矢。中国虽号称礼义之邦，却到处可以发现鬼蜮。中国人虽号称有礼有义，但是闪闪发光的银元却多能使他露出鬼蜮的原形；这还有什么话可说呢？

——唉！这便是我们的翻译界！漆黑一团的翻译界！

似乎可以转来再讲到批评界了。适才沫若在和我说笑。他说：“如今批评的信条：第一是捧场，第二是捧场，第三还是捧场。”捧场！这是多么合时批评的信条啊！《玉君》出版了，试看捧场的有多少？其实《玉君》之值得捧场的在那里呢？便是那些旧小说的套头，生硬的叙述，不通的辞句吗？我始终不解。若是说我能解，我只有回答他，我倒略解捧者的心理：第一种，或是直接间接借此想连络连络几个文坛上的偶像；第二种，或是借此想连络连络几个直接隶属于资本家腋下的编辑者。第一种捧《玉君》的文章是个好例子，第二种惟有请读者去查查从前的《小说月报》上的许多“读后感”罢。

如今的批评界，除却捧场而外，还有，便是刻毒的讥嘲，有人说这是“幽默”。“幽默”，这是如何高贵的名词？当初造作此名词时，当是苦心孤诣再四推敲出来的。然而我终不解，何以“幽默”到临了便会变成了“冷酷”，变成只是挖苦人家几句，或者旁敲侧击，写几句俏皮话，使人家不知批评的真义之所在。批评文艺，我想，同情总是要有的。这么，无论你说他坏，说他好，又或是说他好坏参半，你总还是与被批评者立在同等的地位，与他作友谊的商榷，供献给批评者或其他读者一种诚实参证资料。现在，批评者高自位置下视被批评者为一种随意开顽笑的玩物，这种态度实在太轻薄了。

复次，更有一种时髦的论调，以为文学作品，必须含有革命的分子。他们所谓革命，我到现在还未知道他们是怎样解释。我只听见他们随意在叫着流血、手枪、炸弹……这些名词。于是我便疑惑所谓革命文学，便是写流血，写手枪，写炸弹，写……的东西。但是，思想上革命，不叫革命？消极的暴露社会的丑恶，不叫革命？因不耐苦痛的现实，而心慕手追欢乐的未来，不叫革命？或者有人又以为文学作品中间如有激烈的言辞，流血的事实，拿着手枪，抛着炸弹，才与实际的人生密切有关。啊！人生！我终不解所谓实际的人生只是如此！我在写着字不是实际的人生吗？外面有人乱叫，不是实际人生吗？不久我要就寝不是实际的人生吗？——算了罢！要流血，便流去，要放枪抛弹，便放去抛去，不犯着把一切乱扯进去。其实所谓革命文学，不是那么狭窄的。我们几乎可以说：一切伟大的文学作品，都是含有伟大的革命性的，不论他用如何方法写。算了罢，我国可怜的文坛，受不起如此的糟蹋，从壁隙里观天，还是开开窗子张望罢！

——唉！这便是我们的批评界！漆黑一团的批评界！

（载《洪水》1925 年第 1 卷第 1 期）

“漆黑一团”的应声

——呈为法先生

谷凤田

这样泱泱古风的大国，到了现在思想界，著述界也会混乱到这等地步。我们虽说不必杞人忧天，但是我们看了这一切一切的现象，也不得不有所戚戚于心者！别的先撇开不说，只就我们的出版界——尤其是文艺的出版界——来谈谈吧，其混乱状态，已至如何程度，我真是有点不敢明言了！为法先生说的一点也不错，这漆黑一团的中国的创作界、翻译界、批评界，那一件不是教我们见了都会呕心的呢？我们只听见一个一个的文学团体，天天在那里喊呐；只看见一种一种的刊物，天天从印刷者的手中印了出来，但是我们喊呐的成绩究在那里？怕不都是徒盗虚声吧？试看以这样的出版界能教我们满足吗？那也无怪乎为法先生在恨极之余，在那里发为漆黑一团的呼声了！为法先生在《漆黑一团》的末后说，他要静听回响或反响。我以为为法先生所说的这漆黑一团的三界，还有些未周到处，因此便也来说几句话，以补为法先生的未足处。我并不是要来多言惑众，我觉得我很有几句要说的话，或者至少也须对为法先生说的话，所以我就不避责难，也来聊附骥尾，发泄几句了。

为法先生说中国的创作界不要脸，这句话都是痛快到二十分！呵，为法先生只知道《浏河战场》不是诗，但你那知《血歌》、《为中国》、《墙角的创痕》、《我们的中国》、《泥泽》……更不是诗呢？固然在他们的心目中，以为这真是悲哀沉痛，为弱国呼冤的文学了，但又那知在我们看来，这都是些无力的狂叫，无味的号伤呢？我并不是故意要说些刻薄话，读者请一读今年刚出版的《小说月报》第七号里的几首妙诗，也就可知道了！《硖石土白》、《杭州土白》，固然我们不能承认它们是诗；就是那鼎鼎大名的王统照先生的《童心》，又是什么诗呢？实在那部诗集在未出版以前我就拜读过了！而且还是在书馆退回原著之时我得拜读的！（在此我要声明，我与王君多少还有些友谊，我现在来讲到他，并不是我要故意的诋毁他，而不忠于友谊！不过我爱我师，我尤爱真理！我为求真理起见，所以关于此事，我也就不得不说了！这是我要求王君的原谅的！）那本《童心》，本来是商务书馆不给出版的，因为我有一天（是去年暑期）同了朋友宋君去到王君家里去闲谈时，无意中曾亲眼看见商务书馆退还原稿的信。《童心》既被退回了，为什么现在又出了版呢？诸君当知王君是文学研究会的成熟的作家之一，他多少与那资本家腋下的编辑先生，有些勾当，因此所以《童心》又可以威风凛凛的出世了！（下略）

说到中国的翻译界，岂只有王统照的译成胡说，就是李小峰式的一部书译成一二百处大错的也还不少哩，至于《意门湖》的译者那更不用说了！《小说月报》上的“雅典主义”将永传为笑柄，就是 desk 与 made of 的译者，还不足够笑断肚肠的吗？只是功利的主义牢牢的存在他们的心目中，那里还问对于原文的了解不了解，只是译出来卖钱，出风头吧了！（下略）

在中国的文学界中，现在有望的希望就是《洪水》能长此继续下去，能有几篇性灵的创作出来，能有几段信、达、雅的翻译产生，更希望能有公平持正的批评，以指迷途而正人心，这不得不希望于创造社的各有为分子！拉杂的写了下来，已经不少，或者我也说了几句老实话，或者我的话也都是所谓胡说之流，那么尚请为法先生指教，并请阅者原谅！恕我不再啰嗦了！

一九二五，七，二〇于济南文专。

凤田先生：

你的来信，使我们破除一些难堪的沉寂，增加一些杀敌的勇力，这该向你表示谢意的。我那《漆黑一团》，只不过是愤极的呼声，在如此久安于沉沦与麻木的社会中，不又视为叛徒的狂吠？然而骨鲠在喉，必吐为快，我岂好说哉？先生该与有同感罢？

我们的能力有限。既要吃饭，又要做人，这在我们国里原多不易兼顾的，于是我们便流离于各地了。先生对于我们期望太高，转使我们惭汗不已。此后仍望振臂相助，并予以有力的诤言。至于先生信中所论列是非如何，明眼人自表同情，不再赘了。

为法，九，廿八。

（载《洪水》1925年第1卷第4期）

漆黑一团的出版界

霆　声

为法先生在本刊第一期上把我们底漆黑一团的创作界、翻译界、批评界数说得痛快极了！可是，我觉得他还遗漏了更重要的一点，那就是我们底漆黑一团的出版界。

说起我们现在底出版界，那真得把人笑死、愤死。本来出版界在一国底文化上是负有极大的职责的。说得简单一些，出版界该负培养著作界底成长之责，同时又应担任解除读书人底困难之职。出版家在著作家和读者底中间像是两岸间的一条渡船，著作家必须有出版家的帮助才能把自己底工作普遍宣示大众，读者也要得出版家的帮助才能很利便地获得著作家底工作。三者合力同心，一国底文化才能日日上进。但我们现在底出版界、著作家、读者，是否能同心合力成为一个密集团体而努力向前进呢？啊啊，这可难说了。真正诚恳的著作家并不多，真正热心的读者也很少。这里面底原因，我们若细细推究，自然不止一端，可是出版界底放弃职责，惟利是图，实为致此恶象底最大的动力。实在说，我们现在底出版界对著作家和读者两方都未能尽力；非特不尽力，反一面刻薄诚恳的著作家，一面欺骗热心的读者。我们试把几家有名的书店底书目翻出来看。由书名上批判起来，我们底出版物已经不算贫乏了，可是，你再去一检它底内容，啊，你底失望将要比你起先所得底欢喜大上至少二倍。差误的翻译，不通的创作，抄袭的编纂，胡乱的标点，已经有许多热心的人细细地把这种荒谬的出版物指摘过了，可是他们所摘出的荒谬，还只是荒谬全体的千万分之一。而且他们的错误被指摘了依然不改，反而再用广告来助长他们底卑劣。广告本是用来使人知道商品底真价值的，而习惯性成的虚伪的商人反利用它来淆乱社会上底耳目，书贾当然不能例外。明明是一本蹩脚的翻译，偏说是译笔畅达；明明是一本不通的创作，偏说是空前巨制。总之，诚实两字在书贾中本来是找不到的，于是读者苦了！照了广告所说，几乎没有一种不是好的出版物，于是你也买，我也买，且不说这种臭东西吃了要坏肚子，即使人家拿去后发见了它底臭而不吃，可是他们书已卖出，赚钱的目的早已达到了，你将奈何？

书店一面出版坏书，倘若同时仍能出版好书，我们还可以原谅他只是一个钱是命式的商人，可是他们常常因为特殊阶级的利害关系或其他无聊的原因而把人家的好稿子拒绝了。于是我们到书店去时，真如入鲍鱼之肆——这使我们不能不深恨他是故意欺骗读者了。

尤是可恶的便是他们对于著作家底刻薄。我们一向以为劳工被资本家剥削是太不人道的事，可是出版家对于著作家底刻薄也并不亚于此。一部书底印刷成本，照我所知，只是书价底三成；印得多，还要便宜；装订和纸张粗劣些，更要便宜；著作家只拿了一成五（商务、中华底版税例），余下底五成多，便都被出版者取去。固然，还有发行费，但我知发行费多不过二成许，而直接卖出时所费更轻。这样，呕尽心血的著作家底利益大都被资本家掠夺了。这还是抽版税，假若卖稿，那更要令人伤心。五元千字几乎是最最高的价值，而真正好的作品，终著作家一生究能有几，于是著作家要靠作品的收入来维持生活便不是易事了。这还是稿子能卖。假若你只是一位未成名的著作家，假若你又没有名人给你吹嘘介绍，那么你的作品便只能在书局底编辑所中旅行，而决不能在书局底发行所里占得一席，于是你底著作家生活便只好宣告终结了——这便是我们底出版界对于我们底著作家底刻薄。

出版界既这样地欺骗读者，刻薄著作家，其结果便是：一、摧折真正的著作家底成长——真正的著作家一定是忠实于著作而不会阿奉名人与资本家的，也一定不肯为了易于卖稿而把作品随波逐流的，也一定不忍为了要增加作品的量而把作品的质减低的，于是真正的著作家不是饿死便只能改行；二、引起真正的读者底反动——裴复恒先生在《现代评论》上说的好：国内缺乏专做书评的出版物，而新出的作品又混乱不堪，爱读书而审择力不精的人往往觉得无所适从。富于同情和希望的读者只得将新书都买来，花了钱，费了时间，而得的结果是爱读书的反动，读书的厌恶。这样，没有好读者，也没有好作家，于是我们底出版界便更一日日地滚入黑漆一团的魔洞而不可救药了。所以，如果我们想促进全国的文化，不可不先把这一团漆黑打破！

——作者附识：本篇所论，还只是对几家较为革新的书店而言，至于那些下流的文人的机关，我是不忍写来占去《洪水》底篇幅的。再本篇有未尽的地方，请读者参看《现代评论》三九，四一及《京副》二七五。

一九二五，九，二九，上海。

编者按：本篇原名《出版界的混乱与澄清》，分上下两章，上章论出版界的混乱，下章论怎样澄清出版界。因全文太长，故先刊登上半，易以今名。

（载《洪水》1925年第1卷第3期）

读《漆黑一团的出版界》后

叶青蔼

《漆黑一团的出版界》，在《洪水》刊上已读过两篇，但总觉未充分把现有的出版物的丑态尽量吐完。然而在现时情形之下，也难于尽述。

在读毕《洪水》第三期之后，不觉也有些儿小小的硬物，梗塞在喉里，不吐，终有感觉难堪之象，就此写出来求内心的快畅。

霆声先生说我们现在读新书籍的青年们，受骗不少，这层我也深恨在怀，因为我也曾在他们的骗术圈里迷途过，化了不少的金钱，买了一肚子说不出的闷气——新书籍——所以现今出许多新书籍、刊物，几乎全都失却了我的信仰。不过读了霆声先生的一篇后，有点深映入我脑，并感觉不然。他的文章里有一节的意思，是“真正著作家，要将其作品卖了来维持生活，而现在的书贾偏偏刻薄他们，以致许多作家发现无饭吃的恐慌”。我个人揣到底，中国出版界之所以如此糟，都是由一般所谓真正作家干出来底，何以见得呢？一本新出版的书，或一份商务、中华等等的书局出版的杂志一类的刊物，他们为什么要把价格定得异常贵？这并不算是件可怪的事，皆因彼等是用钱买进来底，设使不用种种手腕，把书售出，赚得些利钱，那末，彼辈干这宗职业做什么！而一切只靠作文字吃饭，无另外职业的大作家，虽明知受人的剥削，然而既无另业，书贾细知他们是靠笔吃饭，那末这样刻薄人的动作，谁不晓得哩？大作家饿顿，我们姑且搁下。同时引起一些不通的青年作者，出显于现在出版界里。这些作者，在求学期内，也来模仿一般卖文吃饭的先生，找几笔钱零用，于是许许多多做投机事业的什么书局，就竖立起来了。拿几角洋钱，买些怪得不堪言的所谓“创作品”，加以吹嘘手段，就可□感一般无选择力的青年了。他们一味在创作，当作一种正当的课外工作；但是四年六年混毕了业，跨进社会里去，寻不着相当位置，作家的烂招牌就挂出来了。追索从前作文学得来的报酬可以马马虎虎自食，于是邀约伴侣，这一间书局，那一所出版社，专办新丛书及刊物。创作哟！翻译哟！新诗哟！弄得乌七八糟，一塌糊涂。好多值得登载的文章寄去，他们放在屋角不要。这是别人来占去篇幅，领去价酬，于伊们生存程上有很大危险之故。固然新的杂志、刊物，似不能不做了一回征文的工作，但是他们招牌尽管如此，实际上伊们一手包办，实是没有充分的稿哩！借提倡翻译之名，把外国值几便士的书本来译，译得一遍狗屁胡说，亦说是介绍新学说了！有人对他们表示不满，他们竟骂人不重视翻译呢，愈想真越令人生气……

我感想中的所有的真正作家，便不是那些卖文求食的先生。一篇在文学上有价值的文章，我觉拿去以区区数元钱卖给书贾，我终觉此文的固有资质减掉了不少。一位真正的著作家，就是他自己也不愿自认是为金钱而从事创作。倘使有自命是卖文吃饭的人，那还够得上说他是作家吗？我的意思已尽于此，说的妥不妥，这要旁观者才清。

（载《民国日报·觉悟》1925年第10卷第21期）

怎样去清理出版界

霆　声

现在的出版界的混乱情形，我在上面（按即《漆黑一团的出版界》）已讲了一个大概了。我想出版界如果这样继续下去，直接固然只是摧残著作家的成长，遏抑读书人的热心，而间接直是使一国的文化渐渐没落。这不见得是我故甚其辞，你想：一个国假如没有一本好书可读，那么对于这一国里的人的思想上学问上要发生怎样的影响？我们无庸张扬，中国青年现在的堕落，不良的出版物至少是要负一份责任的。

出版界所以会如此混乱，别的人当然也要分任其咎：譬如著作家的滥制作品，读书人少鉴别力，学者放弃指导和纠正出版物的工作；但所以致此之最大的原由，总还是由于出版家的放弃职责。

出版家的职责，如前所述是该应为沟通著作家和读者的一条渡船的。但现在的出版家都是些只知发财主义和苟安主义的大小资本家，于是这条渡船一变而为关卡，反成为两者间的阻碍了。

看出了出版的发财和苟安主义，便可恍然于出版界的混乱是必然的结果。壮学先生在《现代评论》上曾把出版物不良的原由写出三项而统归之于出版家的发财主义，实在是不差的。现在我不妨再重说一次：

（一）不专力于正式的出版物。因为出版家只知发财，所以他们的心力全注意于容易赚钱的印刷品如公司的广告之类的身上去。招揽着几家大公司的广告生意的利益要比出版十数部正经书大得多，也就难怪他们，他们对于专门书籍的出版是只为点缀门面之用了。

（二）利用时机，投合社会上的卑劣心理。他们不问某种著作究竟有否价值，怎样粗制滥造，但能适应某种时机或配合社会上一般人的卑劣心理时，总肯热心出版；下焉者譬如《直奉战后的江浙战史》、《齐燮元历史》以及《第一奇书》、《秘诀千种》等等内容极无聊不堪的东西；上焉者譬如近来忽然风行的性生活的书——据我知有一友人前年持《夫妇的性生活》译稿求售，无应者，但现在也有别人译了出了版了。

（三）看情面收稿。出版家为点缀门面计，有时也不能不收几部比较正式的稿子，可是他们收稿的标准不是作品的好坏而是送作品者的情面的大小。许多无名作家常常愤说：你的著作，只要经过名流博士介绍吹嘘，那怕是糟粕臭屎，定会帮你出版；否则，饶你是鲜花丽草，总只求得一个不睬。这话似乎太过火，但与事实相去实在并不甚远。

（四）拒绝有革新精神的佳作。因为出版家是大小的资本家，是抱着苟安主义的，所以赶在时代前面的，和带着反抗的色彩的有价值的稿子一概被他们摈诸门外。他们怕资本主义的地位摇动，怕得罪旧势力，他们是甘愿随着社会走而不肯走在前面为社会的领导的。

（五）不肯出相当的报酬。他们只知赚钱，可是因为资本的利息和销路不大——由于出版物不良——的缘故，要使成本减轻，多获利益，除了使印刷粗劣或定价增高外，就只有在稿费方面盘算了。在前面已经说过，他们对于无名作家的刻薄是无所不用其极的。同时，设有编辑所的书局，对于编辑员的报酬也非常菲薄，所以他们不易请到有学问的人，就是请到了也不能尽心著述的。

上面的五种情形是发财主义和苟安主义的结果，再以此果为因，便引起著作界的堕落。像郎弗罗、太戈尔等的贵族富豪著作家本是很少的，大半的著作家不能不用自己的佳作来易得物质的生活。但出版界的情形使他们不能专心著作而且也不必专心著作。三年五载苦心研究的作品或许反不及经名流吹嘘过的或投合时机的随意滥译来得易卖易销，这又何怪乎真正著作家不屑与郃伍而宁愿饿饭，宁愿改行，以致无聊的虚伪的著作家起而与出版家狼狈为奸呢？

或许有人问：他们的出版物既如此的不良，社会上的智识阶级为何不起而监督？是的，这是一个疑问：学者为何不起而指摘，读书人为何不加以鉴别？但这也还是出版家的手腕。他们一面用贿赂主义来敷衍名流和教育机关（这便是壮学先生所说的蜜封政策），一面用广告政策来欺骗热心的读书人（这便是陆稿荐式的所谓招解主义）。他们是商人，他们只知用商业手段来达到赚钱的目的，更不用管这不良的出版物会闹成怎样一个恶果。

总之，无论什么事情夹了发财主义和苟安主义的资本家在里面的时候，一定要弄成一个漆黑。所以我们要清理这混乱已到不堪的出版界，不可不由负文化发展责任的智识阶级自己起来去做。我现在想着我们可取的二个步骤。

第一，对于目前，应由智识阶级起来把目下的出版物严格的审定一下，痛快地指出它们的荒谬。同时也把有价值的东西提出来，让出版界晓得一些畏惧，让读书人有个选择的标准。

第二，对于以后，应当由读者和著作家合作出版事业；同时再由真正有学问的学者在旁作建设的批评，求出版物的进步。读者和著作家合作时，一方书价可以减轻，一方著作家的酬报可以较多，这因为少了一个资本家从中剥削的缘故。合作的法子，当然要详细研究。但我也粗粗想到两个法子：一个是预约法，著作家的作品经真正学术团体审定后，便招募预约，由预约款来印刷；一个是贷款法，先由喜读书和愿著述的人集些股子起来，组织一个出版机关；凡某作品审定后，便贷款于该作品的著作者，助其出版，助其发行，出版机关仅取些微的手续费。这两个法子都是轻而易举的，只要有几个真正热心的人起来举行，一定可以收效。这样，出版界的力量在读者和著作家自己手里，那种混乱情形当然无由再发；同时著作家因为作品有了真价，自然可以更专心于著作，作品的量、质一定有长足的进步，而读书人的兴趣自然也随着来了，出版物的功效才真正显来了。

九，二九。

这篇东西我自觉对于目下出版界的混乱情形已说出了一些，我想真正爱读书愿著作的人也已看出了。趁便我还要加上几句，便是这里的二个办法，《洪水》都是十分赞同的。不量力的《洪水》本来就想参加这第一个工作，但是力量太弱，很希望热心的读者来帮助这个工作的实现，不论评译，评创作，我们都是欢迎的，只要是真诚的批评。第二个工作，我知道创造社今年曾想实现过，但后来为了别的关系而中止。现在我颇想知道同情于这个工作的人有多少，假如是还不少的时候，我想我们可以合力使它实现。

十一月一日作者又志。

（载《洪水》1925 年第 1 卷第 5 期）

出版界的怪事

李民治

我现在虽莫有执新闻记者的业务，我却企图当一个新闻记者，所以国内出版的新闻学书尤其爱看。最初买了一本任白涛编述的《应用新闻学》（商务印书馆代售）来看，觉得还差不多。最近又看一本伍超著的《新闻学大纲》（商务印书馆出版），看下去觉得不对，好像是温旧课，不是看新书。啊！翻来一对，任编的与伍著的是一样，未免说过火了，至少十分之七相同。照选辑的推测，当不出下四个之任何一个：

（1）任伍两君同以外国书为底本，同的地方是译的；

（2）任伍两君同以中国书为底本，同的地方是抄的；

（3）任君抄伍君的；

（4）伍君抄任君的。

第一，大家都译外国书，则内容尽管一样，而文字不必全同。但这两本书不然，岂但内容一样，文字也全同。任书作“之”字的地方，伍书前部以白话故，通通改为“的”字，格外再改头换面一点：其全同的地方，尤不胜举，如任书五五页到六九页与伍书九六页到一一六页，不差毫厘。（伍书会之八园游会加第十项，只此而已。）不谋而合的译的如此刚好，甚至一字不移，我不相信竟会有这回事。这个推测，于是不成理由。

第二，两人同抄一人的，抄的甚么人的呢？我清查不出，以我所知，中国新闻学书中没有与他们同样的。与中国同文的日本书，他们亦可抄，但任君自序中自称“仿杉村氏著《最近新闻纸学》之体例”，伍君书尾开的参考书只有“楚人冠著《新闻纸学》”，那当然不是抄自日文书了。这个推测，于是也不成理由。

第三，任君抄伍君的？先看出版的时间，任书是民国十一年，伍书是民国十四年，任书在前，伍书在后。其次看序文的时间，任书是民国十一年，伍书有孙中山先生一序（以文笔推之，恐非孙先生亲撰）是十二年，伍君本人的是十三年，任书在前，伍书在后。最后看《学灯》上发表的时间，任书附编（一六三页到二〇〇页）编者附云“曾载去年春季《学灯》”，则是十年春季，伍书第三第六两章，著者附云“曾刊前年《学灯》”则当是十一年，虽然伍书无与任书之附编相似者，但伍书与任书相同者并不只第三第六两章。这个推测，于是更不成理由。

第四，照逻辑定理，第四个推测，我可以不证而断为是事实，然恐犹不足以取信于人，请再看下面。任君全书用文言，伍书前半似用白话，而后半则用文言。用文言则文字乃与任书同，连“之”字都不改为“的”字了。间有掉字面者，其结果文字比任君者必稍逊。任书不主张“直行文字用西式标点附带中式之圈”（一四六页），伍书也同此主张，字句全同，惟改任书文末句“殊不可为法也”为“殊不为法也”（一九七页至一九八页又可作证前条伍君改后必为不通文句之例）。但任书实行其主张，书中只有圈点两种，而伍书则完全西式标点附带中式之圈者，自相矛盾如此。不再举证了，有人不相信，请他自己“找”两本书去对看一下。可是我仅说“找”，我并莫有说“买”，不要以为我替商务印书馆拉生意。这个推测，于是成了断定了。

近来出版界怪事太多，不只译书要乱译，著书的也要乱著，汤尔和在他最近译的《解剖学》序文中劝人多译书，不要著书，然而偏有人“肉麻当有趣”地去著，不去译（译的好坏且不管）。大胆的人要想冒著作家，商务印书馆要想赚钱，便甚么事也不管了。

（载《现代评论》1925年第1卷第25期）

对于现代出版界之批评

赵幼龙

三五年来，各处所出的报纸、丛书、杂志，简直是汗牛充栋，浩如烟海。每从商场走过，便见书摊上堆积如山，什么文集啦，讲演集啦，这概论，那概论，这主义，那主义，这月刊，那旬刊，五光十色，斑驳陆杂，大有山阴道上，应接不暇之概。所以往往有人说，现在中国，就是西方的文艺复兴时代，我以为这句话未免恭维太过。现在出版的东西，虽然如许的多，但仔细考究起来，真正有价值的，真是天上晨星，空谷跫音，十有八九不堪属目。其最普通的毛病就是：（一）问题之琐碎；（二）剽窃之盛行；（三）无切实之研究；（四）无深挚之情感。

顾亭林说："文无关经术之大者，不可为也。"王荆公说："且所谓文者，务有补于世而已矣。"顾先生的话，固未免过于极端，不关经术的文章，一样可以作。不过荆公"有补于世"的话，的确无可攻驳。无论如何，作一种东西，不怕三言两句，一章半章，对于个人、国家、社会，总要直接间接有一种影响；或指导人类的生活，或补救社会的伪弊，或讨论建国的方略，所研究的对象，讨论的问题，总要比较重要，比较有关系，庶几发为论著，无损于已，有裨于世。现在许多人，撇弃极重要的问题，如人民生计，农田水利，清乡弥盗等等不谈，而偏只谈男女恋爱，婚姻自由。前年五月间，临城劫车案发生以后，闹得震地撼天，举国惶恐，几酿成国际战争，情势何等危急！问题何等重大！彼时极盼望有些名流硕彦，陈言献策，各抒所见，指示当局，安内攘外，扶乱持危，岂非很好的题目？但是朝野上下，缄默而息。而对于无关宏恉的问题，反连篇累牍，讨论过来，讨论过去，岂非滥渎笔墨，枉费唇舌？与其作这样无关重要、无有滋味的文章，何如躺一边养养精神？

无论作一篇文章，或著一本书，总以说明自己的见解，发挥自己的思想为主。如果无真正见解，真正主张，真正思想，那么文尽可不作，书尽可不著。现在有许多人，毫无见解，毫无思想，偏索性去作文著书，于是东鳞西爪，拉杂成篇，人名子堆上一堆，书名子又堆上一堆，堆来堆去，全是别人的东西。骤然看去，很像是一个学富五车、胸罗万卷的博洽君子，其实可以谓为书簏，也可以谓为抄书匠。许多整理国故的人，特别犯这种毛病，名为整理国故，究其实不过把古人的东西，这里抄一段，那里抄一段，每段抄完，就牵强附会的给他加上一个主义，一个概念，例如：

“且夫狸交禽媾，不避人于白昼，无私也。若人则必有闺闼之蔽，房帷之设，枕席之匿，赪赧之拒矣。禽兽之交，径直何私？孰疏孰亲，一视无差；尚不知父子，何有朋友？若人则必有孰薄孰厚之气谊；因有过从宴游，相援相引，款曲燕私之事矣。今曰大公无私，则人耶？则禽耶？……”（《论私》）“他这段似是提倡交际……”

以上姑举一端，以概其余。我并不是说不许引古人的话，有时想发挥自己的意思，反要大引特引，所以庄子有“重言十七”的话，不过不可只引古人的话，而忘了自己的意思罢了。以上所说的是抄古书的。此外尚有一派，是抄今书的，例如作一篇社会主义，他不从西方谈社会主义原书内肆力探讨，他只从各杂志各报纸中搜集，于是把甲作的社会主义，抄上一段，又把乙作的社会主义，抄上一段，又把丙的社会主义，抄上一段，东抄西抄，抄成一块，就成功了他自己所作的社会主义。这篇文章成功以后，不久就又被他人抄去！顾炎武《与人书》说得好：“尝谓今人纂集之书，正如今人之铸钱，古人采铜于山，今人则买旧钱名之曰废铜，以充铸而已，所铸之钱，既已粗，而又将古人传世之宝，舂剉碎散，不存于后，岂不两失之乎？承问‘《日知录》又成几卷？’盖期之以废铜，而某自别来一载，早夜诵读，反复寻究，仅得十余条，然几采山之铜也。”一年之间，仅得十余条，可见古人著述之审慎，为学之精勤，像现在一般人之转相抄袭，岂但不是采铜于山，并废铜亦不可得。所以然者，都因太不努力，太轻于发表，太看重数量，总以为作得愈多愈好，愈快愈好。《象山集》中有段话说得甚好：“尝问王顺伯曰：‘尊兄精于论字画，敢问字果有定论否？’顺伯曰：‘有定论。’曰：‘何以信此说？’顺伯曰：‘有一画一拐于此，使天下有两三人晓书，问之，此人曰，是此等第。则彼二人之言亦同，如此知其有定。'因问字画孰为贵？顺伯曰：'本朝不及唐，唐不及汉，汉不及先秦古书。'曰：'如此，则大抵是古人得些子者为贵。'顺伯曰：'古人作事，不苟简，尊兄试观古器与后来异矣。'"此论极是。所以古人的东西，固未必尽善尽美，然而不苟简，总是古人的好处。去年暑假同几位北大的同学，到贺履之先生家，参观他所藏的宋元名画。贺先生对于古人布局、设色等等，当下指示甚多，并谓恐诸位现在未曾看见这样的作品罢！因为现在的人，作画太苟简，太随便，不肯用心，不肯费力，一日之内，就想出许多张幅，一味贪数量之多，而不计质量之美。古人作画，穷年累月不能成一幅。聚精会神，平心静气，五日一水，十日一山，一草一苔，一枝一叶，无非精血之所钟。有这样的努力，这样的辛勤，所以作出来的东西，才有生命，才有价值。贺先生的话，颇能与顺伯之话，互相发明。总之古人之作品不苟简，今人的作品太随便了。书画如此，一切著作皆如此。张平子的《两京赋》，左太冲的《三都赋》，皆构思十年始成，刘彦和亦十余年撰成《文心雕龙》五十篇，固不免过于费力，然可见古人之"临文必敬"，不敢轻于动笔的精神。所谓字炼句烹，镂骨鉥肾，非皆过于雕琢之谓，实不敢过于苟简的意思。以时人论，如柯凤荪先生，穷毕生之力，始著成一部《新元史》，这才是有价值的著述。像现在一般人，今天作篇文，明天出本书，都成了"日试万言，倚马可待"的李太白了，那能会有好的东西？尚诩然以著述自炫，岂非可鄙？

前曾引顾炎武的话，王荆公的话，所谓"文无关经术之大者，不可为"，"文务有补于世"。信如此说，那么纯文艺的作品，如美文，如写景抒情诗，就不许作了么？是又不然，作尽管作，发表尽管发表，不过也不可太轻易罢了。"诗言志，歌永言，温厚敦柔"，所谓"言之者无过，闻之者足戒"。可以寄慨，可以遣兴，可以发抒积郁，可以疏解烦闷，有动于中，必达于外，完全是不得不说，不得不讲，称心而发，并非无病呻吟。现在诗坛林立，作品如鲫，求其足以感动情志，足以引起兴味者，实寥寥不可多得。所谓《诗学半月刊》，诗种种的出版物，发表的东西，意境既浅，格调又卑，直是胡说八道。诗无分乎新旧，只要有情致，有韵致，可歌可诵，便是好的。现在一般的诗，简直是胡乱说话。章行严在中大讲演，曾说过：“一直写下去就是散文，分开一句一句的写，便是诗。”这虽是极端的话，然就一般新诗内容去看，确是这个样子，绝非过刻之论。所以自从新诗倡行以后，几乎人人都可作诗，真可谓“罝兔之野人，汉阳之游女，皆娴吟咏者也。”曾记某杂志内，有《咏春柳》诗四首，第一首：

青青的柳，又发芽啦。

这种诗，有何意谓？有何情致？我看了这一首，便不曾往下再看，再看恐更耽误时间。这不过姑举一例，其余类此之作，不一而足。像这种诗，一人在这里说，一人在那里按着打字机打，不到一天的功夫，就可成一部诗集。常说温庭筠八叉手而八韵成，陈思王七步成章，现在许多诗人，一摆头就是一首诗，一扭嘴就又是一首诗，象温的“八叉”，曹的“七步”，又何足为奇呢？

再看翻译界，也是一样的糟。翻译本是极难的事，严几道说过，“译事三难：信，达，雅。求其信，已大难矣；固信矣不达，虽译犹不译也，则达尚焉。三者乃文章正轨，亦即为译事之楷模。故信达而外，求其尔雅。”（《天演论》译例）现在所出翻译的东西，漫说求其达，求其雅，即求其信，亦不可能。最大之缺点，就是翻译者对于原文无彻底之了解，对于译释无清畅之文笔，故其结果，不是意思错误，就是文字不通。李筱峰译的《结婚的爱》，其一部分之中，就有二百八十五个大错，其全书之错误可知了(《太平洋》四卷九号，孙宝墀，《评李筱峰译的〈结婚的爱〉》)。更有王统照译的郎佛楼的诗，两句之中，就有七大误，而一大不通。“at last”译为“末次”，“turn”译为“回来”，真是笑话。偌么普通的字，都不能明白他的意思，怎么能够作翻译？像这样大胆的翻译家，他就敢把“later on”译作“晚上”，“never mind”译作“毫无心”，胡适之先生说他是“胡说”，的确不冤枉他。(《现代评论》一卷，二十一期，适之，《胡说》)。对于原文不能清清楚楚的了解，其翻译的结果，是这个样子。就令对于原文真能彻底了解，如其中文不能清畅，翻译出来，一定是佶屈聱牙，艰涩难通，其例甚多，无烦悉举。因为以上所说的两种原因，所以许多翻译的东西，看下去，简直莫名其妙。

翻译界何以弄得这样糟呢？最大的原因，就是一般翻译者对于他们所译的书，不能切实研究，根本了解，强不知以为知，太轻意，太随便了。许多从事翻译的人，志在名利，所以不管书的内容如何，译出来通不通，他尽管大胆去译；而能翻译的人，又多不肯去作，所以弄到这样的糟。

无论如何，现在人轻意发表，轻意动笔，是一种极大的毛病。我作这篇东西，并非反对著书，反对作文章，只是劝大家于作文章，对于著书，不要看的太轻，太容易罢了。只要有意思，有见解，尽可如量发挥，万不可无病呻吟，含有名利的心理。如果像现在一般人这么搜肠刮肚，竞慕文字浮名，妄是著述，轻于发表，不知切实用功，不知极力积学，将来的出版界，恐怕要更糟了！

十四，六，六，曹州。

（载《现代评论》1925 年第 2 卷第 31 期）

出版界的根本问题

壮 学

近年来社会上对于出版家渐取了批评的态度了。月报，周刊上常见有人发表文字，攻击出版家行为的卑鄙，或指正编译的乖谬。出版家亦或因此稍有顾忌，这未始不是近年的好现象。不过，我总以为这零星的督责不算彻底。出版家的主义——发财主义——一日不改，出版物的成色万难改良。他们的目标专于发财，只若是生财大道，任何卑鄙手段都可以取，任何芜滥译著都可以印。

不用说中国的大出版家算是商务印书馆和中华书局了，发财主义是他们两家共同信奉的。近来批评的书籍多是他们出版，就中商务的更多。以下列出几项出版物难以见好的原因，同时可以看出都是发财主义活动的结果。

（一）以印书为副业。商务与中华名为书局，他们的主要营业乃在印刷杂件上，印刷正经书籍只占印刷所一小部分。他们两家都有设备最完善的一部供应上海的中西商人。大宗的货物包皮、广告，都是他们承印。（英美烟公司每年价值数十万的广告，以及其他洋行的广告、包皮，例由他们包印，我希望作救国运动的人们加以注意！）又有一大部分印刷定期出版物，更有一部分专印古书——翻印古书，影印字画，印正经书籍的只占一小部分，且所印的多是中学以下的教科书，专门的书籍间出一二册，只为装点门面之用而已。你们瞎骂他们出的书不好，他们的目标原不在印书！

（二）收稿无标准。他们收印外边的稿件不在稿件本身的优良，最重要的条件还是著者必是——直接或间接——他们所畏惧，所巴结，或稿件由某项缘故实在能够给他们赚钱。自己若不具以上的条件趁早不要把尊稿寄去，不然，那里早有印好了的向你抱歉的信，将大名填入，立刻原书退回了。收买稿件例经他们的编译所长分送主管部长鉴定，不过收印与否所长那里大概已有定准。侥幸被收的稿子总要期以三年，不到时候不给出版。积压十来年的稿件据说常有。

（三）编译人员程度太浅。错谬最多的大概还是他们自己编译的书。编译员的事务多是翻译，所谓编只是抄，真能抄译的人员实占少数。小学教科书对于全国儿童的基本教育何等重要，执笔的例为国文史地部月薪三四十元的小编译员（据说中华的小学教科书高明些，他们采用委员制的编辑法）。各级的教科书自从前清学部审定的直到最近新学制的虽然名称翻改，而内容无大变异。他们那些营业的月刊，杂志编译上的笑话已为人所共知。不过在他们那里作事早有"吃不饱，饿不死"的定评，所以好编译家自然站不住了。

书籍编译的既然糟糕，出版以后经大人先生们一顿谩骂岂不大碍销路？幸亏他们有个方法来先发制人：把大人先生们的嘴都用蜜封好，由某种名义，定期或不定期给他们送干薪或干礼。这样一来，大人先生们虽不替他们作活动的广告，但总不能批评了罢。有人曾对我说：现今在社会最上层漂浮的那一些人没有不曾受过干薪或干礼的。这话我不知是否的确，而"蜜封"政策推行的极广这是可以断定的；并且"一书请求审定之时，正书贾辇金入都之日"——用某君的话。官厅审定提倡于上，大人先生们缄默于下，他们于是大放厥心，安然在小孩们衣袋里摸钱去了。

我们可以安然说一句话，只若出版家的发财主义仍旧存在，出版物决不会改良。我们知识界为辅助文化的进步，为普及国民的知识，为得出版的机会，为得读书的实益，一定要起来抵制这唯利是视的书贾。在我看来，有下列三个方法：

（一）组织大规模的公司。现在出版家对于大人先生们虽极恭顺，对于小资本的同业则力加排挤，财力薄弱很难和他们抗衡。印书是最能赚钱的企业之一（商务的资本只有五百万元，而十三年份的净利竟到一百八十多万!）在这方面投资，若经营得当，获利决不在小。再礼聘学者编译适用的好书，外边真好的稿件出重资收印。既能获企业家应有的利益，亦能尽出版家当尽的职责。

（二）作专门的出版事业。如果资本小些，自知难和他们相抗，无妨用全副精力作范围窄些的出版事业，譬如请当代学者编纂小学或中级学校用的教科书，或中西文常用的字典——已出版的好的太少——用全力去印刷、发行，必能夺取他们一部分的利益。实在，辞书和教科书都是他们赚钱最多的东西。

（三）只作发行者，不作印刷者。这在欧美极为常见，这最好由学者来办。设一个事务所接收外边的稿件，若审查合格，就准为他办理出版事。中国现在有印书能力的印刷公司还不算少，很可委托他们出版，按书籍的价值，著作者、发行者和印刷者三方面由某项比例分配应得的收入。据一位曾经计算出版事业的人说，著作者得五成，发行者得一成五或二成，印刷者得三成五或三成，各方面都有余裕，高深的专门译著最好这样来办。商务抽版税的办法，著者最多只得一成五，其余八成五都归他自己，这是剥削劳心者！著作者既能得相当的酬报，然后才有人专门从事著述，著述的质和量都可以大有增进了。

（载《现代评论》1925 年第 2 卷第 41 期）

废除《出版法》问题

孙百急

《出版法》是封禁人民言论自由的铁索，谁都知道。《出版法》是袁皇帝准备登基的护符，也谁都知道。《出版法》只可于压迫人民的专制政府时存在，也谁都知道。然而段执政既不自认为压迫人民的专制政府，为什么又无取消《出版法》的诚心？若为的是限制舆论的攻击自己，而保留《出版法》，则不免引起第三者的怀疑。结果反要增加人民对于执政府的不信任心，岂非是弄巧成拙了吗？即使《出版法》有益于政府的威信，那末，又谁能担保人民的“敢怒而不敢言”的危险？段执政若要限制言论界的攻击自己，方法实多，何必单单的要保留《出版法》，而负摧残舆论的罪名呢？我以为最好的法子，就是执政府从自身谨慎做起，凡事不教老百姓有所指摘，更何愁言论界的攻击自己？不知出此，而一方面对于废除《出版法》的呼喊，似若无闻；一方面拘捕郑民初，扣留《现代评论》，种种压制的行为，很可当做否认取消《出版法》的表示。我们最疑惑的是：段执政不能制止无谓之争，而能向懦弱的出版界大施特施其凛凛的威风，使执笔者望之胆寒，究属何为？尤其可怪的就是章法长因为报纸登了几则不重要的关于司法部的新闻，而说中国的新闻界，尚未到了取消《出版法》的程度。我们要用古语驳他，很可说“其为私也多，而为公也少”。假若章先生不长司法，而仍为《甲寅》杂志的编辑时，我相信他也要引经据典，东搜西罗的鼓吹取消《出版法》，为什么一入政海，则改节易行，我是找不到相当的回答的。我们从多方面观察的结果，知道取消《出版法》问题，完全不能见用于政府，任怎样奔走呼号，恐怕效力至为渺小；但也不能说十分绝望，因为《出版法》既不是新闻界一己的问题，则很有促起全民力争的可能，力争失败，则付于国民会议，再三据理争持，胜利何愁不得？所以打算废除《出版法》，请先要求国民会议容纳舆论界的代表。中国言论界的人们不要太没有勇气了！不观夫东邻的治安维持法案吗？是如何的被舆论反对啊！努力！努力！

（载《民国日报·觉悟》1925年第5卷第7期）

《出版法》与言论自由

叙　肃

言论自由为人类进化的基础，尤为民主国家的原素。因为人类对于当代的文化有所不满，而提出讨论；由讨论方能达于改进。故欲改进，必对于当代的文化有所怀疑而加以绝对的自由讨论，此浅而易见的道理。若民主国家，以民为主体。民依言论自由而导国政于正轨，倘言论无自由，则民意无从表现，而国政易为少数人所垄断，此贵族专权的政治，不是民主了。故世界先进各国和民主国家的人民，至少亦有相对的言论自由，从没有过苛的制限。如英虽非民主国家，而自一六九四年以后，即已废止以前的检查制。法则于十八世纪大革命时期，已宣布人民有出版之自由。美曾于一七九一年之联邦宪法中确定出版自由。其他如德、比等国亦皆无对于言论加以二重刑罚，兼有各种钳制言论的制度之如我国者。此亦可见国家进步迟速有所不同的缘故了。退一步而论，苟言论没有自由，则人类纵不退化，而亦必陷于停滞的状态，在民主国家，则纵不变为贵族专权，亦必不复有民主的实际。现今段执政当国，自命“与民更始”，而于此有障进步有碍国体的《出版法》尚不能毅然废止，甚至变本加厉，依为护符，吾不禁为段氏惜，为言论界危，尤为吾国前途忧。

即以本年三月的事实而论，十八日《民国日报》被勒令停版；十九日公民通讯社的记者被捕；相继《世界日报》记者被拘传，又被罚金；二十三日报载《申报》驻京特派员□墨晒君致函执政府质问扣留及改篡电文事；二十五日上海《新闻报》驻京特派员张继斋君亦有同样的质问；二十七日《现代评论》十五期被没收；相继《冲锋旬刊》受干涉；《晨报》记者被传。一月之中，已有这样多的干涉言论事件发生，岂不是很可危的吗？究其所以被干涉的理由，无非是认为触犯《出版法》，而《出版法》的条文又多皆词旨空洞；所以政府得了这个武器，欲加我国民的言论以罪，又何患无辞呢？按《出版法》的规定，凡文书图画含有次列情事之一者，俱为违法：一淆乱政体者；二妨害治安者；三败坏风俗者；四煽动曲庇犯罪人，刑事被告人，或陷害刑事被告人者；五轻罪重罪之预审案件未经公判者；六诉讼或会议事件之禁止旁听者；七揭载军事外交及其他官署机密之文书图画者；八攻讦他人阴私，损坏其名誉者。这些条文里头，只须有第一项和第二项已是容易入人于罪了。何况还有现行刑律的规定？这样看来，现行的《出版法》与昔日的偶语之禁令和腹诽之法，岂不是百步和五十步之比吗？这多么可危呢？因此，凡我国民皆应群向政府要求将此二重刑罚即行废止。要不然，不但言论将永无自由，即现有的文化亦必永无进步了！

临了，我还要郑重的说一句：

现行的《出版法》应当即行废止，因为法律只可限制人民的行为，不应限制人民的言论。

言论应有绝对的自由，因为言论有了自由，方能指摘当代文化的缺点，而使有所改进。

一九二五，四，十五日。

（载《南大周刊》1925年第15期）

废止《出版法》问题

——章行严之重要表示

中美社云：本社记者昨因废止《出版法》问题，特往叩法长章行严之意见。章氏□发表意见如左。

余（章自称，下仿此）以为《出版法》之应否废止，其先决问题实在出版界本身有无将其废止之意。出版界本身如有将其废止之意，则必须积极负责，使《出版法》自然陷于不能存在之状态，此当然之结论也。而目下之出版界则不然，就中报界亦缺少能负责任之表示，虽有一部分之新闻记者，确能认识此种责任与权利之关系，然其另一部分，则殊不负责任。余今请试举一例以明之。查上月二十四日此间多数报纸曾载一新闻，题为《法部暂订之取缔共产法》，谓："司法部对于取缔共产党，现已订定暂行法，其大要计六项：（一）鼓吹共产主义，意图破坏法纪者，处二等有期徒刑；（二）引诱鼓吹欲图扰乱治安者，处二等有期徒刑；（三）宣传共产有暴动行为者，处一等有期徒刑；（四）利用共产主义者，处三等有期徒刑；（五）已入迷途，悔悟自首者，得免除其罪状；（六）以金钱引诱鼓吹共产主义者，处三等有期徒刑。"然司法部则绝无此拟议。又此间各报，日前又载一新闻，谓司法部昨令各级法庭云，近来人民多有借口自由解放新式夫妇，稍有不和，即在法庭请求离婚者，并应严禁，以维风化。嗣后如再有请求离婚之人，不得受（理）。而司法部则亦无此公文也。报纸记载，须对社会负责，故举凡不确实之传闻，均不能随意记载，必须先以常识判断之，再用探访之手段探访之。及事实之有无已判明，然后方能为负责之记载。而目下一部分之新闻记者则不然，对于政治军事消息之记载不负责，对于其他一切新闻之记载，亦多不能负责；甚且捏造电报、伪造公文，动引所谓"有闻必录"为护符。《出版法》尚未废止，犹无顾虑如此；则《出版法》废止以后之毫无忌惮状态，当更可想而知。故余今以为新闻界今如不欲废止《出版法》则已，苟欲废止《出版法》，则必须先有积极负责之表示……总之废止《出版法》与否之关键，实不在当局，尤不在乎本人，而在出版界之自身。照目下出版界之情形而论，则废止《出版法》之时机，实尚嫌过早；而余亦不征引各国之成例，以为不能废止《出版法》之理由也。

（载《大公报（天津版）》1925年3月2日第3版）

两种学生生活之观感

——集会和出版

柳克述

Ⅰ. 导言

这大概是多数人所能承认的罢，人类生来就是社会的动物。试想我们自呱呱坠地以来，那一日能够离群生活？家庭的教养，学校的训练，社会的活动，都先后来接触我们，引导我们敦促或诱惑我们；这样一来，我们生活之非容易而为艰难，非单纯而为复杂，也就可以想见。晚近以来，国内先觉的人们，在德智体三项之外，加上群美二项，而倡为五育之论，似乎于我们中华民族快要有点进步；可是按之实际，则殊不能作一满意语——虽然我对于人生并不悲观。现在姑把德智体美四项撇开，单就最合于时代需求的群育来讲；又把农工商兵等界撇开，单就号称智识阶级的学生界来讲，我们但细心考察一下，就可以知道这其中的实在情形了。我自身所过的学生生活，从开始算到现在，约及十年；关于学生界的各种群的运动，由沉寂而活跃，再由活跃而冷淡，都曾身经目击；于今回忆既往，设想将来，常不胜其感慨与危惧——这便也是我在此地所以不能自已于言的原因。讲到学生界的群的运动（activity），原有多方面，不过权衡轻重，集会和出版实在不能不算是其中最重要的两种；我现在安排谈一谈他们过去的盛况，却把现在零落的情形大略比较一番，再发表一点我对于他们前途进展的意见，或者也能重新燃烧起这年富力强的我们的理智和感情，大家努力向将来培养出一朵发扬之花罢！

Ⅱ. 集会

现在首先来谈集会。此处所谓集会，当然不限于做爱国运动或社会运动的学生会，所有各种学术团体、体育团体、音乐团体等等，一共包含在内；不过此篇所论，因集中目标起见，却单独对于前一种要特别注重些，虽然同时也常把后列几种牵涉上去。现在让我把集会的兴起、衰落、救济和进展几项分别述来。

集会之兴起

如果我们要严格的说起来，则学生界之集会决不自最近的民国时代始；不过本文的目的，不在考证学生集会之原始，而在说明他在什么时候才昌明发达起来，那么，我们可以异口同声的答道，是在民国八年的“五四”。实在的中国兴学，虽然已经有了好几十年，可是学生界的内部依然散漫的很，一校之中除了一些狭义的同乡土、同母校的团体外，殊少一致的、普遍的、规模宏大而意义严重的组织，更谈不到什么一省的学生联合会或一国的学生联合会了。此刻为便利计，姑把我的母校——湖南第一联合中学举出来做一个实例。记得我在高小毕业的时候，是在民国七年下期，次年上期，我就插入联合中学。那时全校同学约五百人，共分八班教授。不过同学的人数尽管多，学生内部却毫没有什么合作的举动和组织，相互间的关系只是你上你的课，我念我的书而已。虽听说从前也曾举行过几次国文会考和英文会考，但是主其事者为学校当局，并且这种集会的目的和功用也只限于国文和英文的会考罢了，毫无其他意味；所以实在不能鱼目混珠地放在学生集会中间来掠美。直到那年——民国八年——的五月里，突然霹雳一声，在中国有所谓“内除国贼，外争国权”的学生爱国运动出现。京学界赵家楼之一击，实开此种群众运动之先河！于是“五四运动”这个名词遂为中国学生界一种永远不可磨灭的纪念。一时风声所播，全国民气大张，就中当然尤以学生界为最激越，当时为团结内部、抵抗外力起见，于是各大学专门有学生会的成立；同时各小学中学也有同样的成立；北京、上海有学生联合会的组织，同时各交通省会也有同样的组织，风起云涌，可谓盛极一时了。

记得，我至今还记得当“五四运动”消息传到我们联合中学的时候。那时已经将近半晚了，一露风声，全校震动，于是大大小小，不约而同的集在一块，把一个教务室的里里外外黑压压地填满得十足！当时众议佥同，即刻开了一个不大成形，而于历史上极有意味的大会。会场中严重的气象，激昂的语调，悲愤的神情，真是空前未有。随后举出几个代表分头负责办理议决各项，同时自告奋勇，加入这些代表中间来帮忙的尤不乏人，比起现在举出来就辞职，三挽留，四催请，还不履行他的职务的，真是不可同日而语了。自是以后，隔了不久的时间，联合中学内面就有三个崭新的团体出现，首屈一指的就是爱国会，其次学术共进会，又次体育会——这三个会到下学期合并成一学生会，不过此系后话，无须详说。讲到这几个会的内容，爱国会当然是以爱国运动为主的，如援助北京学生，讲演亡国惨状，宣布卖国罪恶，禁买日货，禁乘日轮等等，都有相当之努力。有些平日颇爱时髦的同学，也决然舍弃舶来品，不惜在五六月里穿起本地出产的粗制棉布来了。同时会中又附设学生军，规定戒律极严，逐日操演不辍，而投军的却极为踊跃；当学生军正式成立的一天，校长、教员、学生一律到场，行礼之后，接着演说，一时激昂慷慨，真个声泪俱下。现在想起来，固然不免有些单简和近视之嫌，可是那种纯感情之冲动，真血性之流露，比起目前这种死了的人心，冷了的空气，却要高出万倍！其他如学术共进会和体育会两种团体，虽然不是直接的对于社会活动的机关，可是对于同学们集会的意趣和训练上，其影响亦自有不可没者。

此外，由校中全体同学大规模的集会意识推到少数同学自由结合的运动的，则有救国十人团和化装讲演团两种值得提出来说一说。救国十人团也是当日新发生的一种爱国运动的组织，其时联合中学此种团体，约共二十有余。作者即属该校第七救国十人团之一分子。每逢星期假日出发到四乡讲演，自绘地图，自备资斧，自制传单画报，几乎风雨无间，也就可以想见当日积极进行之一斑了。化装讲演团是辅助爱国运动，开导社会民众的一种组织，不过成立和进行的期间，却在民国八年的暑假；以一般少不更事的青年学生，现在却要来担负筹款、广告、演剧、运输，联络各种任务，也就真个煞费经营了。暑假中正是一年最热的辰光，任你气急汗流，也只得奔驰道路，日间忙于扮剧演说，晚上则随时随地寄居各处萧斋古寺，每当深宵梦醒，常闻殿上钟声，此最足勾起人们悲壮之感。

到了民国八年的下学期，各校都有了正式的学生会，于时，湖南学生联合会也很得力；一旦有事，各校都能照着学生联会的议案取一致的进行，湘学界活动的成绩，颇复大有可观了。不幸在那个时候，张敬尧正在挟持大力，流毒湖南，七泽三湘，殆无青草。在这种情势之下，湘学界之不免于摧残，殆为必然之事实。是年十月，为在教育会评焚毁日货事，双方之冲突遂起；枪头白刃，横加于手无寸铁之青年，是可忍又孰不可忍？于是学生联会即日开会，讨论应付办法；当会议时，军警侦查极严，记曾一会而三迁其地。是役会议结果，决定省垣公私各校——教会学校除外——一律自行解散，不与张毒并立，同时推举代表，分赴京沪各地与散往四乡同学，一致作“驱张运动”，非成功不复学。议决之后，随即实行，各无反顾，各无难色；虽其后——民国九年六月——“驱张运动”成功，力量不全在学生一方面，然而那种牺牲精神之伟大，总为近年来所极少见啊。

联合中学原属湖南学界之一部，湖南学界自然又属中国学界之一部，人之心力，谁不如我？由此一隅，推想起来，则当日全中国学生界团体运动的活跃情形，实在可以称得起一句“有声有色”了。

但是，其如极盛之后，难乎为继何！

集会之衰落

“物极必反”这句话从经验上看起来似乎也有几分是处，上面已经说过学生界的集会运动在民国八九年间实在很有可观，也就可以说是他的全盛时代；不幸自是以后，却又向后转了，质言之，即是他已由发扬一变而为衰落。考其所以衰落的原因，实在非常复杂，不过其中最主要的则大概不出下列各项——计属于学校当局者一，属于学生自身者四——现在不妨依次说来。

第一是办学者的摧残。原来学生集会本是自动的行为，是是非非，一以理智为判断而不暇对于其他方面有所顾忌；与学生有直接关系者自属学校当局，于是一有不合，遂起冲突，而压迫随之。我固然不能说凡办学者均采摧残手段，可是吾人一按往事，便可知道能够认真教育原理，辅助学生自由发展的人，究属凤毛麟角，而遇事专制者却不能不算是大多数了。有许多思想陈腐，见解浅薄者流，常易把学校和学生看做统治和被统治两种阶级，于是有许多实在并不悖理的学生的自由行动，只以事先未曾呈文备案，临时未曾禀承意旨的原故，也被斥为逾越轨范，生性嚣张！由是相激相荡，每每酿成巨变：什么开除学生代表哪，禁止学生集会哪，解散学生全体哪，种种花样，不一而足。我们试想，在这样的情势之下，还想学生界团体工作之发达，不是子舆先生说的“缘木求鱼”吗？此而不衰，此而不落，必无此理。

第二是多量牺牲的反响和个人主义的发达。吾人现在回思民国八九年间，固然可以说是学生集会的全盛时代，可是我们牺牲的数量也正以这个时期为最多，所有什么罢课哪，请愿哪，解散哪，简直接二连三的层出不穷，使我们竟无安心读书之可能性。闹到后来，有的是毕竟失败了，有的是胜利，虽然幸属我们，但利害相权起来，毕竟是牺牲太大，有得不偿失之感。有的是胜利也得了，胜利的数量也不算少了，可是顾后瞻前，总觉得在获到这种胜利的过程中间曾经受了精力、时间、金钱等等方面极不经济的痛苦，便自然起了一种可一而不可再的心理。因此种种，人们对于集会运动的兴趣和勇气便大不如前了。斯时各人唯一的心愿，就是埋下头读死书，正合着所谓“以图晚盖”的意思，时会所趋，遂致无形中成功了一种独善其身的个人主义。这个时期的学生界的集会运动，成个什么景象呢？一言以蔽之，就是“大家不理”。这可以稍微说点事实来证明的。记得民国八九年间，一有会议，每不待职员通知，全体同学们老早就得了消息，届时群集，惟恐或后，所以一种问题的解决就非常迅速而便利，可是到后来就大大的不同了，未开会之先，必得皇皇告白，将开会之际，钟声响了一次又一次，还要会中职员“全武行”地出马，分途拉人来到会，所有讲堂哪，宿舍哪，图书馆哪，阅报室哪，那一处没有找到？及至找到了一个两个之后，马上就要用恳求的语调，忍耐的神情去邀请他们；第一次面允了不到，还得去第二次，即令面色有点不大好看，也绝对不应计较——因为这种集会好像果然于他们无关，而只是一般职员们自家招揽上身似的。既开会之时，议案总得力求单简，讨论总得力求含糊，非然者，“讨厌”、“打消”、“散会”的声浪就会要闹成一片；举手表决的时候，计算也切不宜认真，否则马上就要发现在同一议案中，一个人可以举两次手而自身绝不承认的怪现象——算了，不需再举例了。唉，像这种情景还有什么希望？吾人目睹现状，再把民国八九年间学生集会运动的精神比较起来，心目中所感受的痛苦总也不亚于“遗老吊故国山河，商妇话当年车马”的难堪罢。

第三是服务的精神未能普及。现在学生界有一种极不好的现象，大概在一般学校中都能看得到的，就是：谁在学校中平常比较肯尽些义务的，以后遇到发生事故，应筹对付的时候，这种策划或进行的任务他总逃不掉。说来好笑，他好像药店里的甘草，也好像钦定的头衔，简直时刻要用，世袭罔替。不幸每当学校社会或国家当真有事的时候，他们这少数人的情感，委实要急切些，这便更容易走到这条似乎自讨麻烦的路上去了。譬如对于某种事件，你看了实在过意不去的时候，少不得就私下发表意见，希望大家共同振奋起来，那么，千篇一律的答案，总是“就请你当发起人赶快去办罢”，随后出于无奈，也就只得出名发起，召集会议了。及至会议果然召集成功，在开会时发起人报告发起旨趣后，自然是请大家推举主席，可是大家照例总是带点滑稽而实在一致的说“就请你当主席罢”，在这种时候即令推辞也苦于不生效力，于是这发起人又只得宣告就职了。接着讨论终了时，主席常要请大家推举代表出来，俾负专责办理议决事项，而大家又依样画葫芦地在那里不慌不忙的说“就请你当代表弄出一个结果来罢”。这种空气不是作者好寻开心，信手拈来诬枉我青年同学的，在事实上确乎的数见不鲜哟！似此情形实在容易发生两种最不好的结果：第一是予少数人以把持操纵的机会，自然大家既然对于公众事务全不过问，一以委之于这少数人，那么他们原也不难假公济私、从心所欲了——这是特别从假定这少数人确乎是不良分子方面而言。第二是劳逸分配的太不公允，上面已经说过，谁是平日肯出些力的，以后任何事体都会架到他身上来，一步紧似一步，简直使他无法摆脱，于是结果就是，少数人在那里闹得声嘶力竭，心灰意懒，多数人反得逍遥自在，假旁观以自娱。长此以往，学生集会运动又那能不日就衰落呢？

第四是责任心的缺乏。我们从经验上可以知道，无论一件什么事情，如果处在旁观的地位看起来，觉得也很容易，也没有什么大不了，可是一经着手，把责任移到自家肩上，脚踏实地的干起来，就立刻感到困难了，非经过一回相当的“劳费费力”，决办不好。不幸在大伙儿群众中，却常有一部分人在别人作事的时候不问事实上之障碍，委曲如何，而独好发些不负责任的论调，道听途说，吹毛求疵，以图一时口舌之快。可是你若尊重他的意见，正式把他推举出来，担任某项事务，却又坚辞不干，因为在闲处的人比有职务的人要自由，比有职务的人好说话，这个要诀是人人知道的，因此人人都学了“乖”，便都不肯来尽义务，肩呆担了。这种“乖”的主义之盛行，其影响足以使热心的人逐渐减少，而多数人愈加其不负责任了，集会运动之不能发扬而光大，夫又何疑。

以上关于学生集会运动衰落之因果，已经说的不少。此中危急的情形，真是岌岌不可终日！但是，我们能坐视不理，任他衰落吗？不然，绝对不然。青年学生是社会的中坚，在多灾多难的中华民国尤属非常的重要；那么，我们一息尚存，就必得同心同德，在荆棘满途的环境里，努力找出一条康庄大道来。

衰落之救济

拿破仑虽然是杀人不眨眼的魔王，没有什么懿行大德，资人楷模，可是他那不承认字典上有“难”字的一点精神，却实在值得令人热烈的佩服。我们处在今日这种境地，几乎前无去路，后有追兵，无论对于什么事情，使非有不辞苦，不畏难的勇气，实在不能有成功，不足以自立，虽明知前途正多劲垒，也只得去跃马冲锋。古语有之：“我不忍人，人将忍我。”吾人而果欲战胜环境，保持我的存在，看来只有这是第一个妙法。关于学生集会运动的衰落，其所由来久矣，似乎一时不容易去挽回，但是我们若是相信“世上无难事，只怕有心人”的人，就不难分途去想些办法了。以我之见，集会运动之所以衰落，照上文所说，既然学校当局和学生自身都有些原因，现在想来反其道而行之，当然还是要仰仗这两方面。

先说学校方面。我们现在想要把学生集会运动从衰落里面挽回到昌盛的路上来，第一步便是要去掉学校当局的摧残。我们知道：人类生来就是社会的动物，学校是社会的缩影，学校训练是社会生活的预备，而集会运动又是社会生活的试演，那么，主持学校的人，他如果是能够懂得教育原理的，就除消极的不去摧残之外，还得积极的帮助和提倡实地和学生合作，能够这样，集会运动便不患没有发扬之一日。不过我在此地要声明的就是，我所希望的学校当局的提倡和帮助，是要他立在指导的地位，却不是喧宾夺主，反使学生处于被动的地位的意思。昔人有言“教学者如扶醉人，扶得东来西又倒”，今日立言之难，也正复如此。

次说学生方面。学生为集会运动的主体，他们的责任比任何方面都重大些，我在此地当然要三致意，就是：今后的学生，如果不想要集会运动日有起色则已，若是也还想时，那大家就非得首先觉悟到自身地位之重要，集会运动之必须，和前此放任之绝大错误。今日中国在这种多方震撼的当中，外有强邻，内多国贼，使不群起自救，任其长此以往，则势必沦于正式殖民地的地位而不能自拔，所以我们现在固然要求学，但是同时还要分出点心力来做爱国运动和社会运动，便是这个道理。不过一个人的力量究属薄弱，不能发生多大影响，故又必须采集会的方式来进行，讲到集会，是团体的，非私有的，是大家应负责任的，非仅限于少数人鞠躬尽瘁的，既然同属一个团体的分子，同是大有可为的青年，便应该同来尽些力量，大家经历经历才是；不然，难道谁是特出的天才，谁是生来没有能耐的不成？若是专恃少数人劳碌到头，自家不加丝毫助力，那真何以对人，并何以对己了。以上是对全体学生而言，现在再向学生内部的在职学生和不在职学生两方面分别说几句：关于不在职学生，应能知道世上各种事情，着手做起来，决不像各人理想的那么容易而顺利，所以在事实上，当局者一次有了破绽，二次来改善、补充，一次遇了障碍，二次来排除、前进，都是情理所许的，此时群众所应持的态度只是据理的批评，恳切的指导，热烈的鼓励和希望，却不应信口雌黄，热嘲冷诮，徒然予人难堪，而实在于事无益。关于在职学生应该以公众之心为心，以公众之事为事，不能以私人情感为转移；即令有时心力交疲，而犹不蒙群众之谅解，以致横加责难，则亦应当认清自身原是处于任劳任怨的地位。昔人有言：“我不入地狱，谁入地狱。”

那是何等见解！何等精神！吾人生今之世，虽不必奢望着去做什么“人上人”，却万不可不挣扎着去尝一尝那“苦中苦”的滋味。国难方殷，民生正苦，如此局势，宁能自逸？宁敢自惜？奋斗才见魄力，灰心不算奇男，当代不少血性人想不以我言为迂阔罢。

如上所说，使学校当局、学生自身两方面，果能着着实行，则学生集会运动之由衰落而复兴，实在也不算什么难事；不过，予意犹以为未足，今请进一步而谈集会之进展。

进展之建议

在今日，谁也应该知道团体势力之大了。较大的工作，惟有团体可以胜任愉快，一致的、有步骤的、图久远而谋普及的工作，亦惟团体可以胜任愉快。因此，我以为现在学生界所急切要求的，乃是尽量的大规模的集会运动。写到此地，或者有些朋友要怀疑了：“现在各交通省会还断断续续的有学生联合会的存在，上海且有中国学联总会，难道你居然充耳不闻吗？”是的，这些我早在心中盘算了。不过，在我过细想起来，这些组织，经年来事实上之试验，觉得还不是彻底的、完善的、可垂久远的。比方各省学生联合会自从“五四运动”以后，类不能勇敢的继续前进，而只靠少数人不绝如缕的支持，以存告朔饩羊之义；又如上海中国学联总会，虽然含辛茹苦，颠沛流离，而因为与全国学生界素少普遍的，有力的联络的原故，究未尝得其一致的、热烈的拥护和援助，这实在不能不认为一种不幸的事实。因此我虽厚爱各省学生联合会和上海中国学联总会，但实在不能不认他们的组织为不良，他们的结果为失败，因而不得不重新提出一个建议，这是要人们能够原谅我这番用心的。至于我的建议到底是怎样呢？则干脆不过的答案，便是：中国学生界为应时势之需求起见，今后应断然的采行基本的、普遍的、一致的、大规模而强有力的集会组织和运动。

这种新的集会组织和运动，据我个人意见，应以下列所说为标准：

一、组织。校设学生会，对内处理一切，对外贡献意见于县学联会，而执行其议案。县设县学联会，对内领导一切，容纳各校意见，对外贡献一县公意于其高级学联会，而执行其议案。省设省学联会，对内对外，略与上述同。由此而上，为中央机关，择全国适当之地——如上海——建立中国学生联合总会，对内尊重各级学联会主张，即以之为基础和后盾，而议决全国学生界应行事件，解决一切重大纠纷，领袖一切紧要运动；对外代表全国公意，抵抗一切强暴，发扬一切精神。举凡此种组织，或采取由下而上的方式，由一校组织学生会，由各校学生会组织县学联会，以上类推；此外或采取由上而下的方式，由旧有上海中国学联总会改充临时组织机关，通知各省学生界组织临时的省学联会，即由各临时的省学联会组织正式的中国学联总会，以下由各省通知各县，由各县通知各校，可以类推。不过我们此刻第一要注意的，就是这种组织虽属基本的，但同时还要收到他的普遍性和一致性。六七省、十来省的省学联会，固然不许组织全国学联总会，省内半数的县区，县内半数的学校，校内半数的学生，也当然不许组织全国学联总会以下的各机关，因为不如是严格和实在，势必与旧有的各种组织同其不良和失败，所以必设法使他成为多数以至全体学生的公共结晶体，然后息息相关，全体一致而运用的时候，乃可以收指臂之效。

二、运动。今后学生界的集会运动，当依时与地而扩大其范围，举其最要的，除旧有的爱国运动以外，则有确定教育基金，救济失学青年，开通僻省风气，取得全国人民集会、结社、言论、出版、书信之绝对自由权等等，皆为吾人利害切肤的应办的事。不过关于确定基金，救济失学各项，读者或间不免以为非吾人职权以内之事，而以办不到为嫌，殊不知生在今日的中国，无论什么事情，靠人家是绝对靠不住的，而非拿出不顾利害的精神自己去干不可，不劳而获，不顾而嬉，别人打战，自己登位，这是中国人历来的坏心理、劣根性，我们现在惟有根本地改头换面之一法。

全国的青年同志啊！国计民生现在是如此的危急了！我们的集会运动是如此的重要了！我列举在上面的救济和进展，还入耳么？还可行么？理想为事实之母，时会所趋，谁又能抵抗得住？我相信我这小小的建议，将来或有一部实现之一日，谨在此以一瓣心香，晨祷而夕祝之。

Ⅲ. 出版

当我最初选定这个题目的时候，原是集会和出版两者并举的，他们的重要，当然也没有什么轩轾。不过此刻因为关于第一项的话写的太多，已经占了不少的篇幅，又因为第二项的内包与第一项为大同小异，有许多地方不必详细去说的两种原故，所以我此刻对于后者就只简单的说一番而已。

不用说，出版事业是与集会运动有密切关系的，所以他的发达也就从“五四运动”那个时候起。在先，社会上一般的见解，都以为著述是“名山盛业”，轻容易是不得出版的；及至“五四运动”之后，出版物乃如雨后春笋一般的怒生起来，什么日刊哪，周刊哪，月刊哪，季刊哪，半年刊以至于年刊哪，随便数起来便有这么一大堆。说到这些刊物的发行者，有的是大团体，有的是小团体；论到这些刊物的使命，有的是为着爱国运动，有的是为着社会运动，有的是为着学术运动；形形色色，不一而足。我们现在不管他这也好，那也好，要其为出版事业则同，一时风起云涌，好不起劲！为什么自是一两年之后也会随着集会运动一样的由发扬而衰落呢？这其中实有两个主要的原因：第一是经费的困难，大家都知道，发行一种刊物，不像空口说白话一样的容易，没有经费，没有充足的经费，实在不能出版和支持。大家又知道，现在的学生自身是没有取得经济权的，家庭仅有的供给，除掉求学的费用，那里还有多余的金钱来充分的捐助呢？所以经费这一层如果发生困难，便足以成功为出版事业的一个致命伤。第二是稿件的恐慌。在“五四运动”的时候，似乎大家对于出版事业都很高兴，可是过了不久，人类喜新厌旧的心理就自然会使大家对于他淡然忘怀了。所有效死弗去，拼命来支持残局的，毕竟还只是少数特别热心的朋友，苦心孤诣地在继续他那千钧一发的命运。此中苦楚，何可言宣。有一部分人，他不独不来帮帮忙，还要极端的表示其鄙夷和不屑。你说出版重要么？他说这实在没有什么大不了！你说舆论为发表思想、打倒恶势力的武器么？他说这总归摸不着看不见！更深夜静，环堵萧然，编辑员正在理其清苦的出版生涯时，熟睡在好梦里的朋友几曾给以一分助力！几曾予以一点同情！并且，向使他睡梦而有知，还要冷诮你一句自作自受呢！呀！情势如此，出版事业之决然衰落，真是所谓不待智者而知哟！

我们毕竟是有五官百骸的人，毕竟是不仅有五官百骸，而并且富有理智、血性的人，那么我们对于和自身确有密切关系的出版事业便决不应听其长此衰落，而必须施以相当之救济！救济之道如何，则关于经费方面，实有赖于学校方面有力的津贴，社会方面熟心的捐输和学生自身酌量的助益；关于稿件方面，亦唯有一面希望大多数人改变其向来漠视的态度，从今破例多多作稿，一面又希望少数当局者，益励其百折不回、再接再厉的精神，出力到底。诚能各人破除成见，发挥本能，真个群策群力的干起来，则出版事业的隆盛，原也不难计日而待呀！

Ⅳ. 结论

写到此地，似乎真要说几句概括的话来作结论了。不过此刻我的结论却很单简，我为痛心于学生集会运动之日就衰落，故有设法救济和努力进展的小小主张；我为不敢坐视学生出版事业之渐次消沉，故有妥筹经费和广征稿件的区区计划；所说容未尽善而意则甚诚，就中关于学生集会运动“进展之建议”一条，牵涉较大，关系亦复较重，甚望当代青年同志熟筹利害，予以考虑；在人或更有高明办法，在我原无什么成见可言，故特附带声明于此。

青年救国，心同理同，男儿立身，此物此志！明揭其非而赞助其是，我愿悬此理想以待我多数不相识的同志诸君。

一三，一二，六日，于北京东城。

（载《学生杂志》1925年第12卷第1期）

上海之西书铺

伟　涛

初当上海开埠时，西书铺只有一二，备西侨之采用。今则各种科学，皆须问津于原版西书，而其主顾，华人反多于外人，于是西书铺亦接踵而设，互相竞争焉。兹将上海最著名之西书铺纪录之于左：（一）别发（Kelly & Walsh Ltd），铺在南京路，与外滩相近，此公司纯系外人集资组合而成。铺内之书，多由外洋运来者，而自印者亦有，著名者如《红楼梦》、《古今奇观》等英译本，自设印刷厂于沪西。（二）中美图书公司（Chinese American Publishing Co），位在南京路、江西路相近，专售原版书，自店并无出书。（三）伊文思（Edward Evans & Sons Co），位在北四川路、海宁路转角处，书多学校中应用之原版书，少外国新出之小说，故学生多为其主顾。价较廉，自店有出版物，最著者如《英文津逮》等。（四）协和书局（Mission Book Co），位在北四川路、武昌路相近，纯为中美合资而办。店中书籍大半系原版之宗教书，余如文学、商业、工业、哲学等类之书极少，故主顾者大半为教会中人。（五）商务印书馆西书部，为总店及支店附设者。原版书极多，自出者亦有数百种之多，书大半极合我国人之阅读，故主顾全为我国人。（六）中华书局，在总店楼下，书较少，取价极廉。（七）广益书局，位在河南路工部局警务处对面，专售英国牛津大学所出版书，兼售本国出版之宗教书。（八）普鲁华（Brower & Co），位在南京路、江西路转角，纯系英人开设，书多小说类。（九）周聚康西书社，位在四川路仁记路口，为甬人周聚康开设。店中多外国出版之杂志，可算上海最多者。此外书籍则以美国出版之小说为最多，兼售橡皮套鞋、皮鞋以及文房用品等件。（十）先施公司西书部，在先施公司底层，专售实用之西书。

（载《申报》1925年5月31日）

课外读物问题

杜定友

读了几期周刊关于“国文”问题之后，很有一点意思想发表，但预料这一期的周刊，材料一定很多；而且我近几天也忙于机械的抄写的事，也没有功夫作什么长篇大论，所以除却空论，简简单单的说几句实在的话。

在我们图书馆的人看来，学生的学业和智识，三分之一是由教员教授的，三分之一是由学生自己于生活上、环境上得来的，还有三分之一，是应该由图书馆得来的。图书馆于学业上所贡献的，除了供给科学上之参考书外，就是课外读物。

诚如某君所言，学生在国文课之外，应该每年读几本书，作几篇报告；但我以为无论什么课，都可以照办，比如英文呀，历史呀，化学呀，工程呀，都应该有课外读物的。

但是对于课外读物的选择，学生愿读的份量，不可不审慎。对于学生的时间、度、兴趣，尤不可不注意。我对于各门科学，深愧未窥门径，那里敢担选择指导的责任？所以这事最好由各位大教授负责组织各种委员会，比如国文课外读物委员会、英文读物委员会、经济委员会等等。若果一时不能组织许多，那末先组一二个，试办试办。我很愿意承乏各委员会□记之职，替诸教授诸同学奔走奔走。关于委员会的记载、审查的结果、书籍的准备、阅读的分配和指导，我都愿意帮忙，聊尽图书馆员的责任。

委员会所要做的事，实在多咧！我们试拿国文一科来说说。

现在图书馆中文，藏书不下三万余册。但是对于这些书籍，一年学生应该读些什么？二年生读些什么？这三万余册，对于学生都有用么？一部二十四史从何读起？应该读的书而本馆没有，就应该去买。不应该有的书，就应该提出，免误青年；那末一方面图书馆的书，可以精而实用；一方学生国文程度，自然增高。其他科学也是这样。

现在暑假期近了，下学期的事，要早为之谋。很希望马上即有这种组织。下学期开学，就可以实行。我想这件事，同学们如果喜欢办，教授们无不乐为，小子也愿随诸君子之后。

（载《南洋周刊》1925 年第 6 卷第 11 期）

软性读物与硬性读物

沈雁冰

浊世不可与庄语。这句话若用现代语来作个解释就是：当政治昏暗，思想迷乱的时候，即使有人喜欢看看什么出版物，大抵只喜软性读物，决不喜看费脑力去记去思考的硬性读物。做文章的人极该了解这个道理，多做些软的，莫做硬的。这句话究竟对不对，我们只要稍稍考察现在的社会状况便可以知道。日报可算是最普通——不，普遍的读物了，然而十个读报人中总有九个不是从头至尾一字不漏的读完的，他们大都先拣了和自己有关系的新闻来看了（假定这十个人不是属于同一职业、同一阶级、同一智识程度的），然后再拣几栏看看，被拣的大概是软性读物，如《申报》的《自由谭》、《新闻报》的《快活林》、《时报》的《小时报》……如果那位看报的先生是无所事事的，他不喜欢看电报！尤其路透电，不喜欢看商业新闻、教育新闻，那么，他大概是首先看软性的“报屁股”；其次，则到本埠新闻中去寻几条记述争风吃醋打架捉赌……诸如此类的琐闻来看看，就完了他的事。至于报馆里编辑先生们很重视的什么国外通信、北京通信之类，恐怕除了对于政治特有兴味的人，一般的读者总嫌太硬性，多半是不看的。

日报不过是一个例，然由此而一般人对于其他出版物的迎拒已可概见。即以文学书而论，如果你去调查一下各种文学书的销数，便知道小品文、随笔、创作小说等销得最多，其次是诗集和翻译小说，又其次是戏曲等等，至于文学原理的书和什么文学史，简直销得极少。从销售的数目字里，分明表示现在读文学书的人们，也喜欢软性的读物，不喜欢硬性的。

读物犹如食物，只要无碍于卫生，软硬原亦无择。我们不能说硬性读物会比软性读物好。然而一般读者的智识胃之消化力太弱，故而只能吃些容易消化的软性读物，却也是不能掩饰的事。说得严重些，这竟是国人智识的病的现象，这分明表示民族精神的苶疲颓丧，没有勇气来企图繁剧艰重的事业了。

四五年前，国人始感觉得智识的饥饿，颇有饥不择食的样子，对于各派的学说无选择地整个儿吞下去。当时颇有人担忧，以为长此以往，必要吃出病来。但是我还觉得四五年前饥不择食的现象，虽有似于卤莽盲动，尚不失为康健的象征，在盲动之中带着一种奋发有为，凌厉迈往的气概，比起目前的虚弱无力的病的现象来，实在好得多。但是昔日的则或者以为忧，今日的则大家不以为可惧！

智识的胃和食物的胃毕竟是不同的。食物的胃消化力弱的时候，自然不宜强进不容易消化的食物，但是智识的胃消化力不强的时候，我们不应该专进容易消化的软性读物，致使它的消化力愈加退步。我们应该鼓励那正害着胃弱症的读者界，努力进些硬性的读物。我们尤其希望青年们别只让血液沸腾而动感情，应该绞绞脑汁起点理智作用！

（载《文学周报》1925 年第 174 期）

学者与教科书

培　良

在这里我之所谓教科书是小学或中学校里所用的。这些书中所说，无非是些极普通的常识，卑之无甚高论的东西，大学生们——学者们更不消说——早已经连高阁上都没有它的地位，从字纸篓里到换取灯儿的手里去了；但是教科书虽然是小不足道的东西，而一不注意到却要闹大笑话的。我且举个例看：

第四十二期的《民众》有位陈邦达先生作了一篇《琼州民间之一

般》的大文，中间论到琼州的气候有几句话说：“查江浙一带，系为温带，而夏时温度，尚在摄氏表九十余度……按琼州气候，每年平均夏时温度约在摄氏表九十五度。”我想陈先生若是读过物理教科书中水之沸点为摄氏百度的一条，想不至于闹出这个笑话来了。

但是要叫从美国学了两年戏剧回来的学者余上沅先生也去读教科书，那岂不太唐突了吗？如余上沅先生者，目极万卷，学富五车，为现在鼎鼎大名的戏剧大家，又何有于区区一小本教科书呢？殊不知道虽然是卑不足道的教科书，有时候也可以给学者们以莫大的知识同教训！闲话休讲，我们请看余上沅先生的《戏剧的意义及起源》，在适存中学演讲的。

早几年国内中学校很通用过一本外国史叫作《迈尔通史》的，这部书有山西大学的译本，节删得很厉害，但其中第一百页到一百另一页有这么句话：“希拉有悲剧，有欢剧，昔有酒神曰代育尼色，国人为立节期，是日歌舞以侑神，剧文由是兴焉。……始仅用一人独演，继渐由二人增至三人。”“希拉编悲剧者有三大名家，一为哀斯其路，一为沙福克利，一为尤利比底，其剧本皆成于波希一役之后。”若是余上沅先生曾读过这一段，就当知道在纪元前四五百年间，余先生所称为世界上最古宗教的佛教——余先生再把《迈尔通史》前几章读一读，便可以知道这句也大误而特误——“就有可诵的经典，可歌的梵偈”时，希拉的戏剧已经很发达，有流传到如今还称为最好的杰作的剧本了。余先生若是好好的读一读教科书，就该知道世界上最早的戏剧是希拉的戏剧，也该知道希拉戏剧起源的情形；并且该知道戏剧的发源与最古的佛教、基督教，以及我们中国的道教都没有什么关系——虽然这些宗教都有过自己的戏剧；然而这些都是读过教科书的中学生们所曾知道的，固不烦余上沅先生特为跑去演讲一趟。

现在中学生们的求智欲非常强盛，听见有位从美国专研戏剧的余先生回来了，便亟亟于请他去演讲。他们牺牲了教科书不读，来从余先生求新的知识，那么余先生纵没有什么珍馐美味，也应有些家常便饭，怎好意思把这些臭烂东西拿出来呢？

所以我奉劝余先生这一类的学者们，好文尽可以自己作，至于演讲之类，则宁可以前一天晚上少抽几枝大司令，少喝几杯白兰地，少同太太谈几句话，省点钱，买一本教科书多看看，不要临时又弄得什么盘古开天地的时候狗打架那里去了。这是我所馨香祝祷的。

伏园附按：余、向两先生都是我的熟朋友。

余先生对于戏剧的研究功夫，我是相信得过的。向先生对于说话的爽直态度，我也佩服得很的。因为他们并未见过面，所以向先生出言或有不逊的地方，但是即使熟朋友相处，出言不逊又有什么要紧呢？人人都学那雍容礼让的态度，世界又有什么趣味呢？安知他们相打一次之后便不即刻变成知己呢？我相信我这种废话是没有多说之必要的。

（载《京报副刊》1925 年第 307 期）

1926 年

国家前途与出版事业

陈霆锐

中国有五千年文明之历史，文化早开，在昔为世界各国所宗仰。然自欧风美雨相逼而来，即呈我不如彼之现象，此其故安在？一言以蔽之曰：不能为积极之提倡而已。不佞去国以前，亦尝怀铅椠，执教鞭，以从教育著作家之后。既而游学美国，深悉彼邦人士对于文化事业，自政府以至个人，莫不尽力提倡。其提倡之目标有二：一为振兴教育，一为发展书业。盖教育为直接促进文化之工作，而书业则为间接传布文化、补助教育之机关也。返观吾国，二十年来促进教育之呼声洋洋盈耳，顾教育之成效仍未见其普遍；而书业商之能尽量发展者尤为少数。外邦之导扬文化如彼其热烈，而吾国则如是其淡漠，宜其一则突进，一则缓流，无足怪也。

近年以来，国事鼎沸，固已目击心伤，然文化衰退，教育停滞，尤足令人有胥溺之悲，国家有覆亡之惧，此不佞所以不能已于言也。夫欲振兴教育，必先具改进之利器。书籍者，改进教育之利器也。经营出版事业之书肆，则制造利器之工厂，与供给利器之府库也。有工厂之制造，有府库之供给，而后需要此利器者，乃得予取予求，无虞竭蹶。是故书业之责任至大，而其有赖于社会人士之通力合作者亦至多。自科举废除，教育革新，凡能洞瞩世界之趋势者，亦早计及出版物之有利于人民智识，极端倡导，弗稍懈怠。然此二三十年间，统计全国所有之出版物，虽云汗牛充栋、不可缕计，其真能具有促进文化、补助教育之效能者，殆什不过一二。以有限之书籍，供无量之需求，车薪杯水，为益几何？故今后之教育家，除力谋教育事业之进行，教育方法之改善外，更宜分其目光，以注定于补助教育具有伟大功能之书籍，使其出版量为加速度之进行。考欧美各国，学术界每与出版界合并，学术界殚其心力，从事于著述；出版界出其资财，从事于刊布。双方互助，效用乃著。吾人苟取法乎此，则社会多一有益之书籍，即为教育方面增一良好之工具，学术界多一发表之机会，即为文化前途树一先驱之旗帜。数年而后，出版物日见进步，教育文化亦自然进步，此固不能不深望于当代教育家之倡导也。

书籍与教育界之关系既如上述，试更就营业之本身，讨论其得失。我国之有书业，去今亦已数百年，而出版事业之兴盛，只在最近之二三十年，以视欧美各国，诚瞠乎其后矣。今以沪上而论，经营书业者不下数十家，而资本雄厚规模宏大者殊不多觏。沪上号称凡百事业之中心点，顾有关于国家文化教育命脉之书业，仅仅获此，则社会对于书业之不甚重视，可概见矣。惟其社会人士不知重视书业，遂使有志经营书业者亦感困难。初不知书业之功用，自其大者、远者言之，则有利于国家，有利于社会；自其小者、近者言之，亦有利于个人。故他种事业或为投机的、一时的，而书业乃为稳固的、永久的。语云：“十年树木，百年树人。”书业者，树人之事业也。就不佞之观察，以为书业前途至可乐观，请分别言之。凡兹所述，皆就商业性质立论，读吾文者，或不以为迂阔而远于事情欤？

其一，商业之所患，在供过于求，于是货物之销路滞，而获利之途亦隘。反是，若求过于供，则操奇计赢，何待蓍龟？今国内已有之书店能发行完全教科图书者，实只沪上之商务印书馆暨中华、世界两书局而已。以三家所出之图书，供二十余省数千万学校之采用，求过于供，显然可见。是就经济眼光观之，书业固自有其立足之基础也。

其二，他种营业，突遭挫折，辄至一蹶不振，幸而规复，亦必费若干时间，耗若干财力，卷土重来，其事良苦。至于书业，即或受时局之影响，意外之打击，致蒙损失，但使声誉自在，不难逐渐恢复。

其三，国内商业凡稍能获利者，舶来货品莫不乘机而进，攫我利源，异军突起，应付为难，提倡国货，几同虚语。企业家因而灰心，投资者为之却步。惟书业乃有特殊之性质，当无虑外资之侵略也。

其四，吾国商界有一不良之现象，凡商品精良，营业发达者，最易启射利者之觊觎，往往出于仿造，甚或冒牌影戤，以伪乱真，致失社会之信仰，而令创作者转承其敝，此亦事之至可慨者也。惟书籍则版权所在，无从假借，即有伪托，亦至易辨，非若他种营业之易于摇动也。

吾推论至此，乃敢下一断语曰：教育家果为自身事业计，不能不对于书业为积极之提倡；实业家果为自身利益计，亦未尝不可对于书业为适当之经营。若更进而言之，不以自身为本位，而以国家社会为前提，则出版事业更蕲其为连续性的发展，庶文化不致失坠，教育不致衰歇。文化不失坠，教育不衰歇，则国势虽弱，未尝无振拔之机；时局虽乱，未尝无整顿之望。斯谋国之士，忧时之彦，所当注意者也。

（载《出版界（上海）》1926 年第 74 期）

国庆日论出版事业

更　之

读书如问路：吾人在徘徊歧路的时候，有人给以指示，是何等幸福，而于人类的进步，又何等经济。然而吾人能担保前人所指示给我的必为最经济之路，又能担保从此路去必可达到人生大道吗？

开卷有益，同时亦足束缚自己思路；著书益人，然亦最易害人！

在著者以为一字一句均能如一粒米一滴水之济人饥渴，而其功效与数量的大小成正比例，于是尽力赶造他们的字句；在读者，也以为只要书本在手，字句入眼，愈多便愈富有了，于是尽力将字句塞入眼中。其实，结果屡屡相反，不善著书者著一本书与不善看书者看一本书，将如不善指路不善问路的人，以一条路阻塞许多便利而美丽的大道。

其实一切事都与问路一样：国庆节到了，我们就论国庆节。中国现在的一切都与读书者一样，在风雨迷濛中寻求新路。十月十日的武昌起义是参考他人成法而发于事实的，现在，大家还在风雨迷濛中探索，我们等待慎重的指导，而去依从时更须十分的慎重。

我们因为要慎重，不如不指示不依从了吗？这又不然：书籍固然有宣示主义报告结果的，但也可记录经历甚至提出疑问的。这在看书人的善于怀疑、善于取舍而已。

在这国庆节，我对于现在烟雨弥漫的中国一切事有同样的感想。

（载《北新》1926 年第 8 期）

出版事业的艺术

静　思

骥云君在本月八日《申报》本埠增刊的《艺术界》中做一篇《出版事业的艺术》，与以前慎夫君一样（十月二十二日的该刊），是补充孙福熙君讨论所不及的。他分书式、版式、纸张、印刷、装订、插图几项。他说："书式的大小，最和书的性质有关，譬如这种书籍是供儿童阅读的，那末当然是不能太大，小手捧大书，是不对的……"又在印刷项中说："……大概见过印刷工作的人们，都晓得装版的时候，有一种垫板的工作罢，我们看他们一层一层的纸垫上去的时候，那出品的清晰与否，便见高低了……"因为垫得不高的常使墨色较淡，甚至有几个字不清楚了。一版浓一版淡是很不美观的。在插图项中说中国在外国书上翻版出来的图，往往不大好，这是对于近日的出版界的大警告。以前曾听人滑稽的说："在中国，泰戈尔来时，不妨借用杜里舒的照相版，刊登报上。什么人都可借用这块版，因为反正都是一个糊涂。实在只要截一块木头，截一块烂山薯来代版，都行的了。"其实大家还不甚明白，做翻版是可以在原图上修正涂抹一度的，只是，没有这本领的乱涂，决不是所需的。

（载《北新》1926 年第 13 期）

现在中国出版界的几种通病

征 言

新鲜甜蜜的水果，好看而又好吃。这不是他自身天然的生成，实在是园丁勤劳培养的结果。一本名著，不是他自己就会纂成的，实在是作者挖心呕血的结晶。因此虽然在出版界极发达的时代，名著是不多见的。在沉闷中的思想界与莽原似的学术界的中国，出版的新书籍与刊物每月可以百计，真算是发达了。但是不独名著百不一见，而且大半都有一种通病。就我的观察，分以下几点来说：

翻印古籍

自从“整理国故”的声浪兴起后，胡适、钱玄同诸人遂开始把旧的文学书加以新式的标点，篇首加上几篇新序，整理一番就把原籍翻印。因此就有《红楼梦》、《水浒》、《儒林外史》等等新印的旧籍出现，很受读者的欢迎。以后更有陶乐勤诸人标点的《桃花扇》、《牡丹亭》、《琵琶记》等等书籍。近来对于这种工作最努力的，恐怕要算许啸天了。他标点的旧籍有《三国志》、《封神》、《今古奇观》、《列国志》等等。这种工作虽然已经过了将近十年，现在仍是盛行着。书肆中这种书籍，很占大部份。其实这种工作，是我们很需要的，绝没有反对。不过同是一本书你标点翻印，我也来标点翻印，这是多不经济的事呢！现在的新本《红楼梦》、《水浒》、《儒林外史》这一类的书，同是一本，就许找到几种的翻印书，而把许多应该翻印的书，却不顾及，让他自然的消灭，这又是多可惜的事呢！西谛君也曾论到这事，他说：“……《盛明杂剧》二集，海内有的至不过二三部，过了几年，若遇人事变迁，也许变将永灭了，为甚么没有甚么出版家在做这种大而光荣的兴废继绝工作呢？你出《浮生六记》他也出，他出《四库总目提要》你也出，这何等的能力浪费呢？”这真是给现在出版界一种针砭之言。

旧著新编

自从《胡适文存》出版，接着就有《独秀文存》、《吴虞文录》等出版。最近又有《唐钺文存》、《孟和文存》、《吴稚晖先生文存》、《远生遗著》、《惺存遗著》等等，以及个人名下的演讲集、游记、散文集、诗集等等这类的出版物也是数不胜数了。这种文集中的文章多散见各种杂志报章上，并不是甚么专著，本没甚么再编文集的必要。而近来学术界稍出风头的人，差不多都以为自己的文章都有另外保存的价值，多把已经发表过文章编纂文集去行世。尤可怪的，就是一般以出版为业的，为赢利起见，迎合社会的心理，把现代名人发表过的文章纂成文集，有时候年前的文章就许在年后出版的文集见着，如新近出版的《吴稚晖近著》，里边所载的几篇文章，都在他的《文存》中见过了，其他的文章也大半无收集的必要。我想吴先生自己决不会这样的爱惜他的文章，把已经登过的文章又重印了，显然是书局玩的把戏。假若今日在报章杂志上发表过的文章，就作来日编文集的材料。这样现在的杂志岂不都成将来的专集吗？那末将来出版的专集，又何止千百种。以有用的精力，作这无聊的事体，这是如何的不经济啊！

小说集

鲁迅的《呐喊》出版后，风闻一时，为新体小说开一新纪元。因此编纂小说集的传染病也遂流行。直至现在这种小说集出版的数量，较诸以前两种，恐怕要倍而过之。我们一看近来北新、亚东、光华等书局的新出版物就可以知其大概。而作品中以写爱情及发牢骚的短品，为真正称为杰作的尚不多见。可怜的文艺界中至今还没有一部有系统有精彩的长篇小说出现，而这种杂滥的作品，又正在盛行着，使人既为出版界悲，而又不得不为现代文艺界悲也。

以上的几点，不过代表现在出版界一部份的通病，至于此外，尚多的很咧，将来再提出几个来说。从这几点，我们可以看现在的出版物，这样的多，不但在学术上没甚么供献，反显出他的肤浅而不经济。我们应该怎样的努力啊！

（载《弘毅（北京）》1926年第1卷第5期）

再评《基督教出版界》

青　桐

从我发表《评〈基督教出版界〉》以后，虽然像嗣庄先生所说，未免有过火的地方；可还希望主辑该《基督教出版界》之先生们，或者也许借此反悟，以后登载论文，该检点一下，不要不管三七二十一，就拉进去，滥充篇幅。各人立论，原来尽可不同；你说国际主义是应该宣传的，我说国家主义乃当务之急。论点虽异，然各人应当言之成理。倘使仅以猜度人家的恶意为能事，这不是失了学者的态度么？《读书运动的理由书》一文，也许我瞎了眼，不过念过这篇文章的人，都感觉到著者的意思就是说，倡本色基督教的人，没有诚意，假本色基督教之名，以施其排外之实。这不是污蔑了一般提倡本色基督教的同志么？反对或至于攻击人家的言论，我以为可以的。不过"造谣"是言论界之蟊贼，尤其不是基督徒所当为的；而该《出版界》主辑不审于前，居然把这理由书登载出来，并且也不加几句案语，而反在该《出版界》第四期说我的《评〈基督教出版界〉》是文社的污点，并且底下还加上"不禁为文社惜"的话，这有叫我不能不申言的地方者。

当我寄这篇《评〈基督教出版界〉》给文社的时候，害怕他们扔在字纸篓里，留中不发。后来居然披露了，足征办文社的人，的确公开。嗣庄先生的案语，虽非我志，我也很能谅解他的苦衷。我以为他的案语，可以叫对方读我批评的人下得过脸，以后说话，不要这样狂悖；刊登论文，该加检点；而孰知该主辑，不但不能检点旁人的话，连他自己的话，也不知所云了；并且比以前聂绍经先生说的，还要笼统，简直有信口谩骂的样儿。最令人难堪的是，他所说的污点，不属于我青桐，不属于登载我文章的《文社月刊》，而属于文社全部了。这怎说呢？我青桐实在罪大恶极，竟嫁祸于人，这难道是我的初意么？我最初的意思是，我和聂绍经先生，单枪匹马，假《文社月刊》或《基督教出版界》，作为战场，战他几合，问个清楚，究竟倡本色基督教的人是诚意么？想不到半腰里，闪出一个程咬金，打起不三不四的话，无头无脑，说什么污点。最要紧的，该《出版界》主辑，不该这样没有逻辑，把"污点"两字，加在文社身上。倘使有污点，我青桐情愿自承，不过我断断不承认拥护本色基督教就是我的污点。拥护本色基督教是污点呢？还是造谣言反对本色基督教，而且把这种文章载出来是污点？我倒要问一声！喔，我知道了，大概我们的污点是，批评了他老先生所主辑的《出版界》，说他不该乱登这样的文章。不过我的是非之心，还未泯灭，要我恭维他老先生，说他所编的《出版界》怎样好，非我所能也。

照我看来，既称之为《出版界》，则它的第一任务是，介绍新著。外国有 Book man，可从没有看见它有什么言论，扬此抑彼的话。这种带主义色彩的话，应该在旁的地方发表。在《出版界》发表，实在是对不起人，自讨苦吃。因为你一批评本色基督教运动，那鼓吹本色基督教运动的出版品，便怎样推销？这不是破坏了《出版界》的本旨么？愿以此点向办《出版界》的先生，一商榷之。

案：前此发表青桐《评〈基督教出版界〉》一文，由我案了几句，说：青桐立论还对，出言过火。我以为这是句居间人的公道话。想不到竟引起了文社的罪案——"污点"。这两个字多么厉害？原来我该向《基督教出版界》提出质问，不过为息事宁人起见，我宁可少说的好，明眼人自会知道，污点两字，究竟谁属。青桐末了的几句，我十分赞同。希望《基督教出版界》编辑先生，不要为他话激烈的缘故，连这建议也不管了。

嗣庄识。

（载《中华基督教文社月刊》1926 年第 2 卷第 2 期）

《基督教出版界》被人轻忽的一个问题

——儿童读物

刘维汉

有人若是自己厚酒肥肉，山珍海错，吃的饱腾腾的，他的小孩子却在旁边，眼巴巴的忍着饿肚子，饥肠牛鸣，我们必要说，岂有此理，这人太不慈悲，太无爱心了。即使他分给小孩子点，仍是些排骨烧鸡之类的硬东西，也免不了求饼反给他石头，求鱼反给他蛇，因黄口童牙的小子，脾胃不健，消化力弱，此等食物，于他非徒无益，而又害之，身体方面之资养料，须因年龄而分，精神方面之资养料，又何独不然呢？

年来基督教的文字事业，虽不能说是尽善尽美，总可说是蒸蒸日上了，有大规模的编译机关二十二个，有报章杂志一百三十六种——见《文社月刊》一卷八期——这一百三十六种按性质来分析，如《女铎》等是专备妇女用的，如《青年友》及各校刊是供给学生的，至于适合一般教士及普通教友的，则有《真光兴华》等，有裨助于学者及高级知识的教友的，则有《文社月刊》、《真理与生命》等，是男女成年的知识粮食，可说是应有尽有了，独有可喜可爱的多数儿童，还是嗷嗷待哺，无以愈饥。我们负文字之责的，岂可袖手旁观，不设法赈济吗？

要知道儿童乃是人类生存的根本，国家社会的生命，苏俄视之若神圣，比国内任何阶级，待遇都优。勾践兴越，犹须十年生聚、十年教训。就其自己的灵性说，正是天真烂漫，未沾染恶习的时候，耶稣说："让小孩子到我这里来，因在天国里正是这样的人。"孟子说："大人者不失其赤子之心。"那末在这个时期，正宜利用其好奇心供以良好读物，使他的脑细胞充分发展，在善的方面，可以说是培木之本以求叶茂，在恶的方面，可以说是塞水之源以截其流，较量缓急，恐怕比成人的读物还要紧呢。

西洋学者一生努力于童话之著作，代有其人，如英之王尔德，俄之爱罗先珂，在文学史上皆占重要之地位；大文豪如托尔斯泰等亦皆有童话专集，日本现代学者，著作亦夥。我国年来从事于童话之编译者，亦大有人在，如唐小圃、黎锦晖等尤为努力，儿童读物之刊行，不下百数十种，定期刊物如《小朋友》、《儿童画报》、《儿童世界》等，销路非常之广，亦可见儿童之需求矣。

反观我们教会方面，非惟此等出版物，寥寥无几，即注意此问题者，亦鲜有其人；我所见到的只有《福幼报》一种，然装订缺乏美观，材料未尽适合儿童心理，终未见受热烈之欢迎。我们的志愿既要拯救人类，实现基督化的中国，使民众领受基督的精神，使基督教在中国入土生根，那末对于将来为主人翁的这般儿童，自然不只用普通社会的儿童读物，必须兼用从基督的渊泉里发出来的作品，灌输在我们的儿童的脑海中。这种作品，现在虽踏破铁鞋难寻觅，但急起提倡，则三年蓄艾，将来也一定大有可观啊！

我数年前即发生了这点意见，保存了好久，今写了出来，抛砖引玉，或者国内同道因而注意到儿童读物问题。至组织之办法，及刊物之内容，不属本题范围，自当另论。如果有以牧养主的小羊为己任，以儿童读物为当务之急的人，那我真是愿为执鞭，以随其后了。

（载《真光》1926 年第 25 卷第 9—10 期）

潮州出版界

黄泽天

一

我自留京以来，因为受了“胜业”的怂恿，一直绝笔到现在。本来打算在这许久藏拙间，总把“痴愿孤僻”的性情，模仿些世上所谓伟人学者的态象，然而今日“逵”性犹旧，不平的滤慨，几乎把肚皮激坏。目下恭逢“学会”征文及于“下走”，索性报之以漆黑一团的潮州出版界。

我底朋友有新老也者，他对于我“天天”底态度，觉得将来总难见容于“雍容礼让”的社会，于是写了几千字的“活吊天庐生”，劝我各事随和妥协些。他又想叫我替“年刊”写点东西，就先把暮气沉沉的潮人大骂一顿，说潮人是世界最不负责任最自私自利的劣民族。这种“指桑詈槐”的反激法，我只有自认倒霉，活该！

庸人老是侮辱天才，我虽则也是其中的一个，但我对于家乡那些自号天才作家、浪漫文人，与乎打牌狎妓而大做其改造社会梦者，委实教我瞧不上眼。这并不是我的眼光特别，实因为这种“矫揉造作”和“抱薪救火”的把戏，不是彻底的办法。至于“孔教会”的遗老，伪道学的耗子，以及官僚化的新少，更不消说了。

话刚开场，又是得罪人家，真是“江山易改，本性难移”。呸！管他妈的，说我的吧！

二

潮州受“五四运动”的影响，沉寂的出版界，开一活泼的新纪元。那时思想界空前的启蒙运动，冲破了守旧派的古城，走上了光明的大道；但同时也显出一个紊乱芜杂的病态。这种状况到现在还是依然。到底是好还是坏，我的几位谈天的朋友，尝在中央公园作过很激烈的辩论，结果归纳起来，成三大背驰的意见：

极端乐观者　出版界的热闹蓬勃，是社会进步的象征，文明的先导：因为一方面是社会对于智识的需要之增加，与对于新思想及学术之努力；一方面是作家脱离传统思想的桎梏，自由发挥意见，养成一种自动活泼的精神的最适宜之时机。

极端悲观者　出版界的纷乱状态，不健全的鼓吹，浅薄无聊的作品，触目皆是。一般没有鉴别力的群众，饥不择食，每多误入歧途；而且书贾乘机渔利，青年只务风头，玄奥的学问之研究，反致荒落，结局只是“灾梨祸枣”而已。

折衷调和者　出版界这种情形，悲观固属不必，乐观也难肯定。到底结局怎样，须先注意社会上评判的、指导的、分析底工具如何？换句话说，须有真正的批评刊物，对作者做善意的监督，指导及帮助，对读者尽选择、介绍的责任。

口说无凭，还是看看我潮出版界的实在情形。

三

出版界一览（以最近二三年为限）

新闻类

《大岭东报》　《潮商公报》　《星报》　《平报》　《民报》　《公言报》　《民声报》　《真言报》　《天声报》　《天声报》　《岭东晚报》　《镜报》（汕头之《晶报》也）　《时报》（停）　《花报》（类京之《消闲录》，沪之《风人报》，汕头最下等之出版物也。）《民治日报》（潮安，停）《写真报》（揭阳，停）

社会类

《春潮》（北京出版）　《榕影》（同上）　《星期评论》　《岭东学生》　《党声》　《大陆学报》　《血光》　《红光》　《怒潮》　《赤心》　《吼声》　《潮潮》　《励志》　《人声》　《国民》　《人生》　《前驱》　《青声》（停）

文艺类

《彩虹》　《觱篥》　《火焰》（停）　《心声》　《春歌》（停）　《竹影》　《微星》　《蓓蕾》　《谷风》　《初阳》　《绿蕉》　《晨光》（停）

杂刊类

《潮州留京学会年刊》　《潮州旅沪学会年刊》　《潮州留省学会年刊》　《谷音》　《金中周刊》　《二师旬刊》　《回澜》　《友联

季刊》 《若瑟》 《商业月刊》 各县中学“校刊” 汕头各报“副刊”(《新文化》 《改造》 《汕头》 《茫光》 《博闻录》等) 各县旅外学会“特刊” 《铎报》(孔教会) 《广东高师潮州学会年刊》 《潮州旅宁学会年刊》

我远处北京，对于家乡出版界或许有“未窥全豹”之憾。但是据我去年目睹的情形，及最近来京的友人之所述，上表所列种种，凡稍有名之刊物，大概可以“网罗无遗”的了。不过我对此表有二层声明：(一) 各刊有的出版无常，很难肯定其是否绝刊或是暂停。(二) 社会类的刊物，也不尽是谈社会问题的，但就大体而论，故暂归入社会类。

四

出版界“量”的统计，既如上表；而质的分析，到底怎样呢？依我的意见，大概分做五派：

革新派

“五四”不只是单纯的爱国问题，实为思想界的启蒙运动，这是大家所公认的。我潮自“五四”以后，新思潮日益澎湃，“天经地义”的旧思想，自经此遭风波，根本动摇，群谋重新建设，于是各种新刊物，应时势底需求，而为新文化运动底先锋。惜主持者，既没有正确的见解，彻底的主张；也不能运用客观的批评，判断是非的真象，以致有的中途变节，有的虽则“苟延残喘”，但也陷入不生不死的状态。真是不胜惋叹！本来这种“有志莫逮”的苦衷，我也不愿求全责备，不过前车可鉴，目前的我们，应该有彻底的具体计划，完成我们革新的工作。这层我还有许多意见，下面再谈。

守旧派

当新文化运动的时候，久惯奴颜屈膝的遗老们，自不免大发其“世风日下”的牢骚。然也只是“人心不古”之叹而已，不见得成什么大障碍。及至去年孔教会的《铎报》出世，抬出污臭的孔二来做幌子，大发其“荒谬绝伦”的反时调，大作其忠君烈女的臭诗文，把这暂见曙光的潮州，闹得乌烟瘴气。我希望新文化运动的人们，不要把这个开倒车的怪物，轻轻放过。荆棘不铲，光明之路，是无从而达到的。平心而论，孔子学说，也有一部分的价值；但那些遗老“驴蒙虎皮”的故技，阳托端风化，正人心的美名，阴行“揩油”的实利，我们是非攻击不可的。这层《新青年》论得极其透彻，最近《春潮》也曾出过专号，我也无须多啰嗦了。

骑墙派

世间最可怜的，应算是这班人了。因为不论任何事情，是非真假，必居其一，断没有间于其中间者。然而这派却是模棱两可，自以为是稳健，是取研究的态度，其实是狡猾，是打顺风旗。比方你说他们是保守党，他没有拥护过君权；你说他们是革命派，他却又配不上。总之，甚么事情，他们都不置可否，只是发些油滑的言论，作点不关痛痒的文章，等到胜败定论了，他们便顺风转帆。潮州绅士化的智识阶级，大半是这些人物。我甚盼这班人有新的觉悟，蝙蝠式不是大丈夫的态度，要做腐败的康圣人可，要做共产的陈独秀也可，不要学那观风势的梁启超，才是顶呱呱的好汉！

时髦派

这派纯粹是赶热闹主义，既没有鲜明的主张，也没有统系的办法。他们只是以为潮流所趋，凑凑时趣而已，现分两派来说：A 副刊，各报副刊编辑，多是绝无常识的饭桶先生，坐在编辑室里，提起剪刀胡剪，见着稿子就登。天文地理，诸子百家，五光十色，应有尽有。你说他旧吗？他曾转载过社会主义、赤俄革命的过激文章。你说他新吗？他却发表过卫道的谬论，殉节的主张。这种在社会毫无利益，简直是废物。B 校刊，潮州各学校有一件装潢门面的点缀品，就是校刊这件东西。办学者因为要表彰他们的好成绩，学生也想不应逊色别校，所以非随人家出版校刊不可。平时既没有预备，临急抱佛脚，就把那策论式的课文，无聊的诗词，校中的琐闻，连篇累牍的潦草塞责。这个不良的影响很大，应当赶快改善呵！

风头派

新进青年界烈烈轰轰的活动，豪放悲壮的精神，实一洗从前萎靡不振的耻辱。但同时却养成一种自大狂，风头热，浮躁性，及务外的坏风，这也是不可掩的事实。我潮出版界之所以糟糕，此实为很大的原动力。兹分别述之：（一）油腔滑调的改造社会者——文字原是发表思想的工具，我们有什么主张及见解，总要言之成理，持之有故，我是极赞同发表的。不过自己若是没有什么意见，实在不必随着人家胡说。可是现在的青年，无论对什么事情，总必大发议论，来凑凑热闹。自己既没有研究，临时东拉西袭，生吞活剥，强不知以为知，以过其热风头。譬如由格夫人来华的时候，节欲主义甚嚣尘上，一些冒充新人物，不从生理上、医学上，及欧美学者对于节欲的议论上研究，却东拉西扯，杂凑成篇，以博其学贯东西的头衔。此外还有一派，在家呼奴叱婢，出外大谈其人道主义，终日狎妓打牌，高唱其改造社会的油调。你看他做起文章，什么人类平等、废娼运动、劳工神圣、博爱精神、高尚人格，说得天花乱坠，像煞有介事似的。但观其行事，判若两人，只是放空炮罢了。所以社会的腐败也如旧，便是这些东西"为厉之阶"。

我并不是说这班人没有说话的资格，我是不赞成他们把"改造"、"解放"种种新名词，当做口头禅，试问我们不入地狱，谁入地狱？我们既要改造，就应该从本身做起；我们的议论，自家就应脚踏实地的去做。（二）牛鬼蛇神的新文坛。最近几年来，我潮青年对于新文学的努力，算是好现象，但是外面热闹得很，内容却是一团糟糕。我对忠心文艺的作者，固应表示相当的敬意，然对于一班作伪的滥竽者，实不愿因"家声不出外扬"而盲赞，况且下列都是最显明的事实呢。（甲）作家的矫揉造作——创作半靠天才，半由涵养，这是最普通的常识。我潮从事文学的人，多忽略这个道理，比方对文艺刚刚略有门径的，便浪漫起来，装腔作态，放荡形骸，以为不是这样，不足表示其文学家者。其实这正是他的作品"孤芳自赏"的原因，也是不能成为伟大作家的缘故呢。本来我们对于文学家的疏狂不羁，沉恋酒色，原不应律以法则，因为浪漫的天才狂，我们应给以相当的原谅的，不过“矫揉造作”，不但是可以不必，而且应从速悔改，多做些艺术上的涵养，以完成其天才的。(乙) 作风的摹仿抄袭——年来作家好像春笋一般的并发，作品堆起来“汗牛充栋”！里头好的作品，我不敢说完全没有，摹仿与抄袭的浅薄无聊的东西，满地都是，是无可讳言的。我们不愿作过刻之挖苦，引证出来，以绝其自新之路；就是几个所谓先进的作家，我尤劝告他们扪扪良心，做忠实的工作，不要留为“人家笑话”的资料。须知虽可出一时的风头，终有受审判的一日。文学家的头衔，固极时髦，但把人们的牙齿笑坏，也未免太恶作剧了。总之，事实昭然，我们实难以多作美梦，要是大家没有彻底的忏悔，重新努力，灿烂的文坛，我敢说永久是在梦里！

上为我潮出版界二、三、四三类的派别，新闻类因为比较复杂，故另提出来谈。

五

我潮交通梗阻，文化发达迟滞，新闻事业因之遂成畸形的发展。汕头为全潮商业的总汇，岭东交通的枢纽，因此新闻事业，荟萃是处。统计全埠人口，数仅八万左右（据海关报告为八万五千，近报载公安局调查为七万五千），而现在出版的报纸，共十余家（见上调查表）。篇幅则二张三张不等，销数多则千余，少也数百。以我国现在的新闻事业的幼稚而言，也不能不算很发达的了。

但是汕头报界外表虽像发达，然求其略具新闻学家的眼光，稍有规模的组织，消息灵通，记载确实，评论精当，足以指导社会而不愧此神圣舆论机关，合乎新闻学原则的最低限度者，我们实有“海底捞针”之感！其他更不必说了。究其所以至此之故，我尝做过下列的解剖：(一) 失意的政客，无聊的文丐，假报纸为“升官发财”的捷径，信口雌黄，颠倒是非，以敲平民的竹杠；歌功颂德，打权贵的马屁，希图一官半职或坐领津贴。(二) 八股老学究，冒牌道学家，认报纸做“舞文弄墨”的老套，寄身啖饭的地方，甚且藉以正人心，端风化。(三) 流氓虎绅，外假办报的美名，到处骗募巨款，滥报股东。挂起招牌，购一剪手（书记），托人代印，所费无几，坐而享受其利。（原文无在手头，故略述大意。）我话已隔三年，而汕头新闻界，还是如旧；虽则未免痛心，然汕报之所以无进步者，也未曾没有别的原因在：如我潮各县除行政机关，教育团体，及缙绅之家阅报外，大多数的民众漠不相关，以致“供过于求”，而反不能维持其生命。（此我在汕时听某社长之谈话，似是而非之论也。）此外政治当局的压迫，内地交通的困难，社会的轻视，都是间接直接予发展的障碍。不过要是有规模的组织，这些困难，总可以解除的罢了。

综之，汕头新闻界是个大笑话。你若说我这话是“幽默”，那末，请你把汕报瞧一瞧，那些呜呼哀哉式的“抓不着痒处”的社论，以及各县什么鸡生蛋，鬼拉人的消息，那时你才信是开胃健脾的妙品。所以我们现在对于这些所谓记者诸公谈应该怎样的组织，怎样的改良，不单“弹琴徒劳”，实在尔也太呆傻呢。

六

家乡出版界，我虽则十二分的不满意，但我并不是绝对悲观者，所以将我片段的观察——出版界的通病，零碎的意见——应该怎样改良，拉杂谈谈，聊效野人献曝：

第一项（一）要有一定的鲜明旗帜。我潮出版界，外表上虽各有各的宗旨，而究其内容，则黄钟瓦釜，一炉共冶。这不单不能给读者一种了然的概念，引起同情的应声；而作者茫无标准，也徒费笔墨而已。所以最重要的，要有一定的宗旨，像大海的船一般，定了指南针，不管怎么样乌烟瘴气，狂风巨浪，只是一直准航线驶去，自然会达到目的地。（二）要有系统的精密研究。文字固然是发表自己的意见，个人的思想的工具，但各种问题的对象，都要有系统的精密研究，才有价值。例如关税自主，目前算是举国一致的呼声，我们对于这个问题发生的原因，现在的情形，以及收回的手段，未来的计划，都须经过系统的精密的研究，才会对症下药，要不是这样，毫无研究，毫无见解，只是道听途说，拾人牙慧，拉杂成篇，实是白糟纸墨呢。（三）要有彻底的具体办法。社会的应该改造，谁都承认，但是怎样改造呢？却被人们忽略了，所以社会改造的呼声，虽高入云汉，社会还是“故物依然”。这因为改造并不是像遗老痛哭太息一遭，或是大骂一顿，就完事的，最要紧的，是我们既明白了社会的病源及病症，对于破坏及建设诸问题，应当有彻底的具体计划，才能实现。可是我潮各种刊物的宣言及文章，除了不着边际的空空洞洞改造声，与乎头痛医头，脚痛医脚的“杂感”外，还有什么呢？这是应该根本改革的要点。

第二项（一）革新思潮。《新青年》的“革新思想”的旗鼓，我以为今日实有卷土重来的必要，因为年来开倒车的运动，遗老的死灰复燃，遗少的方兴未艾，都是思想革新不彻底的缘故。我潮近日思想界的混沌、腐败，那班乡愚及遗老们的祀神奉佛，祷祝“真主”出世的，固不屑赘言，只就所谓新旧名流在《铎报》上“祝词”而论，已足把思想界的丑态暴露无余了。我们若是没有把潮人糊涂的头脑革新一下，虽鼓吹到唇焦舌敝，他们还以为是捣乱党呢。所以我们须把《新青年》“革新思想”的工作，重新做起，才是正本清源的办法。（二）提倡科学。纪元以来，国内先觉对科学的鼓吹，诚然不遗余力，然而我潮工农商等业，既仍“依古法制”，未能资以振兴，而潮人糊里糊涂的头脑，也没有一点科学的精神。这个病症，不是赛先生（Science）是不能起死回生的。《潮商报》前曾附刊一种《科学》，不过那种教科书式及课文式的科学，是不行的。因为民众所需要的是科学的常识及精神，用浅显的文字，很有趣的演述。像《上下古今谈科学》、《救国大鼓词》一般，才会有大效力呢！（三）趋重批评。我潮出版物，类多有“评论”一栏，但能具批评的眼光，判断对象的是非的，寥寥无几，这实由忽略批评之所致。我常对朋友说，潮州现在最需要的刊物，在消极上是莽原式的冷嘲热讽，旁敲侧击；在积极上是建设的批评，指导社会，监督刊物。

不过前者容易流入刻薄，还是取后者较善。

第三项（一）出版者根本的觉悟。我潮出版界尚属幼稚，还没有出版家出而操纵，所以我只对出版者作一种忠告。各种刊物，为目的而出版的，固然很多，但利用为手段的，实也不少。这种不纯正的动机，不忠实的态度，应有根本的觉悟，出版界才有清理的希望。（二）荆棘的铲除。新刊物滞销的缘故，作品未能引起读者的兴趣，固一原因；而沪京港黑幕派印刷品的充斥，也是最大的障碍。现在青年界的沉沦于《玉梨魂》及什么奇观艳史的，已是最普遍的现象，至于民众更可想而知了。这层新出版界应有联合的战线，作铲除荆棘的运动，间接也是提高民众的鉴赏力。（三）印刷的美化。我潮近来印刷事业，量上也极发达，但多因陋就简，没有大规模的组织——印刷模糊，装订陋拙。而最讨厌者，以符号代字，缺字联凑。譬如每篇需用几十个“孙中山”三个字，因自家不能铸造，便以○△□三号代之；又如需用一“觺”字，因没有此字，便用“咸”字，于其下注“角下”二字。这种糊涂办法，不只太不美观，而读者也莫名其妙，败煞兴味。这在形式上最须改良的。

我以上的话，是就出版界普通而言。至于文学自知外行，只忠告作者忠实点，在涵养上用些工夫，多创作些情意浓挚的作品，以饱我们庸人的眼福外，也没有旁的话可说。新闻界因情形复杂，断不是概括简谈可以了事。

我打算在《汕头新闻事业》中详论，这里也不多及。

总而言之，统而言之，潮州出版界，形形色色，良莠不齐。满地荆棘，固然是不掩的事实；而莽原或产奇花，也难以一笔抹杀。我这篇只就普通立论，或有过当之处。不过自信动机纯正，确为目的而努力的，我先在这里认罪，并希原谅！

信手拉来，不知得罪了多少新旧名流，白糟了若干好篇幅，真是死罪！死罪！临了，我跪祷明年今日的出版界，有一番新的贡献。那末，我这傻瓜，也无须再来“胡说八道”了。

九，廿八，于北京什刹海西天庐。

（载《留京潮州学会年刊》1926 年第 2 期）

书籍的装订和印刷

慎 夫

在九月十五日本刊上读了孙福熙先生的《出版事业的艺术》后，觉得有许多意见是我久欲说而未说的，于今被他都说出了，好不痛快。然而我的意见究竟与他不完全相同，于是想借此机缘也来说一说，所谓“以倾积愫”。不过孙先生的态度大有“述而不评”之概，我却要略加批评了。

关于本样的大小，我对于孙先生的话，完全同意。每页铅字的地位，我也以为四周宜多空一些，来得醒目。如果你翻开泰东出版的《星空》、《沉沦》等来一看，你一定要觉得它们是太局促，两边几乎连字都要切去了。然而，反之如北新的炭画，却又觉得太宽了，我心中一样的觉得不舒服。依我的标准，普通三十二开本的书，切齐的，以十一行为适中，若是毛边的，十二行也还过得去（这都是指没有中缝或连中缝而言），再多和再少，一样的不入眼。每行的字数，约三十五六为合宜。依此，学艺社文艺丛书《霜枫》、文学研究会丛书的《玛丽》等，都是我认为合格的书。

关于横直行，我不能说什么话。固然有的心理学家说，横行较易阅读，然而也有心理学家说中国字直行来得容易看（这是我亲耳听一个心理学家说的，可惜我不能把他的话重说一遍），从形式讲，也各有利弊，我们姑且不去说它罢。

标点的地位。直行书，我以为排在行内来得便利（著作者、排字者、校对者和阅者，都便利），惟用嵌格，则又当别论。关于嵌格（术语叫“司坯司”），我觉得总以少用为宜，若因全书字数太少，不妨用之。

直行书而标点放在行内者，和横行书凡每句之末字适在每行之末字时，点号例须置放在次行之首。此实最难看的式样，《沉沦》和《星空》就是最好的例子。校对者遇到这样的情形时，应得使□免却，或则是加字，或缩字，或则是加用嵌格都可。又直行书而标点放在行外者，有一个『』记号，也有同样情形，也得同样处置。

横行书用『』符号，我不以为然。我觉得应用“ ”为宜。

直行书的两种标，即“——”与“、”我以为应一律放在左面为宜，而尤其是圈点放在字右者。现在大部分的书，都是这样排，惟新近开明书店所出的各种书籍和杂志，却又反是，以致有许多标与点相冲突的地方，极为难看。

字的大小，孙先生说得极对，惟“仿宋聚珍体”。我听见许多人说，中华的来得好看，不过据我的意见，中华的太死板板了，而尤以长体为甚，他的长体，笔划较细，排成书籍，阅之颇费目力。诸君不信，试取一本《四部备要》里的《东坡集》来看看，我不信你看了会不眼花缭乱的。商务的就免此弊。前几天本报封面上，不是登有他们的《四部丛刊》的广告吗？那篇《重印四部丛刊启》一样的用二号长体来排，却醒目得多了。

又商务除仿宋外，还有方头、活体、隶体三种，故排印较多变化，可惜他们不会利用。（又他们的活体只有二号一种，似亦不够应用，不知他们见到否？）

普通字体，除头、一、二、三、四、五、六、七号之外，商务还有一种小四号铅字，较五号为大，四号为小。文学研究会丛书的《空山灵雨》、《印度寓言》等，就是用这号铅字排的，很觉可爱。

墨色我以为印“字”的书籍，黑色为好看。若印“画”集或书中的插画，则不得不用颜色了，更视画的性质而定颜色的种类。

纸张以无光为原则，这是我的意见，而洁白倒在其次。印特种性质的书籍，得用特种纸张，譬如再版本的《子恺漫画》用黄色纸张，便是这个例子。（关于这个再版本，我觉得是近来新出版物中最好的一种，可惜墨色印得太淡了一些。）最坏的是“新闻纸”，时间一长，色便变黄了。有光的道林纸，阅时极妨目力，也是我所不喜欢的。页数多宜用较薄之纸，页数少宜用较厚之纸，不过薄纸印时宜注意，切勿使后面看得见上一页的印痕。外国有一种纸叫“印度纸”，既薄且轻，最适宜于印字典等“量”较多之书，在中国却还没有见用过。

关于封面的图画，据我看来，有四人是很成功的，即孙福熙、丰子恺、陶元庆、叶灵凤。惟叶君模仿“琵亚词侣”的气息太重，未免少独创的精神。

封面不用图画，纯以铅字排出来的，也有几本极好看的书，如《关于鲁迅及其著作》等便是，你看它的式样多么清雅。

穿钉除铁丝钉外有线钉，即孙君所举的《陀螺》与《骆驼》等是也；然尚未尽善，最近出版的再版本《子恺漫画》用线钉在页之中间，却更好了。

用纸撚钉似太朴素，用丝线钉（如《西还》、《忆》等）又似太艳丽了，其实两样都好的。

硬面书，的确的，我们还很少见到钉得好看的书，开明的《结婚的爱》，作送礼用还算不差，能要放到书架上，我总觉得太鲜艳，也像“乡下姑娘着时装”。学艺社“文艺丛书”才算比较好的了，创造社的《落叶》的布面，虽则极新鲜，但亦不十分好看。他们还有一种纸面（即如《落叶》的纸面），我极不以为然。

不切边，我亦极爱它。它的好处，除孙先生所说的外，我还知道一种，也是听人家说来的。我们看一本书，最忌的是泛览而不细看，不切边的书，使你无从泛览，你得读一页裁一页，读二页裁二页，全书裁完，也就是全书读完了。它有强制你细读的功效，其实也不通，难道这不会一口气裁完吗？

边缘涂色，我极赞成；不过总要和封面颜色相调和为宜，创造社的几本书，总算涂得不差（其实除了他们外，别的还很有）。

校对是似易而实难的事。我敢说，我不曾见过一本绝对没有误字的书，就是自己校对自己的文字，也不能完全免却。最易错误之处，为书之中缝，因为这是最容易疏忽的地方。新文化书社出版的一本《安徒生童话集》，有几篇中间还有“未完”的字样，这显然是就期刊上剪下来，而未经校对者加以除去的，这种连校对的起码程度还没有的人，根本没有作校对者的资格。至于出版合作社出版的《飘浮》，除了在版权页上有极小的著者“许杰”的字样外，其余竟找不出正式的署名的地方，但是在中间一篇文章《出世》的题目底下，却又缀着“许杰”两字，像这种情形，校对者固应负责，编辑者也未免太随便了。

铅字因久用而致模糊缺角，校对者遇着这种看不清楚的字时，应该剔出，令排字人换去，切不可任他排在书中，有损书籍之美观（又数目“一”字，往往容易误排作一横线即“—”，反之，占两格之一纵线，常排作两侧形的一字，这类错误也极易遇到，应得留意的。

新近“北新”、“开明”出版的书籍，大部不排中缝，我极不赞成，翻阅极为不便。中缝之排法，大概单页上排篇名或章名，双页上排书名（若是两面都排书名，则与不排等），他的地位，我以为排在一页之左右边缘上，不如排在上面，来得美观。有人以为既在目录上注明页码，中缝尽可免排。我觉得这句话不能充分作为不排中缝的辩护词，两者的用处不同，不妨并存，何必定要去其一。我希望他们对于这层，加以考虑。

我的关于印刷装订美的意见，现在是说完了。以我的浅见看来，创造社出版的书籍，在“美”字上最加考究。商务、中华虽雄于资本，对于这方面，却又未能注意，非常可惜。“北新”与“开明”虽次于创造社，但很努力，将来是极有希望的。亚东的封面图案极好，惜不甚努力。

（载《申报》1926 年 10 月 22 日）

《一年来国内定期出版界略述》补（一）

伏　园

《一年来国内定期出版界略述》，这是一个何等重要的题目！从去年年底到今年新正，我几乎没有一天不想试作，但是终于未曾作得成功。新近在唐山大学出版的《唐山》旬刊上看见轩先生作的这篇，使我非常喜欢。除了全篇转载以外，再就我所知道的补上数十种，虽然数目比轩先生所举的较多了，但完备是依然不能说的。以下是《唐山》旬刊第三期中，轩先生的原文。

一年来国内定期出版界略述

处此偏僻的唐山，来谈国内定期出版界，真有点冒昧。这年来自《语丝》、《现代评论》、《猛进》三刊出后，国内短期出版物骤然风起云涌，热闹不可一世。虽然同学刘君缉之尽量地介绍与我们，我们也尽量地接受，可是交通阻滞，功课繁重，究不能得窥全豹。遗珠之处，在所不免，此略述二字所由来也。

定期小刊物过多，不成熟的言论遍地，现象佳否，固犹问题。但我的动机不在这个。我只觉得，如此繁盛的我国文坛园地，不管其中野草丛生，良莠不齐；不管其中有的正欣欣向荣，有的将枯萎待毙，有的早衰落绝迹；不管我们对它的批评是好是恶；我们为凭吊既往，鼓舞生来，那能不加以记述，以表我们的凭吊鼓舞？

自然，文中所举之刊物，不尽限于本年度内，然至早也不出去年十一月。凡各种毫无意义或□团体之机关刊物，均不列举。在《述》的当中，我常主观的加以批评，这亦势所难免的。又，文中有三数种刊物，只间接知其内容，直接不曾看过。

"射人先射马，擒贼先擒王。"要叙述一年来定期出版界，请先从《语丝》、《现代评论》、《猛进》三刊始。

（一）《语丝》——周刊，北大一院新潮社。这个"自由说话"的刊物，以周作人、鲁迅为骨干，林语堂、衣萍等为配角的。因主持者之努力，文思之隽逸尖刻，格调之风韵滑稽，广布国内。在它作者中，除周氏二人外，我所喜欢的推林语堂与钱玄同，而尤以林为最。林氏对于政治的见解，驾胡适等远甚。在最近周年纪念号上以鲁迅之《离婚》及衣萍之《爱丽》为最有趣味。

（二）《现代评论》——周刊，北大一院现代社。《现代评论》挂起"大学名教授"的招牌，大吹大擂，已一年了。销数由三千而八千而一万。第一期翻版至四次，第二期至三次之多，可见大学名教授之威震遐迩，名遍海内。初办时倒还有劲，对于段政府的设施，毫不妥协地加以指摘。而学术政治方面文字，均有一顾之必要。可是第十五期被扣后，尝到了段政府威严，于是退缩因循，日甚一日。因杨荫榆而诬江女师大，因章士钊而反捧段“执政”，事迹昭然若揭。《猛进》上有人把它与《政府公报》、《甲寅》同列为政府三机关报，并有得政府数千元津贴之嫌。学术方面文字，亦惟一“凑”主义。在它作者中，最令我不满的，是一位召先生。该刊四十六期“召”所作的时评，竟称广东革命军铲除反革命为粤乱，称□头刘志陆为中国当局，糊涂颠倒，至于此极；大学教授，勿复何望？

（三）《猛进》——周刊，北大一院猛进社。《猛进》真不愧为精悍的刊物，为李玄伯、徐炳昶等所主编，不畏强御，不讲妥协。被扣不止一次，其坚强也如故。徐先生在关税自主示威运动中被警察打伤，更令人起敬；然而胡适之看了，也许摇头叹不可救药呢。蒋光赤在里面所刊的诗，别具异调。

上列三种之中，在现时的中国，自以《猛进》为上，《语丝》次之，下流的舍《现代评论》莫属。《猛进》有强悍之称，对的；《语丝》有尔雅之称，对的；《现代评论》有稳健之称，那就未免过誉了。

其次请进而述各报之“正”副刊、“副”副刊。

（四）《京报副刊》——北京京报社。此刊系去年十二月由孙伏园编辑发行。一年以来，成绩亦有可观，其中尤以本年新年之二大征求为最有意义。《青年爱读书十部》征求之结果，以爱读《红楼》、冰心之《超人》、郁达夫之《沉沦》为最多，由此可知我国青年怎样沉溺于靡靡之文园。《青年必读书十部》征求之结果，鲁迅先生主张不读中国书，林语堂先生把经书分为闲话、漂亮话等类，亦别有创意。

（五）《晨报副刊》——此刊自本年十月起，由徐志摩编辑。该社因之廉售丛书，以庆祝此“提高革新”之副刊。可是徐诗哲上台后有什么成绩？第一天点了许多文坛健将，然而应者寥寥，已令人感到吹牛之乏味。式样变了一变，封面图来了一个“人死我活”，只别开生面而已。内中文章，除诗哲自己一两篇外，余如赤白言论，与梁启超一鼻孔出气，不敢领教。

（六）《民报副刊》——北京民报社。此附刊还可看，不过出不到十期，因陈友仁被奉军滥捕，民报社无形解散，该刊即短命死矣。

（七）《国民新报副刊》——北京国民新报社。此刊系新出，我未亲见，不过鲁迅主编，总还可看，思想界权威者的东西还有错的？

（八）《国语周刊》——北京京报社副刊之一。钱玄同与黎劭西发行此周刊，特为宣传国语并介绍民间歌谣。出后推销甚广。现因《京报》撤销各种副刊，该刊已预备独立出版矣！

（九）《莽原》——周刊，京报社副刊之一。国内讽刺最厉害，挖苦最刻毒，见解最深切的小刊物，惟有《莽原》。现因《京报》撤销各种副刊，此刊亦随之告终。

（十）《文学周刊》——京报社副刊之一。绿波社出版，以焦菊隐、于成泽等为主干。精采不多，惟社员之努力可嘉。曾出中国文学号二期，现亦随《莽原》告终，将来独立出版与否，不可得知。

（十一）《鉴赏》——周刊，上海时事新报社发行。自文学研究会之《文学周报》脱离《时事新报》后，《鉴赏》即起而代之。此刊系书评及整理旧文学性质，内中所刊文字，以郑西谛之《白雪遗音选》较有意义。

（十二）《黎明》——周刊，上海民国日报社发行。此刊由刘大白、陈望道、徐蔚南等所组织之黎明社编辑。内容偏于文艺方面，惟思想学术方面亦不少。

各报正副副刊述既竟，读者当得知其大概，我国报纸之出色，就在这点。凡各报之老副刊，非属于本年度内新出或改编者，如《觉悟》、《学灯》，均不列入。现把各种不同独立出版定期刊物叙述之。

（十三）《文学周报》——文学研究会发行。此报自脱离《时事新报》后更行发展。纯文艺定期刊物，自《创造周报》停刊后，此刊为硕果仅存者。五卅一期，很有可观；丰子恺几笔漫画，为此刊生色不少。

（十四）《洪水》——半月刊，上海光华书局。《洪水》为创造社一部分青年社会所编辑，以周全平及洪为法为主干。去年曾出过一期，因环境困难，即行停刊。本年十月，重整旗鼓，现已出至六期。此刊为自由发表思想而设，不论哲学、政治、社会等等文字均可；惟以创造社的文名久播，故人多视为文艺刊物。一二期太坏，谤者纷起，以后数期渐入佳境。他日如更加努力，青年性热，发展不可限量的。

（十五）《国学周刊》——北京大学研究所国学门。北大国学系自《国学季刊》停版后，即有此《国学周刊》之发行。执笔者有胡适、钱玄同、顾颉刚等人。

（十六）《孤军周报》——北京法政大学。此报系法大学生瞿世庄等人所编辑，内容甚好。每期均有时事述评，详尽仔细，有条不紊，较《现代评论》之时评尤佳。其他政治论文，态度亦极光明，在许多青年出版物中，《孤军》自有它的地位。

（十七）《国民革命》——周刊，广州孙文主义学会。此刊专从事于孙文主义之研究，国民革命之鼓吹。第一期有汪精卫等的文字，该刊记者缪斌即南洋大学之毕业生而从事于孙文主义之实现者。

（十八）《实践》——北大一院实践社。该刊亦孙文主义信徒所发行，言论极透彻可观。

（十九）《甲寅》——天津甲寅周报社。新文化风平浪静地过了数年，到了现在，平地一声雷，遇着一只纸老虎，章“总长”总算卖气力了。劈面反对白话，再进而“评新文化运动”。纸张洁白，印刷精致，一望而知其为“总长”之出版物。惟狗屁联珠，谬论百出，斯为憾耳。“颂扬执政，恭维自己”这八字铁评，即可见我总长之厚脸矣！社址原在北京，近京政潮突起，纸老虎究抵不住真枪弹，惶惶然逃而至天津。

（二十）《中国评论》——南京东南大学。此刊系东大一部分教授所编辑，专为诋毁国民党，捧郭秉文而出的。式样全仿《现代评论》，而内容较《现代评论》尤为下流，无独有偶，固南北一辙也。惟出不上数期，即行宣告死刑，徒把臭气留人间耳。

拉杂地举了二十种，过后看来，自亦不满，更难餍读者之望。此事本应由缉之干，可是刘先生课忙，无暇及此，于是见闻狭窄的我少不得来献丑。好在我的本意不是介绍，也不是批评，只不过把臭草香花杂陈于读者之前，供新年时谈话资料而已。

十二月二十一日。

以上我把轩先生的原文抄完了。对于轩先生的意见，我自然也有不能尽同之处，然大体上是赞成的（对于本刊的奖饰则应感谢），所以现在不想再讲关于以上二十种的话了，只是有许多事实，轩先生或未曾提及，或小有出入，或近日又有改变者，据我所知，略举几则如下：

（一）敝刊征求青年爱读书十部的结果是《红楼梦》一八三，《水浒》一〇〇，《西厢》七五，《呐喊》六九，《史记》六八，《三国志》六二，《儒林外史》五七，《诗经》五七，《左传》五六，《庄子》五一等，原文所举第二第三两部得票并不甚多，详载本刊合订本第四册。

（二）《国民新报副刊》分甲乙两种，星期一三五及星期日为甲种，性质为社会科学，由陈启修先生主编；星期二四六为乙种，性质为文艺，由鲁迅、张凤举两先生主编。鲁张两先生是按月轮编的，例如十二月由鲁迅先生编，现在一月就改由张凤举先生编了。

（三）《国语周刊》已独立出版，印刷比在敝报附印时更为精美。已出第二十七八九三期，二十九为全国国语运动大会专号，发行处为北新书局。

（四）《莽原》已出半月刊，改装成本，一月十日出版，详见本刊中缝广告。

（五）《国学周刊》之出版与北大《国学季刊》之愆期无甚关系。《国学季刊》并不停版，惟学校经费支绌，印刷不能如期，出版也因之不能如期了。

现在要就本刊编辑部所有，再举若干种以补轩先生的不及。因为手头刚有一本《唐山》旬刊，就从《唐山》说起罢。

（二十一）《唐山》——旬刊，唐山大学学生会出版股。一月十日已出第四期。每期更换封面图案，正如它的内容，每期必有新颖的作品一样。

以下再讲几种学校刊物。

（二十一）《孔德旬刊》——北京东安门北河沿孔德学校旬刊社。这是我早想介绍的了。还是一直从前，我作那篇《评张竞生先生的美的人生观》的时候，因为里面有“张先生走的是第三条路”一句话，便被“孔德旬刊”的编者王品青先生逮住了，说“我们的刊物走的是

第四条路，你也得给我们介绍介绍才行呢！”真的，孙福熙先生已经说了“孔德是最有组织，最肯用试验的精神的学校，因此我很爱读他们的旬刊”。旬刊的特色，据我看，还有，是校中各部分平均分得说话的机会。学校刊物有全是教职员主持的，也有全是学生主持的；教职员自然作文毫不费力了，在《孔德旬刊》中教职员却并不一味霸占学生的篇幅，即使是刚学作文的小学生，在旬刊上也占有相当的地位，有时还附刊一页儿童画。这确确凿凿是第四条路！

（二十二）《今是校刊》——半月刊，西苑颐和园今是男校与北京阜成门大街今是女校。这是新近诞生的刊物，正如今是学校也是新近诞生的学校一样。一月十五日已出第六期。封面上周作人先生题字，使这刊物与多数人更加熟悉了。编者是孙斐君女士。

（二十三）《南开周刊》——天津南开大学。南开本出有《校风》，我见过几期，大概是离城市较远的缘故罢，议论每与一般人的心情格不相入。《南开周刊》大约就是《南开校风》的后身，但内容已与《校风》大不相同。编者是去年北京平民中学的教务长陈秉和先生，他是一位极活泼而又极能办事的人，去年冬季才到南开去的，周刊一月十一日已出第十七号。

（二十四）《中法大学半月刊》——北京皇城根三十九号中法大学。去年十一月三十日刊行，今已出至第三期。纸张印刷均甚精美，而文体却欠活泼（第三期竟无一篇白话文）。我与该刊编者萧子升先生极熟，还要当面劝告他哩。

（二十五）《交通大学月刊》——北京交通大学。本刊所收到的尚是去年十一月出版之第四期，内如《我国近四十年来之交通史略》等均极可看。

（二十六）《集美周刊》——厦门集美学校周刊部。虽然已经出到第一百二十余期了，内容却逐渐革新，所以也把它放在一年来定期出版界之列。如一百二十五期苏国铭先生作《福建渔业之危机》，是讲日本已有侵略福建渔业的企图，这种问题他省人决不会看到的。

（二十七）《新农》——月刊，北京农业大学内农业革新社。本年一月十五日应出第三期，但本刊编辑部尚未收到。

（二十八）《农声》——旬刊，国立广东大学农科学院学生会。

以上两种都有切实讲述并记载农业状况及学术的文字，如果中国真要用农业来救国，农业方面的出版物是应该依着这条路线前进的，空喊“农业救国”的文字大可不作。

（载《京报副刊》1926 年第 388 期）

《一年来国内定期出版界略述》补（二）

伏　园

以下再杂谈各学会各团体的出版品。

（二十九）《儿童》——周刊，出版已经三年了。《京报》增设各种周刊，《儿童》便成了其中的一种，《京报》停止周刊以后，《儿童》也便独立了。一月十八日已出第五十五期，地址北京□□通胡同儿童报社。我国的儿童真苦，除上海的《小朋友》、《儿童世界》等不算外，这是北方惟一的儿童的读物。可怜，中国社会已经养不起儿童了，那里还养得起儿童的读物《儿童》！《儿童》能够支持到现在，并不是靠儿童们的力，却是黎锦熙先生们累年奋斗的结果呵！

（三十）《中国妇女》——旬刊，上海宝山路顺泰里十一号各界妇女联合会主编。自从本报《妇女周刊》出罢周年纪念号停刊以后，很可喜的，同时出了几种妇女的刊物，即《中国妇女》、《妇女钟》、《新女性》等。《中国妇女》去年十二月十日出的创刊号，内有“女权运动中的社会主义中心说”等文字，可惜第二号以后至今未见。

（三十一）《妇女钟》——半月刊，中国国民党北京特别市党部妇女部主撰，通信处北京翠花胡同八号，创刊号十五年一月一日出版。

（三十二）《新女性》——月刊，妇女问题研究会编，通信处上海宝山路宝山里六十号，章锡琛、周建人二先生。章周二先生本来都是商务印书馆所出《妇女杂志》的编辑，因为陈百年先生在《现代评论》上做了一篇《一夫多妻制的新护符》，对他们有所讨论，商务方面便把他们调开了。商务当局尊重教授与学者的心理是可嘉的，但那种盲目的去留职员的办法是应该吃耳光而犹不足以蔽辜的。商务当局，我听说，曾经传令《妇女杂志》的编辑，说《妇女杂志》中只要讲讲蛋糕制造的方法就够了，用不着讨论什么妇女根本问题的。我在下期《新女性》上有一篇《蛋糕制造方法的灌输与妇女根本问题的讨论》就是指的这件事。章锡琛先生在《新女性的檄文》中说："新女性是阃以内的人和阃以外的人联合起来专谈'内言'的。"我以新女性社一分子，更以本刊记者的名义希望这句话的实现与持久，尤其希望多请几位阃以内的人加入，使议论格外着实，格外有效。《新女性》第一期早出版，第二期大概在上海也已出版了。

（三十三）《狂飙》——不定期刊。我这篇文章破例已不止一次了：不是一年来的出版物既收入，今年一月出版的也收入，现在看见不定期刊也舍不得不收入，索性把题目上"定期"两个字也打破罢。《狂飙》原本是周刊，一年来几乎是由长虹先生一个人奋斗支持的，但是，终于因为经费困难中断了。此后我们便在《莽原》上看见《狂飙》精神的继续，直到去年十二月，《狂飙》才再出世，改为不定期刊，装成本子，纸张印刷胜过从前了，而精神也加倍。我来引用向培良先生在《水平线下》文中的几句话以形容《狂飙》的精神罢："我们需要生活，生活，生活着！而生活是动，我们需要能动的力——狂呼的力、冲撞的力、攻击的力、反抗的力、杀的力。我们需要人，同我们一样的人，我们街上看见，房里遇着，日夕相接的人。我们需要感情，哭的、笑的、悲哀的、喜悦的、忿怒的，一切我们所能读懂能够领略的感情。而且，我们不满意现在（因为现在并没有给什么我们可以满意的），前看着将来；我们挣扎、反抗、战争，我们所看见所接触的是丑恶、欺诈、虐待、杀戮、饥饿，花园门关闭着，我们没有休息的地方，而且，也不愿意休息呢。"

（三十四）《民生周刊》——北大一院转民生社。始刊于民国十二年四月初七日，去年十二月十二日出版第二卷第三期，以后我还没有见。这是一种国民党员主持的周刊，既大登《苏俄果然不是我国的朋友么?》，又大登《中国国民党取消共产派在本党之党籍宣言》，看去似是没有什么左右派的罢，但到底还是右派的。

（三十五）《党声》——中国国民党北京特别市党部。这是党报，本年一月一日出版第一期中，所载大抵是宣言、通告、训令、提案、计划书、特别启事等。第二期以后没有见。

（三十六）《政治生活》——北大一院刘鸣先转。这是宗旨与《向导》差不多的一种报，推销已经很广了，用不着我介绍。新近改成本子，封面画可以表示出它的精神。我所见还是去年十二月三十日出版的第六十二期。

（三十七）《中国军人》——月刊。

（三十八）《中国青年军人联合会周刊》。

（三十九）《青年军人》。

以上三种，都是中国的已有觉悟的少年军人的出版物。上两种广州中国青年军人联合出版，月刊我只看到第八期，周刊只看到第十四期。后一种西北边防督办公署出版，第三十七号在十四年十月十七日，以后未见。此外，从《中国军人》介绍刊物栏中，见有广东的四种新刊，我都未见的，现在且先题一个名，将来再写我的意见罢。

（四十）《黄埔潮》——黄埔军校政治部。

（四十一）《新学生》——广州新学生社。

（四十二）《香港青年》——广州香港青年社办事处。

（四十三）《革命军》——黄埔军校革命军社。

（四十四）《三民》——旬刊，旅京四川民党□□社，骑河楼蒙福禄馆四号陈孔□君转。

（四十五）《川政评论》——旬刊，川政协进会，北大西斋何恩宽君转。

以上两种都是旅京川人讨论川政的刊物。

（四十六）《蜀评》——月刊，上海五马路西广福里九号蜀评社。去年十二月出至第十二期。

（四十七）《赤心评论》——成都外国语专门学校。内如周佛海先生作《列宁与特落斯基政见之异同》等，议论亦极平正，而竟屡被压迫。卷四刊有“本报历史”四字，下有“出版未及两年，三次受外人和政府严重之压迫”二语，可以见其精神了。我所见的只到十一期。

以上四种都是关于四川的。

（载《京报副刊》1926 年第 389 期）

《一年来国内定期出版界略述》补（三）

伏 园

（四十八）《醒狮》——周刊，上海哈同路民厚北里一七一九号，曾琦先生主编。这是一个已得大多数青年信仰的报，无论南北，青年学生界中谈起来大都知道的。在今日的中国，如果是稍微留心时事的青年，准会主张或赞成国家主义。《醒狮》可以算是第一个，而且算是最透彻的，提倡国家主义的刊物，能得大多数青年的信仰自是当然的了；但是因为提倡国家主义，这个伟大的主义底下，也跟来了些少的流弊。就如曾先生自己，大抵不很肯作白话的，里面更有几位歆慕中国旧有学术的可贵的。如果能将这些小地方留意一下，我想，国家主义便愈加日耀中天了。《醒狮》我已见到第六十五期，内有黄仲苏先生主编的《文艺特刊》，余家菊先生主编的《教育特刊》，田汉先生主编的《南国特刊》。

（四十九）《国魂》——旬刊，自第十二期起改为周刊，并改称第一期。十二期以前是国魂社出版的，由李璜先生和救国团的一部分团员主编，十二期后改由北京国家主义团体联合会出版，编辑人还是仍旧，通信处银闸十九号。

（五十）《人权》——月刊，北京西四砖塔胡同五十六号人权杂志社。这是陈筑山先生主编的。据报载，陈先生现已辞去法大教务长职务了，一定将使《人权》更有精彩。胡石青先生的国际时评以外，后面还有些哲学与文艺的著述，可以见得是一种稳健论者主持的刊物，现已出第五期。

（五十一）《远东》——半月刊，吴统续先生主撰。第一期去年十月三十日出版，注重国内外政闻及政治论著。

（五十二）《革命导报》——周刊，每星期六出版，上海孙文主义学会，去年十二月二十六日创刊号发行，执笔者为邵元冲、周佛海、杨杏佛诸君。他们说："国民党历来只有党员与叛徒之分，而无左右派之分。最初一班叛徒，违背了国民党，变成政学系；其次一班叛徒，违背了国民党，变成陈炯明一系的联省自治派；再其次一班叛徒，违背了国民党，便变成冯自由一类的同志俱乐部；最近一班叛徒，违背了国民党，便是瞿秋白、陈独秀、谭平山、周恩来一类的共产派。"这大概就是陈独秀先生所谓的新右派："他们虽然竭力自别于代表官僚买办的反动派即以前的右派，其实他们当中仍然含着不少以前的右派分子，并且在事实上他们既然反对阶级争斗，反对苏俄，反对共产党，反对国民党左派，并且反对国民政府，客观上便实实在在的帮助了反革命和帝国主义者。"（《向导周报》一百三十九期）

（五十三）《中国青年》——北大收发课转政治生活社转金重君。"积极的提出拥护青年利益的主张，指导他们为自己的利益参加各种革命运动；系统地注重科学的社会主义之介绍与研究上之指导；系统地帮助青年研究一切社会科学——世界的、中国的，一切政治经济状况及一般的社会问题"等是他们一百期以后宣言的大旨，可惜北京不大容易购得，我所见的还是第一百零一期。

（五十四）《独立评论》——半月刊，上海闸北宝光里十二号独立青年杂志社发行。他们"替一切弱者（一）传播彼此的消息，（二）商量团结的方法，（三）谈论自决的途径，使弱者群集于劳工自决、国民自决、民族自决的旗帜之下，为生命而奋斗。"他们说："不奋斗便无生命！"今年一月一日发行创刊号。

（五十五）《朔风》——半月刊，北大第三院转朔风社。这也是国家主义的刊物，"吾人之主张：阐发中山主义，培养国民道德；发扬民族思想，建设民治国家"。但正如我说《醒狮》一样，当中的主干大抵是作文言的，这一点其实也不能因其细微而忽略了。他们虽不明说，却在下意识里仿佛以为提倡国家主义，便非连带提倡中国旧文字、旧思想、旧道德不可。这种态度，最易造成宗教的国家观，使浅见的国民听了从此不肯改过迁善。率直之言，尚请国家主义诸君子的教正，《朔风》创刊号一月一日出版。

（五十六）《南风》——旬刊，广州岭南大学南风社。这确是在校的大学生的刊物，发言大抵倾向于理论的，但也可以见得是纯洁的。二十期于去年十二月十五日出版，以后未见。

（五十七）《新汉》——不定期刊，上海大学菊阳君转新汉社。第一期去年五月九日出版，现已出至第六期。这是陕南一带的旅外少年人士的出版品。"极力连络民众，就是我们的手段；促进人民的觉悟，铲除一切恶势力，建设新汉中，就是我们的步骤和口号。汉中的民众呀，一致连络起来罢。"

（五十八）《西安评论》——周刊，陕西三原渭北中学关钟君转。言论大抵限于陕西方面，可以见出西安少年活动的新机。内如□杰先生的《汉南农民状况》，记载得非常朴实，不像有些文人羡慕农事只当是一种玩意儿。本年一月一日出第二十九期，以后尚未收到。

（五十九）《新群》——半月刊，上海大学陕西同乡会出版。《中国革命运动中陕西学生应负的使命》等，都是少年国民党人的平正的议论。对于日本进兵南满事件，尤其大声疾呼的反抗。《国民党左右派之分化》，则不直国民党右派之所为。第一期十二月二十六日出版。

以上三种，都是陕西少年人士的刊物。本刊极想知道外省少年思想的倾向，可惜编辑部中收到的并不多，只好将来续有收到时再行评论了。陕西方面，闻尚有《励进月刊》等，但尚未见。

（六十）《国是》——周刊，广州广大路五十八号国是研究社，现在出至第一卷第二十号。十七八九号为《基督教问题之研究及批评特号》，"在批评今日研究基督教者之两面（反教与护教）之思想与方法而谋一解决之道"。

（六十一）《微尘》——半月刊，武昌人字街五十三号。发刊词中说"《微尘》完全是微尘文学研究社社员的经费办的，……偏重文艺的创造，……"，却第一篇登了费觉天先生的《武力统一观》，第二期以后未见。

（载《京报副刊》1926年第392期）

《一年来国内定期出版界略述》补（四）

伏　园

（六十二）《新教育评论》——周刊，北京西城中华教育改进社。很可惜的，一说起《新教育评论》，人人都会联想到张耀翔先生的关于《三字经》的大作。其实，张先生的那篇《六百年来最有势力的小学校教科书》，许多议论确是有些特别；但《新教育评论》中的大部分著作，主张都是极平正的。“试拿自来水笔做个比方，试验学校好比是泉水，一般学校好比是用户，本刊不敏，愿意做座水塔，谁要水用，还愿为他通根水管……我们愿意大家借这个机会把个各干各的教育界渐渐地化为一个通力合作的教育界。”这是他们的使命。现在已出到第八期。

（六十三）《文献》——周刊，神武门内故宫博物院传达处转国学拾零社。读者得注意，读者尤得在他们的通信处上注意：虽称“文献”，其实只是故宫的文献；虽称“国学拾零社”，拾的也只是故宫的零。先注意了这两层，我们始能了解这个周刊的价值，不比普通文献，或拾普通国学之零，可以模模糊糊放过的。我且不谈他们的编辑方法，单论他们的材料，只要直抄下来，人人便会引起兴味的了。编辑的人都是我极熟的朋友，上面的话或者含着几分鼓吹的意味，其实他有他本身的价值，用不着我的鼓吹。但也因为是熟朋友，所以有一件事要劝他们，就是希望他们加用圈点。我们这种读了大半世没有圈点的旧书的人，尚且新近读了几年有圈点的，便觉得没有圈点如何不便，何况那些年纪比我们更轻的人呢？我所谓圈点，是真真的圈点，圈点以外的半支等等不算在内。中国文字向来只有圈或点，一旦加进许多花样去，在白话可以全盘承受，在古文却有许多不能适用之处，我们看新近标点的书籍觉着有些难过就是为此。所以我的意思，凡作文时并无圈点而是后人追加的，无论文言或白话（如《红楼梦》等）决不能追加圈点以外的种种标记。但倘如《文献》的只有点或圈亦微嫌不足，所以我有这个建议，国学拾零社诸兄以为如何？《文献》现已出至第四期。

（载《京报副刊》1926年第396期）

《一年来国内定期出版界略述》补（五）

伏 园

（六十四）《中山》——半月刊，天津世界书局转中山主义研究会。中山先生死后，中山先生的门徒，正如墨子以后的“别墨”一样，已经渐渐相谓“别孙”了。其实呢，我们现在已是二十世纪的人，可以不必再走“别墨”的旧路。中山先生的事业泰半在乎实行，著作也还不算浩繁，许多争论的问题只要平心一想，自然会觉悟到不如省些口舌，走上实行的路之为得了。《中山半月刊》要“诚诚恳恳地研究中华民国创造者底本意——中山主义”，我自然赞成，但我更赞成启衷先生来信说的“力求接近民众”，“唤起国民革命”等等。我以为除了因为别有作用而另立门户的以外，凡是讨论中山先生学说之异同的，此时不妨暂且省些口舌，待到各方所公认的中山主义竟能实现七八分的时候再讨论未迟。现在所最需要的只是实行而已。《中山》半月刊已出至第五号，六、七号闻均已付印云。

（六十五）《革新》——半月刊，北京工业大学转云南革新社。这是旅京的云南少年的刊物。“我们相信要想改造云南，必须打倒军阀与帝国主义；要打倒军阀与帝国主义，必先唤醒民众、团结民众、联合民众、武装民众，以实现国民革命。”这是他们的目的。云南与一般中国人实在太隔膜了，我们要到云南去先得往法国公使馆去请护照，云南人要汇钱给我们几乎要化百分之五十的汇费，这是什么现象？在物质的交通没有如意以前，我想，像“革新”这种精神的火车是越多越好的，越多越好的！《革新》我见到的是十二月十五日出的第五期。

（六十六）《国家与教育》——周刊，北京东城翠花胡同北新书局发行，琉璃厂师范大学转国家教育协会编。新进国家主义的盛行已如上述，但把国家主义与教育事业连在一起讲的，《国家与教育》周刊恐怕要算第一次。“据我们看来，如果对于国家教育要求根本的解决，我们该当把这种忙法（忙于应付学生，忙于对付同事，忙于争学款，争庚款，忙忙的教了书，又忙忙的去开评议会、欢迎会、秘密会、委员会、饭局、茶会等等）一齐放下，而去想一个较彻底的办法：一、先商量个合乎国家需要而又切实可行的全国教育统整计画；二、次拼命争得一定的全国教育经常费用；三、后设立教育经费独立保管机关，照一定预算以支出——我们认为是较彻底的解决法，是我们的教育家值得专力去忙的。”（摘引《始刊小言》）这也是一九二六的新刊物，一月二十三日才出第一期的。李璜先生的《教育上的国家主义》，当乃德先生的《国家主义与教育之生命》，都是发挥上述他们的宗旨的。

（六十七）《智识》——月刊，上海澄衷学校智识社。智识社的社长是曹慕管先生，读者听到这三个字，一定可以想起许多有趣味的事件。前年吴佩孚战败不死，曹先生撰论责之，谓此不足以为天下后世法！《智识月刊》以曹先生为主干，它的内容我就是不介绍，读者也会得猜中三两分罢。我虽然不认识曹先生，但我可以替他担保，从文章上看，他是绝对没有坏心思的，只是奴隶教育入人太深，自然而然发出那种惊人的议论来了。例如“白话不适为职业应用文”，“异哉北京之国民大会”等（见《智识》第一卷第七号），均系搔不着痒处之文字。于时局则曰“日来战讯，东省几乎隶倭国之保护，悲愤欲绝，惟国民党人，悔悟前愆，逐共产党，罢鲍罗廷，事虽未就，为可喜耳”！曹先生尚以为“东省隶倭国之保护”还是“几乎”，而国民党左右之分却是“国民党人悔悟前愆”，这真是教书先生的时局观了。有几期杂登学生课艺，我们才知道澄衷学校还在那里以四书五经义取士。《智识》的销路大概不多，我这里却感谢得很，承蒙每期寄赠。因为要表示感谢的意思，所以率直的说了上面的话，与《智识》无缘的人索性不管好了，反正所差也不过二十年季候，长着二十年以前的脑袋的人看了一定极合口味的。《智识》现已出到第八号。

（载《京报副刊》1926年第397期）

《一年来国内定期出版界略述》补（六）

伏　园

（六十八）《战士》——周刊，湖南战士社。“战士”，这是多么动人的一个词儿。不但是词儿而已，《战士》确是名实相副的。它大体的议论，可以说是国民党左派的，但我们不必这么说。处今日的中国，凡是有志的青年，不论他是不是国民党的党员，是不是中山主义的信徒，是不是对于国民党的党纲或党员有若干的认识，他一定会发出与国民党左派大同小异的议论。你说他是国民党左派的党员么？也许是的，也许不是的，他只是有见地的、有希望的、爱国的青年罢了。《战士》里面下笔最为勤快的金华先生或者就是这一类。虽然从他的责备《醒狮》，责备《民国日报》里，令人见出他的派别来，但这正可以表现他的“战士”的议论。我希望《战士》一类刊物愈多愈好，现在这个“战士”是湖南少年专与湖南的旧势力战的，如果能够各省都有“战士”，甚至各县都有“战士”，那么新中国的诞生或者不远了。《战士》我看见的还只到十二月十五出版的第二期。

（六十九）《湘乡新声》——无定期刊，非卖品，旅京湘乡学友会。这可不能与《战士》比了，但议论是平正的。本刊编辑部只收到三期，四月二十第二期出后，直到八月二十才出第三期。除本刊编辑部所有以外，我在书铺书摊等处从未见过，或者第三期出后就停止了也难说。其实里面许多作品非无价值，亦决非平常学友会所出定期或无定期刊专载社中消息者可比，所以不妨继续出版，由无定期刊变为定期刊，也由非卖品变为卖品。一位记者在《编辑余谈》里说："我最近看到许多索阅或讨论本刊的信，才知道故乡的空气，竟因这小小的本刊而稍稍更新，虽然不能说有大□，较之全没这个东西就好多了，可见做事只要有恒心，能持久，一定不至空费气力，同学不要自馁啊！"我们做出版事业的所以不自馁，全靠这点安慰的，然而不知《湘乡新声》以后是不是"有恒"的出下去！

（载《京报副刊》1926年第400期）

青年会与读书会

青年读书会是和一般的青年会不同的，现在将两个会来比较。一是委员制，注重于会员的活动的；一是会长制，注重于干部的努力的；读书会是属于进取的团体，青年会却是和这读书会的性质不一样而变成保守的团体了。因为在来的青年会除了少数的青年会以外，概是依俗吏劣绅而成立，被他们所利用，没有丝毫表现青年的优点，所以青年会员不仅没有似读书会员的那样热心研学的习惯，并且对于社会的活动也都是有名无实的。像某地方的青年会除了一部有志气人士之外，大抵是唯唯诺诺的态度，没有积极的主张，所以就不免违背了本来之目的。许多地方，虽有组织青年会，而其会则也很罗列许多的事业。要积极进行，但达到实行的时，却那里敢做出丝毫有益的事，不过是多精通了应酬的工夫，兼会勉应了官僚们的差使，这就是他们唯一的特色。咳！青年会员们进到这样程度，实是可伤心至极了。

我们观察青年会不能够造出巩固的团体的原因就是基于下记的数点。第一是抱了"领袖欲"，青年会员们因为常有接近了官绅的机会，未免见猎欣喜，每有希图自己的位置较胜他人的，他们不是望有名誉的地位，就是要求有实利可享受的，所以视团体的事业的发达，可说是没有关心的。第二是没有持续性，因为没有持续性，所以虽有很好的宗旨，他们都不能耐久，若稍受了磨折的时候就容易抛却平素的主张，去顺从那背时势开倒车的有力者们，所以他们初时的运动虽见有轰轰烈烈能够使人起了羡慕的念头，但这也不过是趁一时的高兴，到了后来，便声销影匿而现出言行相违的事实。大部分的青年会都属官制的团体，没有进取的气象，所以若和那青年读书会相比较起来，确是有云泥之别了。

然则读书会，是负有甚么新使命，我们不妨举两点一说。第一是自己要了解社会情状；第二是要有应付社会需要的本领，就是做事的本领。这种目的却和官制青年会相一致的，不过官制的青年会因为没有充分的觉悟，以致没有能力可以发挥出来。而读书会的人物已看见了青年会的缺陷，就恐怕再蹈覆辙，他们现在都不要出风头去和甚么官僚绅士握手，他们所注重的是读书，是感觉改革旧社会的病态，一定要充足自己的智识，所以不断的研究，务要发挥他们的优点。既然不肯被人家利用去做官僚们资本家们的走狗，自然很有一定的主张；而抱有确固的信念，更加以热烈情怀，肯干那社会有益的事业。这样看来，读书会的会员，是富有勇敢牺牲的特性，而长于宣传，又没有妥协性的短处被人所利用。近来各处都有这种读书会设立，真是一个可喜的现象。若能够扩充到各地方都有这样团体的存在，那社会文化就会一直向上了。

故我们一方面对于新设的读书会，希望其为主义而奋斗，同时并希望各处既设的青年会，须能够觉悟捐弃旧来的弊害，诚意努力纯正青年的新使命，然后我们台湾的社会的前途才会有长足的进步。

（载《台湾民报》1926 年第 135 期）

编辑儿童读物的我见

胡叔异

儿童读物对于儿童一生的关系很大。儿童读物在小学教育的地位，也很重要，因此儿童读物的编辑，在目今教育上，可算是一个重要问题。

编辑儿童读物最紧要的条件，就是适合儿童的心理。著者对于儿童读物，并没有深邃的研究，不过每天总有机会要和儿童读物接触，因此就发生了许多问题。现在把我所想到的问题归纳于下面几项。

一、儿童读物的命名。图书的优劣，看了它的命名，已得近似的判定。儿童读物定名的第一条件，是要免去成人观念的名词。儿童读物既是供给儿童阅读的，那末，他的定名，至少要儿童能够领会，决不能任编辑人的理想，随便命定的。倘使不顾到儿童能否领会这书名，那末，所定出的书名，决计不会儿童化的。换句话说，就是成人观念的书名，儿童对之不容易发生兴趣的。比方讲棉毛麻丝等衣服原料的书籍，这本书当然可以有几种定名：第一可定名为《衣服原料的研究》，或《衣服原料的来源》，及《衣服的原料》三种；第二可定名为《棉毛麻丝的研究》；第三可定名为《衣服从那里来的》。我们再分析那一种定名最适宜于儿童读物，要解决这问题，先要研究上面几个定名中，那一个定名儿童最容易懂得，就是说那一个定名最合儿童的心理。我以为第一个定名里“原料”两个字，是成人观念里的名字，儿童决不能够领会这定名，当然不能用之于儿童读物。第二个定名里的“研究”二字也是成人的口吻。惟有第三个定名，既没有高深的名词，又合乎儿童的口吻，并且这一类的问句，也是儿童每天所常常要问的。要是他们看见了这种书籍，自然愿意去读了！所以儿童读物的定名，第一是要避去成人观念里的定名，总要适合儿童的口吻来定书名。不过现在坊间出版的儿童读物，往往喜欢放“儿童”二个字，好像用了二个“儿童”的字，就可算是适合了儿童的心理，其实也不尽然的。大概一种图书专给儿童用的，当然可加“儿童”二个字；不过有许多属于新知识、故事一类的图书，可以把书里的内容，作为定名，不必都要加“儿童”二字的。总之：儿童图书的命名，要合于儿童心理，能引起儿童阅读兴趣为上乘。现在把关于儿童图书的命名上几个重要条件列下：

（一）要避去成人观念的名词；

（二）要避去深奥意义的名词；

（三）不必多加“儿童”二字；

（四）当采用问题式的；

（五）要儿童化的。

二、儿童读物的编制。为叙述便利，分条说明如下：

（甲）课文重要处排大号字。现在的儿童读物，恐怕为排字的便利计，每课文字，往往大小一律。我以为要稍稍变更，凡关于重要处应当用大号字排，使儿童阅读时容易注意。差不多和报章上的文字排列法相同。

（乙）读物应当有索引。图书之应当用索引，完全为阅读的便利计。这也是现行的儿童读物所没有做到的。实际这层也很重要，因为图书浩如烟海，假如儿童时代得不到阅读的方法，将来恐怕吃亏的地方很多。就是说现在一般学生到了图书馆里，往往不知道怎样找寻自己所要材料的方法。这都是在儿童时代没有养成阅读习惯的缘故，不过阅读习惯的养成，第一件事，是要懂得查索引的方法。所以儿童读物一定要有索引，这样，儿童的阅读，不但能够获得知识，并且能学会阅读的方法。这虽是阅读的副目的，但是此种习惯养成后，将来就用之不尽了！

（丙）课文应当前后联络。现行的儿童读物，除几种章回体裁的小说外，大部分前后不能联络。一本图书，使前后不能联络，有二种坏处。第一，儿童所得的知识多零碎片段的；第二，减少继续阅读的兴趣。不过有许多读物，不能完全联络；我以为不能联络的读物，也应当有一个中心点，做全书的大纲。

（丁）课文排列法。每课总要有几个中心的问题，把全课的意义都包含在里面，使儿童阅读时，先把这许多问题细细的想一想，然后再读课文，那末，格外可以清楚明了，并且可以养成提纲挈领的读书方法。每课终了，还要有几个想的问题。一则使儿童有复习的机会，二则可使儿童练习思想，培养创造发表的习惯。现在举一个格式作为例子：

本课中心问题：

（一）…………

（二）…………

课文

想：

（1）…………

（2）…………

还有儿童读物的文字，究竟应当横行排列，还是直行排列呢？这也是改进读物上一个重要问题。据生理学上的证明，眼的左右横动，比较上下动容易些，所以课文能够自左而右的横行排，儿童阅读时或可较为便利。这是一种理想，究竟那一种排列好，这要试验后才得证明呢！

此外对于编辑儿童读物，还有两层意见：第一是儿童读物的定价，第二是教科书的活页装订。现在逐一说明于下：

（甲）儿童读物的定价。儿童读物应当普及于各地小学校，不过要把儿童读物普及，它的定价总要便宜些，否则，有许多经费不甚充裕的乡村学校，就无力购买了！尤其是学校的各种教科书，要是教科书的价值十分昂贵，那末，好的教科书，儿童也因经济关系，无力购买，不是对于教育的普及和文化的传播，都发生了重大阻碍吗？

（乙）教科书的活页装订。现行教科书的排列，都自成系统，分册装订。这种办法，有两种坏处：第一，每年的应时教材不容易插入；第二，太觉呆板，无变通的余地。要是行了活叶装订，这二种弊病，或者都可以避免。先说第一层的改良法。现行的各种教科书，不论册数多少，总是每册自成一小单元，或者每部自成一大单元，并且编定第一课第二课等等，教师依照教书的顺序，顺次教下去，可以不问环境与时令和教科书上教材究竟能否适合。这样试用教科书，不但儿童的得益不多，并且容易养成教师的惰性，使他完全依据了教科书教学，毫无一些变化，对于教育上的研究兴趣，也无从发生，这实在是改进教学上的一种大阻碍。至于一般富有研究精神的教师，他们很想把教材变通，插入应时或适合儿童环境的活动教材，但是因为受教科书的束缚，也无从添加。后来就慢慢的把他们的研究兴趣冷淡下去。可是教科书要是排了活叶本，那就可任教师的选择，添加应时教材及适合儿童环境的教材，并且对于读教科书的进行，可以毫无问题。至于第二层改良方法，也很简单，就是用了活叶本。当然课文的多少，可以随儿童的能力而变更，课文的顺序，也可以随教师的教学而变更。总之，教科书用活叶本装订，至少有下列几种好处。

（1）教材有活动伸缩的余地；

（2）可以适合儿童的需要而增减教材；

（3）可以增加应时教材，不受教科书的束缚；

（4）便于练习记忆。

编辑儿童读物是一件难事，现在的著作家都看得太容易了！以为编儿童读物，只要求浅显，其他可以不问，这实在是偏面的论调。总之，儿童读物是要依照儿童心理编辑的。不过专从书本上看来的几种儿童心理，倘使不常和儿童接触，恐怕也难编出好的儿童图书呢！

（载《教育杂志》1926年第18卷第4期）

两性问题出版物述评

舒又谦

国内关于两性问题的出版物，一年以来，已经刊行的不下五十余种，散见于杂志报章上的零篇短著，更是不少。其中大半是由欧美及日本各国名籍译过来的，虽于中国人的生活不尽合适，却都是很好的研究资料。记者案头倒有几本这一类的书报，借本刊出版“男女关系特号”的机会，略为评述一回，以供读者研究“男女关系问题”的参考。

（一）性

《基督徒的性观》

这是一本研究“性”问题最忠实最妥当的书，著者为英国 A. H. Gray，原名 *men, women and God*，经上海广学会聂绍经君翻译印行。定价大洋一角七分（邮另加），今年二月间出版。

全书除序及绪言外共分十三章，即：（一）性育的重要；（二）伴侣的职责；（三）爱情的释义；（四）婚约的根据；（五）道德的标准；（六）男子的奋斗；（七）嫖妓的罪恶；（八）女子的青春；（九）强迫的独身；（十）结婚的艺术；（十一）不幸的婚姻；（十二）社会的不良；（十三）往事的不咎——此十三章关于“性”生活及社交、恋爱、结婚、娼妓、新性道德等等问题，无所不备，确是一部研究两“性”问题的好书。

厨川白村说：“性的教育为近来一部分人所提倡，这是好的现象；但只有指示生理上的知识的，而少有注意性的伦理的。”这本书的好处就是它对于“性”的知识与“性”的伦理，都能有清楚的论述，而不是偏于一面的。我以为这书确“能助寻求真理的青年了解他们的自身，得到胜利、快乐、和谐、丰富的人生”。

《人类的性生活》

是书为德国留学生程浩医士所著，上海亚东图书馆出版，订价三角五分。

年来出版关于“性”生活的书籍虽不少，而比较令人满意的，或者要算这一部了。他说：“性生活不是神秘的，性生活也不是污秽的。”这是我所赞同的。新女性社晏始君批评他说：“著者太富于感情，缺少科学家严肃的态度，并且文字上太求引起读者的兴趣，打趣的话和空泛的话不免过多，以致容易使读者误认为不是纯粹的科学书。”不过，我以为性知识的书籍既然这样的缺乏，偶然有了这一部比较有统系的科学专著；文字的严肃与否，似乎到没什么关系。

全书共分二十四章，其中《青春发动期的性生活》、《少壮和老年时代的性生活》、《性交的条件与一般现象》、《性欲的分析》、《性生活的健康问题》等篇都甚精采。

是书销路极广，研究“性”问题的，可购来一看。

《性之研究》

民智书局发行，编者署名吹影庐，去年八月间出版，每本三角五分。

此书共分八章，理论特多，不着实际，惟关于《少年性的危险与避免危险之方法》及《性欲教育之研究》两章最佳。

《夫妇之性的生活》

此书亦为民智书局发行，编译者为叶癸，与上述一书先后出版，定价四角五分。此书论及夫妇之性的生活，甚称详确。如《选择配偶》、《夫妇之性交》、《解放女性》、《生殖能力》等章，均能参酌名家言论立言，其《结婚的意义及目的》一章尤为未曾结婚的青年们所不可不读。

《性的人生》

美国 Armstrong 原著，由叶新译出，商务印书馆发行，与前列二书同时出版，定价一角。

这书共分两篇，第一篇叙述身体发育时种种的变化和珍摄；第二篇则专论心意的启发，叫男女怎样保守心身的清洁和择配等事。据云美国米蹉波里顿人寿保险公司曾评为解释“性”的佳作，还奖过一千元美金呢。

《性育卫生篇》

俞凤宾著，商务印书馆发行，定价四角。全书共有十四篇，只《社会中性欲卫生之需要》、《伉俪卫生与鸽鉴》、《论社会卫生之促进在尊妇女与节性欲》等数篇尚可看。

《性与人生》

周建人译著，为上海妇女问题研究会丛书之一。

《性教育专号》

为商务馆《教育杂志》第十五卷特号之一，零购二角。

这一期特号的内容，极其丰富，读者亟应买一部看看。现在我先把几个要题介绍过来：

《性教育概论》（共三篇）、《性教育之真谛及欧美各国之性教育运动》、《两性生活与教育》、《同性爱与教育》、《男女性之分析》、《中国的性欲教育问题》、《性教育之倡导者》。

《新性道德特号》

这是《妇女杂志》第十一卷第一期特号，内容材料均佳。关于新性道德各方面之论文约二十篇，其中章锡琛的《新性道德是什么?》和周建人的《性道德之科学标准》，两篇文字对于性道德均有新颖之论述，可资参考。

《新性道德讨论集》

这是陈大齐、周建人、章锡琛等关于性道德应否自由之辩论文字，曾散载《妇女》周刊、《莽原》周刊、《学灯》、《现代评论》等刊物上，由章锡琛综集成册，定价三角。

《完璞巽言》、《葆真法语》、《青春之危机》

以上三书为上然青年会协会书局出版，价均八分。为十岁至十八岁以上青年必读之籍，关于生殖之正理，保身之良法，克欲之良方等等无不扼要言之，也是很好的“性”育良书。青年不可不看。

《性史》

今年五月间出版，编辑者张竞生。

此书出版后，北京方面即行禁售。据该书序言说“这部《性史》为‘性育丛书’之一，以后还要继续出至若干集以上，然后才罢手呢”。我以为这不是一本“科学的与艺术的研究‘性’的书”。所以不愿特别介绍。

《性的知识》

妇女问题研究会出版，新女性社发行，方可编辑。

是书对于青年所不可不知之性的知识，如节欲、手淫、花柳病、避妊等等均有详确之叙述，为性知识之善本。

此外关于“性”问题的书，尚有二十余种，不过千篇一律，没有什么特别可取的地方，又大半是翻译七八年前日人原著，甚至有再版至五十余次的，其流行在一般社会也就可想而知了。这一类书很明显的坏处就是，翻译的错谬，印刷的粗陋和书名的单调。我只举几本把它们的名字写出来，以见一斑：

《男女交合论》(共七种版本，内容大致尽同)、《情欲宝鉴》(百新公司出版)、《肉欲害》(内容与前两书无大分别)、《色情之男女》(分正编、补编两部)、《男女情欲宝鉴》。

还有两本东亚书局最近出版的研究“性”的书，即《男女交合论》(与上面所记的不同)、《同性恋爱论》。以上两书均为日本富雅大郎原著，吴瑞公翻译的，内容尚不大恶。

《男女学生恋爱史》

上海新主义研究社编辑，平民书店发行。

此书为最近六月底出版的，内容完全模仿北京张竞生所编的《性史》，共有十个男女学生述说他们的经历，据云这其中的姓名、校名都是真实的。不过骗钱的成分太多，无论如何，我总以为这种“投机的营业”，当局有查禁之必要。

关于“性”育的书籍，国内出版的，除了上面所写的以外，恐怕不再有什么别的了。不过在杂志报章上这一类零短的文字倒是不少，按我一时所能想到的几篇，也记在下面。

《优生学和几个性的问题》　陈兼善作（见第五卷四期《民铎杂志》）

《性道德的变迁》 周建人作（见《民铎杂志》第六卷第二号）

《性的比例和两性的关系》 周建人作（见《新女性杂志》第二卷第三期）

《婚姻与性交》 君贤作（见《新女性》第二卷第三期）

《两性问题之研究》、《性的道德之破坏》、《性的发端思潮与妇人问题》 以上均李宗武作（散见《晨报》副刊第十六、十八两期之中）

《两性生殖的危险》、《生殖与恋爱》、《两性殖避险法》 以上均陈炳相作（见《晨报》副刊第四十六期）

《视觉与性》 白杨作（见《世界日报》附《妇女周刊》第六、七期）

《性教育与配偶选择》 健孟作（见《妇女杂志》第九卷十一号）

《性道德的唯物史观》 沈雁冰作（见《妇女杂志》第十一卷一号）

《美的性育》 张竞生作（见《美的人生观》第一章第四节）

《禁欲的研究》 李宝梁作（《新女性》第七号）

《性的自然》 慨士作（《新女性》第七号）

《生物学上之两性观》 （《东方》二十卷三期）

《性律和性的分配问题》 （《东方》二十一卷十一期）

《中国性教育运动的流弊和救法》 张仕章作（《青年进步》第八十八期）

《两性问题特号》 （见《青年进步》杂志）

除了上面所举数题之外，也许还有关于“性”育问题有价值的文字，可惜记者记忆力太坏，一时想它们不起。关于“性”方面的介绍，于此就告一个结束罢。

研究两性问题的西洋名籍介绍

1. Marie Stopes *Wise Parenthood*
2. Marie Stopes *Radiant Motherhood*
3. Marie Stopes *Married Love*
4. Ellen Key *Love and Marriage*
5. Ellen Key *Love and Ethics*
6. Havelock Ellis *Litte Essaye or Love and Virtue*

7. W. J. Robinson *Birth Control*

8. Margaret Sanger *Woman and the New Race*

9. Edward East *Mankind at the Corssroads*

10. Gray *Men, Women and God*

11. A. J. Hadfield *Psychology and Morals*

编后

我久想写一篇评述两性问题出版物的文字，但总为事务和时间所阻，不能写出。这一次记者和张钦士先生商榷出版男女关系特号的时候，我又答应写这末一篇介绍。说也凑巧，繁冗的事务如山堆积，直到昨夜十时后才略为整理出一个头绪来，吃了夜饭，已是二时半，只得睡下。今晨起来才写，而一面又要办许多琐事，直到此时才模模糊糊的写这末几页，自知是过于草率了，不成东西。但是明早去天津的火车不能多等待我，也就无法了。下篇一定用心写。

（载《真理与生命》1926 年第 1 卷第 6 期）

教科书问题

赵乃传

暑假将满，秋季始业之期，一天近似一天了。各等学校所应解决的问题很多，教科书定是其中之一。因此，我特采集霍尔-哙斯忒（Hall-Quest）诸氏之说，草成此篇，以供参考。

（一）教科书在现代教育上的位置。

（甲）教科书成为考察上的一大问题

目下各级学校，正在经过指导与批评，它们的改造声浪，又复高唱入云。那末，我们对于教科书这个复杂问题，实有精密考察之必要了。一学科的要点，大都可从该科的教科书中看出。教师与教科书现已成为教学上的两大要素，苟缺其一，教学的功效，即难实现。近来学校当局和教师常向编教科书的人提出严重的质问，因为他们对于教育方针的形成，占有很大的势力。教科书的关系，既有如此之大，所以有人主张大学师范院或教育系中应该特设教科书的编制一科。它的内容，当包括左列各项：

（1）教科书的历史；（2）教科书中教材的范围；（3）教材的组织（根据儿童心理学与少年心理学）；（4）教材的支配（附学习方法）；（5）制成问语与选择应用的问题；（6）搜集教材的方法；（7）发行的方法；（8）编者的酬报；（9）订正；（10）搜集书评；（11）批准教科书的标准。

此科讲授时，除上列各项外，读书法和阅读心理学尤为重要的参考资料，自始至终必须充分应用。但，大学里设此科的，绝无仅有！

目下教科书的需要，日益加增。它们的种类、改订、销路、用途等等，都已成为繁难的问题，在教育上占着重要的位置。我们若要替学校谋良好的结果，教科书的审查，是刻不容缓的。

（乙）教科书占势力的理由。

教科书占了偌大的势力，究竟理由何在？有人说，优良教师的人数如能增多，教科书的势力自然减少。换句话说，缺乏适当训练的教师往往奉教科书为“金科玉律”。举凡讲授的程序，材料的支配，都是死守书本，不知变通。这种批评，固属允当，但教科书的势力深厚，考其原因，决不仅在不良教师的众多。那些优良教师所得于教科书的利益，也非浅鲜，因为学科的讲授，若无良好的书本，必致用力多而成功少。况且入学程度的厘定十分困难，正因有些新设科目的组织不完备，它们的材料的范围和顺序，都不确定，要把它们整理起来，编成适当的章次和系统，无论所定程度怎样富有弹性，也是很觉困难的。等到这些科目有了教科书以后，此类缺点，才可补救些。

美人泰因（Thwing）称教科书为“众教师的教师”，教师们得了教科书的助力，才能引导学生入于智识之域。教科书好似门户，教师和学生必须由是而升堂入室，藉以窥见真理的深奥。美国中小学，受教科书的影响很大，英人舍勃（Chas. H. Thurber）对之十分赞许。

（丙）教科书的缺点

教科书的重要，固如上述。但，教师拘守书本的习惯必须打破，却是多数教育者共同的主张。一学科的规画，首应搜集丰富的补充材料和参考书籍。专用一本书，或者盲目地拘守着一本书，不思伸缩活动，实不足取。可是，倘若因此有人主张各种科目，一律不用教科书，因噎废食，也是不合。所以折衷的办法和合理的选择，乃是我们对于教科书应采的态度。话虽如此，麦美莱（Charles McMurry）所指摘教科书的缺点，却也值得注意。麦氏的论点凡三：（1）教科书对于重要的题目不能供给适当的讨论；（2）它不容易提出恰合的问题，使学生运用精密的思想，去想去适出的解决方法；（3）一个中心题目对于其它题目的关系之分明，必须经过原因的连贯，异同的比较，以及其它的联想方法——这些都是属于思想上材料的衡量与组织，在教科书中讨论，往往不能惬适。麦氏的话，虽或言之成理，不过这些缺点，并非永远附着于教科书的本身。它们的存在，固无可疑，却不必继续如此。麦氏所说“适当的讨论”，如果指着适宜于学生的教育发展中的任何阶段，我们只要根据教育上的价值，把材料精审地估量一番，便可补救这个缺点。倘若指着详细的讨论，也可利用参考材料和修学指导，去达到目的。此处我们应该注意的：任何题目的详细讨论，或者是可能的；但，这种工作是否必要，实属疑问。至于提出问题，以期引起学生独立的研究，现时的教科书，都已顾及。退一步说，我们相信麦氏的指摘，果系实情，但是他以为这些问题和它们的解决方法，在教科书中，必须充类至尽，应有尽有，也是不能使人无疑的。问题不多，不必认为缺点。我们所希望于教师的，还要在应用教育的材料，去适应本地的需要和环境哩。麦氏的第三种驳议，颇堪寻味。任何教科书，不能完成思想的过程，诚然。但，在深谙学习心理的教师指导之下，麦氏所说的原因的连贯、异同的比较，以及一般的思想过程的进行，都是可能的，这是教师的任务。同时，在某种范围之内，也是编书者的任务，而且现在编书者之中，从事于这种任务，也不在少数咧！

（丁）教科书存在的理由

照此说来，麦氏所指摘的教科书的缺点，都是可以补救的。教科书的价值，不致因这些缺点而减损。它的存在，决不是一件偶然的事情，我们仔细考究，可以找出八种理由：

（1）教科书能把教育的材料，提纲挈领，紧密地排列出来。

（2）教科书能够供给现成的参考资料。

（3）教科书能使全国的教育，保持统一的功能。

（4）教科书能使一学科的课业进行，层次井然，有条不紊。

（5）教科书能够指示修学的门径。

（6）教科书能够指示应用的方法。

（7）教科书的新陈代谢，可以显出一学科发展的途径。

（8）教科书在行政上可以测定学校的程度和学生的进步，于学生的转学或编级，颇多裨益。

以上八端，都是显而易见的，无待申说。照此看来，教科书在教育上的位置，当然不容漠视了。

但一本教科书之中，项目很多。各项目所占的分量，多少不一，它们的相对的价值，便可由此判别了。各项目的价值，虽不免因各人主观的见地而发生差异；编者的支配分量，也不足以代表真正的价值。可是，编者选择材料，对于该学科却有直接的影响。举凡该学科的范围、性质等等，好像归他决定以后，在书中标记出来。学生对于该学科的观念，也都由他供给。因此之故，教科书的采用，必须经过详细的审查，否则书中偏执之见，学生受其影响，先入为主，从此对于该学科不易得着公平的观察了。

（二）关于教科书的几条要则

（甲）教科书的定义

勃利格斯（Briggs）说："教科书乃书之一种，所有材料的选择、组织和陈述，都要替学生设想，以期引起他们自动地去作一种在教育目标上所认为必要的活动。"

（乙）事实上的材料

（1）书中事实的选择，必须与本学科的特殊目的相适应，而这些目的又须根据于教育的根本目的。

（2）所选事实的如何注重，当因相对的价值而决定。

（3）事实的选择，既须适应本地的或个人的需要，所以材料务须丰富，以留抉择之余地。

(4) 一切事实，固须力求正确。倘若偶有小疵，批评者也不应过于吹求，反使书中要义和组织为人忽视。

(丙) 组织

(1) 教科书的组织，必须依据活动的单元，而各个单元对于学生，都有一定的目的。这些目的约可分为四类：

① 用外表的形式表示一种目的。

② 享受美的经验。

③ 解决知识上的问题。

④ 获得一种知识或技能。

(2) 书中各单元又须遵守左列的定律：

① 学习律。

② 握持律 (the law of retention)。

③ 移转律 (the law of transfer)。

(3) 到了学生对于事实的领悟和应用渐有进步的时候，教材上论理的组织更为重要。

(4) 书中组织，对于根底浅薄的教师，必须尽指导的责任。但，富有创造力者，不可拘守书本，受其束缚。

(丁) 体裁

(1) 书中叙述，必须采用对谈的形式，直接向学生发言。

(2) 全书体裁必须合乎修词学的规律，尤须具备左列各端：

① 明晰。

② 有兴趣。

③ 连贯。

④ 精密。

⑤ 动目。

(戊) 教学指导

(1) 教科书必须富于教学的方术，所应注意的事项如左：

① 习练课的目的必须分清。

② 引动学生去做习练课，使他们知道习练课是一种手段，用以达

到必要的目的。

③ 注重温习和熟练。

④ 对于身体上和精神上他种活动的关系，必须充分表现出来。

⑤ 引起学生对于思想或活动大单元的信念。

（2）地图、表格、插图等等，必须与原来采用的目的相适应。

（己）实质方面

（1）教科书关于左列各端，须立下确定的和适中的标准：

①书本的大小。

② 装订。

③ 纸张。

④ 字形（铅字的大小）。

⑤ 行数。

上述的几条要则，编书的人固须遵守。那些采用教科书的人，倘能够悉心体察，用作批评或选择的标准，也可促成教科书的改进。双方有了依据，协同进行，教科书在教育上的位置，必能较前增高，而教科书的一切问题，也不难逐渐得到满意的解决了。

（载《新教育评论》1926 年第 2 卷第 13、14 期）

小学教科书

孙福熙

反对全国一律的小学教科书，教材应由教师各人自由选择。各区域自集团体编辑教科书，求知力发达了就能自己求知，养成切实的研究事物的习惯。我所说的方法未必可以实行，只是提出对于教科书的疑问，如何改良还望高明者的赐教。

我是极端的反对书局编辑小学教科书的；尤其反对的，像现在中国的以上海一处所编的书，勉强的让散居偌大面积的小孩去看。我们很明白的可以想见，以同一种书去勉强这样广布的小孩，其适应的程度为如何；又因为要勉强的使这样广布的小孩能够应用，这书的材料又当为如何了！

我们不必讳言，就大体而论，现在中国不能没有人编小学教科书。不必说内地乡僻，就是在教育兴盛之区，有编辑小学教科书的眼光与手腕者，能有几人？我还敢放肆的说，许多小学教员，有了教科书，有了教授书，还是苦无材料，还是苦不了解。我是做过小学教员的，我敢以己度人：在用心些的时候，遇见难题，拼命的查考，见人便问，常常不能解答；忙乱的时候，懒惰的时候，不能查考，有时还不能预备，走到讲坛上，讲到疑难的时候，可跳的地方，说说闲话，咽咽口唾，或者响声若没有这事似的，或者低声使学生听不出的，一马跑过了。要是学生要追迫住你时，于是只得瞎拉，含糊了事。在我们这种情况之下，何能不用教科书？不用教科书，将使我们怎样凑满这一班难过的几十分的话呢？老实说，我是受编辑小学教科书者之赐的，使我能够维持我的职业到这样之久；然而，我也为了这恩人的小学教科书，吃尽说不尽的苦痛。第一，每当小学生毫无旧观念的教材，竭尽精力的讲授给他们，搜索种种本地所有的事物，引起他们的旧观念。而这种事物总是难搜，勉强解释了，还是不懂；懂了，好比以铜盘比拟太阳给瞎子听的，使他以后听到钟声就以为这就是太阳来了。不怕见笑的话，教科书中的教材，不但常常不易使学生了解，就是我自己，也屡屡不懂呢！

我与同事们吃不过这种苦，后来也试行自己编制教材了。初编的时候不免胆怯，后来稍稍纯熟，我尝到其中滋味了！你知道，弃了自己熟知而小孩易懂的材料不教，去梦中说天的讲死板的空泛的智识，实在有些呆。

我说教科书这么坏，这么使教者苦痛，似乎是怀了什么怨，有意破坏他人的生意似的。我们现在就来讲些事实。我随便拿起这一本来看罢。

这是《高小国语文读本》第一册，世界书局出版的。

我们先看目录：

一、美哉中华

二、国旗的自述

三、国旗之辩论

这里三课接连讲同样性质的题材，不免要使小孩们讨厌吧？在一周中，教国语读法的教材不能更多出这三课了吧？然而小孩们初进高小，整周的讲中华国旗给他们听，不免使他们出惊，以为高小校中将永远的教中华国旗了。但这究竟只有三课，一周也还容易过去的，不必讲了。

我们再看下去：

五、一个工读的孩子

六、蜘蛛的教训

七、讷尔孙之扬名远征队

八、杠木

九、赠给公德心的人

十、专收浪费之老翁

十一、三个怪小孩

这接连的七课中，《一个工读的孩子》是讲匡衡凿壁借光读书的，《蜘蛛的教训》述苏格兰王勃罗斯和英国打仗的故事。这两课都是故事，而第七课《讷尔孙之扬名远征队》又是故事。《杠木》叙华盛顿的故事，第九《赠给公德心的人》中讲有华兴者救了瞎子以后，“忽见一纸包，拆而视之，则银币二枚，并附一纸曰‘赠诸有公德心者’”。又是故事。第十、第十一，还是讲的故事！再看下去：

十三、夜明珠

十四、孙叔敖埋蛇

十五、除三害

十六、请你用待俘虏的方法待我

如此等等，还无非是讲些故事！

我不是说国语文读本中不该用故事做教材，我要说国语文读本中不必用故事做教材。第一，儿童爱变化，而且以同样性质的事物灌注给他们的时候，他们的注意力必以几何级数的减弱，到了心理上不想注意生理上不能注意的时候，反发生抗拒力，其结果使他如吃东西的永远不再爱吃这东西了，而他的胃力是受伤了。其次，小学生所该学的国语文，必不只是记叙故事的一种，说理、写景、状物等等文体，都是该学的，但不是故事中所能包括的。

然而我原谅编辑小学教科书者，他们是有苦心的。你知道，你要编得使面积如此广大的全国适用，你能用些什么教材呢！自然，惟有故事，天方夜谭似的，大头天话似的，凭你讲着，到天边去也可以用的，所以一课又一课，尽管讲些这种无头无脚的材料。若论国旗之类，自然也可以讲两三课的，因为他究竟只要预备给国内的人看够了，不必一定求天边的人适用。但是除故事及国旗两类以外的材料，确实没有可用的了。你要讲稻，讲甘蔗，在北省全不适用，因为那里的小学校或教育会还没有能力筹设暖室，来培植这两种植物，以供实物教授的应用。不错的，我们换去稻与甘蔗好了，我们编进几课骆驼，给北方人如心如意的讲授；然而，南方人吵起来了，他们说，他们那里还没有立动物园，要想到北方去运这个宝贝，火车又老是不通。

你若讲些风景，使没有游览者连供给做梦的材料也是不够的；若在本地人，你就必不能使他们满意。例如世界书局《高小国语文》第一册中的《西湖之游》一课说："……舟甫启碇，见有长堤二，纵列其间。堤架六桥，与三竺遥对。"在当地的学生与教师，多着生龙活虎的对于西湖的智识，他们很可教授很有趣的材料，何必你操劳？倒是，你说两条长堤纵列其间，使他们疑心原来两堤是同方向的，现在白堤东西向而苏堤南北向者，是有什么缘故迁移过来的？至于堤架六桥呢，只是苏堤也够此数了，在白堤上却还有三桥哩。这反使教师窘得不能开口。

如果你说："你讲地理也不讲他处吗？"是的，但地理所讲的是在材料，国语则所讲的是文字。讲国语所用题材，有不必多费解释而为眼前习见者，自然更好，既较亲切，更可省出时间，用于文字的研究。地理是就以这事实为教材的，不能避免。尚且也要用地图实物，尤须用乡土材料（就是说眼前的地理教材）以唤起儿童的旧观念。

至于自然科中的关于物理、化学等的科学者，本可不受地域之限，然而能应用本地事物者，既有趣而又有益，何必抛而不用，另教不能懂的教材呢？各书局的编辑也知道这一点的，所以也讲丝茶，也讲草帽缏，供出产此物地的应用。这样，编辑先生顾到了书局的营业，顾到了全国的儿童，然其结果反顾不到全国的任何儿童，因为他们编了南一课北一课的教科书，使没有一处的儿童适用了，于是又顾不到书局的营业了。

我还很记得，在家乡初等小学五年级读书时，国文读本是用《蒙学课本三编》的，其中有一课讲城市形势的变迁的，说“如虹口附近一带”现在很是热闹了，我果然想不出什么是虹口附近一带，而教师也是乡下人，问他，他就照字面的讲给我听，依旧没有懂。我相信现在的小学教科书中，也多着“虹口附近一带”相类的疑问，为小孩与教师所不解的。

编书的人想说得远一点，免得这处的人看了太浅，他处的人看了太深，于是就以自己也不了然的事也编进去了。

就是这本世界书局的国语文中，有一课“印度洋中的飞鱼”，其中一段说：“常常瞧见有几寸长的小鱼，大约高出海面几十丈，成群结队在空中翱翔。并且忽起忽落，忽东忽西，像流星逐电似的，来来去去。远望过去，几疑是捕食鱼类的水鸟……”

就我所见，飞鱼只是胸鳍发达，在窜出水面时能平平的移过去，几分钟之内，可不落水而已。我不知编这书的先生看飞鱼是仰头看的，还是俯首看的。如果是俯首看的，在无论什么大轮船的舱面上，至多不过高出海面八九丈。我所见的飞鱼，只觉得是因轮船经过，他们就惊相逃避而跳跃起来的，所以他们总是直向外飞，没有改变飞的方向，可以忽东忽西来来去去的。我是相信我见闻之小的，想必另有一种飞鱼是能忽东忽西来来去去飞的；但以这种难以实物取信于儿童的教材，总以不用为宜，因为小学教育在不灌注某科某事的智识，而重在借了有趣易解的材料去开发而训练儿童求得智识的能力。

至于还用《铁达泥邮船遇险记》与薛福成《观巴黎油画记》等老教科，实在显得太随便太枯窘了。

世界书局之发行小学教科书是失败的。听说，因为世界书局的小学教科书比商务、中华两家的便宜，所以两家合力开办国民书局，凡世界书局没有分局之处，国民书局就紧紧的跟着设立一所，发行更低廉的书籍，而且随处赠送。倘若这是事实，我认为这是极下流的行为。如果因为小学教育界中人没有选择力或者因为贪便宜而采用世界书局的书，两家为小学教育计，为自己书局的营业计，只可去想别种方法，决不能出此下策，因为世界书局所损害小学教育的罪减轻而由国民书局去负担了。

若论中华书局的小学教科书，也何尝没有缺点？例如，我翻开一本，里面有《蜜蜂哥哥和蝴蝶姐姐》、《花姊妹开会》、《两朵美丽的花》等，我想不出这是什么科的教本，翻转面来，知道这是中华新学制初级第一册的常识课本。为什么蜜蜂哥哥等事是儿童的常识？还是说这种事为儿童们应该知道的常识？此外还有写入学与校内的，对于“常识”的意义均不能适合。然而，我还是原谅这书的编者，因为他们要使全国的儿童可用，虽然是“常识”，也只得讲些各处都有的学校中事物与花草蜂蝶这些常见而无智识之可言的教材罢了。

商务书馆的常识教科书初级用第五册中，讲的是《北京的名胜》、《旅行栈道》、《旅行窝集》、《西藏的皮船》、《四川的铁索桥》等等。我相信编者必以为只要具备各处的常识，就是各处人适用的常识教科书了。其实大错了！你看，你告诉学生说“乌贼又叫做墨鱼”，这只是给叫墨鱼为乌贼的人用的，到了叫乌贼为墨鱼之处，这一大课书不是讲的笑话吗？书中有一课《蚤虱的害处》，这大概是全国适用的了，但如果讲“臭虫”，我国全国人一定更有这常识的了。

同书《雨的来历和功用》一课中说：“空中的云遇到了寒冷的空气，凝聚起来，变成水点，降到地上，就叫做雨。”我以为这不是雨的来历而是雨的成因，因为云遇冷的时候是云不是雨，不能说是雨的来历。譬如说商务印书馆的来历，我们可以说，他以前只是排印的小店，所以至今还留着“印”字，称为印书馆，若说他的地址以前是开什么店的，这决不是他的来历。但这只是文字上的不精密处，我所要说的是谁应该编辑小学教科书的问题。

总之，小学教材是应该让教师各人去选择的。只有算术比较的可用全国一律的教材，而应用题也不能在内。社会科学中历史、地理等还可不必各处不同，但必由教师竭力与乡土志教材联络。自然科中则大部分不能各处合用了，国语则在初年级者愈多用本地教材愈好。

如果为了近日的小学教师没有自选教材的能力与时间，所以书局编了全国统一的书本去供给他们的。我也极端反对这种好意。倘若书局不肯牺牲发卖小学教科书的利益，只有请他们多编活页的教科书，任各地小学有按课选择的自由。商务书馆曾有活页的常识教科书，但这方法没有推及他科。这办法实行时，所编的教材自然要增加不少，但这可预料是有功的烦劳。另外多编可供教师采用的教材。这种教材自然多带狭窄的地方色彩的，如防适用的范围太窄，就是说将来的销路太小，则不必印教科书，只让教师口讲好了。这样，书局不能做这笔生意了；然而我为书局不屑做这笔生意。

我们为小学教育不太参差不齐计，为免除教师们自己编制教材的能力与时间的困难计，应该划定区域，由这区内的教育会或教师们自结的团体，编辑本区内适用的教科书。这样编了一次，第二年就只要稍加修改好了，有新的材料，编了随时放进去，不好的，过时的，随时换去好了，这样代谢，可以不需再如第一次的新编而能用到很久很久，而不到数年，就可使书中尽去第一次所编的课文。进步就在这里显现出来。愿为小学教育尽力的书局，应该去与这种团体接洽，去担负印刷事务。至于划定区域当以省为大体上的范围，而省教育会可为先结的团体。但一省而有两种极不相同的色彩者，可以分别从事。如江苏之江南江北，浙江之浙东浙西，山西之晋南晋北等。然而我们很希望早日缩小范围，各县自编教科书。但到了各县自编的时候，不是就能处处适合了，城乡的分别还是很大的，教师仍须十分注意的勿使所用的教材只是死在纸上的。能够到了以城乡区别的难题来质问我的时候，中国的小学教育当已很有点儿程度了，能解决这难题的必很有人，还何必来质问我呢？但是现在，究竟明白的还是以这样广大的全国儿童不分青红的在读同一的教科书呢！

我料想，必定有人要郑重的来质问我："到了你的计划如心如意的实现的时候，中国的小学生将个个是不知天地大小的老乡下人，简截是老死不相往来的一小部落一小部落的原人，非但没有世界眼光，连做中国国民的资格也够不上了！"

这说话的人并不是没有理由，但也有他的误解处。用了周围习见的材料教授儿童，并不就只给他这些智识罢了；教师应该有本领在这小事物中包括大事理，使儿童能够就一知十，而且，教育重在开发而训练儿童求得智识的能力，这能力发达了，就能自己求知；做中国国民，有世界眼光，都在这里培养出来。

在儿童的时候，你凭空的给他讲世界的事情，养成他空谈的习惯，以后便永不着实了。至于爱乡土并不是坏的，有了爱乡土的观念，方能实在的爱国爱世界。这并不是翻案文章，我看了西方人爱的热烈，常以乡土为基本的，使我得到这个观念。中国有了泛谈爱国的习惯，结果对于无论什么都没有深切的爱好。

一切都是空话，总结一句：我希望中国小学校中能够给儿童以切实的研究事物的习惯，所以极端的反对用全国一律的教本。这里要分论的，凡童话之类虽没有事实可证，却能给儿童以想象力，是不可缺少的。但所谓不可缺少，不是说除此以外一概不要了。若完全给他练习想象的教育，结果必成空想者了。

我所说的方法未必可以实行的，我只是提出对于现行的全国一律的教科书的怀疑而已。至于如何改良，还望高明者赐教。倘国内各地的担任小学教育者肯以日常经验所得的高见与教科书中不适用之处见示者，必能匡我不逮，特先表示欢迎之意。

（载《北新周刊》1926 年第 15 期）

教中学校急应使用教中所编之教科书

常永春

今日为教育专刊初出问世的元旦。这实为应运而生的教育界新使命，伊必将引起多数教育学者的有价值的论调，为今后联络教育界和解决教育问题的中心物，伊更有指导我全国中教育的任务。我对于伊的前途，十分乐观。至我虽然不才，此次也竟公然发为论文，讨论这个编辑教课书的问题，自己本觉有些不配。不过这个问题在我并非发自今日，它盘旋在我的心里已是经过好几个年头了，每拟提出来和海内教中教育诸公讨论，为了没有相当机缘，所以屡作屡辍。这次适值教育专刊出版，我因把我的年来总结在心的感想，拉杂出来要与大家给我矫正。自知我的荒谬处必定很多，然而这个问题的确为当今亟待解决的问题之一，倘因此而引起一般人之注意，对于这个问题都加以考虑，那末收功劳不在少，这是我所以才敢提写的缘故吧。

欧美的小学教育都以读本做中心，我国自有了教科书的编纂，大约才是二十多年。这二十多年来的教科书的演变大概可以分做五期：第一期为南洋公学的蒙学读本和文明书局的蒙学读本，这是教科书的产生期；第二期为商务印书馆《最新教科书》和学部的教科书；第三期为中华书局的《中华新制》等和商务印书馆的《共和国》等各种教科书；第四期是商务印书馆的《实用》等和中华书局的《新式》等教科书，这三期统为教科书的改版期。第五期就是革新期了，这一期的教科本出版，是在学制改革之后，所以统叫做新学制教科书。现在我们也无须一一批评，约略说说第一期和第二期的读本，是草创时代，当然不能用如今的眼光去看。第三、四期已是渐渐进步，大体的完善，有斐然之观。不过编纂的人，大都偏重于以成人的见解，而儿童为储物物器，未免不合儿童的心理，轻视儿童的生活了。至于末一期，却完全依据社会之需要和学者之境界，而有适应之读本的编纂。但是既把日本式的学制变更为美国式的学制，自然不会完全合于中国情形，教科书的编纂，又是在过渡时代，大概编辑的人都以取得成人的欢迎为主，而以适宜儿童生活为次。况乎以成人的经验而编造的教材，其不能完全适应儿童之需要更是不能避免的。因为这种情形，一般教育学者，对于现在所出版的各种教科书，都很不满意，而我们所不满意的地方远不止此呢。

但是我们非难现在的教科书，究竟在哪里呢？这话说来也长，就我所知，约有下列三端：

一、根本的差误。人都有探求真理的心，这心是造物特赋予人，为使吾人可以觅得真理之所在。这真理几时不能找得，人心就终久不能平安。斯宾塞尔说，人类是理性的动物，这是外教人亦承认的。原来人从何来生？生有何为？死为何处？天地如此宽大，品物如此繁多。自有的吗？神造的吗？凡是这类问题，人人都有急欲了解的心理，这“急欲了解”四字便是真理探求的冲动。教科书既是详载人类生活所必须的理智，当然应列入这类问题。而有明白的彻底的讲解，才是合乎人情；但是教科书中偏不注意及此，便是有时稍稍提到，也不过拿些天地是自然界，人是由猿类进化。至于人生目的，只说是有意识的生活，死后只说化为乌有，而用谋公益啦、三不朽啦，强作解释，所以结果直令人终身不满意于生活，而发生厌世啦、悲观啦和种种超出人生的行为了。

二、主义的差别。……从古至今的人，从他们行为和呼吁，都证出他们坚决的服信有造生和主持吾人一切的真神。所以敬神这是人们天良的发现，绝对不是什么盲目或迷信的事。不料，教科书中，教部竟通命不能涉及宗教问题。他们对于宗教，不加考察，一律视为有操持或其他武断的作用的性质。有时谁也略提一二课，但统统予以悬揣方面的论断，妄加穿凿。……

三、方法的差误。教育的目的是以培养德育为本，道德的紧要，实比学业还要重大些。但是道德如果没有纯上的意义和至高至大的希图，那末便成了虚伪的没意识的道德了，退一步说，道德也不能立脚了。教科书中既以着重涵养德育，而所谓道德不过人与人相对而生一种自重兼利，换句话说，就是以益人的生活，维护人们的生活为道德最大的目的。试问这种肤浅的道德观有什么使人折服的可能？记得马公相伯说过"原有真道德，非有真宗教不可"。如今不从根本求真德育，而只把些人为的道德来涵养青年，不是方法大误吗？

我们不满意于现今所出版的教科书，已叙了上述三条了。他们（即编辑的人）何以会至于此呢？总说一句，不外……崇奉物质，狃于自用罢了。这是我们所以非难近今教科书的最大原因。原来教科书既做了教育的中心，那末儿童每日都要和它亲炙几度。听了有左右儿童思想的潜能力，潜移默化造成儿童一种特别的处境。这种读本，其不合于我教儿童之用，是再没有过于此者的了。年来教中关怀教育的人，早曾料及于此，可惜我们还没有应时而出的妥适教科书，足以济急，只好还采用他们非宗教的出版读本罢了。据我所知，当未改学制之前，国文读本咧，修身读本咧，曾经上海徐汇编纂行世，但是在学制改新之后，还未见有什么新的课本的编出。现今既已徒事开张教育，振刷改进，那末关于这做教育中心物的教科书，更不得不格外注意，而妥筹救济的方法啊！

编辑教科书，诚然是当今唯一的早图，不能从缓的了。编纂的目的，自不消提，而编纂的手续，先以征集教中教育家的同意为入手办法，同时又须调查各处的社会情形，然后依据教民之资格（以道理而言）、社会的需要和儿童的心理、学科的分量及次序，而从事编辑。一方面总须不违背教之教理，一方面又不抵触国家教育之本旨（指教育对于生活之目的而言），这两方面都要顾到。不过就现今小学科目，不是个个都须编辑，内中国语、社会、自然、常识、公民这五科，认为有另行编辑的必要（此就初级小学而言）。其次历史科也有另行编辑的必要（此对高级小学而言）。此外算术啦，地理啦，卫生啦，农业商业啦，外国语等，不妨权用各书馆出版的原本。尤其先要编辑初级小学的用书，以应付这个侵略教会的时代的需用，至于编纂时应采取什么教材，要不要教育部察定认可，或不予认可时，又当怎样应对，这可待后专论，如今姑且从略。及把小学的教科书编辑之后，就再从事于高级小学和初高级小学校的课本。论到编辑的负责的人，那却不能专指，须由教中教育行政机关，出为主持，在相当地址设立国书编辑馆，聘请教中教育专家，担任编纂。以后各地教育学校，一向不能解决的困难问题，到此就全冰消了。

但是，一般急进的人，以为这事太费周折，绝非短时可以成功，那末却是怎样图补救？我以编辑这事，暂且不易实现，也是不容讳言的。不过现在出版各书的确不合教中儿童之用，并且有绝大的危险。倘不急谋救济，真是把数十万青年男女，忍置险地，放心的下吗？处于这种青黄不接的情形之下，最好而亦最经济的方法，要算设立国书审查会了。这国书审查会的组织，也是由教中教育最高行政机关负责主持，在适当地方，召集教中教育界领袖人物，选定人员，充当审查国书委员；然后由各委员将近今各书馆出版各种教科书，详加审查，缺陷处予以辅助，荒谬处予以更正；然后印出一种副册来，和各该教科书相附而行，使各处教研员都得到这种补充善本，行施教学时自然能避免种种危险。或有教员可以遵着，把各种书中和教理反对的几课，径行删去，免致引歧儿童的心思，这也是过渡时代最好的救济法子了。

此外更有一事，是我们最大的缺点，就是已设的学校很多，而年代也很久远，但从没有一部完善的道理教科书的创作。任讲道理科的，虽是神父居多，而教员担任的，也很不少。讲时学生只有静听，举行那抽象的教授罢了。即是有书，而书中的组织和语言方面，居多不合儿童的心理和程度，道理科因此一层困难，所以费时费力很多，而收功却成反比，这是不得不早为筹谋挽救的。

以上所问的，是我杂感中之一种。不料一写，就说了几千字。虽是如此，而以我的行文困难，多有不能曲尽事理之处。希望读者诸君，不必看他的片面，倘因此而能引起海内教育家的努力，从事于解决教中教育之问题，那就幸甚了。

（载《圣教杂志》1926年第15卷第6期）

南洋华侨小学校中之教科书问题

商鉴新

现今华侨学校所用之教科书，大率皆采取国内之本，但此种教科书之编制，纯以适于国内之用为旨，故其中材料既非尽为南洋儿童所必需，而所需要者则往往无之。且其内容与南洋之环境每多格格不入之处，儿童读之，每苦于难明了、倦于思索，而发生无限怀疑。为增加儿童之明了祖国情形起见，于课本中多为介绍祖国之风光，原无不可，惟当注重南洋华侨之实用，此间现有之教科书，因其中材料，多为此间儿童之所未经验者，骤使读之，能使其减杀兴趣，此实为其通病也。夫教科书之编辑，当合乎儿童之环境，方能合其心理，多带本地色彩则愈有实用，况南洋小学中，于英文一科，占时甚多，加以新学制施行后，旧时七年之课程须于六年之内修毕，是则教材之精选，愈为急不容缓之图矣，今略举南洋与祖国不应用同种教科书之理由，条述于下：

（一）南洋华侨，固须明白祖国之一切法律制度，但为提高在居留地之地位起见，亦不可不将该处之法律制度上之常识，酌量编入教科书中。

（二）南洋诸色人等，五方杂处，幼稚华童，无判断力，朝夕相与其处，甚易受人同化，故教科书中应特行宣讲祖国文化之优点，使知中华文化亦甚优美，庶可永保勿失，但儿童之生长于本国者，此点即可无须过于喋喋，故本国之教科书虽美备，亦不合其侨民之用也。

（三）祖国地处温带，四季之气候不同，景物亦随时而变，如雨露风霜，坚冰白雪之现象，与夫花草树木，虫鱼鸟兽，人物衣冠之形形色色，鲜有与南洋相同者，而此等教科书使南洋儿童诵读，其不堕入五里云雾之中者几希。鄙意以为以梅花、松树为教材，在南洋不如代以椰子、橡树，以桃子、梨子为教材，终不如黄梨、榴莲之有趣也。

（四）我国以农立国，多数人民皆在乡间种田，而华侨则集居于城市，十九皆以经商为业，则据因材施教之理，固未可全以适用于农国之教科书，以教商人之子弟也。

他若鸦片在南洋可以公卖，公开烟灯之招牌，在在皆有，我侨之嗜之者，不知凡几，虽明知为耗财伤神之举，亦竟司空见惯，趋之者反日众。良可慨也，又如贩卖小食之人，在南洋为特多，或沿街设摊，或踵门叫卖，可见此间人之吃零食，已相习成风，而小孩尤与相依为命，须知多进闲食有背卫生之道，吾人须切戒之，上述情形，我国虽不免，然其景况，究无南洋之盛，故此间之小学教科书中，能实行选入此类教材，告儿童以趋避之道。实较为适切，而有益也。现用之教科书，纸张粗劣，印刷随便，装订形式亦多损失美观，比之欧美，妍丑判若霄壤，然此实国内一般之经济情形使然也。教科书之外观，虽为枝节问题，但能加以改良，亦可因此深得儿童之欢心，实是美感教育之一种实施也。现有教科书，不适用之呼声几为教育界中人异口同声之辞，然兴学十余年来，尚无自编之教科书行世，岂诸君皆忙碌无暇，虽具此心，而力有未逮乎？鄙意以为此事诚为要图，且亦不能望其成功于国内，良以彼从事编辑者，恐未知南洋之真相，乌足以当此任，故欲求适用之教科书，惟有在南洋华侨自为之而已，南洋学界，实不能逃此编辑之责也，愿诸君三注意之。

（载《南洋时事汇刊》1926 年第 10、11 期）

1927 年

畸形发展的上海出版界

驭　良

占全国文化中心之上海，近年出版事业之倡导，就表面观察，如雨后春笋，茁出不穷。然一采其内容，则有使吾人失望而沉痛者。厥惟提倡片面之性刊物，以迎合青年心理为张本，而以攫取金钱为鹄的，流播社会，为害甚巨。

专以倡导畸形发展，性智识之“性的书店”，而窃美之名，以相号召，专售淫猥不堪之性刊物。今竟以查禁判罚闻。此后深望当局作进一步之严密审查，而杜其死灰复燃之弊，以绝其类似刊物再生之机。庶上海出版界前途，得由此澄清，而发荣滋长矣。

（载《革命画报（上海）》1927年第13期）

反赤声中之出版界

潘汉年

北方也在反赤，南方也在反赤。反赤之目标虽异，社会所生影响则一。单讲反赤声中的出版界，南北是同样的遭厄！

《语丝》周刊在京禁止发行了，北新书局北京总部已经被封了，原因是什么呢？当然是因为《语丝》刊登赤化文字，书局出售赤化书籍，但是你查查《语丝》所刊文字及北新书局所售书籍，都是堂堂国民政府治下可以公开发卖而含有三民主义精神的好书，最显明的如《吴稚晖文集》。谁都知道吴公稚晖首唱清党之高调，痛骂共党是狐狸精的一人，然而张大帅固认为国民党即赤化也！

创造社出版部南京分部前日陡遭搜查，且将当时正在买书的顾客五人及该分部经理一并拘入公安局，谓该书局有人告发是共党机关，那个五位买书的顾客想来是有共产嫌疑啦！在南方出售文艺书籍的出版部，以及买读文艺书籍的顾客都以赤色嫌疑犯而遭厄，岂非与北方北新书局出售吴公稚晖之大作而遭殃，同样的滑稽吗？

但是，反赤之赤字的颜色虽不同，反赤之精神固南北皆然也。

十一月十八日。

（载《幻洲》1927年第2卷第5期）

天主教的出版事业

——或作天主教文字事业的大概

汪兆翔

先哲有言："文以载道。"道者文之体，文者道之用。故世界上无论什么宗教，什么大道，要他"致远流长"，必须要依赖文字事业，否则将如昙花一现，休想存在继长。谓予不信，请看唐代的景教，虽有二百十年长时间的历史，盛极一时，卒至销声匿迹。此无他，没有不朽的文字可以传诸久远的缘故。元朝的也里可温教（又名十字教），亦复如是。返观佛教，则适成一反比例，他们能有这样伟大的势力，完全是文字事业的成功。吾们试放开眼光，到社会上去看一看，就觉得没有一处，没有佛教的文字流行；上级社会中，则有细译奥义的经典，高僧哲士的著述，以及参禅拜忏的诗歌，诸如此类，正是汗牛充栋，不胜枚举。中下级社会中，则在稗官小说的中间，鼓词唱曲里面，都含有佛化的意味。那些文字，都挟有佛教的潜势力，因为他们的文字，已经打到中国文化的中间，与儒教相化合，所以能化及全国。到现在不论农工商士，男女老幼，各界名流，差不多都受些影响了。或者竟有因欣赏他们超越的文字，于不知不觉中，受了感动，就贴心贴意的皈依佛教了。这种历史上给我们的事实，很容易看得出来，现在也无庸赘述了。然就这一点看来，吾们可以十二分的证明，文字事业在社会上潜移默化的势力，十分伟大了。

天主教也幸有利玛窦、徐光启、汤若望、南怀仁等的深造著作，介绍了不少欧西文化，确立了一个文字基础，对于科学的阐发，都有很大的功绩。所以天主教自明万历九年，自西徂东，直到今日，能有这百数十年光荣的历史呀。可惜！不曾打入社会中心，与中国文化发生关系，因此不能像佛教的深入到人心，流行得普遍了。然比较景教的只剩一方残碑，也里可温的踪迹杳然，似乎胜人一筹了。但是！此后天主教的能否在华"继长永存"，这个文字事业问题，到是紧要关键；因为历史上已经给我们证明，凡注重文字事业的宗教，他们的事业多成功，否则必要失败，这个例是千古不易的。所以现在我要提出这个天主教文字事业的问题来，略为研究一下，至少也可作吾们的借鉴哩！

（一）天主教文字事业的演进历程

（1）滥觞时期——天主教文字事业，滥觞于明万历中叶，吾们要研究他们文字事业的滥觞，尤须先要追索他们入华的历略。考天主教，是在明万历九年入华的，首先奉遣来中国的教士，就是意人利玛窦君，他奉了罗马教皇的命令，鼓足了勇气，从意大利启程来华。于一五八二年，在澳门晋升铎品（即圣职），先在吾国的广东，着手布教，惨淡经营，不遗余力；一方面则学习中国的语言文字，殚精竭虑，力求深造。因为他深知道欲感化华人，第一当深明中文，以得华人有景仰之心，继以科学灌输中国，使华人歆羡，而生向慕的诚意，双管俱下，方可收宏大效果。故于传道之余，乃从事于著作和译述，阐明了许多天主教义，介绍了不少欧洲文化；对于天文历算，尤多所著述，颇为吾国学者欢迎。他所著的书籍，约可分两类：一类是关于科学的，一类是关于宗教的。关于科学方面的出版物，最著的有《乾坤体义》三卷、《浑盖通宪图说》二卷、《圜容较义》一卷、《几何》六卷、《西国纪法》一卷、《测量法义》一卷、《畸人十篇》二卷，以及《勾股义》、《万国舆图》、《同文算指》、《通篇》等作。关乎宗教方面的则有《天主实义》、《交友论》、《辨学遗牍》、《经天该》、《二十五言》等书，纸贵洛阳，蜚声全国，很为当时士大夫所注意。因此引人入胜，信仰他们的宗教的，也大有其人；并且明神宗亦为之心折，优礼有加了。当时有大学士徐光启，尤为崇信，与他们共同研究天文、历算、火器（按火药为中国首先发明者）诸术，多所发明，中国的科学，由是稍有进步。所以他们来华，实是欧化东渐的导线。因为吾国历代闭关自守，对于发明科学的著作，绝无所闻。吾们不必远溯上古史，唐时的李淳风，宋代的张思训，虽曾发明了一个浑天仪，大有裨于测算之学，可惜！没有著书发表。元代也有一个发明家——李冶，他制成了个测寰海镜，这种仪器，对于测算天文，很有辅助，他也未曾著成专书。及至利玛窦来华，徐光启得其遗墨六卷（史传得笔记六卷），遂与教内同志，互相探讨，相得益彰。所以天主教来华，实为中国实学发轫之机，可惜！当时的人民，狃于科举底恶习，并对于宗教信仰上有些隔阂，所以研究科学及教道的，寥若晨星，一时不能骤致发达。然窦氏的著作，已蜚声全国，为吾国文字界加了不少异彩。换一句说：这时天主教的文字，不特滥觞萌芽，并且大露峥嵘的头角了。

（2）发展时期——天主教文字事业，在明万历时，虽“云蒸霞蔚”，盛极一时，然好事多磨，以佛教的关系，故明廷竟下严禁布教的命令，利玛窦等不得已，出北京，他们的文字事业，也因之稍形停顿。迨至清初，布道之禁又弛，并起用天主教徒，供职钦天监，改良历法。此时汤若望、南怀仁遂相继东渡，对于天算诸学，均有不少贡献，在这时候，他们卜居于上海徐家汇徐光启的故乡，从事布教和著作，他们的文字事业，于是逐渐扩充，出版书籍，日增月盛。并且建立天文台，作科学上的实验，实开吾国科学建筑物的先河，很为清廷所嘉奖。从此他们得一面介绍科学，一面宣传宗教，当吾国科学未尝萌动，新教未尝耳闻的时候，得他们来提倡新宗教，灌输新科学，不啻黑暗中的大光明。虽然当时的民众，不表示很热烈的欢迎，竭诚的信仰，可是他们的文字事业，已“烂焉如云霞的郁起”，在当时的社会上，很有些潜势力。不但在介绍科学，阐明教义，有很大的勋劳；并且在吾国文字界，也生色不少。至于这时代他们著作界的当代大师，当推利玛窦、汤若望、徐光启、南怀仁、李之藻等为最著。他若庞迪我、罗雅各、邓玉涵、艾儒略、孟三德、伏若望、利赖思、冯秉正、毕方济、高尼各、阳玛诺、熊三拔、高一志、罗明坚、郭居静、苏如汉、龙华民等，也是当代作家中的表表者。他们或以传道士的身分，从事于著作和译述，或系当时名士，从事于科学的介绍。他们在当代群众的中间，都有卓特的领袖资望。至于他们的著作，其中也有不少伟大的作品，和许多特殊的成绩。兹为便于阅者研究起见，略将当时各教士所著宗、哲及科学书籍，介绍一二。其中以：郭居静的《性灵诣旨》、《崇修精蕴》，龙华民的《地震解》、《死说》、《灵魂道体说》，孟三德的《远镜说》、《浑天仪说》，庞迪我的《七克大全》、《人类原始》，高一志的《幼童教育》、《空际格致》、《道原精粹》，熊三拔的《泰西水法》，阳玛诺的《圣经真解》、《景教碑颂正诠》，艾儒略的《职方外纪》、《性学觕述》、《坤舆图说》、《道原精粹》、《几何要法》、《涤罪正规》、《万物真原》，毕方济的《灵言蠡勺》，邓玉涵的《远西器奇图说录》、《测天约说》，汤若望的《浑天仪说》、《主制群征》、《远镜说》、《恒星表》、《新法历引》、《测天约说》，伏若望的《助善终经》，罗雅谷的《测量全义》、《五纬表》、《五纬历指》、《比例规解》，潘国光的《圣体礼仪》、《天神会议》，利赖思的《天主性体》、《圣教约征》、《灵魂》，南怀仁的《坤舆图说》、《仪象图》、《仪象志》、《坤舆全图》、《验气说》、《形性推理》、《赤道南北星图》，殷铎泽的《西文四书直解》，利安宁的《破迷集》，冯秉正的《圣经广益》、《盛世刍荛》，戴进贤的《仪象考成》，孙玉峰的《性理真诠》等，均为当代巨著。其中或为阐明真道的佳作，或为介绍科学的专书，或为改革历算的要籍，或为探求哲理的名著，无美不备，应有尽有。这时期他们的文字，已洋洋大观，为吾国文字界大放异彩，深植基础，逐渐发展，羊角雷鞭，非所惧矣。

（3）近今时期——吾国文字事业，在庚子以前，无论宗教界，或非宗教界，都没有兴盛的气象，庚子以后，就大不同了。“废科举”、“兴学校”，清政府锐意维新，空气为之一变。于是印刷机关，编辑事业，一日千里的发达了。天主教文字事业，在这时候也锐意改进，竭力革新，除编译科学阐道书外，再从事于教科书编辑，以应学校的需要。他们出版的教科书，计有"高级""初级"国文新读本十四册，及其他课本多种，颇受时人欢迎，现更应时代的需求，编了几种新读物，例如：《名理学》、《生理学》、《伦理学》、《社会丛谈》、《妇女问题》、《劳工问题》、《共产主义驳论》、《苏维埃俄罗斯之观察》等，均含有些时代精神，终算是适应潮流的作品。此外还出几种关于医学的新著，什么《医方宝诀》呀，《小儿科》呀，《幼科镜》呀，对于医学也不无小补。至于定期刊物，他们现出的有：《震旦大学院杂志》、《汇学杂志》、《华校杂志》、《圣心报》、《圣教杂志》等，颇为社会人士所欢迎，另外他们还编了许多类似小说的读物，如《女儿镜》、《烛仇记》、《雪球传》、《多俾亚传》等德育丛说，到也很蒙国人欢迎，很有陶冶个人人格的效能，此外如《儿童乐》、《孤儿传》、《孝女传》、《白玉鸟》、《孝女救父》、《野鹿看家》、《花篮子》、《偷孩子》、《女君子》、《乞儿传》、《孝女有福》、《羔羊记》、《黑人白人》等等小说体裁的儿童读物，记者亦曾涉猎几本，到也觉得津津有味，恐怕吾们还要相形见绌哩。他们对于美术方面，进行尤不遗余力，任何人都承认天主教的美术，是世界闻名的。现出有《透视学撮要》、《习画帖》，以及形形色色各种五彩图像，及石印圣像等，多至六十余种，长短大小，各适其宜，有色有彩，应有尽有。他们所出的图像，真是无美不备了。

此外他们在这时期还出了几本特别的著作，就是英法文本，出版的计有法文课本十三种，英文课本四种，以及法华字典八种，均是进修英法文的巨著，为不可多得的出版物。他们对于研究圣经原文，尤为注意，特编辣丁文书多种，最著的要算：《辣丁中华字典》、《辣丁文津》、《西衰咾文范》、《辣丁文进阶》等，均为阐明经义的巨著。著者不通辣丁文，不敢下什么断语，不过这种著作，基督教中，恐怕还绝无仅有罢。他们另外的著作，可以说汗牛充栋，现在不必噜噜苏苏的提他了。吾们约略的把他们出版书籍归纳起来，大概可以分三十二类，九百十一种——零星小出品除外——每类至多八十余种，至少十余种，他们重要部分，照吾个人观察起来，有下列的几类，即是课本类、科学类、哲学类、史地类、美术类、小说类、经史类、道学类、经本类、乐歌类、崇修类、要理类、辨道类等；其他大都关于他们敬礼方面的，什么《圣体纪》、《圣体要理》、《圣心金鉴》等有六十余种之多。吾曾涉猎了数种，觉得他们对于敬礼方面，真是至于尽矣，无以复加，此事不关本题，兹不具论。在这时代，最值得吾们注意的，就是中国的著作家，亦风起云涌，就上海方面而论，有李问渔、黄伯禄、龚古愚、潘谷声、蒋邑虚、沈礼门、沈容斋、俞伯禄、张士泉、徐家泽、扬维时、张渔珊、徐希贤等，均为后起之秀。领袖群伦的，要算名满全国马湘伯，别署为华封老人。至于他们文字事业的机关，除了上海徐家汇土山湾的大本营外，各省均有分机关，闻北京的《益世报》，也是他们办的，到也占了中国文字界的一个地位。综之这时期他们的文字事业，没有特殊的进步，无毁无誉，故难博得国人的注意，要与当代利玛窦等媲美，真有望尘莫及之叹了。

（二）天主教文字事业的特殊贡献

天主教文字事业，演进的程序，上文已略举一二，兹再将他们的文字事业中对于吾国地舆学、天文学、数学、神哲学，以及其他科学的诸多特殊贡献，胪列于下：

（1）对于地舆学的贡献——吾国古代对于地理学，素无研究，相传有天圆地方的论调，以为中华乃居大地之中，占地最大，四围有海环绕云云，此种谬说，在当时人人奉为金科玉律，深信不疑，改正吾国这旧观念的第一伟人，即利玛窦先生，利氏在一五八四年，在吾国肇庆拿他所学的心得，创制《万国舆图》，吾国人得闻地球圆形，及地分五大洲之说，这是破题儿第一遭。因为在这时代，吾国人绝无世界观念，且自尊自大的心，尤牢不可破，故时人骤闻此说，信疑参半，甚有等诸邹衍瀛海之谈的。不特明代如此，到了清代，还是少见多怪，《清史通考》第十四册廿八卷上说："即彼所称为五大洲之说，语涉诞妄，亦疑为剿说奮言云云。"吾们看这寥寥数语，也足见吾国人守旧性的根深蒂固了。故利氏的《舆图》几费周章，至一五九八年，始由官给费刊行，此图现保存在北京,《东方杂志》第二十卷第九号曾缩印三帧,备述功绩,此外利氏又著有《乾坤体义》三卷,专论大地,于南北极论之尤详,对于地舆学也有很大贡献。《四库全书》辑入此书,更可概见他的价值了。他若艾儒略的《职方外纪》,也是详解地舆的刊物。此书成于一六二三年,计有六卷,惟非艾氏自著,他的自序中说:"利氏赍进《万国舆图志》,庞氏奉命翻译,儒略更增补而成之云云。"这书所载,皆绝域风土,为自古舆地所不纪,因此命名叫《职方外纪》。当时最负盛名的《天学初函》,特辑入是书,也可见这书的重要了。当时还有南怀仁的《坤舆全图》,对于地舆学也多所发明,图为世界的两半球,刊印于一六七四年,图中陆地的中间,绘有各种的奇兽,随其产生地而标形在图上,海洋的地方则绘各种怪鱼游泳其中,绘色绘声,表显造物的奇妙,并且五洲各有它的总说明,志详图中。各国的政权,和它的出产,也均标明。对于海潮汐的原因,和气行风雨的原理,也详加说明,这图堪称地舆图中最美备的作品,现藏上海徐家汇藏书楼,到是一件绝无仅有的纪念品呀!

以上所述的,均为全球舆地的作品,吾们中国舆图,此时尚未出现。直至康熙四十七年,始着手绘制(一七〇八年),成此大功的,也是天主教士。当时是上谕传西教士分赴……中国各省,用西学量法,绘画地图,至乾隆五十六年绘毕,计历九年的长时间,始告成功。由白进 P. Qoach, Bonuet 等汇成总图,并将各省分图,进呈御览,经九卿细察后,请求颁赐,于是教士所绘的中国全图,流传全国了。中国之有舆图,实滥觞斯期,综此数端而论,也足见他们对于吾国舆地学的贡献了。

(2)对于天文学的贡献——吾国对于天文学自古至今,均极注意,古帝王治天下,亦很注意于此。对于历法尤竭力研究,尧命羲和敬授人时,以闰月定四时,而成年岁,允厘百工,庶绩咸熙,《夏小正》及《周礼》、《月令》,也都钦若昊天,茂对万物。厥后历朝特设专官,掌理这事,也可见他们对于天文历法的重视了。可惜!积时既久,推算多误,故在明代改历的声浪,已洋洋盈耳了。然而台官往往泥于旧闻,当事的又惮于改作,故改历呼声虽高,仍不克见诸实行。考这时历法悉踵"大统"、"回回"的旧历,日蚀月蚀,均不应验,实在不适于用,于是利玛窦、庞迪我等，于一六一八年进京请愿，历陈改历的紧要。他们的一团热心，可于他的疏中见之。疏云：“天地图及度数，深测其神秘，制器观象，考验日晷，并与中国古法吻合，倘蒙皇上不弃疏征，令臣得尽其愚，披露于至尊之前，斯又区区之大愿云云。”可惜！利氏的计画尚没有实现，而利氏的肉身，却与世长辞了。从此历法纠正无人，乖谬尤甚，卒兴新旧两派的争端。当时革新运动的健将，有徐光启、李之藻、庞迪我、熊三拔等，均具宏愿，誓继利氏的志愿。可惜！旧派梗阻甚力，所陈奏议，廷臣均留中不报。迨至一六二三年，李之藻等，始蒙召至京师，参观历事。崇祯二年（一六二九年）始命徐光启督修新历，于九月间开始成立历局，经徐氏与诸同志如李之藻、邓玉涵、龙华民、罗雅各、汤若望等，殚精竭虑，悉心改修，新历乃告成功。他们迻译历书，进行法式和程序，很为繁重，我们看他的治历疏稿，就可见一斑。他们于崇祯四年奏呈《历书总目表》云：“臣惟兹事义理奥赜，法数殷繁，述叙既多，宜循节次，事绪尤纷，宜先基本，今拟分节次六目，基本五目，一切翻译撰著，区分别类，以次层焉，谨条列如左：

节次六目

一躔历　二恒心历　三月离历　四日月交会历　五五纬星历　六五星交会历

基本五目

一法源　二法数　三法算　四法器　五会通

右六节次循序渐作，以前开后，以后承前，不能兼并，亦难凌越，五基本则梓匠之规矩，渔猎之筌蹄，虽则浩繁，亦须随时并作，以周事用云云。本此原则，曾三次进呈历书，计第一次在一六三一年元月，进呈廿四卷，同年八月又二次进呈卅卷，一六三四年又第三次进呈卅二卷，均为精确详明的著作。当时又有李天经也著有《七政行度历》及《参订历法条议》二十六则，对于历算亦很有些贡献，并且那时“日晷”、“星晷”、“窥筒”（即望远镜）诸天文仪器，也次第制成，由当时的廷臣奏闻推行，于是新法书器大告成功。那里知道功臣徐公光启却于一六三三年逝世了。徐公为当时历局总办，逝世后由李天经代理，并请各西教士相助为理，统计崇祯设历局编译历书，自二年至七年（即一六二九年至一六三四），共著书百数十册，编成一百卷，分十一部，如《法原》、《法数》、《法算》、《法器》、《会通》五部，称为基本五目，他如《日躔》、《恒星》、《月离》、《日月交会》、《纬星》、《五星交会》等，称为节次六目，书成于一六三四年，赐名《崇祯历书》，至清代康熙又改名《西洋历法新书》。《四库全书》将它编在子部天文算法类内，易名《新法算书》。汤若望又加入二卷，一是《历法西传》，二是《新法历引》，书中又加入歌白尼（Copernio）、第谷（Tycho Brahe）、加白尔（Kepler）等学识，更觉美备。无怪《四库全书》评它说："钩深索隐，密合天行，足以尽欧罗巴历学之蕴。"信不诬也。到了清代，尤重新历，顺治帝于一六四四年，着汤若望、龙华民等，用西洋新法，测验天象，并将历书面改用"钦天监依西洋新法印造时宪历"字样，颁行全国。是年十一月又着汤若望管钦天监的印信，从此钦天监与历局乃归并于一，是年三月六日，吏部题称，钦天监正汤若望，创立新法，勤劳懋著，应加太常寺少卿衔。奉旨报可，此后又赐地建造圣堂，并赐道号"通微教师"，当时清廷的礼遇汤氏，真是隆重到极点了。然功高毁来，千古一辙，汤若望宠遇太甚，于是攻击他的，也接踵而至，其中以安徽歙县的杨光先为尤甚。杨氏乃回教人，略知推算，素疾教士功能，处心积虑，毒图倾害。于一六六四年，捏诬汤氏等与各教士阴谋不轨，卒兴大狱，因当时康熙冲龄践祚，故能受此大欺，至康熙十二年，此案始得完全伸雪，然人寿几何，汤氏已与世长辞了。康熙不得已，起用南怀仁为监正，著成《康熙永年历》一册，此书可推算至数千年之后，成历书卅二卷，至今钦天监，犹依用这书。此外如戴进贤的《仪象考成》一书，对于天象也大有贡献。乾隆时还有鲍友管、刘松龄、高思慎、汤士选、索德超，嘉庆时有文高，道光时有李拱辰、高守谦等，均是天主教徒，对于天文著作，也不在少数。吾们现因限于篇幅，不能一一具论，然即此以观，也足见他们对于吾国天文学贡献的伟大了。

（3）对于数学的贡献——西方数学的输入吾国，天主教实是个最大的功臣。考他们所编译数学的书籍，约分五类：一几何学，二八线表，三对数表，四借根方，五割圆法，均是数学中仅有的名著。吾国学士的从事于这种著作的，也有李之藻、徐光启、李天经等，他们均孜孜研求，多所发明，如《几何原本》、《同文指算》、《数理精蕴》，以及《对数》、《代数》、《割圆》、《借根》等等著作，均出自他们的手笔。其中尤以《几何原本》为最负盛名，是书为数学中最先译出的巨著，原本是安利夺（Euclid）的首上六卷，书成名《几何原本》，于一六〇五年由利玛窦口授徐光启笔译，光启当译这书的时候，几废寝食，反复辗转，求合本书原旨，重复订正，稿子改换了三次，他对于这书态度的慎重，可见一斑了。所以《四库全书》论他说："光启反复推阐，文句显明，以是弁冕西术，不为过矣云云。"此书的身价概可看见了。至于李之藻从利玛窦所译的《同文指算》，也是不可多得的巨著。此书成于一六一三年，计有十卷，搜罗了不少算学的精华，内容很为美备。《四库全书》里说："中土算法书，自元以来，散失尤甚，未有能起而搜辑之者，利氏犹不惮其繁，积日累月，取诸法而合订是编，亦可为算家考古之资矣云云。"他若《数理精蕴》一书，也是一种有数的算书，《四库全书》评谓："绘图立表，粲然毕备，实为从古未有之书云云。"也可见它的身价了。除以上几种主要算书外，还有穆尼关所传的《比例表》以加减代乘除，以折半代开方，事半功倍，诚是妙法。杜德美的《割圆简术》即今所称的杜氏九术（详见赵缭之《数学辞典》七百四十三页）均为吾国有数的算书，在吾国数学上，均有很大的贡献。综之，吾国数学虽不落人后，然古代的数学，至后代而能了解的，实是寥若晨星，如明代算学大家唐顺之、顾应祥等，也不能了解立天元术（见《四库全书提要》子部天算《测圆海镜》条下），幸天主教人士注力于此项著作，对数学多所著述，于是吾国古代算学，亦相得益彰了。

（4）对于其他科学的贡献——天主教文字事业除对于天文地舆有特殊贡献外，在别种科学上，虽无特殊的成绩，然也有诸多足以纪述的要籍，例如汤若望的《远镜说》一书，可说是西方光学输入中国的滥觞，此书详论测天远镜的"用法"、"造法"、"原理"，大有裨于天文学，出版于一六三〇年，颇为当时社会所重视。此外如论力学，则有邓玉函的《奇器图说》出版于一六二七年，书虽只有三卷，却大有造于力学。论水学，则有熊三拔的《泰西水法》，计有六卷，刊于一六一二年，此书以后合刊于徐光启的《农政全书》内，为极有价值的著作。

论气学，则有高一志的《空际格致》，计共二卷，于一六五六年出版，实开吾国空际学识的先河。论人体学，则有邓玉函的《人身概说》。论音乐，则有徐日升的《律品正义》，利玛窦的《西琴八曲》。论言语学，则有利玛窦的《西字奇迹》。（以华文译成辣丁音，颇能引起读者兴味，故国人很喜欢诵读。）此外如汤若望、徐光启等，对于造炮术，也多所发明。总之，举凡种种科学，他们均力为介绍，所编辑译述的书籍，也不知凡几，称他们为科学明星，也不为过，他们对于科学的贡献，实在大可纪念的呀。

（5）对于神哲学的贡献——天主教介绍西方科学的功绩，真是大有可观，至今学界人士，还是十分景仰，但是他们来华的使命，不单在介绍西方科学，因为输入西方科学，不过关于物质的文化，所以他们最重要的使命，乃要介绍关乎精神文化的神哲学。他们对于神哲二学的出版物，虽不若天算科学书籍的浩富，然可以称述的著作，也不在少数。例如利玛窦的《天主实义》，汤若望的《主制群征》，卫匡国的《天主理证》等阐道书籍，均依据哲理，指人迷谬，思想高越，文笔简明，实为当代的神学善本。至于论理学（即逻辑式曰名学），则有傅讯际的《名理探》，书成于一六三一年，为论理学输入吾国的滥觞。心理学则有艾儒略的《性学牗述》，书共八卷，在一六二三年出版，也有相当的贡献。此外如毕方济的《灵言蠡勺》，孙璋的《性理真诠》等，对于神哲二学的真旨，推阐详明，均为神哲学中有数的著作，还有圣多玛斯的《超性学要》，鸿篇巨帙（全书分三大支，计数十卷），尤为著名。他们对于解经阐道的作品，也很尽力，最著的有阳玛诺的《圣经直解》、《轻世金言》，利类思的《弥撒经典》、《司铎课典》等，均为极有价值的翼教作品，影响于该教前途，实非鲜浅。

总之，十七世纪的天主教文字事业，对于吾国的天、算、神、哲以及其他科学，均有特殊的贡献，为吾国文化史上，开一新纪元。至今吾国学者，犹景仰当时著作界的当代大师利玛窦、汤若望、南怀仁、徐光启、李之藻等的大名不置，良以功在人间，自然不容湮没呀！并且明代李之藻又将西士所编的几种要籍，辑成一部名叫《天学初函》，是书在当时最负盛名。《四库全书》也收录多种，也足见它的价值了。即此数端而论，吾们觉得天主教文字事业，对于吾国的贡献，不可算不大，那末其功也何可没耶。

（三）天主教文字事业的缺点所在

吾开头已经说过，天主教的能否在华“继长永存”，文字事业，是个紧要关键。查他们现在已经有了卅二类的出版物，都九百十一种，洋洋巨观，不可说没有贡献，照理也可在中国文字界，占一地位了。为什么到现在，仍不能占得文化运动中的一席地呢？虽然这个问题，很难具体的答复，但是照吾个人的眼光看来，至少有下列的几个缺点：

（1）缺了时代的精神——他们的文字，所以至今还没有打到社会的中心，缺乏时代精神，实为厉阶。今日他们虽有九百余种的著作，到反不如第一期，利玛窦、徐光启、汤若望等的著作，得人景仰。当时徐氏等的作品，规模果然不是十分完备，但是！贡献的伟大及国人敬佩的热忱，则非今日所可望其项背了。这究竟是甚么缘故呢？简捷了当的说：不能“与时俱进”、“日新月异”实为其病之源，因为社会上文字事业的进步，比他们快得多，他们既然缺乏了时代精神，无怪他们文字事业的地位，也不如从前了。因为从前中国的科学，正在幼稚时代，他们来做些介绍的工夫，自然可以得文人学士的同情，和获得民众的信仰了。但是！此一时彼一时，现在势过情迁，对于输入新学一层，不必仰赖教会，已是游刃有余了。可惜！他们仍旧借用旧时的方法，印出许多没有时代精神的读物，当然不能博得国人青盼了。虽然他们近今也出了几册应时的刊物，但是！寥寥几十页的小册子，也没有多大的贡献，并且有的在他们虽以为是适合潮流，簇新的新刊物，在社会上已是明日黄花了。这是他们文字事业中第一个大缺点。

（2）缺了伟大的创作——遍查他们的出版物中，很少伟大的创作，这也是一个很大的弊病，他们的著作中间，虽有不少佳籍，但是！至少有十分之四五，是从英美法等国，囫囵负贩来的，这种原来头的东西，似白话非白话，似文言非文言，不特没有欣赏的价值，简直有些“佶屈聱牙”，怪不得有人说：“教会所译的读物及经典，行文鄙俚庸陋，阅之辄令人昏昏欲睡云。”果如所云，那末这种著作，似乎太祸梨枣了。然而也不可一概抹杀，他们译本中间，也有几种佳本，确能将原文的精华文粹，译入华文，足可供吾人去研究的，但是！缺乏了伟大的创作，那是不可或讳的弊病呀。

（3）缺乏了艺术化的著作——无论什么文字，须有文藻词华为之辅助，种种情志，尤须有艺术美感，使之条畅，所以文字事业中，万万少不了艺术化的，可惜！他们对于这一点，太缺乏了，所译著的读物，大都晦涩枯槁，了无生气，所刊印的诗歌，大概是词与情离，糟粕不全。这种东西，怎样能引起人的情感，使人欣赏呢？因为艺术是文字的要素，无论经典诗歌以及其他作品，都应当经过正确的艺术化，方可生色。吾国的文化运动，亦以文艺为要点，今日他们拿这种支离的文字，要想适应这文艺复兴的潮流，真正是难乎其难了。

（4）缺乏了实际生活的著作——我们考查他们卅二类，九百十一种出版物里头，除了《社会丛》、《谈劳工问题》、《妇女问题》数本小册子外，竟找不到一本讨论实际生活问题的著作，实在使吾大失所望。际此社会“俶扰不宁”的时候，正需此项著作，去救济他。著者虽不信马克思的社会主义，打算用经济革命，或过激的方法，去达到人类共同主宰生活的目的，但是！至少应当为社会稍尽绵薄，聊尽人生天职，吾深觉得能为社会服务，实在是非常愉快的事。因为上帝不是死人的上帝，乃是活人的上帝，高谈玄理，与实行服务，务须相辅而行，所以吾希望他们，此后竭力用文字宣传社会福音，从人心洗革到社会改造，无论“经济制度”、“劳工妇女”、“儿童”、“家庭”、“人种”等等问题，都要竭力用文字去鼓吹，希望早日得到圆满的解决，那末天国庶可实行在地上了。可惜！他们的集中点，不在于此，无怪他们的文字事业，都被那些《玫瑰经》、《苦路经》、《早晚课》、《瞻礼经》、《谢恩经》、《逊功经》、《弥撒经》，以及《圣体敬礼》、《崇信要理》、《圣心》等书，占了大半去，这种离开人生的著作，虽不可说一点没有价值，但太缺乏了实际生活的著作，实在是他们文字事业中的大缺点呀！

（5）没有与中国文化融洽——天主教的文字事业，虽有以上种种的缺点，但是！最大的致命伤！是在没有与中国文化融合，所以失败了。吾现在试问教会文字事业的使命，是甚么？是不是要将教道在中国民族心里、血里培养起来，长发出来吗？倘使是的，那末最要紧不过的工作，就是要冲到中国文化的营垒里去，将中国民族的心灵、遗传、宗教经验，从历史堆中发掘出来，拿所发掘出来的，与教中根本原理，互相构结，成为丰美生命的元素，从此方可“昌炽繁茂”、“继长永存”，否则未有不蹈景教也里可温的覆辙的。可惜！提倡的人虽多，他们仍旧没有注意到这一层，到现在还拿许多“原来头”的“舶来品”勉强人吃下去。长此不变，恐怕将来天主教文字事业，能否保存以前的令名，到成一个问题了。

结论

末了，吾对于天主教的文字事业，深觉得有改弦更张的必要，否则终难打入社会的中心，所以此后天主教文字事业，果要在中国占个地位，有所贡献，必要多著些与中国文化融合，经过艺术化，而含有时代精神的实际创作。但是！要得到这种著作，第一个先决的问题，必须要中国人主其笔政，这是很紧要的关键。因为西人所主持的出版物，终免不了不适国情，隔靴搔痒，文字浅陋，修词缺乏等等的弊病！吾曾记得张纯一致吴雷川先生信内，有几句说：“真基督教之奥秘，《马太》、《马可》、《路加》三传，几全不知，约翰稍知之，保罗所知又较多，此因犹太文化过低，无以熏修，故谓基督教无约翰不足传也。以后竟无少知者，仆尝闻许多西洋神学博士讲道，并见其著作，非纰缪，即鄙陋，可证因西方从无真现量的哲理，将诬夺基督于不已云。”（见《佛化新青年》二卷一号。）言虽过火，但西方人不能发明东方玄理，果昭昭然了。其次，照现在天主教的经济人材，大可办理日报，成立一个中国最稳健的言论机关，这种很普遍的日报，如能办成，那末天主教的文字，慢慢地可以侵入社会的中心，与中国文化融洽，那末教外的理想学术，以及学者对于宗教上的贡献，都可输入了。一面也可尽量的介绍教理，向着今日中国的社会，酌量下药，对于社会亦必大有贡献了。倘然他们果然打破隔膜，拆毁藩篱，使丽泽交流，这样双管俱下的做去，其成功在文化史，必定大有可观，而他们的文字事业，也将大放华彩了。事半功倍，何乐而不为呢？但是！以上种种，到底是天主教的事业，吾也何必越俎代庖，唠叨不休？所以吾也不必多占篇幅了。然而反观基督教的文字界，又何独不然？那末基督教的文字界，也当有所借鉴了。我们更愿意天主教与基督教在文字方面联合起来，一致发扬基督的真精神。

一九二七，二，一五，湖州。

（载《文社月刊》1927 年第 2 卷第 5 期）

对于天主教出版事业的一个讨论

——介绍《文社月刊》中的《天主教的出版事业》

若 谷

我同《文社月刊》发生关系，有一段很有趣的因缘，不妨顺便在这里追述一下：

我对于路得派基督教——俗称耶稣教——的出版事业，素来没有去注意过。因为我是信天主教的，教中有严命，对于异教的经典书报，为了保护信德的缘故，绝对不准翻看的。此外，还有一层原因，更无从引起我对于看异教——尤其是耶稣教——书报的兴味，以前因为在我心目中的所谓耶稣教的出版物，只是那在马路口、礼拜堂前，散分的《马可福音》，《上帝教我》一类传单性质的经文而已！当时我还在震旦大学院读书，正在拼命用功在法律、经济、国学、法国古典文学上，做着那“希圣希贤”、考博士、升教授的幻梦。对于这些土白《圣经》，当然看得很轻蔑，即使没有教中的诫命，也那里会想去看呢？

出了学校以后，交识了傅彦长君，在他家里偶然看见了一部《圣经百科全书》，因为它定价的低贱——四厚本用道林纸精印附有许多插图的布面金字书，定价五元，预约只消三元，如果印数不多简直连成本都不够，你道便宜不便宜？当下我就求得某神父的准许，到协和书局去买了一部。后来经我的介绍，徐家汇天主堂藏书楼，也总算破例买了一部。直到现在，协和书局的门口，虽然不时经过，但很难得机会进去浏览；一则因为有于教律，有许多刊物不便翻看；二则实然因为没有钱——去年当了一年上海某某大学的义务教授，今年因为怕吃粉笔的生涯，已成为无职业者了；但是无聊时，也会跨进协和书局门口，在书架上取看最近出版的刊物，或同书局职员吕君闲谈。记得有一次，他突然地问我道：

“先生是基督教徒么？”

我说：“不是，——”下面的“我是天主教徒”还没有说出。

“你不是基督教徒，怎样会很高兴看圣书？”他很奇怪地追问着我。

“因为我不是基督教徒，所以很想看看教中的经书，如果我信了，倒未必再会看吧？”我又像谦虚，又像嘲讽地搪塞了几句，把吕君的问语敷衍过去了。

临走时，觉得空手出去，有些不好意思，就在架上抽买了几本《文社月刊》回来，夜上在床上翻看一下，觉得内容很不差，尤其是沈从文君的一篇《北京之文艺刊物及作者》最引起我的兴味，当时就胡乱写了一篇介绍——同时还介绍天主教的《圣教杂志》、回教的《回光月刊》，这三种定物，我认为宗教杂志界的三大权威——在去年七月廿四日的《申报》本埠增刊上发表。

昨天到良友公司校对《艺术界》周刊第十期，《银星》编者卢梦殊君告诉我说：“在最近出版的《文社月刊》上，转登着你的一篇大作，见过没有？”我回说：“没有。”但是便猜度到，大概就是那篇介绍文字吧？

果然，到了协和书局，找寻到第二卷第三册《批评和介绍》栏里，刊着我的旧作，不过把标题改成了《申报对于文社月刊的评论》，我就买了一本，同时还买了封面上印着《欢迎蒋总司令》与蒋总司令照相的第五册《文社月刊》、《青年进步》十年百册纪念特号。

第五册《文社月刊》里，一篇非常使我注意的文章，就是汪兆翔君的《天主教的出版事业》。

这篇文字的标题，或可作《天主教文字事业的大概》，作者是用“作吾们的借鉴”的态度，把天主教的汉文译作，做一个概要的研究。

全文约万余言，分“天主教文字事业的演进历程”、“天主教文字事业的特殊贡献”、“天主教文字事业的缺点所在”、“结论”四章，在开场弁言里，就有很有见解的一段议论：

“先哲有言：‘文以载道。’道者文之体，文者道之用。故世界上无论什么宗教，什么大道，要他‘致远流长’，必须要依赖文字事业……佛教的文字流行，上级社会中……不胜枚举。中下级社会中，且在稗官小说的中间，鼓词唱曲里面，都含有佛化的意味。那些挟有佛教的潜势力的文字，已经打到中国文化的中间……化及全国……文字事业在社会上潜移默化的势力，十分伟大……”

这样的话，不是人人会说得出，但是人人会知道，会承认，也会预先想到；但是下面这几句一发中的，直截痛快而且很确切的批评：

“天主教也幸有利玛窦等的深造著作，介绍了不少欧西文化……对于科学的关系，都有很大的功绩……可惜！不曾打入社会中心，与中国文化发生关系，自此不能像佛教的深入到人心，流行得普遍了。”

非对于“传道打入社会中心”确有所研究者说不出这几句话。耶稣教的势力，所以能膨胀到中国社会中间，完全是靠着与民众接近的效力，即实行所谓“到民间去”的工作。本来，随便提倡一个什么主义或什么运动，就譬如说：我们要提倡“中华民族主义的艺术文化”与“中国文艺新生运动”，如果同民间群众方面，一些不发生什么关系，只是为少数士大夫、缙绅圣贤之徒着想，而要希望会成功造就，那真是“白昼做梦”（Day Dream）！像现在天主教的文字事业，只是由少数的耶稣会教士，专门去从事于得到文人学士同情的工作，对于民众方面的宣传工作，如广行土白《圣经》，随地讲道的事等，不用说谈不上努力上面，简直连专门从事工作，所谓“传道者”都没有，那当然要使旁观者发生出“此后天主教的能否在华‘继长永存’”这个紧要问题。最可奇怪的，在天主教中，直到现在，还未见有人出来讨论这个问题，似乎不值得提出一般地，大家都缄默无言。局外人倒反忍不住来代抒发意见了，真是多么可羞耻的事！

诸位先生，你们如果有兴致想研究这个问题的，请自己去把汪君的原文详细参看一下。在这里为力避替宗教家说话的嫌疑，一概略去不赘，只把原文篇末的几段关于天主教著作界的几个缺点批评，大约说几句。

据汪君个人的眼光看来，天主教著作物的缺点是：(一) 缺了时代的精神；(二) 缺了伟大的创作；(三) 缺乏了艺术化的著作；(四) 缺乏了实际生活的著作。上面这四点，要算 (二)(三) 两点为最有见地，评论也很透切，如在 (二) 点下注说：

> 著作中间，虽有不少佳籍，但是，至少有十分之四五，是从英美法等国，囫囵负贩来的。这种原来头的东西，似白话非白话，似文言非文言，不特没有欣赏的价值，简直有些"佶屈聱牙"。怪不得有人说："教会所译的读物及经典，行文鄙俚庸陋，阅之辄令人昏昏欲睡云。"果如所云，那末这种著作，似乎太祸梨枣了。

在第三点，缺乏了艺术化的著作里说：

> 无论什么文字，须有文藻词华为之辅助，种种情志，尤须有艺术美感，使之条畅，所以文字事业中，万万少不了艺术化的。可惜，他们对于这一点，太缺乏了。所译著的读物，大都晦涩枯槁，了无生气，所刊印的诗歌，大概是词与情离，糟粕不全。这种东西，怎样能引起人的情感，使人欣赏呢？

这些批评异常确确①，我们试把天主教中唯一老牌子的定期刊物《圣教杂志》来看看。内容太是腐陈退化了。每期除刊登那些满篇哲学抽象名词的论文外，还有几篇教中圣人圣女的传略，有时虽也发表一些文艺作品或社会问题的讨论文字，但终是时代代伍②，离开实际生活的译作。无怪它枉空有了十六年的创办历史，每期的销数，还不到三千。虽然这也是教友方面的教育不普及的缘故，但是老实说罢，在该杂志的

---

① 原文如此，疑有误。
② 原文如此，疑有误。

读者方面，十之七八，只是在想看看那互通声气的《国外消息》、《罗马消息》与《每月大事记》的三栏而已。我个人订看该杂志的态度就是这样！今年起，竟没有兴味去看了。对于耶稣教的期刊，像《文社月刊》、《青年进步》一类的杂志，倒渐渐地感起兴味来了，这是为保护信天主教者信德方面的一个大危机，我自己很明白的。但是这个责任，天主教的著作界应该完全担负。不应该自己方面，不肯改革进善，一方面，却还要声声口口地不准人家去看比较更美善——在形式上，至少我敢说，耶稣教的期刊比天主教的高明得多哩——的出版物。质诸天主教著作诸君子，以为如何？

末了，我还要引举汪君的一段结论作这篇东西的结论：

> 吾对于天主教的文字事业，深觉得有改弦更张的必要，否易终难打入社会的中心，所以此后天主教文字事业，果要在中国占个地位，有所贡献，必要多著些与中国文化融合，经过艺术化，而会有时代精神的实际创作。但是，要得到这种著作，第一个先决的问题，必须要中国人主其笔政，这是很紧要的关键，因为西人所主持的出版物，终免不了不适国情，隔靴搔痒，文字浅陋，修词缺乏，等等的弊病……其次照现在天主教的经济人材，大可办理日报……这种很普遍的日报，如能办成，那末天主教的文字，慢慢地可以侵入社会的中心，与中国文化融洽……

看了汪君代天主教谋划办理日报的一个提议，禁不住要使我发挥几句牢骚。办理天主教日报的呼声，我耳闻已好久时候了。但是有种种困难的问题，一时还不易实现。虽然近来上海的天主教教友，曾试办了一种《中国报》日报、《天民报》周报，但是，都因为所托非人，现在都早已停版了。这两种报纸，创办伊始，经理其事者，都曾来邀我去帮过忙。后来因为意见不合，不到一个月，我都辞退了。所谓意见不合的事由，很简单，我担任的职务，是“文艺”栏编辑。这样的职务，本来已不在经理先生同与大主笔先生的心目中了，其实无论那种报纸杂志，都是如此。

但是好不知趣的我，因为拒登那“七绝五律”旧诗的缘故，又因为翻译了法兰西国歌《马赛曲》，蒙了宣传赤化的嫌疑，得罪了一位重要职员，结果，当然只有决裂一法。现在两报都已停版，乘在介绍《文社月刊》的时候，附带写句这话。我敢郑明，这些话并没有含什么作用，不过想来证明办理报纸困难的一端罢了。很希望将来天主教中有办理日报的机会时，能注意到汪君所举出的几种缺点才是！

十六年，四月，四日。

（载《文社月刊》1927年第2卷第5期）

大家的出版计划

——建设作者与读者共营的出版事业

我们接到许多读者的来信，对于现在出版事业的营业化，都表示极不满意；同时作者的投稿，也有同样的感想。不约而同的主张作者与读者，共营文化的出版事业，这期因为稿件的拥挤，未能发表，先归纳大家的意见，作这篇《大家的出版计划》，征求同志的应声。

出版界的暮气沉沉，一是由于旧式商人的纯粹营业，二是由于知识阶级鄙视而不屑为的缘故。这层大家已有彻底的觉悟。不过觉悟者都是赤手空拳的书痴子，这是很可憾的，但是大家能够合作起来，也未尝不可以脚踏实地的一干。规模无妨小，只要大家推诚的合作，资本不用多，可由小而逐渐的增量。

出版是文化的事业，并不是绝对的营业。这是大家一致的主张，我们很愿尽薄弱的力量，作大家的前驱，而想依大家的计划，筹划一小书局，打破书贾的牟利主义，建设作者读者共营的出版事业。资本不希望多么大，而却希望大家推诚的合作，由五元股的集合，先作一小规模的组织。最初拟刊行新闻学刊及出版几种新闻学的名作，或文艺政治社会科学的著作外，并代售有价值的书报，等到基础坚固，便可逐渐发展，扩充大家的组织。

大家计划的第一步，便是希望同志的增多，便可开始集股的事务。第二步由几位同志于适中的地方，组织一很小的学舍，经费概由同志负担，而腾出相当的房屋，经营出版事。经理一职，已有一位很热心而富经验的老同志愿在义务职，其他职务，打算学舍的伙计兼差和驻学舍同志的帮忙。开销很省，营业就算失败，也不致把大家的股本牺牲了。

这种小小的计划，成功是很容易的，现在不即正式集股的原因，是想先征求同志的高见，再商量办法，假使这计划实现了，大家最低可以得到下列的利益：（一）作家与读者可不再受书贾二重的剥削，而得到直接的联络；（二）大家可得到廉价而有价值的书报，且得购读上种种的便利；（三）附设一书报室，大家可多读一点书报和有共同研究的机会。

大家诚恳的说实话，米粒大小的事情，自然值不得腰缠百万书贾的一笑；然而大家这点为出版事业的热诚，是值得同志的同情与赞助的；所以大家渴望着同情应声的来临。另有详细计划，函索即寄。

一九二七，三，同人。

（载《新闻学刊》1927 年第 1 卷第 2 期）

我对于团体刊物的希望

纯　厚

我们要知道我们团体过去的成绩，要明白我们团体现在的情形，要计画我们团体将来的设施，那就少不了一种刊物，来宣扬会务，沟通意见。更进一层，我们要怎样使人能明了我们团体的性质和地位，要怎样去改良我们的环境，打破社会一切不合理的制度，更少不了一种刊物，来将我们的主张、我们的精神在这小小的几张白纸上面尽量地表现出来。这种主张才可以说是我们全体的主张，这种精神才可以说是我们全体的精神。个个会员，都应当担负相当的责任的呵！现在各团体的出版物，风起云涌，可说盛极一时了，其中内容，好的固然多，不健全的腐败的亦是不少，有时竟失去了为什么要出版刊物的本意。照这样看来，一个团体里面，耗费了许多物质和精神，结果还是两句空话敷衍面子，于团体毫无实效，于社会毫无利益，这种刊物我们何贵而有此呢？我们所希望于刊物的，是给个个会员有发表意见的机会，同时亦是个个会员应有的责任，我们所希望的：

一、不发无病呻吟的空谈，只要实事求是的讲实话；

二、不必有过于修饰辞藻的文章，只要直截了当地把我们所要说的意见发表出来；

三、不必一定要长篇巨帙的文字，只要用简洁的话，去指导群众，使大家向公理的路上走去；

四、少作些研究专门学识的著作，只要对于会务进行上多加讨论；

五、不要有陈腐的思想，要充满革命的精神。

写到这里，有一位朋友看见了道："你写了这许多不知所云的东西，简直令人莫名其妙。"我就回答他说："不用你多虑！我既是团体的一份子，不妨发表我个人的意见，要是编辑的先生们，看了以为不合格，随他们抛到字纸筒里去好了。"

（载《同德》1927年第2、3期）

论"淫书"

郑宾于

不幸得很，近半月来我这耳朵里充满着间接或者直接的"淫书"底声浪，有时我高兴了，还问问"甚么是淫书啊"！

日子久了，所获的答案却也不少：《情书一束》是淫书，《性史》是淫书，《结婚的爱》是淫书……忘记了，不写了罢。

从这些举例看起来，似乎他们还没有明白"淫"字的意义罢？不然，就不会如此瞎说。

今夫“淫”也者，是指凡事过度而无节制底意思，原来也并不是专指男女两性之间的色欲和性欲。所以，《庄子》说“乱五声，淫六律”，刘向《说苑·反质》篇说“好乐声色者淫也”，是声音也可说为淫了。《说文解字》说：“久雨为淫。”是雨也可以说为淫了。引申之，凡过于迷恋女色的亦曰“淫”，《左传·成公二年》记申公巫臣之言曰：“贪色为淫，淫为大罪。”然而圣人却说：“《国风》好色而不淫。”这更可以证明“好色”也绝对不能斥之曰“淫”！

现在，世俗既然把“淫”字用作了人类男女肉欲上的形容字（禽兽的肉欲不算），而且也成为了专名，于是乎“淫”字便占据在男女“两性生活”之上而成了罪过，遂不能复晓其本义，此为不出“淫”与“不淫”之别者矣！

我们承认这“淫”是两性间的一种“过度”底性欲生活，确实不是真正的人底生活，但绝不能说男女两性间底肉欲即是“淫”！

《金瓶梅》我们不能不说它是淫书了，因为它书中所描写的潘金莲、李瓶儿、春梅、西门庆等人的性欲生活是兽性的生活，是没有节制底过度性欲生活，是非人底生活。因为她们和他每天每夜除吃饭以外都是在想方设计的要求如何才能满足那“兽欲”，其余的人间一切事情便一点也不去作。老实说，她们同他连吃饭也不是“人的吃饭”，那酒肉的竞逐正和肉体的竞逐一样。所以，它是配得上称为淫书的。

然而这淫书的产出与否是由于作者的态度如何：作者以非人生活的，兽性态度去处理书中人物的行径，其结果便产生了所谓“淫书”。如作者真的了解了“人生”，知道人生除衣食住外还有比较更要重要的事情——性欲在，那吗，他所产生出来的著作一定不会是淫书了。

以《上海销金窟》、《海上繁华梦》、《九尾龟》、《肉蒲团》、《灯草和尚》等书与王实甫的《西厢记》相比较，立即可以辨出该作者对于人生所持的态度和其是“淫书”或“非淫书”的判断出来。（因为《西厢记》历来是被人们误认为淫书的，所以我这里把它拿来比较起说。）

《情书一束》、《性史》、《结婚的爱》三书却并不是在宣淫，并不是在奖励淫行为。《情书一束》是描写那有一等青年男女所抱的人生观是那样的一种态度，《性史》是在讲求要用怎样的艺术方法来完成人类底性交的欲求，《结婚的爱》是要使人类用极精美而且适当底科学方法去处理他们的交媾和节欲。它们三个所共通的一点是要使人们了解这两足动物底真实生活和改良人类，不特不是"诲淫"，而且还要教人"节欲"，教人怎样"节欲"。

张竞生先生亟怕人们误会了此一点，所以他在《性史》的序上特别提出来说："岂有淫书，主张少年男女每星期仅交媾一次就够了？"

因此，描写性欲的书不必就是"淫书"，要看作者的态度究竟如何？实行性交的人不必就是淫人，这要踪迹他们和她们对于性底行为究竟是否艺术，是否过当。

这作者对于其作品所持的态度便是文学上底艺术，行性交的人对于其交媾所施行的种种方法便是性欲底艺术。

惜乎懂得真的人生的意义而用文艺写出来的作物太少了，有好些作物，不特是不了解人生的意义，而且也实在不是文艺。所以，说到作者的态度么，他根本上就没有。

但同时也不能不分罪于读者了，有好些很有价值的作品，都被了他们的误会或恶意底诬蔑。严格点说：文艺的赏鉴者即是文艺的创作者，以故这能真正赏鉴文艺的人也确实是很不容易的。

凡是文艺的作品都是多方面的，四面八方里里外外都得通通看到，若仅见到表面的淫字而便妄下评判，这未免浅薄而且无聊赖罢。

所以，真正的文艺是在于有好的创作者和好的鉴赏者。

复次，一般人对于"淫书"的误会，尚有其浅薄的根源：因为语体文的作物比较文言的要易于懂得的缘故，所以一般妄人看了它们说到男女之事的便群相惊诧以为"淫书"。《左传》中记载男女相通的事实岂少也哉？然而人们不说它是淫书。《周礼·春官》说："仲春之月，奔者不禁。"女子在这些时候可以任意找男子行性交！《诗经·齐风·鸡鸣》叙述男女睡眠之狎昵，《卫［陈］风·株林》叙述陈灵公和夏姬的通奸等，然而人们并不说它是淫书。此无它，古代的文言没有现在的白话容易了解故也，虽然是有所谓圣人也者作为它们的护符。

且夫“淫书”非不可阅也，端在赏鉴者之识见高下如何耳。以旧小说论：《水浒》、《红楼》，非不佳也，然而一般的评论者却说它是“诲盗”、“诲淫”。《金瓶梅》、《九尾龟》、《肉蒲团》、《灯草和尚》，非不淫也，然而我们正可由它而知道作者的生活和所处的环境，与乎当时的一种社会现象，并能由此而认识作者底文学艺术。

且也，我们之所以要识《金瓶梅》、《九尾龟》、《肉蒲团》、《灯草和尚》等书者，正是为要赏识它的“淫”！它也正是因为描写了“淫”，所以才有它底特别价值。因为在那举世“板面孔”的时代，而作者竟敢于犯天下之“大不韪”，这才是作者的精神集中。我们正要赏识作者这种“大无畏”底态度和精神，他那不顾举世非难的精神。

人有恒言：“大多数的意见是错误的。”仁者见仁，智者见智，文艺的本身原是不会说话的。

如果我以上所说的话不错，则赏鉴文艺的人岂不比创作文艺者更是重要了吗？

这一篇文章本来是我的《文艺琐谈》之一，所以颇多关于文艺的说话，今以其内容有些和《新文化》接近，故特抄付张竞生先生。冰鱼附记。

所说指为那些书是淫书者，最出力的为天津南开大学校长张伯苓先生。我与此人有一段辩论趣史，俟暇时录上一笑。（竞复）

（载《新文化》1927 年第 1 卷第 2 期）

编审教科书之我见

张润泉

教科书的编审问题，在现在科学的教育上，是很急切而重要的。教科书对于儿童，是增进儿童知能的惟一宝筏，是启儿童知能的惟一钥键。所以教科书的编审，除按照学力的进程外，还要顾及于儿童的生理，不但要顾及于儿童的生理，并且对于儿童的心理，更要切实特别注意。换一方面说，就是对于儿童的精神、生活、兴趣，都要有充分的准备和发展，这是关于以儿童为本位的教育，是应该如此的，也是科学的教育，在客观方面，是不能不如此的。

至于教材的搜集和分配，在教科书的本身上，主观方面，尤应当注意的有几点，兹分析言之。

一、系统。凡编审某一种教科书，先要将某一种整个的知识，为一种详细的解剖的演述。其解剖之重要点，尤应在将某一种知识的精要处，作为有条理的系统的寻绎，因此就不能不有章节的分配。章节的分配，就是用概括方法而指示其精要，也同时可以表示出知识的范围和统属。所以编审者之能事，第一，就是是否能将此本章节的系统和范围分配得当。这是编审的第一步工作。

二、条理。系统是注重知识之连贯，条理乃是注重事物轻重之分明。所以条理的组织，就是要在某一节目中，须将其意义的轻重运用得宜，段落的前后布置精当，使读者一看就晓然其意义轻重之所在，而能得一明确的深刻的印象。且章节的演述，又分理论与事实两方面，理论方面，就要看其渊博的程度如何，事实方面，就要看其精确的程度如何，这是编审的第二步工作。

三、技术。编审教科书，也要对于技术方面，特别留意。技术就是用一种特别的方法，格外使所编的知识所含的意义明了，如表解、图表及其他关于统计的历程的各种统计和指示，有图表则其所示之知识，更为显明、实在，且可省去在文字上演述的繁赘，如宜用图表而不用的时候，就是勉强用文字演述，不惟失之累赘，也使读者很难得一明确的观念，在心理学上，是很不合于记忆和认识的程序。其他关于文笔的深晦与浅显，流利与艰深，也应特别注意。这是编审的第三步工作。

四、程限。此处所谓程限，就是该书的程度问题，如初中教科书和高中教科书，其采取材料，立论深浅，就截然不同。高中教科书，取材要丰富，立论要高深，而其性质要倾于研究的方面。初中教科书，取材不必要丰而贵要精，立论不必要深而贵要显。其性质完全是一种演述的指示的。所以教科书的编审，对于程度问题，也应很深切的留意。这是编审的第四步工作。

五、方式。讲演式、札记式是万不宜于教科书的。讲演式失之笼统而繁冗，札记式失之琐碎而杂乱。所以现在教科书的编法，多采取章节的演述式，或章节的大纲式。章节的演述式，就是将某一种整个的知识，按统属的分类，然后将其事实或理论，一章一节的演述出来。这种演述式，是现在编审教科书惟一法式。至于章节的大纲式，按统属的分类，是与演述式相同，不过事实或理论的叙述，是取其最精要的大纲罢了。大纲式的教科书的长处，在低年级里面教师可以有余暇去读参考书，可用口头的演讲，提高该课程的程度。在高年级里面，学生可以有余暇去读参考书。所以章节的大纲式，现在应用于教科书者颇有。编审教科书对于章节的演述式或章节的大纲式，是要特别注意的。这是编审的第五步工作。

以上五点，是编审教科书大体上应如此的。至于其旨趣的正大，见解的超卓，思想的新颖，尤为教科书必具之精神，编审者不可不注意。

（载《教育月刊(陕西)》1927年第1、2期）

关于生物学教科书

建　人

向来教自然科学应用两种方法，一种是利用青年的好奇心，把动植物等等的奇异的事情尽量地收罗出来，用有趣的文章，写给青年看。这一类的书籍，在欧洲是很多的，如什么的“罗曼史”，什么的“奇异故事”之类，又一种是用常见的事实为材料，明白的向青年学生说明，须用常见的事物的缘故，盖目的在学者便于实地观察等等。

这两种方法根本不同，后一种是先研究近的事物，随后及于远的；前一种方法不必顾到这一层，只要新奇便好。

但这两种方法哪一种较好呢？据有些人的意见，以为各有各的好处。前一种方法适用于一般的读者，后一种方法则适用于青年的学生。这便是说，假如有一个已出学校的人，但于科学方面的知识是很浅缺的，那么教他看看《动物生活的罗曼史》一类的书是有益处的，不特可以使他得到若干知识，并且他如果读了觉得有兴趣，更有继续研究上去的希望。后一种方法用在有教师的青年学生，不特可以取得书本上所讲的知识，他又得受教师指导以练习观察力等等。

以上说的是用自然的奇异故事，或用接近的，常见的事实去教科学知识，各有各的用处的大要，但更进一步观察起来，科学教育的目的不仅在知识，培养观察能力和养成科学的分析的头脑也是很重要的，如太多讲奇异的事情，而忽略自动的实物的观察，有容易养成倾向于空想的弊病，且过于重视新奇和趣味，容易失实。这个弊病很重大，因此近代许多作者，即在目的供给普通读者看的书，也不敢专取奇异的材料，往往只用普通的事情，加以有趣味的描写罢了。

但用日常容易看见的，或近地的材料来写，比较讲些新奇的、有趣味的动物故事之类为难，尤其是在科学不发达的国度。例如中国，对于本国的自然物，因为不大研究过，取材就觉得不容易。我们如任拿一册中国动物学教科书来看，例如在讲到穿山甲的时候，往往举出 Manis longicaudata 来作例，大概少有举出 M. pentadastyla 来的；然而据欧美人中研究中国的自然物有素的学者说，见于中国的穿山甲实为后一种而非前一种。又中国的食用蛙为 R. nigromaculsta，而欧洲的则为 R. esculenta；但中国的教科学编者，往往任便取一本西洋课本为底本，加以修改，作为中国的教本，遂不知不觉把他国常见之物取来作为我国的教科书的材料了。

像这种的例子，列举起来很多，现在不及详说，只好从略。这种情形，初看起来似乎关系很微小，其实是很重要的。譬如，我们用这样的教科书，而一面用中国产的实物，来指示学生，那么书中所说的和实物就不符，不是指鹿为马了么？

中国生物科学的教科书中，因为多是抄袭外国的，所以常有这种弊病，已如上述。此外因中国地面太大，一种教科书不能各处都通用，也是应该注意讨论，然而很费研究的一个问题；譬如蛇，在北方很常见的应推赤练蛇，学名是 Natrixtigrina Lateralia，但这在南方却少见；又如某种爬虫，名叫蝎虎，浙东称壁虎，即守宫这种东西，在家内的壁上是极常见的，也有多种，见于北京及北方的别处地方的名字 Gekko swinhonis，在中国东南部常见的则为 G. subpalmatus，诸如此类，不胜枚举。如果一种中等学校的教科书，假如动物学，应当举出模式动物来作说明时，那么同是一种教本，应用于南北各处，不免要感到困难了。

和须用和人们接近的材料去教学生的原则相连的，我觉得更有物名，必须用人们习知的名称的一个条件，我以为在高深的生物科学的书籍中，固不妨用拉丁文的学名，在中等教育和较通俗的书中则当用俗名为主。我所谓俗名是指一般人们现在所使用的名称而言，并不是教科书家所擅定的名称，也不是从《尔雅》或什么古书上查出来的名称。我以为擅定的和古书上有过而今日已废弃不用的名目都不适用。虽然闻别人说过，例如法国，常把植物等的拉丁名译作法文，使读者易于记忆，却不用俗名，以免混乱；但我的经验告诉我说，和我们关系密切和最常见的生物是常有通用的名称的。没有名称的生物，常常是不常见的，或不大和人有关系的东西。我们如走到一个山乡间，凡那里所生的可以供药用、食用或燃烧的植物及常见的动物，那里的人往往都有名称称呼它们，有时竟是很雅驯的，举例来说，甘肃的一种羊，英文称为 Blue sheep 的，俗名称岩羊；sturgeon，中国俗称皇鱼；植物中的 lady's slipper，中国称狗篮子花，我以为在教科书上，就应称为岩羊、皇鱼等等，不必而且也不应别定名称（如果不止一个名称，则取其适当的），至于俗名不及学名的严密的话，我也相信，但是我觉得在中等教育程度，对于物种的辨别，本来用不着怎样的精密，至于防备混乱，则只要经过一番厘定和加以界说就好，这种混乱决不是不能免除的。

以上所说的各节，虽然是我临时想到的几句话，但我觉这意见在初等的自然科的教育上很重要。材料如果不取接近的生物，就不大能引起学生的注意和趣味，名称如果不用一般通用的名字，是要减少学者的理解的。我很希望编教科书的人能够竭力注意这一点，最好能够尽量的收容中国固有的材料，并且希望采集者随时向熟知动植物的本地人访问通用的名称。猎户知道许多我们不知道的小型哺乳动物，打□人知道许多鸟类的名称，我的意见以为这些名称比从冷僻的古书上找出来的有价值的多，因为这些现在通用的名称是活的，说起来时，我们觉得很认识它，而且有感情；已经长久不用的古书上的名称，因为隔离人世已久，和我们感情已经冷落，再提起来不容易记忆，且也没有兴味去记忆它了，这些只能供给别有些人去研究——今的什么一种物便是古的什么——在今日的教科书上是没有的了，我以为。

（载《北新周刊》1927 年第 27 期）

我对于现出的三民主义教科书的一点意见

潘梓年

我已经见到的中山主义或三民主义教科书有好几种，现在要对之贡献一点意见的是世界书局发行（或经售）和商务书馆经售的两种——(手前无书，不能举名)。我以为要为小学生编中山教科书，第一要简要。中山学说或中山主义原不是几本薄薄的教科书能够说得详尽，也不是小学生这一点小脑子所能全盘领受，更不应希望或预备一般小学生去全体领会。我们应当从中选其精要的举出，来做小学教科书的教材。第二要从具体的背景上说明，因为概念的学说，就是成人骤看也不能明了，须得先把该学说或主义所由产生的背景（历史的和地域的）弄清楚了，才有看懂一学说或一主义的可能。我们为小学生编书反不从背景说起，无有是处。

原来，为小学编任何课本都得先把小学生的悟会能力做第一个前提，都得先设想儿童在某年龄所能懂得的是怎样的东西，然后再把所要教给他们的题材演成合于他们智慧年龄的读物，始能适用。因为我们编课本本不是应应景儿或撑撑场面的，实在是希望读者能从此得到该题材的一种明确观念而发生一点作用。具体的学说背景，其能使读者明了学说的意义，比该学说的本文要有力量得多。我们能把背景描写得法，就是不提一学说的只字，也可使学者领会出该有如何如何的一种学说产生；即使要说到学说本文，也可以一提便明白。

所以编教科书要侧重在具体的背景这句话，原也不过把读者的能力先算在内的一句陈话。这种话，年来已经经人说得烂熟，现在似无再提的必要。不过看见上面提出的两种教科书，尽力在中山学说本文上着笔，颇想应有尽有地将这学说介绍给小学生。本学说所由产生的社会背景不提只字，反去从中山学说的来源上说了许多别的学说。这不但不能显出中山学说的真义，恐怕还更要使小学生堕入五里雾中去。这样只有抽象的演述，没有具体实事做注解，是编小学教科书的切忌呵。因此，不避嫌忌的又把旧话重提一提，想两书局定能谅解吧。

四，四，于无锡旅次。

我以为：与其使学生对一学说得详细而不能清晰的智识，反不如得一些简略而却明显的概要。中山先生说得好："主义就是力量；由学说而生信仰，由信仰即生力量。"试问恍惚迷离的学识能生得出信仰以至力量来吗？

（载《北新周刊》1927 年第 32 期）